拿破仑传

Napoléon Bonaparte

[法] 布里昂 著

郁 飞 译

北方文艺出版社

图书在版编目（CIP）数据

拿破仑传 /（法）布里昂著；郁飞译. —— 哈尔滨：
北方文艺出版社, 2019. 4（2021.5 重印）
　　ISBN 978-7-5317-4266-1

Ⅰ.①拿… Ⅱ.①布…②郁… Ⅲ.①拿破仑(
Napoleon, Bonaparte 1769-1821) – 传记 Ⅳ.
① K835.655.2

中国版本图书馆 CIP 数据核字 (2019) 第 034213 号

拿破仑传
NAPOLUN ZHUAN

作　　者 /［法］布里昂	译　者 / 郁　飞
责任编辑 / 路　嵩　张贺然	封面设计 / 琥珀视觉
出版发行 / 北方文艺出版社	邮　编 / 150008
发行电话 /（0451）86825533	经　销 / 新华书店
地　　址 / 哈尔滨市南岗区宣庆小区 1 号楼	网　址 / www.bfwy.com
印　　刷 / 三河市腾飞印务有限公司	开　本 / 710×1000　1/16
字　　数 / 433 千	印　张 / 26.25
版　　次 / 2019 年 4 月第 1 版	印　次 / 2021 年 5 月第 2 次印刷
书　　号 / ISBN 978-7-5317-4266-1	定　价 / 68.00 元

1836年英译本序

这部布里昂先生的《拿破仑传》的译本初版于1836年，节译的目的是把可称世界上前所未有最杰出人物的传记压缩成一卷。布里昂是再恰当没有的拿破仑传记作家，他生平同拿破仑最密切不过的亲密关系始自童年时期，其后在拿破仑历任将军、执政以至称帝期间，始终担任私人秘书之职，因而得以参与策划和执行那段多事时期接踵而至的许多不平凡的行动。他能观察到那些惊人辉煌设想的逐步发展和制订成形，那是拿破仑在一念产生之初便因亲密信任而坦白告他，但并不总是成熟，而且要到下个时期才付诸实行的。

他声称一直在筹划出版《拿破仑传》，从早年起已开始做札记，搜集文件，以便保持对事实和印象完整无缺的回忆，"直到他可以道出真相，全部真相的时候"。

读他的回忆录，谁都会信服其叙事的真实并在读后对拿破仑的个人性格做出全面估价。英文著作在生动描绘性格方面与本书媲美的只有鲍斯威尔的《约翰逊传》。

原著多至十卷，作者几乎完全局限于叙述拿破仑个人的生平和描述他的性格，绝少详述任何军事行动。译者为补足这个缺陷，在译本中插入了采自各个著作家的片段摘录，描述拿破仑亲临的几次主要战役；并附加了对拿破仑第二次退位、谪居圣赫勒拿岛以至去世的简述，自信已把所掌握的浩繁资料压缩成为一部首尾一贯、引人入胜的叙事录。

目录

第一章	早年	1
第二章	发迹	12
第三章	征意战功	20
第四章	《累欧本条约》	36
第五章	《坎波福米奥条约》	41
第六章	战胜荣归	47
第七章	远征埃及	53
第八章	入侵叙利亚	61
第九章	雾月18日	70
第十章	私生活	81
第十一章	觊觎皇位	94
第十二章	迁入杜伊勒里宫	99
第十三章	同保罗一世结盟	110
第十四章	马伦哥战役	116
第十五章	挫败阴谋	132
第十六章	霍亨林登战役	142

第十七章	路易·波拿巴的婚事	151
第十八章	布里昂的离去	159
第十九章	战端重启	177
第二十章	皮什格鲁之死	188
第二十一章	加冕称帝	193
第二十二章	吞欧野心	204
第二十三章	乌尔姆之捷	212
第二十四章	奥斯特里茨之战	219
第二十五章	《普莱斯堡条约》	225
第二十六章	福克斯首相	233
第二十七章	普鲁士的政策	237
第二十八章	布吕歇尔论拿破仑	239
第二十九章	《柏林敕令》	245
第三十章	埃劳之战	249
第三十一章	《提尔西特和约》	255
第三十二章	入侵西班牙	261
第三十三章	法军榨取汉堡	272
第三十四章	同路易的分歧	277
第三十五章	进入维也纳	285

第三十六章	《肖恩布鲁恩条约》	291
第三十七章	同约瑟芬离婚	296
第三十八章	准备征战	301
第三十九章	困难重重	305
第四十章	征俄败归	308
第四十一章	德国境内的战事	313
第四十二章	莱比锡战败	317
第四十三章	缪拉叛离	323
第四十四章	联军进入巴黎	327
第四十五章	挣扎无效	335
第四十六章	第一次退位	343
第四十七章	妻离子散	348
第四十八章	流放厄尔巴岛	351
第四十九章	百日政权	357
第五十章	滑铁卢之战	367
第五十一章	圣赫勒拿岛的余年	385
附录		393
年表		401

第一章　早年

　　对于一个光辉灿烂的名字，只要略加思索就足以产生大批回忆录、秘史或叙事诗之类的著述。关于拿破仑的这类著述已经问世。一读这类著作，我们真不知应该惊讶那些作者的厚颜无耻呢，还是奇怪读者的宽容大度。但事实上，当代人的传记多半是诓骗，而一个伟人生前的史传不是颂词便是讽刺。

　　后世子孙对于拿破仑的评价当不至像他的同时代人那样众说纷纭。在未来的时代，对于他灿烂辉煌的历次凯旋的缅怀会大大减少，但他的六十次胜仗给全欧大家庭带来的祸患将会同时被忘却。他的征战和攻略将只能从其后果来估价；而他的政策则只能以他创立的各项制度的实用性和持久性，以及是否能同他所处的时代谐和来估价。

　　有人要问，是不是他不可能选择一种不像战争那么痛苦而壮观，却更须以智慧引人注目的行业；他宁肯要随伟大的军事荣耀俱来的声誉，却不要为人类幸福做出巨大贡献所带来的名望，虽不那么辉煌但更称人心愿的名望，这话究竟对不对呢？

　　公正估量他功绩的史家总有一天会出现。至于我本人，我甚至不敢妄想为他作传的荣幸；我只不过要在下文叙述我对这位杰出人物所知道的一切——我耳闻目睹并且保存了大量札记，因而自信知道得很透彻的一切。我称他为杰出人物是颇具信心的——他全凭自己的力量攫取了对一个伟大而文明的民族的独断统治权，打了那么多胜仗，征服了那么多国家，把一顶顶王冠分发给自己的家族，册立一批国王，又废黜了一批国王，自己几乎成了欧洲最老的君主，他无疑是那个时代最突出的人物；这样一个人不能称为凡人。

　　读者可别指望在这部回忆录里读到标志拿破仑伟大生涯的全部事件的连贯

综述或每次战役的详情。历次战役早有许多著名人士予以详述，他们才是能够胜任的人。非我亲身耳闻目睹的以及没有正式文件可资佐证的事情我都不讲。

拿破仑·波拿巴于1769年8月15日生在科西嘉岛的阿雅克修。他的姓氏原来写作 Buonaparte，但在第一次意大利战役期间他舍弃了那个u，只不过是为使拼法与读音相符并缩短签名。有人说他瞒了一岁年龄，他生在1768年。这话不对，他屡次告诉我，1769年8月15日是他的生日；我又是生在同一年的7月9日，年岁相差无几似乎增强了我们在布里恩军校的融洽和友情。

拿破仑是科西嘉贵族阶层代表、贵族夏尔·玛丽·德·波拿巴及其妻莱蒂齐娅·拉摩琳诺的次子；他们兄弟五人：约瑟夫、拿破仑、吕西安、路易和热罗姆；姐妹三人：埃利兹、卡罗利娜和波利娜。还有五个想必是夭折了，因为我们听说他母亲共有十三个孩子，三十岁便成了寡妇。①

波拿巴无疑是出身名门的人。我见过他得自托斯卡纳的关于他家谱的可靠记载，大部分写的是逼他家族离开意大利，避难科西嘉的国内纷争。关于这点我没有什么可以叙说的。他父亲很穷，他自己也是靠公费受的教育，许多体面的家族都曾享受这项利益。拿破仑的父亲夏尔·波拿巴呈交当时的陆军部长德·塞古先生的一份备忘录陈诉道，想排干盐沼的花费，以及耶稣会教士非法剥夺他的继承权，让他的家产减少了。这份备忘录的目的是请托委任年方十四的拿破仑为少尉，并请求让他第三子吕西安进入布里恩军校为官费生。部长对备忘录的批复是："只要他的次子留在布里恩军校，所请便碍难允准。兄弟二人不能同时收入军校。"拿破仑年满十五岁时即被送去巴黎坐等入伍年龄来到。

关于波拿巴童年的传闻很多，而且可分为态度相反的两类：有热情颂扬他的，也有极其荒谬地责难他的。这对那些凭借天才或其他有利境遇擢升到同胞之上的人是常有的事。力图在婴儿身上找出重大罪恶或崇高美德的萌芽是荒唐的。对于那些编造者出于仰慕或痛恨之情而用种种美德装饰他或把各种罪孽堆于他一身的故事，他往往报以开怀大笑。不过我还记得一则被添油加醋公之于众，因而多数读者都很熟悉的逸事。

1783年至1784年的那一冬特别令人难忘，因为大雪纷飞，封闭道路，铺盖山野，积雪深达六英尺至八英尺，拿破仑为不能从事他一向最喜欢的那些户

---

① 后来波拿巴一再承认他对母亲恩德的感谢，表示相信他日后的飞黄腾达多亏了她早年的训诫；而且居然把这点立为格言："儿童长大后行为的好坏完全取决于母亲。"——原注。

外娱乐和僻静地带的散步而深感无聊。游戏时间他别无消遣，只能混在同学群中，同他们在一间宽大的厅堂内来回散步。为摆脱这种单调乏味的踱方步，他想出一种新花样鼓动全校去玩：在大院子的雪里扫出通道，建立碉堡，挖掘壕沟，垒起胸墙，等等。"我们的工程完成了，"他说，"大家可以分成两股，演习一种围攻，这种新游戏是我发明的，所以由我来指挥进攻。"同学们高兴地接受了他的倡议，立即实行。这次模拟战斗持续了十五天之久，直到我们月掺进了沙砾和卵石的雪弹使许多学生，围攻的和被围攻的，都受了重伤，游戏才停止。记得我自己就吃了这种子弹很大的苦头。

波拿巴和我的友谊从九岁时开始。我们很快就变得亲密无间，因为我们之间有一种发自内心的同情。在1784年他从布里恩军校转到巴黎军校之前，我一直享有这亲密和友谊。我是那些最能适应他冷酷严厉个性的少年伙伴之一。他天生沉默，老是沉思被占领的科西嘉，再加上少年时期获得的自己国家不幸的印象，使得他寻求独处，他日常的举止也变得不讨人喜欢，但这只是一种表象，实际并不如此。我们同岁，因此在同一班学习语文和数学。热切的求知欲让他上学之初就显得超群出众。他刚进军校时只会讲科西嘉方言，但这个环境已经引起了他强烈的兴趣。当时的副校长杜布衣，一位彬彬有礼的先生和优秀的语法学家，负责拿破仑的法文课。他这名学生充分报答了老师的关切，在很短时间内还额外学完了拉丁文初级教程。但是他对拉丁文甚为嫌恶，以致十五岁才上到四年级。我在拉丁文课上很快超过了他，但数学课我从未能赶上他，据我看，他无可争议是全校最擅长数学的。我时常帮助他做拉丁文作文和翻译；他则以帮助我做数学题回报，他在这方面表现的敏捷机灵使我惊异不已——但他对于作文和翻译非常厌烦。

在布里恩，波拿巴黝黑的肤色（后来被法国的气候大大改变了）和锐利精细的目光，以及对老师和同学谈话的风度，都显得与众不同。他说话几乎总是没好气的样子，他肯定是不善交际的。我想这或可归咎于儿时的家庭不幸和故土被强占在他头脑里造成的印象。

学生轮流应邀去同校长伯东神父共同进膳。一天轮到波拿巴享受这项恩典，同桌有些教授知道他崇拜帕欧里[①]，故意在言谈中露出对帕欧里失敬之处。"帕

[①] 巴斯夸·帕欧里（1725—1807），科西嘉政治家、爱国者。

欧里，"波拿巴答道，"是个伟人，他爱国。我永远不能原谅我父亲，当过他的副官，竟会同意科西嘉并入法国。他应该与帕欧里共命运，随同他倒下。"

一般说来，波拿巴不讨同学的喜欢，他们也不去奉承他。他几乎不同他们交往，极少参加他们的娱乐。自己的故乡归属法国似乎使他心神不宁，他因此避开同学们那些兴高采烈的活动。不过我几乎老是同他在一起。游戏时间他躲进图书馆，如饥似渴地阅读历史书籍，特别好读波里比阿和普鲁塔克的著作。① 他翻阅阿利安的著作兴味盎然，但对昆杜斯·克提乌斯可不感兴趣。② 我常把他留在图书馆，自己投身伙伴们的运动。

这位科西嘉少年饱受同学们的嘲笑，脾气丝毫未改。他们老喜欢取笑他的名字拿破仑和他的故乡。他常对我说："我一定要尽我的全力整治这些法国人。"我多方劝解他时，他就说："你可从不侮辱我，你是爱我的。"

我们的数学教授巴特劳德神父非常喜欢波拿巴，他满有理由为有这样的高足而自豪。他在其他教授的班上成绩平平，他们也就没有注意他。他没有兴趣学习语文、典雅文学或美术；校中那帮学究看不出他会成为学者，往往认为他是个蠢材。大家常说他在布里恩受到严谨而完善的教育；但这话失实，因为那时修道士还无力进行这种教育。我必须承认，现在那些流传甚广的传闻和我在军校受到的贫乏教育，对于我恰成痛心的对比。我惊讶的倒是，那样的学校居然出了一个独一无二的能人。

波拿巴固然没有什么理由说他的同学们好，可也不愿告发他们；每逢轮到他查看他们玩忽职守的情况时，他宁可自己投入禁闭也不去揭发犯错的人。

波拿巴一生中完成的伟大业绩已经够多，无需再去夸大那些假托的童年奇迹。我如果说他是个平常的孩子，那是不公正的。我从没有认为他是平凡的。正相反，我必须声明，在一群竞争者中间他是个非常杰出的学生。

我在他的某些传记故事中读到，大约十四岁时，有一次他参加宴会，席间有人颂扬蒂雷纳，③ 一位女士说他当然是位伟人，但如果他不曾焚烧普法尔茨，

---

① 波里比阿（前203—前120），古希腊政治家和历史学家。普鲁塔克（46—125），罗马时代的希腊作家，《希腊罗马名人传》作者。
② 阿利安（86—146），希腊历史学家和哲学家。昆杜斯·克提乌斯，罗马历史学家，有关于亚历山大大帝的著作。
③ 蒂雷纳（1611—1675），法国元帅，战功卓著。拿破仑将其遗体重新安葬在巴黎残废军人院，以示尊敬。英国首相丘吉尔的祖先，第一代马尔博罗公爵曾在蒂雷纳手下服役。

她会更喜欢他。"如果焚烧对于他胸怀的目标是必需的话，"拿破仑说，"那又有什么关系呢？"这的确是一句妙语，可惜只是虚构的故事。波拿巴十四岁是1783年，他那时在布里恩，我们没有朋友，更不曾同女士们交际。

波拿巴进巴黎军校时是十五岁两个月。我和他乘坐双轮马车陪他到塞纳河畔诺让，彼此依依不舍而别。直到1792年我们才再次会面。这八年中我们始终通信，只是我完全没有料到他会走红运（而在他擢升之后有人说，这在他青年时期已有征兆了），所以这段时期他写给我的信件我一封都不曾保留，回信后当即毁掉了。我只记得他到巴黎约一年之际写给我一封信，提醒我履行在布里恩许下的诺言：同他一起投军去。我像他一样并同他一起通过了为进炮兵服役所必需的科目。为了以实习补充理论之不足，1787年我甚至去麦茨三个月。不料，1778年德·塞古先生发布的一项奇怪条例规定，愿意享受为国王和国家服役的荣誉的人，纹章盾上至少须有四个贵族职位以说明所需的才能。我母亲曾听说我们家有过的贵族职位不下十来个，便立即起程去巴黎找宗谱纹章局的道尼先生，呈交我出生前六星期故世的父亲的专利证件。她说，1640年路易十三曾颁赐贵族证书给福韦勒·德·维蒙特，因为后者在1586年曾冒生命财产的危险保住了勃艮第若干地区顺从国王；而他的家族从十四世纪以来一直担任地方高官。这一切都不错，但是据查，那个贵族证书不曾及时在国会注册，要补救此一疏漏，我们须交一万二千法郎酬金。我母亲拒绝交付，这件事就此搁置下来。

到巴黎军校后，他发现整个学校是那么富丽奢华，当即向副校长伯东呈交陈诉书。他指出这种教育制度是有害的，完全没有打算去达到每个贤明政府必定期待的目标。他埋怨生活方式对于"清寒士绅"而言过于奢华和娇养，不利于他们日后回到质朴的家庭或者适应军营的艰苦。他们仆从成群，前呼后拥，正餐两道菜，还有马匹和马夫，这一切都应取消。他建议强制他们做些个人生活琐事如洗衣服等，让他们吃为士兵制作的粗面包。他还说，戒酒和有节制地饮酒会使他们体格壮健，经受得住四时寒暑，不怕战阵疲劳，并能促使手下的士兵尊敬和服从他们。这是拿破仑年方十六时讲的道理，时间证明他自己从未背离过上述原则，设立在枫丹白露的军校便是明证。

拿破仑生性好动，眼光敏锐，有意见总是侃侃而谈，公开发表。他在巴黎军校未能久留。他的上司气恼他性格的果断，提前了他的考试期限，等到炮兵团有一名少尉出缺就把他递补上了。至于我自己，我于1787年离开布里恩，既因上述原委参加不了炮兵，便于次年带数德·蒙摩朗先生的介绍信前往维也纳，想在当时驻奥地利朝廷的法国大使馆谋求差事。跨入外交界以后，德·诺阿伊先生劝我去一所德国的大学，修习国际法和几种外语。因此我便前往莱比锡。

我刚到莱比锡，法国革命就爆发了。唉！合乎时代要求并为开明而头脑健全的人所向往的合理改革，同随之而来的整个国家的颠覆和毁坏，以及玷污了法兰西史册的累累罪恶完全是两回事。

1792年4月我回到巴黎，又会晤了波拿巴，重叙了少年时期的友情。我不走运，他也正在大倒其霉；他的智谋也时常背弃他。我们一无金钱，二无职业，像两个二十三岁的青年人理所当然的那样消磨时光。在这方面他比我还要窘迫。我们每天都着手某项新计划，守候某种有利可图的机会，但两人都一事无成。这段时期他向陆军部长谋求职务，我则向外交部钻营。我暂时算是两人中较为幸运的一个。

正当我们这样全无进展地虚度光阴时，6月20日①到来了——这是8月10日事件②的悲惨前奏。我们相约在罗亚尔宫附近圣奥诺莱街的一家餐室会晤。出来时我们看到大批暴众向市场方向逼近，波拿巴估计有五六千人。这是一群无赖恶棍，随带五花八门的武器，迅速拥向杜伊勒里宫，一边用不堪入耳的话大声咒骂。这批暴徒似乎由郊区居民中最卑贱最放荡的人组成。"我们跟这批贱民走。"波拿巴说。我们比他们先一步，在临河的阳台上占了个位置。在那里他目睹了随后发生的一幕幕丑剧；他被激起的惊骇和愤慨之情也委实难以形容。他说，这样的怯懦和忍让是不可原谅的；等到国王头戴一名暴徒刚给他戴上的小红帽出现在面向庭院的窗口时，波拿巴再也抑制不住自己的愤怒了："疯了！"他大声呼喊道，"他们怎能放进那个坏蛋？他们为什么不用大炮轰掉他四五百人？那样其余的马上就会逃散了。"

我们坐下来进晚餐时，他颇有见识地谈论这场弹压不住的暴乱的前因后果。他预见到并且敏锐地洞察了随后发生的一切；在这方面他没有看错。8月10日很快到来了。至于我本人，在6月20日之后不几天已接受了驻斯图加特公使

---

① 1792年6月20日巴黎人民在杜伊勒里宫前示威。
② 同年8月10日巴黎市民攻入杜伊勒里宫，中止路易十六王权。

馆秘书的任命，于8月2日去上任，直到1795年才再见到我那年轻热忱的朋友。他对我说，我的离去将促使他提前去科西嘉。我们分手的时候似乎感到后会的希望颇为渺茫。到悲惨的8月10日以后，波拿巴再访科西嘉。他到1793年才回来。

我不在法国期间，波拿巴以营长身份打了他的第一仗，在攻占土伦时立了大功。对他生平的这个时期我没有亲身了解，因此不能以目击者的身份讲述。①

科西嘉内战中拿破仑的父亲夏尔·波拿巴在帕欧里将军麾下服役。那次内战结束后帕欧里一直侨居英国。法国革命一爆发，他就为科西嘉有希望重获自由而高兴。他来到巴黎，作为历经考验的自由之友受到称赞和接待，被任命为故乡科西嘉岛的长官。有一个时期他的施政颇为贤明和得体。但当革命向前推进时，帕欧里同其他大部分聪明人一样，满足于由几名首领任意裁决一切，而不是按法律和符合理性的自由行事；公开宣称他嫌恶日益增长的雅各宾主义的政策以及这种政策引起的骚动和流血景象，因而被国民议会斥责为法兰西的敌人。由拉库姆、米歇耳和萨利切蒂（他是国民公会中的科西嘉代表之一）指挥的一支远征军被派去褫夺他的官职；帕欧里号召他的同胞拿起武器保卫他和他们自己。

正当这时（1793年），波拿巴向团里告假回科西嘉探望母亲。同他熟识的帕欧里多方设法把他网罗到自己的事业中去，但是波拿巴深信科西嘉地方太小，难以保持独立，势必要归法国或者英国统治；而归顺法国倒更符合地方的利益。所以他谢绝了帕欧里的一切提议而献出他的剑去为萨利切蒂服务。他被临时任命指挥国民自卫军的一个营；他接受的第一次军事任务是攻占阿雅克修附近一个叫作托来·迪·卡比泰罗的小堡垒。他攻下了堡垒，但是随即就被围困在内。他和守军英勇抵抗了一阵，曾一度靠吃马肉活命，最后甘愿撤出小堡逃往海上。这时英国政府开始援助帕欧里，亲法派的目的一时似乎无从达到。波拿巴一家被逐出科西嘉，母亲和姐妹们先逃难到尼斯，以后又去马赛，有一段时期他们备尝亡命和贫困之苦。拿破仑又回到团里。他已选定法国作为祖国；而且说实在的，他对自己家乡似乎很少或者简直没有什么感情。

如上所述，波拿巴的第一次军事行动发生在1793年夏季。法国国王已于

---

① 为使布里昂的叙事得以连贯并补足波拿巴履历中这一有趣的部分，我们从他的另一本传记中摘录有关部分。

那年 1 月 21 日被处死；其后不到一个月，国民公会向英国宣战。事实上，同样残酷和暴虐的谋害国王之举已使欧洲各国君主联合起来反对革命事业，在法国国内也引起了强烈反对。法国在地中海上的大港口和军火库土伦的市民怀着伤感情绪，把英国和西班牙舰队的士兵请上海岸来，参加他们的抵抗并且守卫他们的城市。因此联合舰队的两国司令占领了土伦，一支英国、西班牙和那不勒斯的混合部队准备防守当地。在港口和碇泊处大约有二十五艘战列舰，市内还有海军和陆军的各种大仓库，因此土伦的叛离被革命政府视为头等灾难。

　　此事发生在有"恐怖时期"之称的那段时间，虽然政府什么也没有，但抵抗外来侵略的精力却表现得十分充沛。有两支军队迅即向土伦进发；经过多次战斗，攻取了市镇后面丘陵地带的各条通道，终于包围了该城，于是一场著名的围攻战开始了。

　　围攻先由不中用的纨绔子弟卡尔托指挥，他过去是画家；后来改为当过医师的懦夫多佩，两人都十分无能。当波拿巴带了炮兵指挥委任状出现在司令部时，卡尔托还没有撤换。据说他的受任是由于萨利切蒂的私人关系，但是他在军校得到的成绩优良证书可能更有作用，再说，他在拉费尔团里那么些年，要说没有得到某几个上司的赏识也是不大可能的。不论到底怎么回事，卡尔托对他的接待可说是傲慢的。卡尔托身穿挂有金带的军服，大模大样地踱步，说无须他来相助，不过欢迎他来分享自己的荣誉。

　　围攻土伦期间，拿破仑在敌人炮火下构筑炮台，因事起草公文，征求能够动笔的人。一个名叫朱诺的年轻军士跳了出来，靠在胸墙上记录下他口授的话。刚写完，一发炮弹落在朱诺身旁。霎时间尘土弥漫，遮住了他和周围的一切。"好啊，"这位士兵笑着说，"这下子我们可以省下沙子了。"这种冷静的乐观很讨波拿巴的喜欢，他两眼注视这个人。朱诺日后成了法兰西元帅，即阿布兰特什公爵。

　　拿破仑到来后，在博瑟找到了司令部。大家正忙着准备火烧土伦碇泊场的联军舰队，第二天这位炮兵司令就随同总司令迪戈米埃一起去各处巡视炮台。使他吃惊的是，一座配备六门二十四磅炮的炮台设置在距奥利乌尔谷山口四分之一里格①处，离英舰还有三个射程，离海岸还有两个射程，谷特多尔的志愿

---

① 法国长度单位，1 里格约等于 3.25 至 4.68 公里。

兵和勃艮第团的士兵正在全力炮轰这一带所有的乡间农舍！他对此惊异不已。①

炮兵司令最关心的是召集当地在革命形势下被解职的大批军官。六星期后，他已能聚集、组织和供应两百门炮及全副装备。加桑迪上校被任命为马赛军用建筑器材厂厂长。各炮台向前推进，布置在海岸最有利的地点，这样效果极好，有些大舰被轰掉了桅杆，一些小舰被击沉，敌舰被迫放弃了那个碇泊处。

炮兵司令花了一个月时间周密侦察了战场，熟悉了每个局部的地貌，提出了最终攻陷土伦的进攻计划。他认为在当地环境中，要塞委员会提出的所有方案全都无用；据他的意见，正规的围攻战毫无必要。

一句话，他宣称完全不必向土伦推进，只需占领他提出的阵地，即巴拉聂和厄吉利特两岬的顶点；这个阵地是他个把月以前发现的，他已向总司令指出并保证，如能用三个营攻下来，四天之内准可拿下土伦；从他最初观察到这里以来，英军似已充分意识到其重要性，竟派出四千人登岸驻守。他们砍掉了控制整个阵地的克尔岬上的全部树木，征用了土伦的一切人力直至苦役来保卫他们。用他们自己的话说，他们是要把那地方变为"小直布罗陀"。于是，一个月前可以不遇任何抵抗轻易攻取的那个阵地，如今必须用重兵进攻；冒险强攻是不明智的，只有构筑炮台，架设二十四磅炮和臼炮轰毁木构肩墙，破坏栅栏，再以密集炮弹猛击要塞内部；用强有力的炮火轰击四十八小时，然后派精兵冲击这座要塞。

法军按照他提出的计划建立了五六座针对小直布罗陀的炮台，为十五门臼炮修筑了台座。还建造了一座配备八门二十四磅炮和四门臼炮的炮台，用以对付马尔博斯克要塞。这项工程是秘密进行的，因为投入的人工完全被橄榄园遮蔽住了，敌人一点没有察觉。

在同马尔博斯克这个重要堡垒相距这么近的地方建立起这样巨大的炮台，使土伦的联军指挥官奥哈拉将军大为惊骇。他下令拂晓必须出击。炮台位于军队左翼中央，部署的队伍约六千人，据有鲁日要塞至马尔博斯克要塞一线。这样布置是为了截断一切单独的交通，虽然过于分散，但任何一点都难以有效抵抗。

天明以前一小时，奥哈拉将军率领六千士兵冲出要塞，除散兵遭遇外未遇抵抗，遂使炮台的大炮受挫。

---

① 从此段开始到本章结束，摘自拿破仑在圣赫勒拿岛口授的回忆录。

这时总部敲起战鼓，迪戈米埃匆忙集合部队：炮兵司令自己站在炮台背后的小山岬上，那里有他以前建立的军械库。从这个据点到炮台的交通是用通道代替沟堑维持的。他在这里观察到敌军已经列队趋向炮台左右两侧，于是计上心来，率领驻守近处的一营人穿过通道。按照他的计划，他们从荆棘丛中神不知鬼不觉地趋近炮台，立即向英军猛烈开火。英军全然出乎意料，竟以为是右方自己的部队出于某种误会而向左面军队开的火。奥哈拉将军连忙赶往右方纠正他以为的误会。他的手中了毛瑟枪弹，被一名军士捉住，拖进通道当了俘虏。英军主将的失踪事出突然，连他自己的部队都不明他的下落。

这时迪戈米埃把他所集合的部队部署在炮台和市镇之间阻挡敌军。敌军当即开始退却。他们被尾追不放，直至要塞入口，溃不成军地退入要塞，竟没顾及查明他们司令的命运。迪戈米埃在此战中受了轻伤。那天表现最出色的是来自伊泽尔的一营志愿军。

迪戈米埃决定对小直布罗陀发起决定性攻击，因此炮兵司令把七八千发炮弹运入炮台，用三十门二十四磅炮轰击要塞。

12月18日下午四时，部队开出营地向塞纳村进发：计划于午夜进袭以避开要塞和中间各据点的火力。迪戈米埃一如既往，亲率先头部队发起勇猛无比的进攻，但是败下阵来。他万分绝望地呼喊："我是败军之将了。"当时无论从哪一点说，打胜仗都是头等重要的事。因为打了败仗，那个倒霉的将领往往会被送上断头台。

炮火和枪击仍在继续。炮兵上尉米隆，一个英勇无敌、智谋过人的年轻人，对于阵地情况了如指掌。他巧妙地利用上升途径的盘旋曲折，不费一兵一卒便引导部队登上了山。他攻到要塞底角，从一个炮眼冲进去，手下士兵随之而入，竟拿下了要塞。英军和西班牙军的炮兵在他们的大炮边上被杀。米隆本人则挨了一名英军的枪刺，受了重伤。

法军炮兵占领要塞后，马上把炮口转向敌人。

拂晓，法军向巴拉吉耶和厄吉利特进发。敌军早已撤出这两处阵地。法军运来了二十四磅炮和臼炮准备安装到炮台上，并计划在中午以前炮击联合舰队。但是炮兵司令认为炮不能安装在那里。炮台是石砌的，施工的工程师犯了个错误，在正当进口处设置了一座大石堡，距底座较近，只要击中，炮弹便会连同石片碎粒一同弹回到炮手身上。因此他们把大炮架设在炮台后面的高地上，这就要到次日才能开火；但是英国舰队司令胡德勋爵一见法军已经占领这几处阵地，便立即发出讯号，拔锚驶离碇泊处。

接着他去土伦通知：赶紧直接出海，一刻也不能延误。天色阴暗，乌云密布，种种征兆预告，这个季节可怕的里伯乔风（即西南风）即将来临。联军司令部当即开会，一致认为土伦已扼守不住。因此他们开始设法一面把部队撤上船舰，一面把拖不走的法舰焚烧凿沉，并在海军各机关纵火。他们还通告所有居民，愿意离去者可以登上英国和西班牙的舰只。

入夜，要塞被英军炸毁，一小时后部分法国舰队着火，九艘七十四门炮的舰只和四艘巡洋舰或海防舰葬身烈焰。

军火库的烟尘和火焰如同火山喷发，在碇泊处焚烧的十三艘战舰活像燃放色彩绚丽的烟火。烈焰持续数小时之久，把各舰的桅杆和舰身映照得轮廓分明，看去十分壮观。法军目睹这巨额的物质财富转瞬之间化为乌有的场面，心肺俱裂。起先他们唯恐英军炸毁莫尔格炮台，但英军似已来不及干。

随后炮兵司令前去马尔博斯克，敌军已撤离这座要塞。他下令野炮扫射市镇周围的防御壁垒，又以榴弹炮轰击港口，更加剧了局势的混乱。后来把停在路边炮架上的臼炮安置到炮台上，朝同一方向射击。

在此期间，厄吉利特和巴拉吉耶两炮台向碇泊处的舰只持续开火，重创英舰多艘，使大批载有士兵的运输舰沉没。各炮台火力彻夜不停，拂晓时见到英舰已经出海。上午九点，强烈的里伯乔风大作，英舰被迫避入耶尔河。

攻克土伦的捷报轰动了普罗旺斯和整个法国。这样的胜利原是意想不到的，几乎是不抱任何希望的，因而格外激动人心。

拿破仑因这次战役而闻名，晋升炮兵准将，奉命前去指挥意大利方面军的炮兵部队。迪戈米埃将军则被任命为东比利牛斯方面军总司令。

第二章　发迹

攻克土伦以后，波拿巴职务迅速擢升。1794年7月13日，人民代表以及意大利方面军通过下述决议："兹委派波拿巴将军前往热那亚，会同法兰西共和国代办就指令内开列各事与热那亚政府谈判。"除这项指令外，还密令他调查热那亚和萨沃纳以及邻近各邦所有要塞的状况，并尽可能了解法国大使提利在民事和政治两方面的行为；还要搜集可以显现热那亚政府对于（反法）联盟意图的一切事实。

这项使命以及秘密训令证明，未满二十五岁的波拿巴已受到那些身负慎重遴选办事人员之责的人的信任。

他前往热那亚，完成了指令中的各项使命。热月9日到来了，称作恐怖分子的各代表为阿尔比特和萨利切蒂所取代。在当时存在的混乱状态下，他们不是不知道授给波拿巴将军的各项命令，就是对这位青年炮兵将领的声名日噪怀抱嫉意。可能为此缘故，这两名人民代表竟下令逮捕波拿巴将军，停止他的职务，把他送交公安委员会受审。而且，看似古怪的是，这项决定做出时，波拿巴正在为执行人民代表的命令而奔波。

如果这项命令早三星期发布，或者波拿巴是在热月9日之前被交付给公安委员会，那么他的履历很可能到此告终，我们会看到他二十五岁就在断头台上丧生，而他，凭他那博大的设想，他那宏伟的计划，他那军事荣耀之伟绩，他那出奇的好运气，他那屡犯的错误，他那历次的败北，以及他那最后的垮台，是注定要在此后二十五年中震惊世界的。

被捕以后，他向阿尔比特和萨利切蒂递交了一份非常有力的意见书，结果是又受到一次特别审讯。1794年8月20日，两人发布公告，宣称并未发现他的行为有何可疑之处，下令暂予开释。他被捕共十五天。

波拿巴将军回巴黎去了，不久我也从德国回到巴黎。我们又恢复了亲密交往，他给我讲述了他在南方战斗中亲历的一切重大事件。他爱谈论自己在土仑的军功。说到最初几次成功时，他总是情不自禁地露出眉飞色舞和心满意足的样子。

当时的政府想派他去旺代郡任步兵准将。两个原因使这位青年将领辞谢了这项任命。他认为那里的行动场面不足以施展他的才能；他还认为，把他从骑兵调到步兵的打算是对他的侮辱。后一条经他正式提出作为拒不从命的理由。公安委员会鉴于他拒不接受对他的任命，下令从现役将官名册上勾销他的名字。

这次意想不到的打击深深挫伤了波拿巴的情绪。他又恢复了私人生活，但很快发现，强加于他的这种闲散生活是他热忱的性情和青春的精力忍受不了的。他寄居在迈勒路上距胜利广场不远的一座房子。我们又开始过1792年他去科西嘉之前的那种生活。他痛苦地决定耐心等候当权诸公消除对他怀有的种种偏见；他期望在局势不绝变化之中权力终将落入对他抱有好感的那些人之手。这段时期他经常同我和我哥哥同进晚餐，共度良宵；那时他举止亲切，谈笑风生，非常讨人喜欢。我几乎每天上午都去找他，在他那里遇见好几位当时的风云人物，其中有萨利切蒂。两个人经常是无话不谈的，而且萨利切蒂很愿意同他单独相处。有一次他迫于贫困，不得不卖掉他的马车，萨利切蒂交付他三千法郎作为车价。我猜想，我们这位青年朋友不是已经成了就是愿意成为某种政治阴谋的一员。他那时变得心事重重，老是抑郁不快而且心绪烦躁，显然每天都迫不及待地等候萨利切蒂上门，而后者因为牵连在1795年5月20日的叛乱运动中而被迫撤往威尼斯。有时他也回到一些比较实际的念头。他羡慕他哥哥约瑟夫的红运。约瑟夫刚同一个富裕而有身份的马赛商人的女儿克勒里小姐结婚。他时常说："约瑟夫那家伙真走运！"

时光流逝而一事无成，他的计划连遭失败，他的申请无人领会。这种不公使他心里难受，一心想有所作为的愿望苦苦折磨他；他再也不能在芸芸众生中混下去了。他决意离开法国。他此后从未抛弃过这个心爱的念头，即东方是最牢靠的求荣途径，促使他决定前往君士坦丁堡去请求为土耳其大君效劳。当此浮想联翩而激动不已的时刻，他有何梦境不曾经历过，有何庞大计划不曾设想过！他要我同行，我谢绝了。我把他看作青年狂热分子，为不停地动脑筋和亲身感受的令人气恼的冷遇，外加缺少金钱，不顾死活地决心铤而走险。

他不曾怪罪我拒绝陪伴他，只是说他会有朱诺、马尔蒙和另外几名他在土伦结识的军官做伴，他们愿意与他同甘苦共命运。

他心怀这种情绪起草了一道致奥伯和可尼的呈文，请求把他和另外几名不同兵种的军官在法国政府赞助下派往土耳其。几人合在一起具备完整的军事技艺知识，足以把大君的军队编练得适应当时的局势，因为看来土耳其政府极可能同法国结盟并因此遭到大陆上奥地利和俄罗斯军队的进攻。

这次呈请未得批复，土耳其依然未获援助，而波拿巴照样无所事事。不过，如果此文得到批示，"照准"一词或将改变欧洲的命运。

后来波拿巴终于被任命为驻荷兰一个炮兵旅的旅长，但是由于危机逼迫已有征兆，他又要被指派到较近的更加重要的战地上去效命。

动荡纷乱的局面延续到葡月13日（1795年10月5日）风暴的爆发。这是巴黎各区进攻国民公会的一天。这一天对波拿巴惊人的命运产生了极大的影响。这一点，尽管当时理解不透，却是日后震撼全欧天翻地覆动乱局面的本源。当时抛洒的鲜血浇灌了他年轻时野心的幼芽。必须承认，像1795年至1815年间这样充满了异常事件的时期，在以往任何时候的史册上也是罕见的。如果一个人的姓名多少可以纪念这些奇异的事件，那他便可以被认为是永垂不朽的。

我从七月份起闲居在桑城，仅从报章和公开报道上获知各区举事的起因，所以我不能肯定地说出在这次爆发前的那些密谋中波拿巴有多大的份。巴拉斯称他为那出血腥惨剧的副指挥，看来他不过是其中的次要角色。我对那天种种事件的记述，是他本人在一封具备他一切文风特色的亲笔函件中提供给我的：

13日清晨五时，人民代表巴拉斯被任命为内防军总司令，波拿巴将军为副司令。

野炮还在萨布龙军营，仅有一百五十名士兵守卫，其余的在马利，有两百人守卫。默东的军用仓库根本无人警卫。斐扬只有几门四磅炮，没有炮手，仅有两万四千发炮弹。粮秣仓库分散在巴黎各区；许多区里敲击紧急集合鼓，法兰西剧院在筑起街垒的2号桥布置了若干前哨。

巴拉斯将军命令炮兵从萨布龙军营开赴杜伊勒里宫，又吩咐从第八十九营和宪兵营中征发炮手布置到杜伊勒里宫。他从凡尔赛带来的警察团中抽出两百名派往默东，还派去五十名骑兵和两连退役士兵。他下令将马利的各仓库迁移到默东，征集弹药，并在默东设厂制造弹药。他不靠各区的粮食而一连数日共应军队和国民公会粮食。坐镇民族宫的韦迪埃将军极度沉着地指挥操练，奉命非到最后关头不得开火。

这时，四面八方纷纷来报，各区都在武装集合，组成队伍；他派兵守卫国民公会，备妥炮兵用以击退叛众。他在斐扬设置野炮轰击圣奥诺莱街；街道两端各架设两门八磅炮，为防备万一，更布置后备炮多门，用以侧击可能强行通过的队伍。他在卡鲁塞尔广场留下三门八磅榴弹炮，对准那些可能被用来对国民公会纵火的房屋。四点钟时，叛乱队伍从各条街道涌上前来列队。再缺乏经验的队伍也知道抓住这个关键时刻发起攻击；但是行将抛洒的鲜血是法国人的鲜血；应该让那些已经为叛乱罪玷污并误入歧途的人首先向他们的同胞开枪，这样可以加重他们的罪孽。

四点三刻，叛军排列成行，向各个据点发动进攻，但是到处都被击退。法国人的鲜血在流淌，那一天的罪恶和耻辱落到了巴黎各区。

死者之中，逃亡分子、老财主和贵族随处可见。俘虏中绝大部分是沙勒特的朱安分子①。但是各区还不承认失败，他们退到圣罗歇教堂、共和国剧院和平等宫，到处煽动居民武装起来。要避免再流血，必须制止他们集合并迅速追击，可是不要在难行的狭道上交战。

巴拉斯将军命令在革命广场率领后备部队的蒙肖西组成一个纵队，随带两门十二磅炮，沿林荫大道前进，绕过樊多姆广场，在总部设置通前哨的连接点，然后返回。布律纳将军带两门榴弹炮在圣尼开斯街和圣奥诺莱街展开。卡尔拉将军率领本师两百名士兵和一门四磅炮开赴平等广场。接连有两匹坐骑被击毙的波拿巴将军也赶往斐扬。各纵队开始行动，夺取了叛众业已退出的圣罗歇教堂和共和国剧院。叛众退往拉罗街地势高的地方并构筑了街垒。夜间派出巡逻小队，并不时开几炮控制他们。

拂晓，巴拉斯将军获悉，一批圣热内微学院的学生带了两门炮出发去参加叛众。他派出一队龙骑兵把炮夺来运到杜伊勒里宫。

各区虽然已被击败，但仍表现出要抵抗的坚定决心。他们在格勒内尔区各条街上筑起街垒并在各主要马路上架设了大炮。九时许，拜鲁耶将军占领了樊

---

① 信奉天主教并拥护王室的叛乱者，大部分为农民，因模仿猫头鹰叫声呼唤同伴而得名。

多姆广场的一处阵地，用两门八磅炮对贝勒蒂埃的这个主要阵地施加压力。瓦肖特、布律纳和杜维其等三将军所率各师也做好进攻准备。各区叛众眼看他们的退路可能被截断，勇气顿时低落。他们撤出阵地，我方士兵一出现便忘记了他们装腔作势要保持的法国骑兵的荣誉。

布鲁土斯区仍然令人不安，因而予以封锁。各处的爱国分子恢复了勇气，用短剑武装起来反对自己国家的逃亡分子不见了，各处人民都确信自己受骗上当了，是愚蠢的。

次日，贝勒蒂埃区和法兰西剧院被解除武装。

从上述葡月13日事件的报告中可以看出，波拿巴指责他称之为叛众的那些人挑动流血时是多么于心不忍。他力图证明他的敌人是那帮侵略者，但可以肯定，他对那天一直感到悔恨。他时常对我说，他宁愿减寿数年来撕掉个人经历上的这一页。他毫不怀疑巴黎市民对他十分恼怒；巴拉斯将军的这番话当时他听了非常得意，现在却宁愿没有这回事："多亏波拿巴将军得力而及时的部署以及他配置部队的能力，我们才保全了（杜伊勒里）宫室。"此话极确，但说出真话并不总是讨人喜欢的。

这次国内斗争的结果把波拿巴推到前列，擢升到众人之上，不久便提拔他指挥那支此后在他率领下屡战屡胜的军队。

他担任巴黎司令官时，据说有个十岁或十二岁的孩子欧仁·博阿尔内去见他，请求发还父亲的佩剑。他父亲博阿尔内子爵是共和国军队的将官，是被罗伯斯庇尔处死的。波拿巴允准了孩子的请求，那孩子含泪接过佩剑并亲吻这件遗物，这引起了他的注意。他对这孩子甚为和善，因此第二天孩子的母亲约瑟芬·德·博阿尔内前来向他致谢；她的美貌和服饰的高雅给了他强烈的印象。两人从此开始结识，很快便发展到要结婚的地步。

我于葡月13日之后从桑城回到巴黎，那次小住期间我见到波拿巴的次数不及以往多，这我只能归因于他新职之庞杂繁忙。我只有在早晚两餐时见到他。有一天，他要求我观察几乎坐在他正对面的一位夫人，征求我对她的意见。我回答他这个问题的方式似乎使他感到满意。他滔滔不绝地谈论她，她的家世以及她各方面和蔼可亲的品质。他告诉我他可能同她结婚，他相信同这位年轻寡妇的结合和他的幸福有重大关系；我从他的言谈中不难判断，这门亲事对他的雄心壮志将是强有力的支持。他与心爱的她关系越来越亲密，使他接触到当时最有势力的那些人物，给了他实现个人抱负的手段。

婚礼于1796年3月9日举行，婚后他在巴黎只住了十二天。这次结合除了几片乌云外可说是情投意合的。据我所知，波拿巴从来没有把烦恼的真正原因透露给妻室。除美貌外，波拿巴夫人还具备许多优良高贵的品质。我确信，熟识她的人多数都有理由道她好；她也确曾给少数人提供了抱怨的口实。仁慈在她是天生的本能，她对熟人和善可亲；但是她选择自己信任的人不够审慎，有时她赏赐与保护的人很不得当。她过分爱好漫无节制的铺张浪费，这似已成为根深蒂固的习惯，以至于她毫无动机地耽迷其中。这就时常引起她和丈夫之间不愉快的纠纷，每到付账日子，她报的账总是不到账单上的半数，一旦真相大白，她只得听从人家公允的规劝。她掉过多少不必要的眼泪啊！

现在巴黎已经恢复平静；督政府有时间把注意力转移到意大利方面军事务上。这支军队已陷于不能令人满意的混乱不堪的境地。他们决定委派一名新的司令，便任命波拿巴担任这个大家羡慕的要职。

1796年3月21日波拿巴离开巴黎，去马赛匆匆探望他母亲后，兼程赶到尼斯的司令部。他在二十六岁担任了意大利方面军司令；得知只要打胜仗，荣誉可以独享，不免大喜过望，心情振奋。他在土伦，在柯耳·迪·坦特，甚至在巴黎各区事件中，都是为他人做嫁，因为司令正职名义上在巴拉斯之手。这回他热情满怀，决心大显身手。有一名督政对任命他为司令有些犹豫，对他说："你太年轻了。"拿破仑答道："一年之内我不变老便当战死。"这位督政对拿破仑年纪过轻还有些放心不下，于五月初提议任命阿尔卑斯方面军司令克勒曼为意大利方面军副司令。波拿巴对此甚为不满，5月24日他写信给卡尔诺道："在何处任职对我都一样，我的雄心壮志不过是为祖国效劳，使后世子孙认为我值得载入我国史册而已。如果你要克勒曼和我共同指挥意大利方面军，就会弄糟一切。他比我有经验，比我懂得如何指挥作战，可是把我们两人搁在一起却干不好。我不愿同一个自诩为欧洲头号将领的人共事。"

"他获知全军人数约为五万，但是极度缺乏骑兵、各种军需品、被服甚至粮食，而且处于人数大占优势的敌军监视下。正是在这种情况下，他迅速宣布了突破意大利通道，变敌方最富饶的地区为战场的大胆计划。'士兵们，'他说，'你们缺吃少穿；共和国亏欠你们很多，但是国家还没有力量还债。我是来带领你们打进天下最富庶的平原去的。丰饶的省区、富裕的城镇，全都任凭你们处置。士兵们，你们面临这样的前景，能不鼓起勇气，坚持下去吗？'这是他第一次对部下士兵讲话。士气日益低沉的士兵们听了这位年轻无畏的带头人的声音，心潮起伏，满怀希望和信心。奥热罗、马塞纳、塞律里埃、儒贝尔、拉纳等优秀将领——他们也许各自觊觎总司令之职——自从开始理解他的性格和体制的那一刻起，无不感到追随拿破仑的将星才是真正的荣耀之路。"

"即将出发的远征目标有三：第一，迫使已经丧失萨伏衣和尼斯，但仍在皮蒙特边界上保持一支强劲军队的撒丁国王背弃同奥地利的联盟；第二，大胆侵入伦巴第，迫使奥地利皇帝在那个地区疲于奔命，以便削弱一直徘徊在莱因河一带的各军；如果可能，还要鼓动奥皇的意大利籍臣民采纳革命体制，摆脱枷锁，永远解放自己；第三个目标虽然比较遥远，却是同样重要的。督政府认为罗马教会的影响是法国保王主义事业的主要支柱，尽管这是秘密的；迫使梵蒂冈变得无能为力，不然至少迫使其屈服并默不作声，看来这是使法国国内保持平静所必不可少的。革命政府除了这个引起嫌恶和猜疑的根本原因之外，另有一项深仇大恨要报。三年前法国使者巴斯维尔在罗马的一次群众骚乱中遇害：教皇的军队不曾出来干预和保护他，教皇也不曾惩办那帮凶手。"

"拿破仑攻入意大利繁华区域的计划与古来所有入侵者都不同，他们毫无例外地都是从宏伟的阿尔卑斯山脉某一处翻过。他则认为，与其沿那些高大山障和地中海之间狭窄但比较平坦的地带推进，在阿尔卑斯山脉尽头亦即亚平宁山脉开端的最低处强行通过，达到同样目的要容易得多。他刚着手向这个地区集中兵力，奥地利将领博利厄就采取各项措施以保卫热那亚和意大利的门户。他本人带领手下一部分军队坐镇距热那亚不足十英里的沃尔特里镇，派阿根陶率领另一支奥军驻守更靠西的一处强固高地诺泰山，又命科利带领的撒丁军进占切瓦——这样就构成联军全线的极右翼。法军要向热那亚推进，势必要遭遇这样布防的、博利厄以为彼此呼应灵便的三支军队之一。"

"现在波拿巴要初显身手，来难倒那些妄自以为战争不会有什么新花样的人了。4月10日阿根陶兵临诺泰山，在蒙特列则诺袭击诺泰山和诺泰村前的某些法军堡垒。在此同时，塞沃尼将军和法军前锋在沃尔特里附近受到博利厄的攻击，被迫后撤。全靠在蒙特列则诺指挥作战的朗蓬上校坚毅勇武，使阿根陶从10日到11日一直陷于困境。波拿巴对监视住博利厄感到放心，决定把有实效的一击对准敌军阵线的中央。11日夜晚，各路队伍一齐向蒙特列则诺进发，塞沃尼和拉加尔普的队伍来自法军阵线的前卫，奥热罗和马塞纳的队伍来自法军阵线的后卫。12日拂晓阿根陶正准备再次进攻蒙特列则诺时，发现他要对付的已不仅是朗蓬和他英勇的队伍了，法军队伍已开到他的背后，他的侧翼。并集结在蒙特列则诺工事的后面。一句话，他已陷入重围。他被迫在山岭间撤退，丢弃了军旗和大炮，一千人战死，两千人被俘。联军阵线左翼的总司令和右翼的科利将军甚至还没意识到战斗正在进行，阵线中央已彻底溃败了——这就是诺泰山战役，拿破仑的首次战役。"

"首战告捷的第二天，他下令对奥军阵线发动总攻。奥热罗带领一师生力军在左翼进攻米列西莫；马塞纳率领中军朝向迭戈；指挥法军右翼的拉加尔普则按计划包抄博利厄的左翼。"

"奥热罗冲击米列西莫的前哨据点，占据并扼守住防卫该地的后通道，切断了据守科萨里亚高地的普罗维腊和两千名奥军同科利主力部队的联系。翌晨波拿巴亲临战地，逼迫科利应战而大破之。科利溃退，陷于绝境的普罗维腊只得无条件投降。"

"波拿巴乘胜追击，分隔了奥军和撒丁军，再次击败这两支敌军，撒丁军可说是在悲惨的败退中遭到歼灭的。他们丧失了全部大炮和辎重以及最精锐的部队。"

"战胜的将军进占距都灵不足十英里的凯拉斯科，在该地提出允许撒丁国王保留少许君主权力的各项条款。"

"这样，拿破仑不到一个月就打开了意大利的大门。他三战击败了人数远远超出己方的敌军，造成对方伤亡和被俘的损失共达两万五千人；缴获八十门炮和二十一面军旗；打得奥军一蹶不振，撒丁国王的军队全军覆没；从撒丁国王手中夺取了号称'阿尔卑斯锁钥'的两大要塞科尼和托尔托那——实际上是夺取了他版图以内除都灵本身外一切较为重要的地点。那位不幸的君主受不了这样的奇耻大辱。他是路易十六两名兄弟的岳父，感到女婿的事业和他本人的尊严同样扫地荡尽，在签署《凯拉斯科和约》之后数日即不胜抑郁地死去。"

"这次短暂战斗表现的绝顶天才是不容争辩的；这位年轻的司令上报督政府的呈文用语谦逊，更于盛誉之外增添了美德。此时波拿巴的名字白璧无瑕；全欧洲都钦佩地注视他的功业。"

第三章　征意战功

波拿巴成为皮蒙特之主。他在侵入伦巴第之前稍事停留以整顿军队。他向打了胜仗的军队指出展现在他们面前富饶广阔的平原；他在一份传阅的文告里提醒他们说："汉尼拔曾经强行翻越阿尔卑斯山，我们也绕过来了。你们以前要啥没啥，可是现在你们已经补充了所短缺的一切。你们缺少大炮而打了胜仗，不靠桥梁渡过了河渠，没有靴鞋完成了强行军，得不到烈酒就野营露宿，还经常接不上面包。唯有共和国的同志们，为自由而战的士兵，才忍受得了这一切。感谢你们的坚忍意志！但是，士兵们，你们大功尚未告成——因为要做的还很多：我们还没有拿下米兰。攻占塔尔克维尼的烈士，他们的骨灰还被刺杀巴斯维尔的那帮凶手践踏。"

奥军主将在波河对岸集中兵力，阻拦敌军渡过这条大河直趋伦巴第首府。

"拿破仑千方百计要博利厄相信他打算在瓦兰察试渡波河；而那位冥顽不灵的奥地利将领，由于自己曾在瓦兰察渡过波河，竟轻易相信那种种表现都是真实的。这时他狡猾的对手用难以置信的速度急行军到波河下游五十英里的皮亚琴察，5月7日出现在该地，使刚巧在那一带侦察的两连奥地利骑兵惊慌失措。他只能用普通渡船载运士兵渡过那条大河。只要当地有一支像样的军队对付他，他决不能渡过。（日后享有盛名的）安德烈奥西是先锋队指挥官，（日后的蒙特贝洛公爵元帅）拉纳率领数名掷弹兵首先登上对岸。德国轻骑兵[①]当即被逐出阵地，法军不折损一兵一卒便渡过了这条大河。"

"博利厄察觉自己上了当，便前往皮亚琴察，一心要使入侵的军队背靠波

[①] 即奥地利轻骑兵，因当时整个德国各邦分立，奥地利和普鲁士为其中最大的两邦，故德奥混称。

河应战。但是波拿巴却无意在如此危险的地带迎战奥军，而是迅速向福米奥挂进，他知道那里是用武之地。5月8日敌对两军的先头部队在福米奥村遭遇。帝国军队占领了各教堂的塔楼和房屋，希望据守到博利厄调来主力。但是法军上刺刀猛冲，奥军将领眼看三分之一的士兵倒下，溃不成军，被迫撤退，遗弃了全部大炮，渡过了阿达河。这时博利厄在阿达河对岸集中军队，在各处浅滩和桥头设置坚强的岗哨，特别是在他估计（这回猜对了）法军司令企图强渡的洛迪。"

"洛迪的木桥成了一场最著名战役的现场，尤其将永远和拿破仑个人的名字结合在一起。博利厄把总部挪到阿达河东岸时留下木桥未动是一大疏忽。10日，他的前哨部队被迅速驱赶，穿越巷道曲折的古老的洛迪镇。而掩蔽在墙垣和房屋后面的法军已跃跃欲试，企图通过木桥。博利厄设置了三十门炮的炮兵阵地，想全部轰掉这座桥。对这处炮兵阵地及其背后严阵以待的整个大军发起猛攻，这次冒险是战史上空前大胆的壮举之一。"

"波拿巴的首要措施是尽可能搜罗大炮直接对付这处奥军炮兵阵地。这时他从这边河岸上也开始了猛烈炮击。司令本人出现在炮火中，亲手指挥两门炮切断奥军破坏木桥必须通过的唯一小道。就在这一次，士兵们为他这种大无畏精神欢欣鼓舞，奉送他一个'小班长'的光荣绰号。他已同时派出博芒将军和骑兵去较远的一处浅滩试渡（那里渡河有许多困难），并急迫地等待他们出现在敌军侧翼。他们果然出现了，博利厄的阵线不免显得有些慌乱，拿破仑当即发出命令，他早已集结在木桥附近房屋背后的一队掷弹兵立刻转向左翼，前列直逼木桥。他们高呼'共和国万岁'向前冲去，但一时被弹雨遏阻。波拿巴、拉纳、贝尔蒂埃和拉耳曼纳等赶赴阵前，召集并鼓舞士兵。队伍虽被密集炮火射倒不少人，但还是奋不顾身地冲过桥去。英勇的拉纳第一个冲到对岸，拿破仑本人第二个。奥军炮兵在大炮旁边被刺杀，博利厄急于躲避法军炮火而把其他部队后撤过远，这时已来不及援救他们。博芒跨在战马上豪勇地紧逼侧翼，拿破仑的步兵过桥后迅速整队，马上冲锋，奥军阵线溃乱不堪，土崩瓦解，望风披靡，死伤众多，而法军伤亡不过二百人。波拿巴就是这样迅速而损失极小地完成了这次使人目瞪口呆的冒险——他自己称作'通过洛迪桥的恶战'。"

"对于敌军这确实是恶战，他们又一条有利的防线被夺取了，而法军的士气则被鼓动到英勇善战、所向无敌的高度。然而博利厄能使部队有条不紊地撤退,这也是波拿巴始料不及的。他搜集残兵败卒,很快越过波河另一条支流明乔河一线,把法军甩在河这边。但是重大目标终已达到:奥军主将业已逃逸,充其量还有曼图亚可守,而战胜的入侵军长驱直入伦巴第富庶而显要的首府再无阻拦了。皮齐盖托内的守军眼看自己同奥军的联系已完全断绝,便投降了。法军骑兵追逐博利厄直至克雷莫纳并占领了该地。拿破仑本人则准备立即向米兰进军。"

"米兰一向有革命派,实际上阿尔卑斯山脉以南的奥地利领地无处没有革命党人。而今众多居民都戴上了三色帽这种法国标志。市政当局赶紧迎入战胜者,把他们当作朋友和保护人。因此5月14日,洛迪桥之战以后四天,拿破仑在豪华壮丽的凯旋仪仗中进入了这座古代伦巴第诸王庄严繁荣的城市。"

"但在严肃的事情上,他是不会因为这番阿谀逢迎而像一个友好的将军那样行事的。他立刻向米兰勒索一笔沉重的贡赋(八十万镑),并攫取了安布洛西美术馆珍藏的二十幅最精美的名画。"

"在现代战争中,各种艺术珍品一直被认为是任何情况下都应尊重和保护的一类财产。这回波拿巴粗暴贪婪地践踏这条法规,激起了全欧洲的强烈愤懑。"

"波拿巴在米兰只逗留了五天。米兰的卫城仍然坚守不让他进入。但他留下部分军队围困卫城,本人却追击博利厄去了。此时那位奥军司令已把残余部队布防在明乔河彼岸,其左翼在号称'意大利卫城'的坚固大城曼图亚,右翼为威尼斯的堡垒佩斯基腊,那是他无视威尼斯督者①的抗议而径自占领的。这条阵线之坚强无比可想而知。入侵军却再次急于击破它。"

"这时法国督政府却开始怀疑他们这位青年将领的最终意图究竟何在了,后者的成就和名声都已达到颇为惊人的高度。出于失控的担心,他们决定尽可能遏制那种野心。他们命令波拿巴兵分两路,一半去进攻教皇和那不勒斯国王,留下另一半由克勒曼指挥去结束同博利厄的较量。但这时他行事之果敢坚决是那几名督政无法抗衡的。他的答复是辞去司令之职。'意大利方面军的半数,'他说,'不足以用来结束对奥地利军的战斗。我是靠保持完整兵力才打了这么多胜仗,以至进占米兰的。你们与其用两名良将,不如用一名劣将。'督政府不敢坚持撤换名字已被视作胜利象征的主将。拿破仑仍留任独当一面的司令,

---

① 古代威尼斯和热那亚两城邦的首脑称督者。

这也是他的指挥权利最后一次受到怀疑。"

"法军进抵明乔河。司令对部队的部署使博利厄坚信他的意图是尽可能在佩斯基腊渡过明乔河。这时他已准备重演在皮亚琴察的那一战。实际上 5 月 30 日不是在佩斯基腊，而是在其下游甚远的博尔格托强渡明乔河的。博尔格托的奥地利守军破坏了一个桥孔也无济于事。波拿巴在断孔上架设多块木板，他的士卒因连战连胜而士气高涨，以不可抵挡之势猛冲。博利厄被迫像此前弃守阿达河及波河那样，放弃了明乔河，退守阿迪杰河的新防线。"

"当时那位奥地利将军实际上已经丢失了意大利的开阔地带。他如今正驻防在拿破仑业已攻占的广大富饶省区和提罗耳的交界处。米兰卫城固然尚在坚守，可是城中兵力不多，而且四面被围，不能指望抵抗多久。曼图亚拥有奇特的天然优势，退却中的将军更投入了足足一万五千名守军，看来奥皇的意大利领地中只有这里尚可挽救，这是最后一处。博利厄急切地等候德国生力军赶到，以便竭力解救这座大城；而他的对手却一心要抢在奥皇政府之前，并立即抢先屯兵城下了。"

"曼图亚位于岛上，四周都被明乔河的支流同他处隔断，只靠五条狭窄堤道相通，其中三条有强固的正规堡垒或者壕沟环绕的军营防守，另外两条由栅门、吊桥或者炮台守卫。城市处于死水和沼泽之中，空气污浊，对外来人特别有害。守军打算凭他们的勇劲固守城池；但也要看法军司令是否有新奇的攻城术，同他行军途中和各次战役中用过的那些办法一样行之有效，能缩短围城战的时间。他开始攻打便一鸣惊人，以排山倒海的突袭夺取了五条堤道中的四条，守军全靠拉法沃里塔这第五条堤道才没有同陆地隔绝。这最坚固的一条堤道是根据附近一座宫殿命名的。但是看来法军还须占领紧接曼图亚的威尼斯领土才能完全封锁曼图亚。我们已于上文中提到，那位帝国大军主将为了自己的目的而占领佩斯基腊时，曾经无视督者的要求。威尼斯使节抵达法军司令部时，波拿巴说：'你们太弱小，不足以在像法国和奥地利那样的交战国之间严守中立。博利厄没有尊重你们的领土，因为他的利害关系要他侵犯；有什么落到阿迪杰河一线以内，我也毫不犹豫地要去占领的。'事实上，驻军已被派到维罗纳以及威尼斯境内的一切强固地点。现在三色旗正飘扬在提罗耳各隘口处；拿破仑留下塞律里埃围困曼图亚，自己回到米兰去安排要事。"

"那不勒斯国王因法军屡战屡胜而惶然不知所措，这时几乎不计任何条件，急于向显然抵挡不住的共和国求和。当时波拿巴也无意轻视这项建议。于是他同两西西里国王①签订停战协定，随后又缔结正式和约。新近表现得格外英勇的那不勒斯部队甩开了那位奥地利将领，开始奔向意大利南部。"

"这项和议使拿破仑另一批命令的牺牲者整个落入他的掌握之中。教皇背后别无朋友，看到自己只得任凭入侵者摆布，在惶恐中准备投降。波拿巴索取并得到的和平代价是：一百万镑，教皇美术馆中最精美的画像和雕像一百件，供应大批军需品，割让安科纳、斐拉拉和波伦亚三地及所属领土。"

"他继而把注意力转向托斯卡纳大公，佛罗伦萨的博物馆和大公的宝库暂时不动，但毫不客气地夺取了为托斯卡纳吞进大量财富的海港里窝那，那里的英国货物被没收，因而商人破产；港口里很多英国船只好不容易才逃脱。大公吃了这样的大亏非但不敢怀恨，反而被迫在佛罗伦萨装作万分热忱地接待波拿巴，而这位劫掠者回敬他这番恭敬礼仪的是，在为其举行的盛筵上高兴地搓着手告诉他：'我刚刚接到米兰来信，卫城陷落了——你兄弟在伦巴第再无立足之地了。'"

"与此同时，司令也没有忽略法国政府宏伟而大胆的计划，就是使意大利北部彻底革命化，在此建立一批共和国。意大利北部有其特殊情况：这地方自古闻名，民气高昂，久已分裂为许多小邦，大部分由德国血统的总督统治，为实现这项计划提供了不少方便。波拿巴不断受到巴黎政府和伦巴第一批有势力人物的催促，要他从速执行计划。他却认为顺应意大利各地政府和人民要比匆忙采取上述措施更为有利。因此他实行妥协，暂以榨尽各政府为满足，一天天哄骗民众。督政府好不容易被说服让他照自己的意思做。但是他如今不把督政府的谴责放在眼里，而后者确也领受过教训，不得不敬畏他的力量。"

"奥地利政府在某种程度上已从博利厄统率的奥军顷刻覆没造成的惊惶中恢复过来，决定付出更大力量收复伦巴第。"

"博利厄屡屡出师不利，再也不受信任。享有盛名的维尔姆泽被派去接替他。从莱因河各军抽调了三万人归新司令指挥，他还受命在上任途中可以从善战而又忠诚的提罗耳居民中尽量征召新兵，以进一步壮大自身力量。"

"莱因河方面的奥军因此削弱，对当时那个战场上的后果很是不利。儒尔

---

① 即那不勒斯国王。

当和莫罗分别率领一支法军强渡莱因河，锋芒所向，迫使帝国将领瓦登斯来本和卡尔大公退避三舍。但是善于指挥的大公不久就同瓦登斯来本的队伍会合，以绝对优势兵力压向儒尔当而大败之。莫罗得悉儒尔当惨败情况后，被迫放弃继续深入德境的进军计划，完成了穿越黑林地带的著名退却，因此赢得同疆场得胜一样光辉的名声。"

"维尔姆泽把司令部设在特兰托，总共聚集了八万人。而波拿巴只有三万人，既要据守如今对法国人的行动普遍憎恨的辽阔地域，又要继续围困曼图亚，还要对付战场上这种可怕的寡不敌众。"

"维尔姆泽本应从波拿巴的历次胜利中知道紧密行动的优越性，不料他竟愚蠢到把大军分为三路互不相连的纵队，其中一路的进军路线同其他两路全然分离，彼此无从支援，换言之，这一路与两支友军的行军路线之间横亘着加尔达湖水面——这样的大错岂能逃过拿破仑的鹰眼。"

"他当即决定向科斯达诺维奇的分队进发，在另外两路纵队无法救援之处进攻。为此必须暂时解除曼图亚之围。7月31日夜晚，法军把大炮埋入战壕，匆忙撤离该地，以致前进的奥军以为这是恐惧的表现。"

"这时拿破仑冲向已行近加尔达湖末端的科斯达诺维奇，在湖畔的萨洛和距湖稍远的洛纳托袭击并歼灭了两支奥军。现在奥热罗和马塞纳在博尔格托和佩斯基腊只留下后卫部队，也向布里西亚进发。科斯达诺维奇若是全军坚守不撤，必不可免地要被数路敌军的联合部队消灭。但此时他已被拿破仑的神速进军吓坏了，早已全力退向老巢提罗耳。因此奥热罗和马塞纳率部回师明乔河，这才发觉维尔姆泽已把他们的后卫部队逐出阵地；马塞纳的后卫部队在皮让率领下秩序井然地退到洛纳托，而奥热罗的守军却在瓦列特手下狼狈溃退，把卡斯蒂里恩舍弃给了奥军。"

"老将维尔姆泽为这几仗获胜而得意扬扬，这时决定投入全部兵力进攻法军，凭刺刀尖恢复同科斯达诺维奇四散的队伍的联系。他很幸运，能在洛纳托击败英勇的皮让而占领该镇。但这次新胜仗对他却成了致命伤。他在胜利的狂喜中把战线向后拉得过长；他太急于同科斯达诺维奇取得联系，结果削弱了战线中央。马塞纳大胆而巧妙地抓住战机，投入两支强劲纵队，收复了洛纳托。那位奥军将领察觉他的军队已被切割为二，便心慌意乱，不知所措，仅在卡斯蒂里恩英勇抗击一阵。但是一心要雪瓦列特之耻的奥热罗不惜重大伤亡攻取了那处阵地。这就是洛纳托之战。此后奥军一败涂地，不可收拾。他们四散逃往明乔河，维尔姆泽本人正在那里补给曼图亚的粮秣。"

"维尔姆泽收拾全部残军前去迎战得胜军。两军在洛纳托和卡斯蒂里恩之间遭遇，维尔姆泽惨败而逃，险些被俘，吃尽千辛万苦才回到特兰托和罗韦雷托两处前沿阵地，不久前他的大军就是从这两地满怀战无不胜信心出发的。在这场悲惨的战斗中奥军伤亡四万人；波拿巴许是低估了己方的损失——七千人，战斗进行的七天中他没有脱过靴，也没有睡过觉，除了打打盹。短短几天里打了这么大的胜仗，消耗的力量非同小可，理应稍事休整，但拿破仑马不停蹄，直至他眼见曼图亚再次被围困得水泄不通。维尔姆泽以大炮、军需品和四万士兵的损失所换取的，仅仅是曼图亚守军得到援军和粮草而已。"

"这次短促的交战期间，意大利教士对法军的憎恶在许多地方表现出来了。帕维亚、斐拉拉和其他一些地方都爆发了乱事。当拿破仑再度取胜的捷报传来，重新激起恐怖和剧烈的反抗时，这种情绪传播得尤其迅速。"

"正当他忙于恢复意大利境内的平静时，始终陷于困境的奥地利又匆忙派遣两万名生力军听命于维尔姆泽。这位英勇的老将从不灰心丧气，打算再次奋力解除曼图亚之围，把法军逐出伦巴第。如今他的军队又同以前那样在数量上大占优势，虽然气势稍杀，但英武精神仍然无可匹敌。老将依然分兵作战，但照例注定要亲见各队被各个击破。"

"他亲率三万人从特兰托经由布兰塔的狭道向曼图亚进发，给罗韦雷托的达维多维奇留下两万人为提罗耳做掩护。波拿巴马上看出了对手的错误。他听任敌军直抵巴萨诺而不去惊动。当敌军到达巴萨诺，因而完全脱离达维多维奇和他的后方时，波拿巴调集强大的兵力疾趋罗韦雷托，行军速度之快只有事后似乎才能令人相信。"

"罗韦雷托之战（9月4日）是拿破仑最光辉的日子之一。敌军在罗韦雷托镇前设有强固的营垒。而在市镇背后，阿迪杰河流经巨大的岩石和山岭，卡利阿诺城堡坐落在临河悬崖上，万一镇前有失是一条保险的退路。法军热情高涨，所向无敌。奥军虽凭常有的韧劲固守营垒，可还是挡不住杜布阿及其轻骑兵的冲锋而败下阵来。杜布阿在他光荣的一刻受了致命重伤而倒下。他挥动马刀，用最后一口气激励手下士兵前进。他说：'我为共和国战死，只盼在生命离开我之前听到胜利属于我军的消息。'法国骑兵在这样的鼓舞下追逐德军，使他们无法集合，只能被逐出该镇，甚至卡利阿诺的庞大防御工事也显得毫不中用了。一座座山头凭刺刀尖攻占下来。战胜的军队俘虏了七千敌人，缴获十五门炮。"

"维尔姆泽听说达维多维奇全军覆没，惊得目瞪口呆，毫不怀疑现在拿破仑将长驱直入德境，会合儒尔当和莫罗，共图实现卡尔诺的伟大计划——进攻维也纳本身，因为二将的进展他听到过，还当他们顺利无阻呢。老将看到除了把他的残军用于留守伦巴第，别无其他选择。他以为在这里不难唤起人民对奥皇的拥护，一举消灭波拿巴留下的薄弱守军。只待法军在提罗耳或者德国遭到惨败，就可在任何情况下截断他们经过意大利的退路。拿破仑的智谋却要比维尔姆泽高出一招。他以维尔姆泽本人为目标，以两天走完六十多英里的强行军，自特兰托回师帝国军队前锋所在的普里莫拉诺。奥军对此行的惊骇可想而知，前锋于瞬息间被歼。法军势如破竹，当晚在契斯莫涅歇夜——拿破仑分得半份士兵口粮做晚餐还很高兴。次日他进抵巴萨诺，老元帅又在会战中惨败。巴萨诺之战（9月8日）恰是以前多次战役的悲惨重复。缴械的达六千人。科斯达诺维奇率领四千人的一支队伍逃往弗里乌尔；而维尔姆泽本人退到维琴察，好不容易才搜罗到一万六千名溃败的残兵败卒。他的处境再绝望没有了：他同奥地利的联络全部被截断——他的大炮和辎重荡然无存——全军精华损失殆尽。看来一切全完了，只有退入曼图亚死守到最后关头，以待希望渺茫的维也纳的部分援军。这位经常上当而从不气馁的老将正是这样决定的。"

"波拿巴收拾了没能跟上维尔姆泽的那些散兵残部，又一次来到曼图亚。在9月13日的圣乔治之战（从曼图亚一郊区得名）中，法军大事杀戮，重占全部堤道，从此该城及要塞四面被围。维尔姆泽退入该城时，全部守军有两万六千名。当地的空气污浊，军粮既缺乏且粗劣，不到10月中旬他的病院已经挤满了伤员，还能作战的士兵不到一半。这座围城的苦难已达顶点。如果奥地利还有心援救维尔姆泽的话，一刻也不能耽误了。"

"科西嘉的亲法派注视他们老乡的节节胜利，不会不感到自豪和狂喜。波拿巴断绝英国供应品而占领里窝那已使岛上的亲英派大为沮丧。现在他又从托斯卡纳派出一支科西嘉流亡者远征队，终于规复了全岛。这本是拿破仑所预期的，督政府也并非认识不到其价值。但这时他手头另有要事。"

"奥地利国务会议很清楚，曼图亚防务非常巩固，如今莱茵河前线因儒尔当和莫罗的败绩而缓和下来，又能在意大利战场重组一支强大的军队。最高统帅一职授予了享有盛名的老将阿尔文齐元帅。他在伊利里亚各地广事征兵，后来到弗里乌尔。达维多维奇领有科斯达诺维奇残部，又从强悍的提罗耳农民中征集了大批士兵，再加上莱因河方面抽调来的援军，驻守在特兰托以上地区。老元帅麾下总共有六万人。波拿巴在多次恶战中歼灭奥帝国军队整整三个军，而他自己只得到十二营援军作为全部损失的补充。①敌军又一次在人数上大占优势，法军司令部方面只有把兵力巧妙地联合起来，才能阻挡敌人在伦巴第平野上横扫千军之势。"

"波拿巴于10月初获悉，阿尔文齐的各路纵队已开始行动。他早已部署伏布阿防守特兰托，并派马塞纳驻在巴萨诺遏制奥地利陆军元帅的推进，不料两将都守不住阵地。伏布阿的部队被逐出卡利阿诺，那处阵地之强固已于上文述及，拿破仑认为在那种情况下弃守是法军名声的耻辱。马塞纳避免了战斗，但迫于阿尔文齐的压倒优势而退出巴萨诺阵地。拿破仑本人赶紧前去接应马塞纳，在维琴察发生激烈遭遇战，双方各自声称获胜，然而退却的是法军。波拿巴把司令部设在维罗纳。布兰塔河至阿迪杰河之间全境都陷于敌手，拿破仑后方曼图亚的守军依然强大坚定，又使他不得不分散兵力，处境岌岌可危。"

"他的第一要招是巡视伏布阿的败军。他说：'你们让我大为生气。你们居然让人从一夫当关万夫莫开的阵地上赶了出来。你们不配当法国士兵！你们不属于意大利方面军。'几句话说得那些掷弹兵风尘仆仆的脸上热泪纵横。他们呼喊：'只要再让我们打一次先锋，您就能看出我们像不像意大利方面军了。'司令愤怒的语调缓和下来了。在此后的战斗中，这支部队打得特别突出。"

"波拿巴这样重新鼓起军队的热忱之后，各路队伍都集中到阿迪杰河右岸，而阿尔文齐则在左岸几乎正对维罗纳的卡列迪耶罗高地上建立非常坚固的阵地。波拿巴重施已多次证明能制敌死命的故技，目标是猛攻阿尔文齐，在达维多维奇还来不及同他会合时击溃他的部队。因此波拿巴不失时机地进攻卡列迪耶罗高地，但是尽管领头冲锋的马塞纳使出浑身解数，人数众多、阵地坚固的奥军还是击退了进攻的一方，使他们伤亡惨重。交战时狂风暴雨大作，拿破仑在呈文中把失利归咎于天不作美。"

---

① 他只得到七千人补充最后两战的全部伤亡——原注。

"卡列迪耶罗后方向达维多维奇洞开，必须另想进攻办法，不然听任敌军会合就不堪设想了。当此关头，波拿巴的天才使他采取了完全出人意料的行动。当晚他给基尔马内留下一千五百人防守维罗纳，其余部队后撤若干距离，佯装退往曼图亚，从他刚刚遭到的失败看来，这并非不可能。可是不久他的队伍又转向阿迪杰河，看到一座现成的桥，当即跨到敌人河岸——不过已在敌阵后方，阿尔科拉村四周的沼泽地带。拿破仑这个大胆行动意在把自己置于阿尔文齐和达维多维奇之间，但是地形不利，通向阿尔科拉村必经的各堤坝又太狭窄，取胜困难，后撤更加危险。他分兵三路，于（11月15日）拂晓沿通往阿尔科拉村的三条堤坝冲锋。奥军想不到法军主力已撤离维罗纳，起先还当是轻装部队的突袭，后来才弄清真相，便以无比的英勇，顽强保卫这几条狭窄的通道。奥热罗率领第一纵队冲到阿尔科拉村桥头，猛攻不下，仍被逐回，伤亡惨重。波拿巴一心想要趁阿尔文齐赶到之前攻下这个据点，此时便奋身上桥，抓过一面军旗，督促他的掷弹兵再次冲锋。"

"奥军火力强大，法军再次败阵。拿破仑本人在乱军中迷失，被推向后面，掉下堤坝，陷入沼泽，行将灭顶。这时奥军先头部分已赶到他前面，把他和他的败军隔开。士兵们眼见他身处险境，情势紧急，高呼'救出司令'冲向前来，以压倒一切的勇猛气势冲垮德国人，从沼泽中拔出拿破仑，攻占了桥梁。这是阿尔科拉村第一战。"

"这次战斗行动使奥军阵地上重又产生了对拿破仑莫名的恐怖。阿尔文齐看出，要同达维多维奇取得联系，一刻也不能拖延。他放弃了卡列迪耶罗，撤到阿尔科拉村对岸的开阔地带，暂时抵消了他的敌手凭机智占有的优势。拿破仑看到现在阿尔科拉村已不在敌军背后，而是在其前面了，唯恐自己处于阿尔文齐和布兰塔河之间时，伏布阿被达维多维奇消灭，便从阿尔科拉村撤往朗科。"

"第二天早晨拿破仑确悉达维多维奇并没有同伏布阿交锋，就又向阿尔科拉村进攻。那里还是奋勇抵抗并再度被占领。但是阿尔科拉村这第二战似乎不如第一战具有历史意义，因为阿尔文齐仍然力图在背后的难行地带保持他主力的完整。波拿巴又撤往朗科。"

"第三天是决定性的。这次他又攻占了阿尔科拉，更因施用两条计策而收到胜利的实效。埋伏在柳树丛里的一队伏兵突然向一队克罗地亚兵开火，趁后者陷于混乱之际冲出隐藏地点，把他们压到沼泽中，使他们大部分陷于灭顶之灾。他在圣赫勒拿岛的一次谈话中说到后来的情况：'我靠二十五名骑兵打赢了阿尔科拉之战。我发觉两军都已打得筋疲力尽，最老的和最勇敢的兵士都巴不得收兵回营。我抓住了这一紧要关头。我的士兵已全部投入战斗。我被迫三次发动进攻，身边只剩下二十五名精锐骑兵。我派他们迂回敌军侧翼，吩咐他们吹响随带的三支喇叭勇猛冲锋。他们高呼法国骑兵来了，于是敌军逃跑了……'奥军确信缪拉和全部骑兵已经强行越过沼泽，正当那时，波拿巴下令前线总攻，于是敌军大乱，不可收拾。阿尔文齐终于退往蒙特贝洛，不过撤退尚能保持井然有序。"

"在阿尔科拉之战中，有个从冲击小直布罗陀以来一直同拿破仑保持情同手足亲密关系的米隆，眼看一颗榴弹即将爆炸，立即扑向前去掩护他的司令，牺牲自己而保全了后者的生命。拿破仑终身不忘并悼念这位英勇的朋友。"

"三天来波拿巴折损八千人，敌军被戮的必定更为惊人。拿破仑神速集中兵力又使奥地利内阁的一切努力归于无效。阿尔科拉之战之后两个月，他依然是无可动摇的伦巴第之主。敌人方面，足以抵消阿尔文齐在此战中的伤亡和败绩的，不过是保住了巴萨诺和特兰塔，以此阻挠波拿巴进入提罗耳和德国。胜利不小，但代价也不低。"

"第四次征集的军队被打垮了，但是帝国朝廷的决心毫不动摇，再一次征集兵员兼程驰援阿尔文齐。（1797年1月7日）老元帅手下又有了六万人，同拿破仑相比，数量又大占优势。他再次从山区下驰，指望救出维尔姆泽并攻占伦巴第，这场悲剧的第五幕又将演出了。"

"我们在此暂停一下，先叙述阿尔文齐末次下山之前发生的一些重要内政事件。法军的胜利自然增加了意大利派的活力，他们分布在各大城市，敌视奥地利，渴望按照共和模式建立本国人的政府，因此组成了内佩代恩和外佩代恩两个共和国。这两个国家与其说是伟大的法国民主政制的姐妹，不如说是其仆从。这些事件发生在阿尔科拉数战数胜之后军事行动处于沉寂的时期。新成立的共和国随即征召军队报答拿破仑的恩德。拨给他使用的一支部队，他认为如果阿尔文齐再次进攻（这是可以预料的），足以顶住教皇的军队。"

"这个时期波拿巴玩弄种种手腕争取意大利人的好感。特别重要的是，他们真的把他看作本国同胞而非法国人，认为他们美妙的意语就是他的母语，他懂得他们的礼仪和文学，甚至波拿巴趁胜大事劫掠，他们也当作是对自己艺的高度评价。"

"这时阿尔文齐的准备工作也在迅速进展。奥地利人唯恐见到攻占意大利的将军兵临维也纳城下，已大大激发了他们自己的热忱，到处组成志愿军开赴前线。英武的提罗耳农民已经表现过他们的热忱，阿尔文齐虽然屡遭挫败，但农民还是踊跃地投到他的旗帜下。拿破仑宣布，凡是武装的提罗耳人，一抓住就当作盗匪处决。阿尔文齐答复：每杀一个农民，他就吊死一个法军战俘作为报复。波拿巴回答说：这种恐吓一经执行，他一定立即绞死自己手中阿尔文齐的亲侄子。几经深思熟虑之后，彼此间凶相毕露的恫吓还是收起了，双方将领都打算按照旧有规则继续作战，这至少已够严格的了。"

"阿尔文齐派一名农民潜越战地，伺机进入被围困的曼图亚，给维尔姆泽报讯，说他即将再度前来搭救。并命令老将奋力出击，牵制敌军，接应大军前来。在万不得已时，可杀出曼图亚，退往罗马尼阿去带领教皇的军队。这名间谍怀带这几道命令被截获，被拖到拿破仑面前。这个吓坏了的家伙承认他已吞下了裹着急件的蜡丸。结果不得不从他肚子里取出，于是波拿巴做好迎击敌军的准备。他留下塞律里埃继续围困曼图亚，迅即把中央阵地重设在维罗纳，以便根据情况驰援奥军主力选作攻击目标的任何阵线。"

"帝国军队似乎注定不会汲取教训。这次从提罗耳开下来又是采取两条行军路线。阿尔文齐本人选取阿迪杰河上游路线，而普罗韦拉统领的另一支军队奉命沿布兰塔河前行，再穿插到阿迪杰河下游，在曼图亚城下会合老元帅。两支军队只要能够会师曼图亚并救出维尔姆泽，则法军必将因面对这样一支大军而退却无疑。但是拿破仑也注定了要再次惊破这一切取胜的迷梦。他已派儒贝尔驻守利沃里，防卫那处重要阵地，防止战斗从阿尔文齐企图强夺利沃里开始。奥热罗的师团则监视普罗韦拉的推进。他自己留守维罗纳，直到确知诸将中谁首先大举进攻。1月13日傍晚，消息传来，儒贝尔一整天苦守阵地，甚为吃紧。他才立即奔赴那时他应该亲临的合适战场。"

"（经过又一次几乎难以置信的强行军）他在子夜二时许到达利沃里的山地，在皎洁的月光下俯视山谷，分隔开的五处营盘和无数篝火历历在目。他的副将被这支大军的阵势吓坏了，正在撤出阵地。拿破仑立刻制止了这一撤退行动，反而增派数营兵力夺回克罗地亚军在法军刚撤退时抢占的一处高地。拿破仑用犀利的目光观察了山下五个营盘的阵地，识破了阿尔文齐的秘密：他的炮兵尚未到达，否则他不至于驻扎在远离攻击目标的地方。他断定奥军将领不打算于清晨大举进攻，决意迫使对方提前行动。为此，他千方百计隐瞒自己的到来，并以一连串小规模行动使敌人一直以为他们所要对付的是法军前哨。阿尔文齐果然受骗，没有采用大规模和周密部署的办法，而是让自己的各路纵队尽量以分散孤立的行动进攻各高地，当然被拿破仑的真正实力轻轻松松击退了。勇敢的德军确实一度在一个极端重要的据点几乎打垮法军，可是拿破仑亲自乘马疾驰到那里，大声唤醒因通宵行军极度疲惫而躺倒酣睡的马塞纳所部起而行动，在这支部队及其英勇的将领的援助下横扫面临的敌军。法军炮兵已经就位，而奥军炮兵（据拿破仑的精明猜测）尚未赶到，这种情势决定了当天的命运。居高临下的炮轰加上骑兵和步兵的不断冲锋，使得冲击山顶的企图连遭失败。帝国军队曾派出一师之众迂回波拿巴的侧翼并占领其阵地后面的高地，可是不待完成使命奥军主力已乱了阵脚，实际上溃散奔逃。因此，由卢津扬指挥的这一师最后达到预定目标时，不仅没能使敌军溃败，反而给获胜的敌军增添了俘获。卢津扬不但没有截断儒贝尔的退路，自己反倒同阿尔文齐隔绝了，因而只得向波拿巴缴械。'这是个好计划，'拿破仑赞叹道，'可惜这些奥地利人不善于估量时间的价值。'只要卢津扬早一小时占领法军后方，那时利沃里各高地正面正在激战，1月14日很可能变成拿破仑战史上最黯淡的一天，而非最光辉的一天了。"

"他在这艰难的一天中有三匹坐骑中弹死去，不等看见卢津扬投降，便把追逐阿尔文齐溃退队伍的任务托付给战友马塞纳[①]、缪拉和儒贝尔。他在战斗时得悉，普罗韦拉也冲到加尔达湖并用小艇同曼图亚取得联系。奥热罗的兵力显得单薄，不足以抗击帝国第二支军队的到来。拿破仑应趁此时机亲率援军赶赴阿迪杰河下游，不让维尔姆泽迎入普罗韦拉或是拉出队伍来同他会合，使仍然不可忽视的守军得以逃往提罗耳或者罗马尼阿。"

"拿破仑行军一昼夜，于15日傍晚抵达曼图亚近郊。他发现敌方防务坚固，塞律里埃处境极其危急。几小时前普罗韦拉的一团轻骑兵差一点在郊区圣乔治镇立住脚跟。这个团的奥军士兵身披白斗篷，很像法军一个有名的团，直向栅门开来，要不是一名军士机警，准被当作友军迎入。这名军士不禁感到奇怪，

---

① 马塞纳由此荣获"利沃里公爵"的称号——原注。

怎么这批白斗篷经历波拿巴三次战役的磨损，还这样光滑挺括如新。这次危险避免了，可是还须保持最高度的警觉。法军司令焦急不安，整夜巡查各个岗哨。"

"他在一处岗哨查到一名掷弹兵斜倚树根睡着了。波拿巴不去喊醒他，却接过那支枪替他就地站岗约半个小时。哨兵从沉睡中惊醒，认出了正在替他放哨的司令官的相貌，十分惶恐和绝望，跪倒在他跟前。'朋友，'拿破仑说，'这是你的枪。你们艰苦作战，又走了那么长的路，你打瞌睡是可以谅解的；但是目前，一时的疏忽就可能断送全军。我正好不困，就替你站了一会儿。下次可要小心。'"

"可以想见，诸如此类的逸事在队伍间众口相传，是如何激励了士兵的忠诚献身精神。第二天早上发生了一场激烈的小战斗，史称圣乔治之战。普罗韦拉被迫后撤，冲击城外攻占了堤道和拉法沃里塔卫城的维尔姆泽，因拿破仑率部死战而不得不退入古老的城垣。"

"现在普罗韦拉发现自己陷入法军重围，同阿尔文齐完全隔绝了。1月16日他率领五千士兵放下了武器。溃散在阿迪杰河到布兰塔河一带的奥军零星部队也照此办理。①勇敢的维尔姆泽至此粮秣已尽，终于不得不提出投降。"

"围城司令官塞律里埃接见了维尔姆泽的信使克列纳乌。他听这信使以这种场合惯有的、可以原谅的狡黠态度说，除非提出体面的投降条款，自己的主将还可以坚守相当长时间。拿破仑一直裹着大氅坐在帐内一角，这时走到奥军使者面前，接过他的笔写下了自己乐于提出的条件，而使者根本没有想到在他说话时还有谁在场。拿破仑说：'这些就是你们主将受之无愧的条款。他可以今天接受，等一星期、一个月也可以，不会更为苛刻的。同时告诉他，波拿巴将军即将出发去罗马。'奥军使者这才认出拿破仑，读了纸上写的条件以后，感到比他暗自奢望的还要宽大，马上签署了降书。"

"2月2日维尔姆泽率守军开出曼图亚。这位年迈的主将即将缴出佩剑时，发现只有塞律里埃在场准备受剑。这是拿破仑的宽容大度，不愿当场目睹这位杰出的老将受辱。这是他平生事迹中最感人的特色之一。而督政府责成他的是迥然相异的做法。他根本不理会他们的旨意，上报道：'对奥军提出的条款，我窃自以为，既对得起勇敢而又可敬的人，也无损于法兰西共和国的尊严。'"

---

① 雷内率六千人的队伍向一名属下不足五百人的法军军官投降，军心惶恐一至于此——原注。

"奥军在曼图亚前后折损总计不下两万七千人。除无数军需之外,还有五百多门黄铜大炮落入战胜者之手。奥热罗被派赴巴黎向督政府呈献六十面军旗。他受到欣喜若狂的欢迎,在这无上光荣的时刻,即令生性不如法国人活泼的民族也会这样欢庆的。"

"阿尔文齐彻底溃败,普罗韦拉和维尔姆泽先后投降,整个伦巴第遂落入拿破仑之手。至此,他可以腾出手来报复教皇的敌对举动了,此前他一直隐忍。梵蒂冈教廷获知奥地利全军覆没和所向无敌的战胜者向南进军的消息固然惊恐,然而教皇军队还是采取若干措施保卫圣座的领土。维克多将军率领法军和伦巴第军各四千人途经伊莫拉前进。人数约略相当的一支教皇部队在伊莫拉镇前的谢尼奥河上扎营。手捧基督受难像的教士奔忙阵间,鼓动他们为祖国为信仰而奋勇战斗。法将行动神速,派骑兵在上游一二里格处渡河,再以步兵迎面渡过谢尼奥河冲锋。教皇军队多半是新兵,没有抵抗多久便仓皇败退。法恩扎在拼刺刀中被攻占。科利率领三千多人缴械。坚固的安科纳镇也被占领。2月10日法军开入罗烈托,把那个宗教圣地仅有的财宝洗劫一空,最贵重的珍品早已装运罗马保管。然后维克多从安科纳转而向西进发,意在同经由佩鲁贾进入教皇领地的另一路法军会师。"

"这回法军的推进使得到处人心惶惶不可终日,教皇别无指望,只得投降。新近当兵的农民在各处抛掉武器,三五成群逃回本村。罗马本城的慌乱使人想起了阿拉里克①当年。"

"当此紧要关头,波拿巴的行为可说是理智健全的,这是他一再成功的根本基础,只是后来漫无止境的野心才使他疯狂到丧失理性。他深知,罗马领土内所有居民中对他的光临恐惧最深的阶层,是被革命流放出祖国的那批倒霉的法籍教士。有一名神父感到绝望,便自己投到法军司令部说,他知道自己的命运已经注定,还是让他们立时把他送上绞架的好。波拿巴彬彬有礼地送走这人,并发布公告,不许骚扰这类人;相反的,在他的部队所到之处都要维持他们在修道院中的生计。"

"这个举动以及近日发生的其他一些情况,自然会在教皇心中唤起希望:得胜的法国将军这回抛弃了革命政府对待以他为首的教会的凶恶敌对态度。教

---

① 四世纪末攻陷罗马的西哥特王。

皇急于开展谈判,而拿破仑接待使节时不仅谦恭有礼,而且流露出他本人对这位圣父最深挚的敬意。《托伦蒂诺和约》(1797年2月12日)随之签订。根据和约,教皇(第一次)把古来的领土阿维尼翁正式割让给他;撤销了驻斐拉拉、波伦亚和罗马尼阿以及安科纳港的使团;同意赔款约一百五十万镑,尽力执行关于艺术珍品的波伦亚条款。根据和约各条文,庇护①被保留为圣彼得大教堂零星残余名义上的主人。"

---

① 那一任教皇的名号。

第四章 《累欧本条约》

上一章我们简略叙述了意大利方面军到《托伦蒂诺和约》为止的不寻常战斗。这是我们叙及的最光辉最著名的战斗。尤其难得的是，指挥战斗的是位年方二十六岁的青年英雄，他天才过人，仅以极少数兵力屡次击败撒丁国王和奥地利皇帝装备精良的军队。这两支军队各由他们最英勇、最富经验的将领指挥。但是什么经验也比不上波拿巴的天才、警觉性和活动能力。奥地利皇帝手下年事最高又最有经验的将领无不埋怨他抛开了一切战争常规，不遵守作战体制。波拿巴是革新家，藐视体制。他的目标是毁灭敌军，他以不同寻常的方式达到了目的。

"他如今是整个意大利北部的主人，只有威尼斯领土除外。他听说（威尼斯）督耆已在征召新兵，参议会拥有一支五万人的大军，主要由凶猛和半野蛮的斯洛文尼亚雇佣兵组成，但他并不感到意外。他问这种种举动用意何在，答复是威尼斯只求保持严格的中立。几度谈判后，他对威尼斯使节说，他允准威尼斯当局的恳请。他说：'保守中立吧，但是注意，你们的中立必须是真正诚恳而严格的。要是我进军德国期间后方发生任何骚乱，切断了我的交通线，要是有任何行动背弃了你们的意愿，帮助了法国的敌人，我一定立即报复，从那一刻起威尼斯的独立就不再存在了。'"

"阿尔文齐在利沃里战败已有一个多月，对教皇的战争也在九天内结束，拿破仑在阿迪杰河畔各城镇留下若干守军监视威尼斯的中立，迅即把战争引入奥皇世袭领土。两万名生力军新近从法国开到，投入他胜利的旗帜下，使他手下的兵员也许比历次聚集的都要多。他率军进抵弗里乌尔河边界，根据他的情报，再次征召到原有兵力的奥军主力准备在这一带展开第二次战役。指挥官不再是阿尔文齐，而是像他自己一样的一位青年将领，迄今一直一帆风顺的，同样采用联合兵力挫败了像儒尔当和莫罗那样两位战争艺术大师的卡尔大公。奥地利帝国最后一线希望似乎就寄托在这位亲王的雄才上了。"

"详细述说现已开始的第六次战役，实即重叙已经讲过五次的故事。"

"波拿巴获知大公在塔利亚曼托河对岸、崎岖的卡林西亚山前布防，那些山地扼守着那一带从意大利到德国的通道。他派马塞纳前往奥军卢津扬师监守的皮亚韦河一带，自己则决意正面冲击大公。马塞纳击退了面前的卢津扬，一直追逐到贝隆诺（五百名后卫军在该地投降），驱散了奥军侧翼。而后波拿巴试渡塔利亚曼托河成功。他气派十足地正式炫耀了一阵兵力，奥军不甘示弱，同样在己方河岸上耀武扬威一番，然后拿破仑突然解散阵线撤退。大公知道法军昨晚通宵行军，以为法军司令愿意改天再战，也照样收兵回营。法军不过是有秩序地躺下。约两小时后，拿破仑亲率全军向那时已警戒不足的塔利亚曼托河岸冲去，不待奥军组成阵线便已涉水过河。在随后的战斗中（3月12日），大公的部队表现英勇，但是无论怎样奋战都击退不了拿破仑，终于不得不决定退却。法军紧跟追击，攻占了格拉迪斯卡，俘获五千人；大公继续退却，拿破仑于几天内又占领了的里雅斯特、阜姆以及卡林西亚地区的每一处坚强据点。在二十天战斗进程中奥军力战波拿巴十次，始终未能恢复塔利亚曼托河惨败所伤的元气。大公像在卡林西亚一样寸土必争地保卫了斯提里亚，最后决定以强行军退往维也纳，以忠于祖国为号召，尽量征召兵员在首都城下决一死战。"

"这项计划初看起来不过是绝望的挣扎，实际上却是一个明智而谨慎将领的计划。大公从两方面得悉对法军极为不利的情报。提罗耳边界的奥军司令官劳顿将军已经率军下驰，其兵力足够压倒波拿巴派在阿迪杰河上游的代理司令官，并已占领整个提罗耳以及伦巴第的若干城镇。威尼斯参议会获悉奥军捷报的同时，也鼓起勇气抛开了他们不可靠的中立，不仅对法国宣战，而且煽动他们在维罗纳的党羽，在当地医院里发动惨无人道的屠杀法军伤兵的竞赛，凡是亲法派占少数的地方，好报复的意大利人也都干出了同样的暴行。威尼斯军队越过边界，实际上波拿巴从后方获得各类补给品的路线一时已完全被截断。"

"维也纳听说波拿巴已经突袭占领了汝拉阿尔卑斯各山口，大为惊惶。皇室把财宝运往匈牙利。大公奉命一俟环境有利就趁机开始谈判。"

"那位亲王已凭一己的决断和感情有礼而冷淡地谢绝了这样一次机会。拿破仑曾从克拉根福致书亲王殿下，以袍泽弟兄的身份请求他想一想战争的无穷祸患和胜负未知的前景，缔结一个公正平等的条约来结束战斗。大公答道，他认为赐书至多不过是个人间的往来，而奥地利政府托付于他的是统率一支特定的军队，并非帝国的外交事务。亲王接到维也纳新的训令后，很不情愿地看到，他的职权已有变动。于是几经谈判，终于在1797年4月18日签订了《累欧本临时条约》。"①

有时我免不了要置身本回忆录叙述的过程中，那是因为我要表明我并非介入者，也不是追逐荣华道路的幕后阴谋家。未来皇帝荣耀日隆、光辉已照到与他同命运的任何人，这时我踏上这个舞台，与其说为野心所驱使，不如说受友情的感动。从下列各函可看出当时我已荣幸地受到何等信任：

亲爱的布里昂，总司令指示我通知您，他听到您的消息十分高兴，并希望您来此和我们共事。因此，亲爱的布里昂，赶紧动身前来吧。您定能受到所有熟人的热爱。您未能在此共享我们的胜利，我们极感遗憾。不久前结束的战斗将彪炳史册。惊人的是，在几乎一无所有的情况下，以不足三万人的军队，不到两个月内八次击败了六万五千至七万人的一支军队，迫使撒丁国王屈尊求和，又把奥军赶出了意大利。最近一次胜仗，想必您已读过报道，是渡过明乔河，结束了我们的任务。现在我们还须围攻曼图亚和米兰卫城，可是这两处障碍不会耽搁我们很久。再见，亲爱的布里昂，我重申，波拿巴将军请您来此，并愿同您会晤。谨此致意。

旅长兼总司令副官　马尔蒙
米兰　司令部
共和四年牧月二十日（1796年6月8日）

收到上函十一个月之后，我又收到马尔蒙和总司令本人数函，促我从速前往司令部同他们会合。启程之前我又收到下函：

---

① 上文关于意大利战局的记述，补缀了布里昂叙事中断之处。而今他即将到意大利方面军司令部去追随总司令，而且直到1802年末，一刻也不曾离开过拿破仑。

我亲爱的布里昂，总司令再次命令我，要您赶快来他这里。我们正在连战连捷。德国战役开始的光景比意大利战役还要光辉灿烂。您当可想到，这给了我们多大希望。我亲爱的布里昂，听从我们的恳请，立刻来吧！同我们共享甘苦，您定能使我们更加欢乐。

我已指使信使路经桑城递上此函，并带您的复信给我。

马尔蒙

尤登堡司令部

共和五年种月十日（1797年4月8日）

信末附有命令：

兹命令公民福韦勒·特·布里昂立即离开桑城，乘驿车赶赴意大利方面军司令部。

波拿巴

我以前没有接受过几次友善聘请，原因是我的姓名没能从逃亡分子名单上勾销，那是后一时期靠总司令的情面才勾销的。但是我这时毫不犹豫，决定动身前去。我在桑城市政厅登记时把波拿巴将军的命令用作护照，否则他们可能留难我。

我4月11日才离开桑城，恰于反法暴乱爆发之时抵达威尼斯各邦。我于16日路过维罗纳，停留两小时，绝未料到后来发生的惨杀。离城约一里栓，我被一群暴众拦住，硬要我呼喊"圣马可万岁"的口号，我当即遵令照办，得以放行。第二天，被拘禁在医院的法国人，在教士指使下全部在教堂的钟声中被屠杀，人数在四百以上。

这时威尼斯的末日临近了。有两个原因有力地推动了已存在一千二百年之久的威尼斯的灭亡：法军的接连获胜已使各项革命原则在意大利广为传播；米兰大公业已退位，威尼斯督者为何不停止统治？革命精神逐渐传开，不满情绪也迅速随之传播。新的道理同威尼斯黑暗制度之间的差别有如天壤，不能不使人心思变。继而，威尼斯爱国派方面也想使威尼斯各邦来一次革命，同伦巴第联合，两者共同组成一个共和国。事实上，仅仅形势逼人这一点已足以造成这些地方的动乱。法军追逐卡尔大公深入奥地利腹地，使得威尼斯参议会认为，消灭分散在他们境内的弱小法军余部是轻而易举的事。岂知这点他们失算了。波拿巴巧妙地利用了动乱局面和随之发生在各地的屠杀事件，用受冒犯的战胜者腔调对参议会说话了。他上书督政府，指出唯一可行的办法是毁灭这个嗜血而凶恶的政府，从地球表面上抹去威尼斯这个国家。

他从累欧本回师以后，①毫不留情地占领了威尼斯，改组了原来的政府并进驻威尼斯的领地。在坎波福米奥谈判中，作为从奥地利索取的特许权的补偿，他随心所欲地处置了这部分领土。现在这个共和国的命运已经注定——没有挣扎又无声无息地从邦国名单上消失了。他实行了严厉的报复，向威尼斯索取三百万法郎黄金、三百万法郎海军物资，交付五艘战舰、二十幅最精美的油画和五百部原稿。

威尼斯参议会在临终痛楚中呈献给司令官七百万法郎现款，图谋得到他个人的保护。他轻蔑地拒绝收受。他先前已用同样方式处置了摩德纳公爵方面贡奉的四百万法郎。据说，奥地利自己也赶紧依样行贿，收买他的共和国的清廉美德，不过为同其国力相称而阔气得多。如果传闻属实，则献给他和他子孙的是一个独立的德意志公国。"我感谢皇上，"他回复道，"不过如果要降我以大任，应由法国赐给。"

威尼斯参议会还干了一件更不可原谅的卑劣小事，因而犯下又一罪行。他们逮捕了德国逃亡分子当特雷格伯爵，他是流放的波旁王室派驻这个城市的代表，并把他连同他的全部卷宗移交给得胜的司令官。波拿巴从这些文件中发现的大量证据表明，莱因河方面被普遍誉为荷兰征服者的法军司令官皮什格鲁，前一时期曾听从波旁诸王公的唆使，干了许多有利王室的事情，而且竟不惜贻误军机以图促使托付他以司令重任的政府倒台。

这是机密，拿破仑充分估计到其重要意义，因此立即呈交巴黎的督政府。

---

① 督者和参议会赶紧派人请求归顺，可是他们的使者遇到的是愤怒和蔑视。"你们的背信弃义使法国人鲜血淋漓，"拿破仑说，"即使你们能够献给我秘鲁的金藏，即使你们把全部领土铺满黄金，也不足以补偿；圣马克雄狮一定要用嘴啃泥。"——原注。

第五章 《坎波福米奥条约》

4月19日，即签署停战协定的次日，我在累欧本会晤波拿巴。我同他平起平坐、称兄道弟的交往至此告终，开始了另一类关系。在这种新关系中，我看出他伟大、权势显赫、人人崇敬、荣耀无比。我不再像以前那样称呼他了。我深知他个人的重要地位。他的地位使得我同他的社会等级相距过远，我不能不看到适应这一切的必要。我很愉快地、毫不惋惜地牺牲掉"你我"相称①以及其他细节上的亲切关系。我进入他房间时，他在一群显要幕僚簇拥中高声招呼我："我很高兴终于见到你了。"等到我同他单独相处，他马上表示对我的自制感到满意。我立即成为他的幕僚首脑。当晚我同他谈起威尼斯各邦的动乱，威胁法军的危险，以及我个人的脱险。"放心吧，"他说，"那帮混蛋要偿付代价的，他们的共和国快完蛋了。"

我认为，我从和波拿巴的第一次谈话中就听出，他对停战协定并不满意。他本想提军直捣维也纳。在向卡尔大公提出和议之前，他上书督政府，他很想乘胜穷追，可是要做到这一点，他希望桑布尔方面军和蒙斯方面军以及莱因方面军能予配合作为支援。督政府批复道，他不能指望德国境内能有牵制性攻势，提及的各军均不得渡过莱因河。这项决定完全出乎意料，使他不得不终止他的胜利，暂时放弃他向往的，把共和国旗帜插上维也纳城头这个目标。

在跨越威尼斯各邦回师米兰途中，他不时谈起威尼斯共和国的事件。他常说，他原来同各地发生的暴乱毫不相干，但是乱事既经发生，他也不感到遗憾，他一定要利用乱事来达成正式的和约。

---

① 欧洲人一般互称您，熟人亲人间才互称你。

我们于 5 月 5 日回到米兰。波拿巴下榻在距城约三里格的美丽别墅蒙特贝洛。在这里开始的媾和谈判到帕塞里阿诺才结束。谈判期间督政府训令总司令,要求释放从 1792 年起就作为国事犯拘禁在奥尔莫乌茨的拉法耶特、拉图尔—莫堡和布鲁·德·普齐。他执行这项委托既高兴又热心,但是遇到重重困难。他凭自己特有的充沛精力,经过三个月才办成此事。1797 年 8 月,三人重获自由。虽经多年严酷的监禁,他们当时怀有的独立与尊严感仍然未减。

时届七月,谈判还在拖延,不断产生的障碍只能归咎于奥地利策略狡猾。看来奥地利只想赢得时间。这段期间巴黎传来的消息吸引了他的全部注意力。两院那些领头的演说家以及用同样精神写作的那些小册子,说到他、他的军队、他多次的胜利、威尼斯诸事以及国家民族的光荣,那种态度令他极不高兴,甚至投以怒不可遏的目光。他感到愤慨的是,他们胆敢怀疑他的行为和他内心的意图。使他狂怒的是,他的功绩被低估,他和他袍泽弟兄的光荣遭到渺视。这当口他写给督政府一封措辞激烈的信,要求将他解职。

此时盛传,卡尔诺从他卢森堡宫的办公室查出了使波拿巴获得盛誉的那些战役的计划,说波拿巴全仗贝尔蒂埃才使那些计划得到圆满执行。许多人至今还持这种见解。但这样想是毫无根据的。波拿巴是个创新家而非模仿者。那辉煌的战役开始时,督政府确给他下达过某些指令,但他总是依照自己的计划行事,并且上书说,如果他盲目执行远离战斗现场构想出来的行动计划,一切都将失败。他同时提出了辞呈。最后督政府不得不承认,在巴黎对军事行动发号施令确有困难,便任他处置一切。当然,没有一次行动或战役不是他亲自发动的。波拿巴在这个问题上极度敏感。有一天他对我说:"说到贝尔蒂埃,你既然在我这里,应该看出他是怎样一个人——他是个傻瓜。但一切全是他办理的。"然而,贝尔蒂埃是个忠实、勇敢、正直的人,履行职责循规蹈矩,担任全军参谋长卓有成效。这是能够加给他的全部赞语,实际上亦即他所冀求的。波拿巴对贝尔蒂埃非常关切,贝尔蒂埃也报之以对他的高度崇敬,从不敢反对他的计划或提出任何忠告。波拿巴是个凭习惯行事的人,爱同周围所有的人接触,不喜欢陌生的面孔。

这时小博阿尔内来到了米兰,他那时年方十七,波拿巴离开后一直同母亲一起住在巴黎。他一到立即服役,担任总司令的侍从武官。他具备多方面的优良品德,无怪总司令喜爱他。欧仁具有一副极好的心肠、男子汉的胆略、讨人喜欢的外表，总是那样亲切而有礼貌。他的一生名垂青史，认识他的人无不认为他成年后的作为无愧于他少年时期表现的征兆。他早已显露出军人的勇气，后一时期更表现出政治家的才干。从他来到米兰直至1802年末，我无时不见到他，在数年亲密交往中，没有任何事情使我想收回上述赞词中的一个字。

波拿巴的看法颇为公正。谈判进展迟缓，不断出现困难，是因为奥方在期待可以更换法国政府的事件发生，以使媾和时机变得有利于奥地利。他迫切要求督政府结束这种状态：逮捕逃亡分子，消除外侨的影响，召回军队，取缔据他说已出卖给英国、比马拉还要嗜血的各报刊。他瞧不起督政府，指责其怯弱、无决断、奢华，墨守一种有损国家光荣的体制。

他早已预见到保王党和共和派之间的斗争行将发生，他的朋友们也催促他选定自己的一派，或者为了自己而采取行动。但是在做出决定前，他首先考虑了自身的利益。他认为自己的功劳还不够支持他夺取最高权力。其实，在现存状态下，他很容易办到此事。目前他满足于参加似乎得到舆论支持的一派。我知道他已做出决定，万一事态变得不利于共和国，就率领两万五千人向巴黎进发。他赞成共和国而反对王政，因为他指望从中捞到更大利益。他周密地制订了战斗计划。他认为，保卫这个不屑一顾的督政府，无非是保护一个尸位素餐的政权而已，这个政权存在的唯一目的是占据一个位置以待他去填补。他率领两万五千人翻越阿尔卑斯山并经由里昂向巴黎进军的决定，在首都人人知道。大家都在谈论这第二次渡过卢比孔河①的结果。他决定支持督政府的多数派对保王派分子做斗争，遂于七月末派遣他的副官拉瓦莱特赴巴黎，紧接着再派去奥热罗。波拿巴致函督政府说，奥热罗申请获准去巴黎处理若干个人事务。但实际上，奥热罗是专程被派去催促正在准备的革命的，针对保王党和督政府少数派。随后又为同一目的派去了贝尔纳多特，但他自己没怎么参与此事——他总是谨慎从事的。

督政府中的共和派成员是巴拉斯、勒贝尔和拉·累未埃，另外两人，卡尔诺和巴泰勒米，被认为是倾向逃亡分子，赞成王政复辟的。

共和派获胜的果月事变（1797年9月5日），把五人政府的灭亡推迟了三年。在其短促而怯弱的存在期间，此事不愧为最奇特的事件之一。共和派三督

---

① 古罗马共和时代，任何将领不得率军渡过分割意大利与山南高卢的卢比孔河，否则将被视为叛变。以后恺撒率军渡过卢比孔河，遂建立独裁政权。

政决定逮捕五百人院和元老院中他们憎恶的议员。他们任命奥热罗为军事司令官,以保证此事成功。这正合乎波拿巴的心意。

各种各样的计划提出又放弃了。果月七日,拉瓦莱特致函波拿巴,述说了发生的障碍。首先,关于执行的手段意见未能一致。其次,对这场较量的成功固然没有疑义,担心的是其后果不知如何。第三,一定要抵抗的元老院和不肯悄然离去因而必须予以驱逐的五百人院可能惹起的麻烦。第四,担心巴贝夫①的反应。

这几重顾虑毕竟克服了,他们决定发动猛烈进攻。为提防对方抢先一招,终于开始加紧部署了。

17日午夜,奥热罗下令所有部队开赴指定地点。天亮以前各座桥梁和主要街道都设置了大炮。拂晓时两院大厅被包围,卫队对军队表示亲善,五百人院中最突出的四十名代表和元老院中同样著名的三十四名代表,这些公认死心塌地赞成王政的人,被逮捕并转送坦普里监狱。预定的牺牲者中还有督政府的两名督政卡尔诺和巴泰勒米。巴泰勒米落入追捕者之手,卡尔诺却逃走了。两名督政由梅兰和法兰梭瓦·德·纳夫沙都填补。他们都是热心的共和派人士。被捕的代表后来放逐到卡宴②。他们在瘟疫性气候的影响下大部分死在那里——所谓果月十八日(1797年9月5日)的新革命就靠这样的手段完成了。

波拿巴获悉果月十八日的幸运结局后欢欣若狂。革命的结果造成立法议会的解散和保王党的溃败,保王党使他不得安宁已有数月。克利希分子本来拒绝接受约瑟夫·波拿巴作为利阿蒙纳代表进入五百人院。他兄弟的胜利排除了这个难局。但是总司令不久就察觉到得胜者滥用权力,并借口恢复革命政府的各项原则而危害共和国的安全。

督政府对他的不满感到惊心,又因他的责难而生气。他们想出一个利用奥热罗来对付他的古怪念头。奥热罗的盲目献身精神他们是屡有确证的。他们任命这位将军为德意志方面军司令官。奥热罗的极端虚荣心遐迩闻名,他以为自己的地位已可同波拿巴匹敌。他之所以趾高气扬,不过是因为他曾带领大批军队逮捕了许多手无寸铁的代表,并且撕下两院卫队队长的肩饰而已。督政府和他把大批密探和阴谋分子塞满了巴萨里阿诺的司令部。

---

① 当时法国的共产主义者。
② 南美洲法属圭亚那首府。

波拿巴明知这一切，对督政府置之一笑，提出辞呈，好让他们挽留他继续担任司令之职。他对督政府方面的上述行为极感气愤，怒气冲冲地抱怨政府对他忘恩负义，坚持要求他们另派高明接替他的职守。督政府不敢怠慢，马上回复这些责难，力图抵赖他指责他们的不信和忘恩负义，并向他保证政府完全信任他。

自此以后，波拿巴权势更大了，奥地利方面再不敢那么傲慢和自信了。前一时期是督政府愿意缔结和约，而奥地利则指望可能在巴黎发生的事变会有利于本国利益，因此设下重重障碍，以求达到拖延的目的。但是现在奥方又急于求和。而波拿巴仍然不信任督政府，唯恐他们已经洞察他的秘密，把他大力参与果月十八日之举归之于真正的原因——他个人的野心。司令有些朋友也从巴黎写信给他。至于我这方面，也不断反复劝说他，媾和的权力掌握在他自己手中，而和平比之胜负机会参半的重启战端更能使他获得人心。

这些感觉加上天气转劣的先兆，促使他当机立断。10月13日清晨他得知山头已积雪，起先还装作不信。他从床铺上一跃而起奔到窗前，才相信了这个突然变化，泰然地说："怎么，不到10月中旬就下雪！这是个什么地方啊！那么，我们必须讲和了。"他匆忙穿上衣服，同我关在密室中详细研究各军团呈上的报告。他说："这里有将近八万能作战的士兵，我供应他们军粮和饷金，但是开战那天我只能带六万人上战场。我能够获胜，但是我的兵力将因死、伤、被俘而减少两万。那时怎能对付前来保卫威尼斯的所有奥地利军队呢？即使莱因河各军能支持我，也须再等一个月以后；十五天内条条大路都将被大雪覆盖。就这样定了吧——我要讲和。威尼斯得赔偿战费，我国国界要移到莱因河。督政府和那帮律师爱怎么说就怎么说去吧！"

谁都知道，交战各国是根据《坎波福米奥条约》牺牲了威尼斯共和国而媾和的。威尼斯起先与争端无关，后来才介入，也许是迫于环境，并不情愿的。但这场政治大劫夺结果怎样呢？部分威尼斯领土割让给内阿尔卑共和国，如今已为奥地利据有。另外一大片土地以及首都本身划归奥地利，作为对比利时各省和伦巴第的补偿。现在奥地利占有伦巴第以及当时附加给它的领土。比利时原来属于奥仑治王室，这时成为独立王国。法国获得科孚岛和爱奥尼亚海中另一些岛屿，那些岛屿现在都归属英国。

我国就是这样光荣地为奥地利和英国攻城略地。一个古老的邦国无声无息地被推翻了,其省区由相邻各邦瓜分之后,现已全部成为奥地利领土。我们攻占的全部富庶土地我国寸土不留,这是对哈布斯堡皇室丧失的大片意大利领地的补偿。这回奥地利反而因为这场败得最惨的战争而扩大了。

　　督政府对《坎波福米奥条约》极为不满,好不容易才顶住了拒不批准的初衷。但不论他们怎样激烈反对也是徒然。波拿巴心安理得地不理睬下达给他的训令。

第六章　战胜荣归

果月十八日事件对缔结《坎波福米奥和约》无疑是有力的推动。督政府到那时为止还不十分倾向媾和，但在所谓"政变"的拉丁文的打击之下，终于看到有必要给法国以和平来博取那些不满分子的谅解。在此同时，奥地利眼看法国国内保王派种种阴谋彻底失败，也认为同共和国缔结和约正是时候。奥方虽然屡战屡败，和约还是能使其在意大利保持优势地位。

意大利战役不仅在武功方面取得众多的光辉成就，从效果看，还缓和了遍布法国的共和精神的凶猛气焰。波拿巴以平等立场同王公大臣谈判，但胜利和他的天才赋予他的优越感丝毫未减。他使各个外国朝廷逐渐熟悉了共和法国，也使共和国再不致认为一切由君主统治的国家都一定是敌人。

在这种种情势下，总司令的离去以及他预期的巴黎之行引起了普遍注意。懦弱的督政府准备在首都恭候这位意大利征服者的光临。

11 月 17 日他离开米兰，前往拉什塔特的大会去主持与会的法国代表团。但出发之前他给督政府送去一件纪念品，上面的题词虽很难令人置信，却是千真万确的。这件纪念品是意大利方面军的一面军旗，奉派承担向政府献旗光荣使命的是儒贝尔将军。旗帜的一面为下述字样："祖国感谢意大利方面军。"另一面列举了各次战役攻占的地方以及意大利战役惊人而简单的历史：

"十五万名战俘；170 面军旗；550 门攻城炮；600 门野炮；5 套桥梁器材；9 艘 64 炮军舰；12 艘 32 炮巡航舰；12 艘海防舰；18 艘帆船；同撒丁国王休战；与热那亚缔结临时条约；同帕马公爵休战；同那不勒斯国王休战；同教皇休战；《累欧本临时条约》；与热那亚共和国缔结《蒙特贝洛临时条约》；同奥皇签订《坎波福米奥条约》。"

"解放了波伦亚、斐拉拉、摩结纳、马撒—卡拉拉、罗马尼阿、伦巴第、布里西亚、贝格米、曼图亚、克雷马、维罗纳的一部分、恰文那、博米欧、瓦尔泰利纳、热那亚、奥属费埃夫斯、科西罗各郡、爱琴海以及伊撒卡岛等地的人民。"

"运往巴黎米开朗琪罗、格其诺、狄相、维罗纳人保罗、科勒佐、阿耳巴诺、卡拉齐、拉斐尔以及列奥纳多·达·芬奇的大批杰作。"

以上便是那面军旗上列举的意大利战役的军功、政治成果以及获取的艺术纪念品,它注定要陈列在督政府公众接见厅。

大部分意大利城市惯于把战胜者看作他们的解放者——响彻阿尔卑斯山脉到亚平宁山脉一带的自由一词[①]就有这样的魔力。赴曼图亚途中,总司令在古代公爵宫室中住了两天。到达曼图亚的次日,他参加了哀悼新近去世的奥什将军的军礼葬仪。他的次一目标是催促正在兴建的维吉尔[②]纪念碑加紧施工。于是,他在一天之中向法国和意大利都表示了敬意——向当代的光荣和古代的盛名——向桂冠军人和桂冠诗人。

这时一个初次见到波拿巴的人,在写往巴黎的信中这样描述他:"我怀着深切的兴趣和最高度的注意力注视那位建立了那些丰功伟绩的非凡人物,他身上似有某种东西显示他的业绩尚未终结。我发现他极像他的画像,小个子、瘦削、苍白、神情疲乏,但不像报道所说的健康不佳。在我看来,他听人说话时感兴趣的不多,与其说是在听人说话,不如说是在独自出神。他的面貌表现出一种伟大的智慧和习惯的沉思样子,却又毫不透露内心的活动。不能不认为,在他那好思索的头脑里,在他那无畏的心胸里,正在构想某些行将影响欧洲命运的谋略。"

这封信如果不是发表在1797年的报刊上,很可能被认为是后来种种事实已证实之后才臆想出来的。

波拿巴途经瑞士的旅程在他是真正的胜利,而且是有其作用的。他的到来似乎平息了人心的不安。瑞士人看到阿尔卑斯山另一侧发生的许多变化,担心他们国家会遭受肢解,或者至少会被侵占部分国土。每到一地他都致力于恢复他们的自信心,每到一地他都受到热烈欢迎。他前往拉什塔特的路途上经过萨

---

① 解放与自由两词源出同一拉丁语词根。
② 古罗马叙事诗人,公元前70—前19年在世。

伏衣的埃克思、伯尔尼和巴塞尔。抵达伯尔尼是夜间，我们从灯火辉煌、坐满美女的夹道马车中间穿过，她们高呼："波拿巴万岁！和平使者万岁！"

到拉什塔特时，波拿巴得到督政府的函件，召他前去巴黎，他万分情愿地服从了这项邀请，以便从一个他自知只能在那里充当无足轻重角色的地方脱身。他早已决定离开那里，永不返回。那样乏味的差使不适合他的个性，他也极不满意类似坎波福米奥那样的和议。

波拿巴在圣赫勒拿岛说，他从意大利归国时带回不到三十万法郎，但我知道那时他拥有三百万法郎。只带三十万法郎，他后来不可能在巴黎有那样的生活方式，在海岸旅行以及在其他用途上也不会有那大笔大笔的钱可花。

波拿巴的几个兄弟很想在他头脑里占据完全的优势，力图减少约瑟芬凭自己的爱情对丈夫产生的影响。他们设法激起他的嫉妒，并利用我们离去后她还留在米兰一事大做文章，不过那是波拿巴准许的。但由于他信任妻子，他的海岸之行，他为尽早远征埃及而不停歇地加紧准备，以及他在巴黎停留之短暂，使这种感情未能占据他的头脑。后面我还有机会叙及这些阴谋。我享有他们两人的信任，便有机会避免或减少大量烦恼。如果约瑟芬仍然健在，她当承认我这点功绩。我从未冒犯过她，只有一次为她女儿奥坦丝的婚事无意中得罪了她。约瑟芬从未对我谈起此事。波拿巴有意把他这位继女配给迪罗克①，他的几个兄弟亟愿促成此事，好使约瑟芬同波拿巴最挚爱的奥坦丝分离。约瑟芬则希望奥坦丝嫁给路易·波拿巴。她的动机不难想见，是要在一个对于她似乎尽是仇敌的家庭里获得支持。她达到了目的。

卢森堡宫做了最盛大最豪华的准备工作来迎接从拉什塔特归来的波拿巴。卢森堡宫的大院装饰幽雅，他们还在南端靠近卢森堡宫的地方构筑了一个圆形大剧场招待官员。正门对面是国家祭坛，周围是自由、平等与和平三女神像。波拿巴进入时，人人脱帽起立，窗口挤满了年轻美貌的妇女。典礼虽然这般豪华，然而其特色却是冷如冰霜。大家到场的目的似乎只是为了见识场面，笼罩会场的是好奇心理而不是欢乐气氛。这也得怪督政府的一个职员，他硬要爬上

---

① 波拿巴并非如传说那样在土伦把迪罗克收入炮兵并担任自己的侍从武官。他们是后一时期在意大利结识的。迪罗克的冷静性格和不是漫无边际的头脑正适合拿破仑，因此终其一生，他一直得到拿破仑的信任。拿破仑托付他的使命也许不是他胜任得了的。拿破仑在圣赫勒拿常说，他非常喜欢迪罗克。我相信此话属实，但是我知道这情分从未获得回报——原注。

一处不拟使用的脚手架,他一只脚刚跨上木板,架子便侧转,这个冒失家伙从架子上一直摔到地面。事故使全场为之惊愕,女士们吓得晕倒,各窗口的人几乎逃避一空。

欢迎会上,督政府竭尽铺张豪华之能事。当时任外交国务秘书的塔列朗,发表了百般阿谀的演说词,向督政府介绍波拿巴。但是全场听得极不耐烦,简直没人理会他的演说——大家都迫不及待地要听听波拿巴的。于是攻占意大利的将军站起身来,态度谦逊但声调坚决地发表了下述简短的讲话:

"各位督政公民,法国人民为获得自由必须同各国君主较量。要得到一部以理性为基础的宪法,必须克服一千八百年来的各种偏见。共和三年的宪法和你们战胜了这一切障碍。宗教、封建制度和王政在两千年间相继统治欧洲。但是你们不久前缔结的和约,开始了代议制政府的时代。你们已经组成了伟大的国家,其领土以大自然亲自画定的疆界为范围。你们的成就还不止此。向来以科学、艺术和伟人出生地闻名的欧洲两个最美丽的部分,怀着乐观的期望看到他们祖先的墓地上升起了自由的精神。这就是命运行将安置两个强大国家的基座。"

"我荣幸地呈献给诸位的是在坎波福米奥签订并且业经奥皇陛下批准的条约。法国人的幸福得到最有实效的法律保障时,欧洲就获得自由了。"

当时的督政府主席巴拉斯致答词,然后拥抱了司令,其他督政也随之一一和他拥抱。各人都尽其所能在这出多情的喜剧中扮演自己的角色。

议会两院在表现欢乐方面也不甘落后于督政府。几天以后,他们在卢浮宫画廊中摆设盛大筵席款待司令,画廊里新近增添了一批从意大利运来的优秀油画。

在巴黎,他仍然住在赴意大利以前居住的那所朴素的小房子里。这所小房子所在的香德林路大概在这时候被市府改名胜利路,以示对其鼎鼎大名的居民的恭维。他在这里又恢复了他爱好的研究和消遣。看来他以同自己的朋友聚会为满足,似乎有意回避大众的青睐和喝彩。这种荣誉,要是旁人处在他的地位或将孜孜以求。一般人并未立刻知道他在巴黎,他走在街上也难得被人认出。他的生活方式毕竟与贫穷无名时有所不同。他的社交范围在最高级的圈子里,他不时厕身其间;在家里接待宾客的殷勤幽雅气派又是约瑟芬主持应酬时最拿手的长处。但是策略和高傲促使他不去招惹闲话和非议。他再次行动以前,必须充分观察；他很有自知之明，无论愚民或者贵人的青睐都不至使他飘飘然。

在这个时期大多数社交活动中，他以态度冷静自制而引人注目。他看上去总在考虑重大的谋略，以致不能从平常轻松的谈话中随意松弛一下。他不让别人同他熟识到谑而不恭的程度。他不论在何处露面，总还是洛迪、阿尔科拉和利沃里的那个波拿巴。

1798年1月，他又同以前那样试图获得时代的天命和督政府中的一个席位，可是未能成功。不过他一发觉时机不利便抛在一边了。督政府得不到任何党派的欢心。党派甚多，从数量上看大约要数保王党最强大。纯粹的共和党人依然是强有力的。意大利方面军远离而又分散。莱因方面军人数多得多，同样训练有素，可有其自己的将领——那些人的名声并不比他自己差多少，只是不如他们在意大利的袍泽弟兄那么幸运，因此没有发那么大的财。难怪莱因方面军士兵即使不对其将领，也对其他部队略怀嫉意。用拿破仑自己的话说："梨子尚未成熟。"

因此，他出发对朝向英国的法国海岸做正规勘察，意在改进海岸防务，并且（至少装作如此）选择最适合入侵部队登船的地点。这项作业他再内行也没有了；沿岸多处多年后方才见效的重大防务改进，是他在这个时期首先建议的。他想在八天的匆促行程中确知突袭英国是否可行。陪同他的有拉纳、苏科夫斯基和我本人。他凭高度的耐心、学识和机敏从事考察；他向水手、领航员、走私贩子和渔民请教到午夜；他提出异议，全神贯注地听取回答。我们经过安特卫普、布鲁塞尔、里尔和圣康坦返回巴黎。"那么，司令，"我说，"您对此行有何想法，您满意吗？"他不以为然地摇摇头，很快作答："太危险了，我不愿尝试。我不能把我们美丽法兰西的命运冒险押在这样的赌注上。"

前一年秋季，他曾亲自向外交部长、著名的塔列朗建议，最好是从世界的另一个地方打击英国——攻占马耳他，然后去占领埃及，那就马上有了一块足够补偿法国丧失的西印度各殖民地的领土，并可据以骚扰英国对印度的贸易和整个大英帝国。如今他重提这项计策。东方是用武和求荣之地，是他心神萦绕、留恋不舍的地方。"欧洲不过是个鼹鼠丘，"他说，"一切伟大的盛名都来自亚洲。"在督政府眼中，进攻法国的老盟友土耳其大君的领属虽是不义之举，但还只是个小小的障碍，波拿巴的内行见解，即当时入侵英国将遭失败，自然显出其应有的分量。于是决定远征埃及——但是严守秘密。英国的注意力仍然集中在从诺曼底到庇卡底之间的海岸上，波拿巴故意往返于这段海岸和巴黎之间——而当时地中海沿岸才是真正预定要行动的舰船和部队集结的地方。

根据我的观察，我以为，无限期地派出一支常胜军，而且很可能要断送法国舰队，这种明显的危险让位于当局的愿望：让法兰西摆脱那个声望令人嫉妒的野心勃勃的青年人。对于波拿巴，他深信除了在这种冒险事业和自己必定毁灭之间做一选择，别无出路。他认为，埃及正是能够维持他的声誉并给他的盛名增添新光荣的地方。1798年4月12日，他被任命为东方军总司令。

他既然有心把意大利诸王公的陈列室和画廊搜索一空，也就决不会放过攫取一批埃及古代丰富珍宝的时机；他也没有低估这次远征可能提供的各种机会，即以周密观察各种自然现象来扩展科学的范围。因此，他调集了一批优秀的艺术家和鉴赏家，为首的是经营他意大利收藏品的蒙日。一批学者（多达百名）成了这支侵略军的部分幕僚，这也许是破天荒的事。

当时英国政府虽然不曾怀疑到这支军队的真正目标，可也没有放松对土伦动静的侦察。他们或许以为，集结在该地的船舰也是为了参与入侵英国的重大计划。不管怎样，他们已给当时指挥地中海基地的纳尔逊派出了一支强大的援军。而纳尔逊，当波拿巴抵达土伦时，正在港口视线所及的海面巡航。拿破仑完全知道，当纳尔逊的面登船不啻投入毁灭的深渊，便等候某种意外事件能把他从这个虎视眈眈的可怕敌人的监视下解救出来。5月19日傍晚，好运轮到他了。一阵强烈的飓风把英舰刮离海岸，有些舰只受创甚重，以致纳尔逊不得不驶入撒丁尼亚各港修理。法军司令下令全军火速登船。最末一名士兵上船后，太阳升起在这支强大陆海军的上空。那太阳是如此光彩夺目，以致后来被士兵高兴地称之为"拿破仑的太阳"。

第七章 远征埃及

我们离开巴黎是 1798 年 5 月 3 日。在波拿巴将军启程攻打埃及和叙利亚之前十天,坦普里监狱的一名囚犯悉尼·斯密士爵士越狱逃跑。他注定要对这次以最大胆略策划的远征的失败做出重大贡献。这次越狱孕育了此后一连串的事件;一纸伪造的警务部长命令阻止了东方的革命。我们于 5 月 8 日抵达土伦。波拿巴从英舰的行动看到机不可失;逆风耽误了我们十天时间,这十天他都用于检查远征军,连细枝末节都未放过。

舰队于 5 月 19 日启航。地中海岸难得看见更加盛大的奇观了。灿烂的太阳升起在排列成半圆形的舰队上空,舰队延伸不下六里格,包括十三艘战列舰、十四艘巡洋舰和四百艘运输船,由布律埃斯海军司令指挥。舰队总共载运了四万名精选的士兵,由声望仅次于总司令的各级军官指挥。官兵之中绝大部分都长期追随拿破仑,认为有他在就是胜利的保证。

我们于 6 月 10 日抵达马耳他岛外。这岛不是武力攻取,而是事先同那帮愚蠢的武士谈妥的。波拿巴自己声称,他在曼图亚时就已拿下马耳他了。熟悉马耳他的人谁也想不到,这个四周都是难以攻破的坚固堡垒的岛屿,竟会在两天内归降一支被敌舰尾追的舰队。卡法雷利将军向总司令报告说:"幸运的是城里有人为我们打开了大门。"

拿破仑以他特有的能动性和预见,为建立马耳他岛的政府和防务做了准备,接着便于 6 月 19 日离开该岛。许多武士追随我们并担任了文武官职。

6 月 22 日夜间,英国舰队几乎挨上我们了。它们在距我们不足六里格处驶过。我们离开马耳他那天,纳尔逊在墨西拿获悉该岛陷落,便直接驶向亚历山大港,他正确地判断那是我们的目的地。他满帆急驶并取最短航线,于 6

28 日驶抵亚历山大港前,因为没有遇到法国舰队,便转而出海了。

7月1日上午远征舰队到达非洲海岸,我们根据塞维琉斯①纪念柱认出了亚历山大港。波拿巴决定立即登陆。海军司令根据天气状况提出反对,主张再等几小时,而且断言几天内纳尔逊不会回转。但是总司令严词拒绝,并说:"时间紧迫,命运只给我三天时间,如果我不充分利用,我们就失败了。"于是海军司令发出讯号:全体登陆。由于波涛汹涌,克服了很大困难才得完成登陆,许多人溺死海中。

7月2日凌晨一时,我们在距亚历山大港约三里格的马拉布踏上埃及土地。三时总司令便率克莱贝尔、博恩和莫朗三个师向亚历山大港进发。贝都因阿拉伯人出没在我们右侧和背后,劫走掉队士兵。距城不足炮火射程时,法军奋勇登城,很快克服了一切障碍。

在这次攻战中,我看见第一个流血的是克莱贝尔将军。他不是在登城而是在指挥进攻时头部中弹。他来到总司令和许多参谋人员会聚的庞培纪念柱下,我在这里初次同他谈话,我们的友谊也是从那天开始的。

攻陷亚历山大港只是几小时的事。我们并没有像有人宣称并一再传说的那样放手劫掠。

波拿巴利用在亚历山大港停留的六天时间,以他那使我无限敬佩的活动能力和才能来建立城市和省内的秩序,同时为军队越过波希哈列省的行军做准备。逗留期间他发布了一项宣言,其中有这样一段话:

"埃及人!有人会对你们说,我是来毁灭你们的宗教的——切勿听信那种话。你们要坚信,我是来恢复你们的各项权利,惩办那帮放高利贷的家伙的。我比马木留克兵还要崇敬神、神派在人间的先知以及《古兰经》。告诉他们在神眼中人人平等,只有智慧、才能和品德的差别。"

他派德塞率领四千五百名步兵和二十名骑兵去通往德曼胡尔道路上的贝达。这位将军第一个尝到了此战的艰难困苦,不久全军也备尝了这种艰辛。他的高尚品德以及他对拿破仑的爱戴似乎都敌不住周围的种种阻碍。7月15日他从博哈希列写信说:"我求求你们,别再让我们留在这个地方,士兵们已经灰心丧气、窃声抱怨了。命令我们前进或者后撤吧。各个村落尽是小茅屋,一点财源也没有。"

---

① 公元 193—211 年的古罗马皇帝。

这片浩瀚的平原灼烤在直射的骄阳下，随处可见的水在这里成了争夺的目标。沙漠的秘密宝藏水井和泉水被严密隐藏起来，不让外人找见。我们在最艰难的行军之后，除了令人恶心的咸水塘以外，时常找不到任何解渴的东西。

7月7日波拿巴离开亚历山大港去德曼胡尔，行军途中不断受到阿拉伯人的袭击。沙漠中本已稀少的水塘和泉眼不是被他们堵塞便是下了毒。在这第一次行军中，士兵们感到渴得难受，遇见的肮脏咸水解不了渴。这次历程的苦难已达到极点。空气中充满了毒虫；黄沙的灼光减弱了大多数人的视力，许多人还因之失明。水既少且劣，全境不见人踪兽迹和草木。在这种折磨下，甚至缪拉和拉纳那样的英武精神也经受不住——他们把帽徽踩入沙中。普通士兵怨声载道，他们发问：司令许给每人的七英亩土地难道就在这里？唯有他一人超然于这一切灾难之上。所以他才有精神上的乐观气质。

到了德曼胡尔之后，我们的司令部设在教长公馆。那房屋新近粉刷过，外观很漂亮，可是内部的破败状态就无法描述了。波拿巴知道房东很富有，在鼓励起他的信心后，通过译员问他，他那么有钱，何以自己一点也不享用，同时向他保证，他吐露的任何真情实话，都绝不会被歪曲和用来危害他。"请看我的双脚，"他说，"我修理自己的房屋到现在已经几年了，同时购买了一点家具。开罗知道了这事就来敲诈钱财，说是我的开销证明我有钱。我不肯，他们就罚我，强迫我付钱。从那时起除了活命的必需品外，我一分钱不花，再不修理任何东西。"老人跛脚就是受刑的结果。在这个国家，谁被当作有钱，就活该遭殃，外表装穷是对付强权敲诈和野蛮勒索的唯一保障。

一天，一小队骑马的阿拉伯人袭击我们的司令部。站在窗前的波拿巴对他们的猖狂极为生气，吩咐随侍的副官克鲁阿泽道："克鲁阿泽，带几名卫士去赶走这帮家伙。"转眼间克鲁阿泽带了十五名卫士出现在平地上。双方展开了小规模战斗。我们在窗口遥望。他们进攻时似乎有点犹豫，司令大为惊奇。他在窗口大喊，好像他们能听见似的："前进！我说——你们怎么不冲锋？"阿拉伯人推进时，我方似乎后退了；短暂而相当顽强的战斗之后，阿拉伯人没遭损失便退走了，全无死伤。司令怒不可遏，克鲁阿泽回转时，不免声色俱厉地向他发泄了一番，使他垂泪走开。波拿巴要我跟出去好言劝慰，可是没有用——"我不活了，"他说，"一有机会我就要去死。我不能含垢忍辱活下去。"克鲁阿泽在阿克找到了他所寻求的一死。

7月10日我们在拉马哈涅设立司令部，11日和12日他们继续留在该地。亚历山大开凿的运河从这里开始，向他新建的城市输水，并且便利欧洲和东方的商业来往。

勇敢的师长卑雷率领的分舰队正好从罗塞达驶到。卑雷就在称为"塞夫号"的平底船上。

波拿巴把那些不能用来作战的非军事人员安置在塞夫号和其他船舰上，腾出马匹来驮运部分士兵。我也是非军事人员。

7月13日夜间，总司令沿尼罗河左岸向南进发。分舰队沿河上驶，与军队左翼并行途中遇到开罗驶来的七艘土耳其炮艇。两岸布列有马木留克兵、费拉①和荷短枪骑骆驼的阿拉伯人，他们和炮艇同时展开炮火射击。

卑雷抛下了锚。战斗从7月14日九点开始，持续到十二点半。

与此同时，总司令遇上一团约四千人的马木留克兵，便向他们发起攻击。他的目标，如他后来说的，是想从歇勃雷思村左侧包抄该团，把他们驱向尼罗河。

有几艘船已被土耳其人登上占领。他们在我们面前屠杀船员，还野蛮而又凶恶地提着头颅威吓我们。卑雷冒很大危险，打发数人报告总司令说分舰队已濒于险境。波拿巴从早上以来一直听到炮声，又听到一艘土耳其炮艇被平底船炮火击中的爆炸声，使他担心我们的处境真正危殆。因此他向左面尼罗河及歇勃雷思村的方向行动，击败马木留克兵，迫使他们向开罗退却。土耳其分舰队司令一看到法军部队，便起锚驶向尼罗河上游。河两岸的敌人全撤走了，分舰队在片刻之前似乎还难免遭到毁灭，这下就免了。

此后直至7月23日，我们同陆军没有联络。7月22日我们望见了金字塔，并听说我们距金字塔所在的基塞仅有十里格左右。北风减弱时，我们听到的炮声随之增强，宣告前方正在激战。当天我们看到尼罗河岸上抛下了成堆死尸，时时刻刻被波浪冲刷到海里去。这种可怖景象，四周一直用武装对付我们的各村落的沉寂，还有两岸炮火的停止，使我们相当有把握地推断出：这里发生了一场对马木留克兵②来说致命的战斗。

---

① 阿拉伯农民。

② 那个时期，埃及名义上固然由土耳其大君委派的帕夏治理，实际上是在马木留克兵之手：他们是一帮古怪的人，不尊重任何权威，只听命于头目。头目又称巴依，共有二十四名，每人统治一个地区，时常彼此作战，也不时反抗他们名义上的君长。

拿破仑认为，马木留克兵就单个而言，是世界上最优秀的骑兵。他们胯下是最名贵的阿拉伯马，配备了世上最精良的武器：英国制的短枪和手枪以及大马士革钢打的马刀。他们马术之高超与他们的凶猛勇敢相埒。波拿巴说：马木留克骑兵配上法国步兵，不难征服全世界——原注。

不久以后我们听说，7月21日，陆军看到了金字塔，若不是轮廓整齐成行，还会当作远处乱石嶙峋的山脊哩。当大家都在凝视这些古老的遗迹之际，我们登上了一处缓坡的坡顶，终于看到了展开在面前的巴依大军，其右翼驻扎在靠尼罗河的坚固营垒上，中央和左翼是由他们这时才熟识的那支精锐骑兵组成。拿破仑往来驰骋侦察敌阵，发觉（他所有的参谋人员都忽略了）营垒的大炮都没有炮架。他立即定下攻击计划，打算把兵力投向大炮无法发挥作用的左翼。总指挥穆拉德巴依很快识破了他的意图，马木留克兵英勇地前来迎敌。"士兵们，"拿破仑说，"四十代的岁月在那排金字塔的顶端看着你们！"战斗随即开始了。

法军排成一个个方阵等候马木留克兵来攻。马木留克兵发出狂野的呼喊，以猛不可挡之势袭来，千方百计要突破他们新对手的密集行列。他们冲向刺刀阵列，让战马往法军士兵身上扑去。他们被法军的坚定不移激怒了，最后用手枪和短枪向对手脸上刺去。那些负伤跌下马的也在沙漠上爬行，用弯刀斫敌人的腿。但什么也动摇不了法军。刺刀和不断轰鸣的步枪射击逐步扫除了周围的敌军，最后波拿巴前进了。他趋近敌营时，敌人惊惶混乱到万分。他们抛弃工事，成百地纵身跳入尼罗河，杀戮惨重，又有大批人溺死。现在拿破仑的威名传遍东方，到处使人胆战心惊，"克卑尔苏丹"（意即炮火之王，从步枪在此战的杀伤效果得名）被认为是命定的上帝之鞭，是无法抵抗的。

这一来法军经历的千辛万苦得到了补偿。杀死的和溺死的马木留克兵尸体被搜劫一空，那些战士有随身携带财宝的习俗，因此往往一具尸体就使一个士兵发了财。

占领开罗是恩巴贝之战亦即金字塔之战获胜的直接后果。波拿巴把司令部设在埃斯贝克耶大广场埃耳菲巴依的房屋。

法军向开罗进军途中不断作战并取胜。我们赢得了拉马哈涅之战、歇勃雷思之战和金字塔之战。马木留克兵被击败了，他们的头目穆拉德巴依被迫逃往上埃及。仅仅二十天战斗之后，波拿巴进入首都便全无障碍了。

也许没有一个征服者享有过波拿巴那样巨大的胜利，也没有谁像他那样不愿滥用胜利。

金字塔之战以后，他从基塞的司令部发出下述函件和宣言：

总司令致开罗的教长和显要人士：

你们可从下面的宣言看出那激动我的万般情绪。

昨天，马木留克兵大部分非死即伤，我正在追逐逃脱了的散兵游勇。

把你们河岸的船只放过来，并派代表团来通知我你们归降。以面包、肉类、草料和大麦供应我的部队。不要惊慌，要安静如常，我确信再无他人比我更急于为你们的幸福效劳的了。

波拿巴

总司令一到开罗就投身于埃及的民政和军事组织工作。这正是他精力充沛的青春时期，只有在这时见过他的那些人，才能估计出他非凡的活动能力。埃及是他多年研究的对象，几天之内便熟悉得像在此地旅居了十年一样。他发布多道命令，号召遵守最严格的纪律，果然能够雷厉风行。清真寺、民政和宗教机构、闺房、妇女和当地风俗习惯都得到认真尊重。没过几天，法军士兵就获准进入民房，可以见到他们与居民一块和平地吸烟管，帮助他们干活，还同他们的孩子们游戏。

他在开罗待了四天，这期间他考察一切，并同能够打听到情况的任何人交谈，接着他发布了下述命令：

第一项——埃及的每个省府须设立由七人组成的法院，其职责为经管本省的各项权益；向我传达可能有的任何怨言；制止各村落间的战乱；逮捕和惩处罪犯（为此他们可以要求法军司令官予以协助）；利用一切机会启迪教化民众。

每省设置詹尼撒利（土耳其近卫步兵）的阿格（军官）一名，与法军司令官经常保持联络。他可以带领由六十名本地武装人员组成的一班人，到他们乐意的地方去维持正常秩序、顺从和安宁。

第三项——每省设置税务官一人，其业务为征收以前缴给马木留克兵的米利、费丹[①]和其他贡物，但现在属于法兰西共和国了。税务官可视需要任用税吏多人。

[①] 米利、费丹系音译，可能是赋税名目，待考。

第四项——上述税务官须配备法籍助理一名同财政部联系，并执行接到的一切命令。

波拿巴

　　波拿巴积极地采取各种措施把这个国家组织起来，与此同时德塞将军已向上埃及进军追击穆拉德巴依去了。我们获知，巴依之中仅次于穆拉德的易卜拉欣已经过巴耳贝斯和沙赫勒耶前往叙利亚。总司令立即决定亲自向这个不易对付的敌人进发，因此他进入开罗十五天左右便出发了。没有必要描述波拿巴把易卜拉欣逐回艾耳阿利什的那次著名战斗；而且，我也没有亲身经历那几次战斗的详情细节，我的主要目标是记述我亲自目击的那些事件。

　　总司令离开期间，8月1日发生了法国舰队在阿布基尔覆没的惨剧，此消息传到了开罗。克莱贝尔将军派副官来送信，他在我请求下火速赶往当时波拿巴所在的沙赫拉耶，波拿巴马上回转开罗，两地相距三十三里格。

　　总司令得知阿布基尔的可怕惨祸后，悲痛万分。他虽是那样精力旺盛和镇定自若，也经不住这一突如其来的打击，他深感烦恼。除了战友的埋怨和沮丧引起的痛苦情绪之外，又加上了我们舰队被焚毁的无可补偿的不幸事件。他一眼便估量到此事的种种致命后果。现在我们同法国的一切交通都被切断，返回法国的全部希望也随之断绝，除非屈尊向一个不共戴天的可憎敌人投降。他丧失了保持战果的所有机会，想到此他确实很痛苦。

　　同我单独相处时他就痛快地发泄他的感情了。我提醒他，这次灾祸无疑是惨重的，不过纳尔逊要是在马耳他碰上我们，或者在亚历山大港，在外海等候我们二十四小时，那就更是绝对无可补偿的事了。"这些情况不仅可能，而且是极有可能发生的。"我说，"任何一种情况都会夺去我们一切物资装备。我们被封锁在这里，但是我们还有粮秣和金钱。让我们耐心地等着瞧督政府对我们怎么办吧。""督政府，"他怒气冲冲地嚷道，"督政府里尽是一帮浑蛋！他们嫉恨我，要我死在这里才快活。而且，你看全军有多么不满，谁也不愿待下去。"

　　起初笼罩波拿巴的阴暗情绪很快消除了，他的坚定自制和镇静一度因阿布基尔来的消息而动摇，但不久就恢复了。但他有时用一种难以形容的声调一再唠叨："这个倒霉的布律埃斯，你是怎么搞的！"

我已根据某些偶然的观察指出,他力图把此事完全归咎于布律埃斯海军司令。这情况是拿破仑在圣赫勒拿岛讳莫如深的。一心想把波拿巴捧为超人的那些人,责备那位海军司令断送了舰队,这有欠公允。我拟在此就阿布基尔事件的若干内情略志数语,因为我乐于为布律埃斯海军司令这样一个人昭雪他被玷污的身后名声。

据说,布律埃斯虽然多次接受了毫不含糊的命令,还是不愿去科孚岛。波拿巴致督政府的函件以及他在圣赫勒拿岛的言论,都歪曲事实地表明,布律埃斯以一死抵偿了自己犯下的重大过失。关于巴累舰长的报告他说了很多,但是海军司令的答复也应加以考虑。布律埃斯有充分理由认为,舰队的舰船体积过大,驶不进亚历山大港港口。虽然说驶往科孚岛的命令下达数次,不过何时何人所下没有提及。从7月3日的命令到他不幸死去时为止,布律埃斯不曾接奉波拿巴片言只字,而在开罗的波拿巴直到7月26日才接到海军司令的那些报告,因此来不及在8月1日以前把复函送到他手里。布律埃斯也因坚持坐待阿布基尔事态发展而受到责难。难道能够设想,海军司令胆敢违抗指挥他的上司总司令的紧急命令而留在埃及海岸吗?

我荣幸地享有布律埃斯海军司令的友情和信任。他的光荣殉难以及他受到的狂怒指责,赋予我为他申辩的义务。

舰队的丧失使波拿巴将军确信,必须迅速而有效地把埃及组织起来,因为一切迹象都指出,我们还要在这里待相当长的时间,除非发生被迫撤退的事,那是司令远未料到也决不担心的。易卜拉欣巴依和穆拉德巴依现在相距很远,使他得以稍事休整。战争、防务、税收、政府、法院机构、贸易、艺术和科学,全都引起他的注意。他毫不迟疑地发出一道道命令和指示,即使不是为了弥补失败,至少是为了防止与失败俱来的迫在眉睫的危险。8月21日,波拿巴在开罗设立艺术和科学学院,随后指派我成为其中一员,代替因在尼罗河分舰队上负伤而不得不返回法国的德·苏西先生。

约当八月末,波拿巴想同绰号屠夫的阿克累的帕夏开始谈判。他向杰查表示友谊以期杰查以友谊相报,并且劝慰备至地保证其领土的安全。不料杰查相信自己的实力和曾经比波拿巴抢先一步的英国人的保护,对每次提议都不加理睬,甚至拒绝接待8月22日派到他那里的博瓦森。第二个使者在阿克累被斩首。

第八章 入侵叙利亚

从波拿巴接获阿布基尔惨剧的消息到 10 月 22 日开罗暴动，他经常感到时间异常紧迫。他灵活的头脑虽已考虑方方面面的问题，但还有使不完的劲儿。不太炎热时他骑马出行，回来后要是没有公文可批阅、没有信件要回复或没有命令要发布，他立即陷入沉思，有时会说些非常古怪的话。

举行这次暴乱的讯号是 10 月 20 日夜间在各清真寺高塔上发出的，到 21 日早晨，司令部宣称开罗城已发生公开暴乱。总司令不像外界传说的那样在劳达岛。他没有听到信号枪的响声。消息传到时他已起身，那是五点钟。他得知所有店铺全关了门，法国人受到袭击。不多一会儿他获悉驻军司令官杜布侬将军的死讯，是在街上被长枪刺杀的。波拿巴当即跨上马，只带三十名亲兵，到所有受到威胁的据点去恢复信心，并以极大的镇静采取了各种防务措施。

我们刚到开罗时发布了监视各清真寺呼唤人的命令，这命令几星期来早被忽视。夜间每到一定钟点这些呼唤人号召祷告人心向先知穆罕默德。由于这仅仅是同样仪式的一再重复，不久便不被重视。土耳其人察觉到我们这方面的疏忽，便用呼喊暴动代替他们的祷词和赞歌，对暴乱的煽动就靠这种方式传到埃及南北两端，从西恩到马罗蒂斯湖普遍发生了暴乱。

波拿巴回到司令部大约是上午八点半，早餐时他得到报告说，有些骑马的贝都因阿拉伯人正试图强行进入开罗。他命令副官苏耳考夫斯基骑上马，带领十五名亲兵前往暴众人数最多的据点胜利门。克鲁阿泽提醒总司令，苏耳考夫斯基在沙赫勒耶负伤还没有复原，提出由自己代替他。他这样要求是有他的用意的。波拿巴同意了，但是苏耳考夫斯基早已出发。不到一小时，十五名亲兵中有一个满身血污地回来了，宣称苏耳考夫斯基以及其他伙伴都已被砍成碎块。

这是转瞬间的事，因为噩耗传到时我们还没离开桌子。

这次暴动以后不久，为了保障我们本身安全而发生了一次可怕的残忍行为。阿拉伯人某部突袭并屠杀了一队法军。总司令命令侍从武官克鲁阿泽到出事地点，包围了那个部落，毁掉他们的茅屋，杀死所有男子，把妇孺带往开罗，并命令砍下那些牺牲者的头装入口袋带往开罗示众。

博阿尔内随同克鲁阿泽参加了这次残酷的出征。第二天他们回来，随带数头驴子驮着口袋。他们在主要的广场打开口袋，头颅便在聚拢来的民众面前滚出。我没法形容我受到的惊骇，但是同时必须承认，这在相当一段时期保持了平静，连需要派往四面八方的小股部队也能存在了。

八月份以来，波拿巴的目光盯住了叙利亚，并且预料到土耳其军队要登陆，此事果然不久便发生了。他以自己固有的智力理解到从苏伊士地峡方面威胁他的危险，头脑里想出了避免这种危险的办法。

1799年2月11日，我们率领大约一万二千人出发，向叙利亚进军。传说我们只有六千人，但事实是我们在战斗中折损六千左右。我们这支人数不多的军队于17日进抵艾耳——阿利什。沙漠行军的疲劳以及饮水的缺乏使得士兵们怨声载道，他们看到骑马的便咒骂——他们放肆地用最粗鄙的言辞攻击共和国、学者，以及他们认为是发起这次远征的那些人。士兵们不时渴得筋疲力尽，等不及分配饮水便用刺刀戳自己的皮肤。这样乱来的结果是更加感到水的恐慌。几天之内艾耳——阿利什投降了。28日我们第一次遥遥望见叙利亚青葱肥沃的田野，使人想起我们本国的田园。山峦和绿洲的景色使人暂时忘记这次谁也无从判断其意图或结局的远征的辛苦劬劳。

3月4日我们包围了美丽的城镇雅法，即古约帕，该城据守到6月才被猛攻夺取。大屠杀十分可怖。波拿巴派出侍从武官博阿尔内和克鲁阿泽去平息士兵的狂怒，并报告经过情况。他们获知大部分守军退入一座大建筑物，某种有围墙的院落。他们去到那里，出示了标明各自级别的肩章。这些难民是阿瑙特人和阿尔巴尼亚人，他们在窗口呼喊，如能饶命他们就投降——否则，他们吓唬说，要向这两名侍从武官开火并坚持到最后一口气。两人答应了他们的要求，他们便分两队开进营房，总计约四千人。

我正同波拿巴将军在他帐篷前散步时，他看到一大群人行近，他还没有看见那两名侍从武官就面带忧色地转向我说："他们要我拿这批人怎么办？我有粮食供应他们呢——还是有船装运他们去埃及或者法国？他们为什么这样给我办事呢？"总司令满怀怒气地听取了欧仁和克鲁阿泽的解释后，严厉地斥责了这两个人。但是事已至此，四千人已经来了。他们的命运必须决定。两名侍从武官说明，他们在大群敌人中间显得孤单，总司令曾指示他们要制止杀戮。"是的，"总司令以满腔热情答道，"对于妇女、孩童和老人——一切和平居民，但不包括武装士兵。你们的职责是去死，而不该把这帮不幸的家伙带给我。你们要我把他们怎么办？"

他们将投降者解到的当天，总司令帐篷里就召开作战会议决定对他们的处置办法。会议反复考虑许久也没能做出决定。

第二天傍晚，各师长的常规日报送到。各师长没说别的，尽是诉说口粮的不足和士兵的怨言——他们窃窃私议，不满意眼看他们的面包发给敌人。这些敌人根据陆战法规逃过了报复，也免于判处死刑，已经解往雅法。所有这些报告都是触目惊心的，特别是蓬恩将军直言不讳的报告。他说的不外是害怕发生哗变，从事情的严重性质看，这种顾虑是不无理由的。

作战会议再次召开，各师师长都应召参加，大家一连数小时讨论采取什么措施为好，怀着最诚挚的愿望去探讨和制订任何可以挽救这些不幸战俘的办法。

到第三天还是得不出有利于保全这些不幸的人的结论。军营中的怨言越来越大了——祸患有增无已——似已无法平息——危险千真万确而且迫在眉睫。

3月10日下令枪决这帮俘虏，当天执行。

这残酷场面，我每一念及便不寒而栗，如同那天目睹时的感受一样。我唯愿能够忘却而不愿被迫记述此事。那个血腥的日子，其恐怖情状是任何人也想象不出的。

我说的是实情，全部实情。我参与了每次讨论、每次会议和每次商榷。我并不如人所想，有什么深思熟虑的见解，我只能说，如果让我投票，根据我军的处境，粮食的奇缺，我军人力的缺少，又在一个举目都是敌人的国家里，都会促使我赞成随后付诸实行的那个提案。只有身临其境的人才能理解当时采取那种可怖做法的必要性。

攻占雅法之后，瘟疫开始流行，情况甚为严重。那是克莱贝尔师从达米埃塔带来的。这次叙利亚远征我军因传染病折损了七千至八千人。

3月18日我们来到阿克，得知杰扎尔砍下我方使者的头，把他的身子装在口袋里抛入大海。这个残酷的帕夏犯下了大量这类罪行。我们在海里洗澡时，时常遇到被海浪冲上岸来的无头尸体。

阿克围攻战的详情是众所周知的。这个小小的要塞虽有城墙环绕，两翼有坚强的塔楼，此外还有由工事防护的又宽又深的壕沟，看来也很难在我军的勇略和工程人员以及炮兵的技能面前守住。可是攻占雅法之轻而易举和迅速，使我们多少有些飘飘然，而不再注意这两个地方力量的比较和情况的迥异。我们在雅法有充足的大炮，而在圣让得阿克则没有。在雅法我们只须对付当地守军，在圣让得阿克我们攻打的守军因为有了援军和粮食供应而加强，他们有英国舰队的支持和欧洲科学的帮助。

给予我们最大伤害的无疑是悉尼·斯密士爵士。关于他同总司令的交往众说纷纭。总司令指摘他千方百计引诱部队的官兵，即使有根有据，这也不足为怪，因为战争中各地将领使用这些手段是司空见惯的。

敌人在市内有一些优秀射手，主要是阿尔巴尼亚人。他们在城墙上垒起石块，在缝隙间架设枪支，掩护周密，射击准确，杀伤力很大。

圣让得阿克围攻战历时六十日。其间猛攻八次，城中突围十二次。5月8日那次进攻时，两百多人突入市内，他们已在欢呼胜利，不料缺口被背后的土耳其兵占领，他们是几经犹豫才赶到的。这样，突入市内的这两百多人就得不到后援。街道上设置了障碍物。妇女们在街头来去奔跑，按照当地习俗把尘土抛向空中，她们的欢呼和号哭激起男性居民殊死抵抗，使得这一小股人对镇市的短暂占领归于失败。他们看到自己孤立无援，便退向缺口。许多人退不到缺口，都战死在镇内。

围攻战于5月20日结束。我方损失将近三千人，包括伤亡和死于瘟疫的。如果不是匆促进攻，或者按照战争常规进行围攻，这个镇市连三天都守不住。像5月8日那样的猛攻，一次已足够了。要是我们第一次见到阿克城防工事的那天，不是那么低估该地实力，并考虑到我军完全缺乏足够口径的大炮，弹药又少，以及获得粮食之不易，我们绝不至于攻城。

迄今为止，波拿巴还从来不曾遭到失败，总是一胜再胜，因而他颇有信心地预计到对圣让得阿克的占领。他在给留守埃及诸将的函件中决定，要在4月25日完成此事。他原来计算，不可能在4月25日以前发动对塔楼的大举进攻。此事偏偏提前了二十四小时。"最细微的情况产生了最大的事件，"拿破仑在《圣赫勒拿岛回忆录》中说，"如果阿克早陷落，我当已改变世界的面目。"还说："东方的命运决定于那个小镇。"

围攻期间，几乎每天傍晚，波拿巴和我总要在离海岸不远处一起散步。5月8日那次不幸进攻的第二天这样散步时，他对眼看这许多勇士白白流血表示痛心。他对我说："布里昂，我知道，这个倒霉的地方已夺去我许多人的性命，浪费了我许多时间。但是事已至此，不能不试最后的一招。如果我如愿以偿地成功，我会在城里找到帕夏的财宝和可供应三十万人的武器。我要鼓动并武装叙利亚的平民，他们憎恨杰扎尔的残暴，你也知道，每次攻势中，他们都默祷他的毁灭。然后我要向大马士革和阿勒颇进军。向这个国家挺进时，不满暴政的百姓将麇集到我的旗帜周围，扩大我的军队。我要向民众宣布废除奴役制和帕夏的暴虐政府。我要亲率大军光临君士坦丁堡。我要推翻土耳其帝国，并在东方建立一个伟大的新帝国，把我的名字载入子孙后代的史册。或许我会在消灭奥地利皇室之后途经亚得利亚堡或维也纳回到巴黎。"我一回到自己的帐篷就趁记忆犹新之际在纸上记下这次谈话，因此我敢说这番话正确无误。

5月20日，我们趁夜间离开圣让得阿克以避开围城的出击并隐蔽我军的撤退。我们必须沿岸跋涉的三里格路程完全暴露在卡尔梅勒角碇泊点英舰的炮火之下。病号和伤员已提前两天送走。这次灾难性的远征就这样告终。我们沿地中海海岸前行，通过了卡尔梅勒角。有些伤员用担架载运，另一些由马匹、骡子和骆驼负载。行近卡尔梅勒角时我们听说，我军留在医院里的三个病员被土耳其人残酷地处死了。

在这次疲劳行军中，士兵为难受已极的干渴所折磨，又曝晒在过度的酷热中，个个意志消沉，人与人之间的自私或者说冷酷暴露出来了，甚至达到了残忍和骇人的程度。我看到四肢断残的军官，虽有命令让他们躺上担架，他们本人也曾付钱酬劳担架兵，却被从担架上摔下；伤兵被抛弃在麦田里。我们的行军有火炬照明，点燃火炬是为了放火焚烧市镇、大小村落以及各处田野铺盖的丰收作物。全境无处不是烈焰滚滚。晴空高照的太阳也常被我们连绵不断的大火浓烟遮住。我们的行军就是如此。战争的恐怖就是如此。

5月20日我们到达坦托拉，正是炎热难忍之际，人人疲惫不堪。除了焦烫的砂砾之外，我们无处可以躺下睡觉。我们左边是怀有敌意的大海。离开阿克以来，我们的伤员和病号的损失已经很大，瞻望未来也没有什么可以自慰的事。

一支号称常胜军的队伍，幸存部分陷入这样困苦的境地，可想而知，在总司令头脑里也不会产生什么异想。不等到达坦托拉，他就下令架设他的帐篷。然后他召我去，对我们的艰难处境满怀关切地口授一道命令：人人都须徒步，所有骡、马和骆驼，都应让给已予转移并有一线生存希望的伤员、病号以及传染病人。然后说："传达给贝尔蒂埃。"命令立即发出去了。我还没回到帐篷，总司令的马匹总管维戈涅就进来了。他举手行个军礼，问道："总司令，哪匹马您留给自己？"正处在情绪高昂状态的波拿巴被这一问激起狂怒，举起鞭子重重打在他头上，用可怕的声音喝道："人人必须步行，你这家伙——我带头，你不知道命令吗？滚出去。"

我们剩余的重炮由于缺乏马匹而弃置在坦托拉的流沙中了。少量留下的现在须用于更加紧要的用途上。士兵们似乎忘掉了自身的艰辛，痛惜这些铜炮的丧失，因为大炮使他们屡战屡胜，大炮使得欧洲为之战栗。

5月22日我们在恺撒城遗迹稍事停留，当天晚上通宵行军。黎明时分，有人躲藏在路左灌木丛中向骑在马上打盹的总司令开枪，差点击中头部。我在他身旁。我们立即搜索了树丛，没费事就抓住了那个那普洛西安人，并下令就地处决。四名卫兵用马枪顶住他的背部，把他推向海边，临近水边时他们扣动扳机，不料四支枪全不着火，这是因为夜晚太潮湿之故。那个叙利亚人跳入水中，迅速游到远处一列礁石上，敏捷无比，以至他游过时，全军发射的子弹一颗也没有打中他。波拿巴继续行进，要我稍候担任后卫的克莱贝尔师。通知他别忘了那个那普洛西安人。我想那个可怜的家伙后来还是被枪毙了。

5月24日我们回到雅法，25日、26日、27日和28日都留驻该地。这个城镇刚刚成为不可避免的可怖事件的现场，又注定要再一次目睹同样恐怖的法律被执行。在此我有严酷的职责要履行。我要叙说我知道的和我眼见的事实。

距环绕雅法东面一些园林不远的一座小山丘上架设了一些帐篷。马上有命令下达，要挖地道炸毁所有的要塞。27日讯号一发，我们看到全镇顿时夷为平地。一小时之后，总司令在贝尔蒂埃和数名医师及外科医生陪同下进入他的帐篷。随后阴郁而慎重地商议了许久，考虑那些无法治疗的，已濒于死亡的病患的命运。经过最严肃认真的讨论之后，决定用药物提前那不可避免的死亡，否则几小时之后还是免不了一死，而且死得更加痛苦而残酷。

经历了二十五日惊恐万状的行军后，6月14日，我们这支小小的军队回到开罗。渡过沙漠时，温度达40摄氏度左右。这一带，虚妄的海市蜃楼比博哈希勒的平原更加烦人。在万分干渴之中遥遥望见那完整的幻景，尽管有过亲身经验，还是诱使我们驱策疲乏的战马奔向那些空幻的湖泊，但是没多久，那些湖泊便化为荒芜的盐碱沙漠。

我们的马匹因贪饮沙漠中的咸水，离开水源不到一英里路便倒毙道旁，就这样损失了大量军马。

波拿巴发布了一些只能哄骗愚人的谎言布告，其中之一宣布他已进入埃及首都。"我带回大批俘虏和军旗，"他说，"我已经扫平了杰扎尔的宫殿和阿克的城墙，一摞石块也不剩。全体居民都已由海道离开该镇，杰扎尔受了重伤。"说我们回转开罗是因为倒霉的远征叙利亚期间爆发的多处叛乱，但这话再荒谬不过了。我们在圣让得阿克屡遭挫折，加上害怕敌人登陆，这才是引导我们班师埃及的原因。我们在叙利亚除了损兵折将和耽误时间之外，还能有何作为？而人力和时间都是我们再也损失不起的。

波拿巴还没有到开罗就得到报告说，勇敢的百折不挠的穆拉德巴依，已取道法尤姆去会合在博哈希勒征召的援军。这次行动多半同预料中的土耳其军队登陆有某些关系，他早已知道此事。穆拉德选定纳特龙湖为会合地点，缪拉奉派前去那里，但巴依听说他要来就取道基萨沙漠和各个大金字塔退去了。

波拿巴认为消灭这个活跃的头目事关重大。在他看来这是他在埃及的许多敌人中最勇敢最危险的一个，此人经常逡巡在沙漠的边缘。

7月14日波拿巴离开开罗前往金字塔。他在这个死人的废墟中逗留了三四天。这次金字塔之行，他的唯一目的是消灭穆拉德巴依，却引起了一件相当有趣的逸闻。传说他约定接见穆夫提和乌里玛①多人，进入大金字塔时他高呼："荣耀归于安拉！真主唯一，穆罕默德是真主的使者！"而事实是，波拿巴从未进入大金字塔，他也从来没有这个心意。他无论到哪里都必定有我奉陪，在沙漠时我从没有一刻离开过他。他派了几个人进入大金字塔，可是他留在外面。他们向他报告了内部所见，那就是说，他们告诉他什么也没见着。

7月15日傍晚，我们正朝亚历山大港方向散步时，瞥见一名阿拉伯使者全速向我们奔来。他把当时派驻亚历山大港的马尔蒙的一份报告呈交司令。波拿

---

① 穆夫提是伊斯兰教经典阐释人；乌里玛是伊斯兰教学者。

巴大为满意。土耳其军已在英国舰队护航和保护下在阿布基尔登陆。一万五千至一万六千名敌军上岸的消息并没有惊动波拿巴，他已期待多时了。他读完报告就退入帐篷，向我口授调动部队的命令。我在这种时刻看出，他那不畏任何困难的热忱个性和遇事抢先一招的敏捷作风都有所发展。他全力以赴，一刻也不踌躇。7月16日凌晨四时，他已在马上，军队全速开拔。我必须公正指出，那种当机立断、做出决定之果敢以及执行之迅速，在他生平的这个时期，每逢重大关头一刻也没有背弃过他。我们于23日抵达亚历山大港，那里已为那次可纪念的战役准备好一切，那一仗虽然不足以抵偿在同名海战中的巨大损失和悲惨结局，也将永远让法国人回想起他们最辉煌的武功之一。①

　　25日那一仗以后，波拿巴给英国海军司令的座舰送去休战旗帜。我们的交往是谦恭有礼的，这是文明国家之间交往应有的标志。海军司令送给我方使节一点小小的礼物以回敬我方送去的礼物，还赠送一份1799年6月10日的法文《法兰克福报》。我们已经有十个月没有听到法国的消息了。波拿巴浏览这张报纸的急切心情是不难想象的。②"啊！"他说，"我的预见没有欺骗我；那帮蠢材丢失了意大利。我们历次胜利的全部果实都断送了，我们必须离开埃及。"

　　他吩咐召见贝尔蒂埃，要对方读读这消息。"法国的事情糟了，"他说，"我

---

① 特·布里昂先生没有详述这次可纪念的战役，下述罗维戈《回忆录》中的摘录当可弥补其不足：
"波拿巴将军亲自从开罗来此之际，土耳其船舰上的部队已经完成登陆，占领了阿布基尔要塞和阿布基尔村后的一处堡垒。
"坐镇亚历山大港的马尔蒙将军赶来援救时，土耳其军几乎已经消灭了据守那两个要塞的弱小守军。这位将军看到那两个据点已陷于土耳其军之手，便回师固守亚历山大港，若不是总司令到达，他可能被土耳其军团团围住。
"波拿巴率领他的向导和余剩的军队于午夜抵达，下令拂晓攻击土耳其军。这一战和以前各次战役一样，进攻、交战和败北溃退都发生在转瞬之间，在我军方面是一次行动的结果。土耳其全军涌入海中重新登舰，抛弃了他们携带上岸的一切。
"战斗正在海岸边进行之际，一名帕夏已带领约三千名兵士离开战地，以便攻入阿布基尔要塞，他们不久便感到奇渴，因此于数日之后被迫向曼努将军无条件投降。曼努留在当地，负责结束与新败土耳其军队的战斗。"

② 法军从圣让得阿克回师之时，对数月来欧洲发生的一切事情全然不知。拿破仑急于得到消息，借口商谈阿布基尔被俘人员的赎金事宜，送休战旗到土耳其海军司令舰上；没想到使者却为悉尼·斯密士爵士阻挡。他严密防范法军和土军间的任何直接交往。因此，法军休战旗按照悉尼爵士的指示送往他的座舰。使者受到最优异的接待：除了其他事情，英舰司令料定拿破仑还不知道意大利的惨剧，故意幸灾乐祸地送给他一卷报纸。拿破仑花了整夜时间在帐中仔细阅读这些报纸，最后决定立即前往欧洲去挽救法国的惨祸，并尽可能挽救法国免遭毁灭。

——《圣赫勒拿岛回忆录》

得去看看那里是怎么回事，你一定要随我来。"他只向我本人、贝尔蒂埃和已被他找来的冈托姆三人交代了这个机密。他告诫贝尔蒂埃要谨慎，不要显出高兴的样子，也不要改变平素的习惯，不要买任何东西。他最后对贝尔蒂埃说，一切仰仗他了。他说："我自己是可以保证的，我也信得过布里昂。"贝尔蒂埃允诺决不声张，他果然信守诺言。他在埃及已待够了，一心只想回法国去，只怕自己不小心而破坏了一切。冈托姆来到了，波拿巴命令他备妥两艘快速三桅舰米隆号和加利埃号，以及两艘小船雷望契号和福通号，外加四五百人两个月的粮食。波拿巴把自己的秘密意图通知冈托姆，并叮嘱他严守秘密，以免他做准备工作的消息走漏给任何英国巡洋舰。后来他同冈托姆商定他将行驶的航线，一切都装备停当。

波拿巴于8月5日离开亚历山大港，10日到达开罗，目的是为离去做安排。他在开罗叫人重新扬言他要去上埃及。这消息看来非常可能，因为事实上这是他在我们去金字塔之前的决定，军队和开罗居民都知道的。他同时宣布了考察尼罗河三角洲的意图；为使人更加相信，他于18日写信给政务会议，要他们按时报告自己不在开罗期间当地的情况。他用这些办法使得军中谁也没有怀疑他是在策划离去。我们一离开开罗就返回亚历山大港。

到此为止，我们的秘密保守得很严密。然而，20日我们到达曼努夫时，当地驻军司令拉努斯将军却猜测到了我们的目的。他说："你们是去法国。"我的否认只有增添他的怀疑。

8月22日我们回到亚历山大港，司令通知随同他从开罗来的全体官兵，他们的目的地是法国。听到这个消息，人人脸上显出喜悦的表情。

波拿巴邀请继他担任全军司令的克莱贝尔将军从达米埃塔到罗塞达来，同他会商极为重要的事项。波拿巴安排这场明知自己不能守约的约会时，希望逃避克莱贝尔的责备，避免面对他那倔强戆直的脾气。他给克莱贝尔写了所有非说不可的话，提出不守信约的原因是唯恐被英国巡洋舰发觉，因此比预定日期提前三天启程。但是波拿巴写信时明明知道，信到时他已在海上了。克莱贝尔向督政府痛诉这种骗局。他呈文的奇怪命运将在后文见到。

第九章 雾月 18 日

8月23日我们登上那两艘三桅舰米隆号和加利埃号，人数约在四百至五百之间。我们上船时夜色正浓，但在微弱的星光下仍能察觉一艘前来警戒的海防舰，好像是我们趁黑夜悄然登舟的一个伙伴。①

有这样的误传，说冈托姆海军司令是他行动的绝对主人，好像有人能在波拿巴在场时任意指挥似的。绝对没有那么回事。他当我的面对海军司令说，不要遵循通常的航线，而要驶向外海。"我希望，"他说，"你一直沿非洲一边航行到撒丁岛以南。我这里有一小队勇敢的伙伴和几门炮。万一英国人追上我们，我立即上岸，带上这伙人走陆路到奥兰、突尼斯或者别的什么港口，从那里我们会找到办法回国的。"这是他的决心，而且决不动摇。

我们在焦躁而失望的二十一天中顶风四处颠簸。最后终于刮起顺风，没多久便把我们送过非洲海岸靠近古代迦太基所在地的地角。我们很快到达撒丁岛，沿其西岸航行，与陆地保持适当距离。波拿巴怕碰上英国舰队，打算登岸，再去科西嘉，等待有利时机再回法国。

件件事都使我们的航程单调乏味。司令失去了四名侍从武官：克鲁阿泽、苏耳考夫斯基、于连和圭贝；卡法雷里、布律埃斯、加撒比安卡也没有了。我

---

① 卫队的马匹留在海滩上任其自在奔驰，万籁俱寂的亚历山大港，前哨忽然被战马奔腾声所惊动，原来是马匹出于天然本能，越过沙漠回到亚历山大港了。哨兵看到鞍辔齐全的马群奔来，便赶紧准备迎收，但很快就认出这是警卫团的马。他们起先猜想某些分队追击阿拉伯人时遭到不幸。有些将领随同波拿巴将军登舰，他们的坐骑也同这批战马一同回来了，因此亚历山大港一时大为惊惶。骑兵奉命火速驰往这些战马奔来的方向。骑兵带回土耳其籍马童，是他把波拿巴将军的坐骑拉回亚历山大港，这时人人陷入最阴暗的臆想。

——《罗维戈公爵回忆录》

们的种种不幸；我们对到本国是否受欢迎没有把握，法国的事态，对其失败我们获知的消息还只是一鳞半爪；海上满布敌人的船舰，时刻都有被俘的危险——所有这一切在我们心里投下了一道暗影，使人无心娱乐。波拿巴不断在甲板上踱步，监督他每道命令的执行情况。出现一片再小的帆影也会使他重新陷于不安。他一直担心成为英国人的俘虏；他害怕的，也是最糟糕的，是落入他们之手；末了，他竟寄希望于他们的宽宏大量！

最后，到10月8日，在逃脱了英国舰队的追逐之后，我们于上午八时进入弗雷儒斯湾。海员中没有人熟悉这段海岸，我们不知道究竟身在何处。一时间我们竟无法决定要不要驶入。岸上事先不知道我们要来，而讯号在我们出国期间又更换了，我们无法回复。炮台向我们开了几炮，但是我们胸有成竹，驶入港口，而舰甲板上人群簇拥以及我们欢乐的表现，很快解除了他们的疑惑。没等我们抛锚，已在谣传有一艘舰上载有波拿巴将军。刹那间海面布满了小船。我们费很大劲也排不开人群。我们每个人都是被举起抬到岸上的。我们向挤在四周的男女群众解释他们所冒的危险时，他们全都喊道："我们宁可染上疫病也不要奥地利人。"

难忘的是仅仅宣布波拿巴回来这件事在法国和欧洲所产生的后果。除了别的事以外，他还被指责破坏了卫生条例。他本想绝对服从通常的隔离手续，但是弗雷儒斯的民众不答应：前已说过，我们完全是被抬上岸来的。上岸来的这五百人和货物是来自夏日疫病猖獗的亚历山大港，我们一想到这一点，就觉得法国和欧洲从这样的天灾中保全下来真是出奇的幸运。

大家时常谈起某人交了好运，甚至终身走运。我不相信这种宿命论，然而当我想起波拿巴在这么多冒险事业中都一次次逃过了危险，他遭遇的险境，他碰到的各种机会，我就想，一定有人相信这种话。但是，我对这位"命运的宠儿"研究了一段时间以后就发现，所谓他的运气实际上是他的天才；而他的成功，则是来自他令人钦佩的远见、迅如闪电的估算，以及大胆往往是真正智慧的信念。例如，我们从亚历山大港至弗雷儒斯的航程，要不是他避开了海军司令所主张的通常航线，毅然决然坚持采取不同寻常的航线，他能逃得过充斥在道路上的许多险局吗？大概不会吧。这全是天赐机遇的结果吗？当然不是。

他渴望得到消息，一到弗雷儒斯就向遇到的每一个人打听。他在那里第一个得知我们在意大利败绩的详情。"祸事太大了，"他说，"什么也办不成了。"

他决定在我们登陆的当天晚上就回巴黎去。途经各地,无论城镇乡村,他都同在弗雷儒斯一样受到难以形容的热情欢迎,其盛况只有那些亲眼看到他凯旋道路的人才能有个大致的想象,无须费力观察,就会对日后发生的事情有所预见。

饱受无政府状态和内战之苦的外省又受到外敌入侵的威胁。作为派系斗争的广大舞台,几乎整个南方都呈现痛苦的景象。国家呻吟在暴虐法律的重压下,缺乏道德力量、不正义、沦为派系和阴谋玩物的五头政治遭到普遍反对。公路上盗贼充斥。督政府的代理人实行最无耻的掠夺,到处陷于无政府状态,一切都似将瓦解。任何变革都要比这种现状持续下去强,大多数法国人切盼脱离这样一种无法忍受的局面。无政府状态和波旁王室这两重危险同时构成威胁。人人感到迫切需要把国家权力集中到一人之手,同时又保持那些适应时代精神和才智的制度。为此法国已付出十分高昂的代价,目前又濒临永远丧失这些制度之虞。国家正在期待一个能够恢复安静的人,但是迄今还没有这样一个人出现。一个遍身荣耀的幸运军人站出来了。他曾把法国国旗插上罗马神殿和金字塔。他的伟大活动,他的辉煌事业,他的屡次成功,他对法兰西的忠诚献身精神,他的种种观念的正义性,一切条件都适合推举他为人选,因为他最能使自己入籍的国家伟大、幸福并建立公众自由。波拿巴并不缺少高瞻远瞩的目光,也不缺少学识或必需的才能,他只是缺乏意志。因为,事实上谁能料到他一朝最高权力到手后,便利用权力把他宣扬了多年并赖以擢升的那些原则全部踩在脚下?谁能相信他竟会以不折不扣的专制政治取代法兰西向往了多年的自由?为和平享受那种受宪法保障的自由,法兰西做出过多么重大的牺牲啊!但事实是:当他的野心得到满足,当他牺牲了一切以达到他的目的时,我们眼看他重建了那些他曾与之战斗的原则,并以同等的精力护卫这些原则。他敢相信,在那些构成他毕生事业的无数惊险事件中,一件不幸的也没有吗?他难道想不到,一个人把一切集中于一身时,一切也必定随他灭亡,而国家的命运如果寄托在一次战局的胜负上,不就是无所依托吗?

波拿巴头脑里不断思考的计划之中,无疑包括升任法国政府的首脑;但是如果认为他从埃及回来时已想好任何固定的计划,那就错了。他野心勃勃的愿望中还有模糊之处,而他喜欢构筑那种想象的、称作空中楼阁的高楼大厦。事态的进程符合他的愿望,真可以说,整个法兰西为波拿巴铺平了通向权力的道路。可以肯定地说,在二百多里格的路途上,到处是异口同声的喝彩和万众欢腾的景象，最初仅为插手共和国事务而采取的步骤，被他看成了民族的使命。

民众感情这样自发地迸发出来，既无秩序也不取分文，响亮地宣告了人民的疾苦，希望凯旋的将军解救他们。攻占埃及的将军归来所激起的普遍热忱，使他高兴到我无法表达的程度，正如他时常对我断言，这是一种强有力的刺激，促使他走向似乎是法兰西的愿望在引导他前去的目标。

杂乱无序的时候，一切权力都已搅乱而没有东西能够建立平衡的时候，最能干、最坚强、最大胆的人往往容易压制他人。波拿巴在军事上比同时代人的更胜一筹，他的好运和荣誉的优胜地位，他名声的影响，此时帮助了他，正如在他三分之二的历程中帮助过他一样。

当他成为呈献给自己的权力的主人，如果他遵行原先宣扬过、迄今一直为之战斗并获胜的那些原则；如果他运用自己荣耀的全部影响，来捍卫他的民族主张和他的时代要求的那种自由——当他厕身那些伟人之中，子孙后代不会不把他排在第一位。但是相比人类的福利，他为一己的荣誉做得更多，子孙后代将凭他的成就来判断他。他将因历次胜仗而享有至高无上的荣誉，但不是为他的攻城略地，因为这没有得到任何结果，他没能保住任何一处地方。他要求被尊为古今最伟大的将领之一，这是无可争议的；但是他留给法国的比法国托付给他的要少，比路易十四留下的也要少。他光辉的意大利战役把威尼斯给了奥地利，把爱奥尼亚群岛给了英国，他远征埃及把马耳他给了英国人，毁灭了我国的海军，牺牲了我国二万二千人。在波拿巴的法典中，从哲学和理性上看来，能够批准的只有一部民法。他其余的法令全是无效的，只有他存在时站得住。不论是作为执政还是皇帝，他对法兰西的幸福有何贡献？子孙后代会做出否定的回答。的确，如果我们在天平的一边搁上我们所有的胜仗和全部荣耀，另一边搁上全欧列强攻入巴黎和1815年的辱国条约及其一切附属条款和后果，称上一称，就可看出天平倒向哪边。

10月16日我们抵达巴黎，他在弗雷儒斯登陆的消息早已由快讯传到。到达的第二天，他拜会了督政府，晤谈很冷淡。24日他对我说："昨天我在戈伊埃那里吃饭，西哀耶斯也在座，但我装作没见他；我看得出他为此生气。""不过你是否确知他反对你？"我问。"现在我还不知道，"他答道，"但是他属于我不喜欢的那个体制。"他当时正在考虑怎样把西哀耶斯排挤出去，取而代之担任一名督政。

为更清楚地说明即将展开在我们面前的重大事件的进程，在此有必要对我们归国时巴黎各党派的状况略加介绍。莫罗享有很高的军事声誉，莱因方面军收容了许多勇士入伍，但对攻占意大利的将军，他们的赞许之辞也不曾稍减。他们对弥补了舍雷尔德国惨祸的将军表示钦佩，那是因为牵连到他们切身利益之故。事实上，夸大我们自己参与的那几次胜仗是再自然不过的。热心的共和党人贝尔纳多特于我们在埃及征战期间担任陆军部长，但已于波拿巴返回法国前三星期辞职，这两名将领都受到他们统率的军队的信任，可以认作军队的代表。波拿巴的忠实信徒有意大利的光荣伙伴，以及他后来称之为"他在埃及的伙伴"的人。军队是清一色的共和派，而苦恼的督政府似乎明显是为了给阴谋家当工具而设置的机关。我们的道路上困难重重，那是必须充分估计到的——诚然，有种难以置信的热情一路伴随我们到巴黎；但是仅凭群众的呼喊还不足以得到选票，还需要更多的东西。

　　这时，贝尔纳多特一派人希望贝尔纳多特重任陆军部长之职；制止这个计谋实现对于波拿巴事关重大。我们回到巴黎两天以后，他对我说："我认为贝尔纳多特和莫罗会反对我；但是我不怕莫罗——他缺少精力，他要的是军事而非政治权力，我们可以许诺他当司令官，把他拉过来。可是贝尔纳多特有摩尔人的血统。他大胆而有冒险心；他不喜欢我，我可以肯定他反对我。他如果怀有野心，会不顾一切。何况这家伙不受引诱，他不为感情所动，而且精明强悍。不过，我们终究是刚到；我们得看看。"

　　波拿巴将军的首要目标是在督政府中取得一个席位，但是这一点，他的年龄是无法超越的障碍，无论他怎样努力克服也是徒然。当他的意向被人知道后，那些认为他就是自己寻觅已久对象的人，立即聚集在他周围。这些人在各自范围里都是有能力有势力的，都尽力实现波拿巴同西哀耶斯的和解，把他们之间的不和变为友谊。有人报告波拿巴，西哀耶斯在那次受到轻蔑侮慢的饭局之后说："你们看到那个傲慢的小人怎样对待一个本应下令枪毙他的政府大员了吗？"

　　但是经过得力的朋友居间调解，一切都改变了。他们使波拿巴相信，取代西哀耶斯是没有希望的，还是同他合伙推翻两人都不喜欢的政体为好。我听到有个人对波拿巴说："去那些把共和国的朋友当雅各宾党人对待的人中间寻求支持，而且，相信我，西哀耶斯就是那一派人的首领。"西哀耶斯一同波拿巴取得谅解，就泄露出巴拉斯说过的话："小班长在意大利发了财，他没有理由再去。"波拿巴特意去督政府驳斥这种说法。他在各督政面前痛诉，毫不畏惧地断言，猜想他的财富是毫无根据的，而且，即使他发了财，也不是以损害共和国为代价的。

这次短促的政局危机比之我们在以前历次革命运动中所见的，没有什么更高尚、更高贵，或者不那么可鄙的东西。在这些政治密谋中，任何事情都包含了那么多奸计、虚荣和背叛的内情，以致为了人类的荣誉，必须给其详情遮上一层幕布。一切全都靠剑锋实现。

波拿巴信任的只有少数人，他的计划只告知那些为成事所必需的人。其余的只是亦步亦趋地追随他们的领头人和他们受到的推动，消极等待为收买他们而许下的诺言的兑现。

即将演出的这出伟大戏剧的各个角色都已分派停当。11月9日之前的三天间，人人俱已就位。吕西安灵活而机智地在两院推进这个阴谋；西哀耶斯负责督政府，雷阿尔在富歇的影响下同各部门谈判，根据他主子的指示，在不累及富歇的情况下，巧妙地设法毁掉那些授权给那位部长的人。早在5日富歇已经告我："告诉你的司令，快点，要是耽误了他就失败了。"

11月9日（雾月18日）上午，所有忠于波拿巴的将领都会集在他家。我从未见过这么多人在一起。除贝尔纳多特外，人人都是全副武装。我看到他身穿便服很是吃惊，我走近他低声说："将军，这里所有的人都穿军装，除了你和我。""我为什么要穿军服？"他说。他说这话时，正在同周围几个人谈话的波拿巴和我同样吃了一惊。他顿时煞住话来，迅速转向贝尔纳多特，说："怎么回事？你没穿军装？""我不值勤的早上从不穿军装。"贝尔纳多特答道。"你立刻要有任务了。""我还一个字都没听到，我愿意早点接受给我的各项命令。"

于是波拿巴把贝尔纳多特领到隔壁房里。他们谈话历时不长，因为时间来不及了。

攻占意大利将军的朴素住宅太小，挤不下这么一大群人，他们站满了院落和通道。

那天元老院早在上午七时就在杜伊勒里宫集会了，共谋者之一当即宣布，救国需要强有力的措施，提出两项法令要他们接受：其一是立法机关的会议应立即迁移到距巴黎数英里的圣克卢庄园去举行；另一项是把包括国民自卫军在内的首都内外所有部队的最高指挥权授予拿破仑。两项提案当即通过了，几分钟之内，波拿巴在他武装伙伴的簇拥下接受了宣告授给他的新职，随后立即上马离去。元老院通过这道法令用的办法可以称为虚假多数，因为议员是在不同的时刻召集的，而且故意设法使吕西安和他的朋友拉拢不过来的六十或八十名议员没能及时接到通知。

元老院的信息一到，波拿巴就要求所有的军官追随他。有几个拿不定主意，没有跟随他，其中有贝尔纳多特。波拿巴迅即回来请他服从，但是他拒绝了。

数达万人左右的一支庞大部队早已集合在杜伊勒里宫园林里，由布农维依、莫罗和麦克唐纳等将领率领。波拿巴检阅了这几支军队，向他们宣读元老院任命他统率一切武装部队，责成他维持公众安宁的法令。

当天上午十时，敌对的五百人院也举行集会，听说他们的会址已从巴黎（他们的公众影响所在之地）迁往圣克卢，感到惊奇而愤怒。但是他们也无法争辩，只得高呼"共和国万岁！宪法万岁！"离去，并煽动他们的盟友暴众于次日早晨到新的活动场所集合——显然，在那里，这次军事革命不是被击退就是推进到圆满的结局。那天后来的时间拿破仑留在杜伊勒里宫，部队武装待命，大家期待决定性一天的来临，焦急得透不过气来。一支强有力的部队奉缪拉的命令开赴圣克卢。

19日我同友人拉瓦莱特去圣克卢。我们行经路易十五广场，即现在的路易十六广场，他问我到底在干什么，我对未来的事件有何看法。我不及细说，答道："我的朋友，明天我们不是睡在卢森堡宫便是大家全完蛋。"谁敢说两者中哪一件会实现？大胆的冒险只要成功便是合法的，而些许意外的事故就会使这种事情变为罪恶。

勒默西哀主持的元老院会议于一时开始。对局势的热烈讨论使两院都陷于混乱——五百人院已经紊乱到极点。督政府已不存在。西哀耶斯和迪科投入了波拿巴一派；戈伊埃和穆兰做了卢森堡宫的囚徒，处在莫罗将军监护之下；巴拉斯先是宣布，他觊觎督政一职的唯一目的是他爱好自由，继而提出辞职。这时波拿巴在一队掷弹兵护卫下进入，兵士们就留在大厅门外。他想在会上讲话，但是他的话音淹没在"共和国万岁！宪法万岁！打倒独裁者！"的呼声中。波拿巴退到掷弹兵那里，他的兄弟、议会主席吕西安也在场，士兵们迟迟不敢行动。吕西安拔剑高呼："要是我哥哥胆敢损害法国人的各项自由，我誓把这把剑插进他的胸膛。"这个戏剧性举动完全成功。士兵们听了这句话,犹豫顿时消失,波拿巴发出讯号,缪拉带领掷弹兵冲入大厅,逐出所有的代表。一切都被迫拜倒在刺刀的逻辑之下。这著名的一天中所采取的军事行动就到此为止。

夜晚十时,不久前还是一片纷乱喧闹的圣克卢宫已是一片沉寂。全体代表还在那里,看得到他们在厅堂、走廊和庭院中踱步。绝大多数似已饱受惊骇,有时装作满意,不过全都万分焦急地想回巴黎去——但是除非有命令,他们都不得离开。

推翻一个政府的白天过去了——有必要利用当晚组成一个新政府。元老院开会了,吕西安四处寻找五百人院中他认为可以倚靠的那些人。他只找来三十多人,包括他们的议长在内,可这批人就算那个人数众多的议会的代表了,虽然他们只是其中一小撮。有这么一个代议机关的幻影很重要,因为,既然波拿巴白天干的尽是非法的事,却要做出像是依据法律行事的样子。会议结束时发布公告宣布督政府已不存在,列举了六十一个人的姓名,宣称他们由于不断进行轨外活动并且积极参与近日的动乱,已不能再任国民代表。他们颁布法令,政府权力由三名执政行使,任命西哀耶斯、罗歇·迪科和波拿巴三人为执政。凌晨三时,一切都安排妥当,圣克卢宫恢复了一向的宁静,外表看去一片空旷无人。

清晨三时,我乘坐波拿巴的马车同他一起去巴黎。他因几经考验和忧患而疲惫不堪,新的局面在他眼前展开,他全然陷入沉思,沿途一语不发。到家时他说:"布里昂,我说了许多贻笑大方的话。我宁愿对士兵而不喜欢对律师讲话。那些家伙使我害怕。我不习惯公众集会,但集会总是要来的。"

雾月20日(11月11日)上午,第一执政派自己的兄弟路易去通知前督政戈伊埃,说他已获释。此事这么快当并非没有动机,因为波拿巴急于迁入卢森堡宫。第二天晚上我们搬进去了。

万事尚待创造——波拿巴几乎掌握全部军队,那是他可以依靠的。但是光有军队还不够,他还想合法地取得较大的民政权力。他立即着手建立参议院、保民院、国务会议以及新的立法机构——事实上是制定一部新的宪法。[①] 他建立了一个执政府,波拿巴为第一执政,任期十年;第二执政康巴塞雷斯任期也

---

① 共和八年的宪法于1799年12月13日提出,1800年2月7日为人民接受。国务会议于1799年12月24日设置。新的立法机构和保民院定于1800年1月1日设立——原注。

是十年；第三执政勒布伦任期五年。除此以外还设有一个稳健保守的参议院、一个三百人的立法院以及一百人的保民院。保民院到1807年撤销了。

11月17日三执政发出指令，逮捕并拘禁那六十一名代表，命令把其中三十八人送往法属圭亚那瘟疫流行的海岸。其余的获准在警察监视下留居法国。这次放逐（我有幸从中开脱了莫罗·德·窝姆斯先生）产生了坏效果，因为这种严厉手段不合时宜，违背了9日在圣克卢保证的温和措施。康巴塞雷斯草拟了一份报告，其中指出这类措施对于维持安宁并不起作用，因此驱逐出境令被撤回，这批人都置于警察监视下。几天后西哀耶斯进入波拿巴的内阁。他说："听着，布里昂先生说动你免于送走的那位莫罗·德·窝姆斯先生混得不错，我告诉你他是怎么回事——我接到桑城来的一封信，告诉我他在那里，并且用最粗暴的方式向汇聚在市集上的人群攻击近来的事变。""你的眼线十分可靠吗？""完全可靠，我保证他们写的都是实情。"波拿巴给我看那封信，同时严厉责备我。"司令，"我说，"如果一小时之内我把那个一直在桑城攻击您的莫罗带给您看，您该怎么说呢？""你倒带来看。"他说。"我拿自己担保，"我回答，"我做的事我心中有数，他是个狂热分子，但是是个诚实的人，不至于言而无信。""好吧，我们等着瞧，去带他来。"我对自己的话有十分把握，因为大约一小时前我还见过莫罗先生，他从11月9日以后一直躲藏在巴黎。我要找到他再容易不过了。四十五分钟以后他来到卢森堡宫。我把他介绍给波拿巴，波拿巴同他谈了许久。他走后波拿巴对我说："好吧，你对了；那个傻瓜西哀耶斯，竟同卡桑德拉①一样轻信。这表明，我们决不可盲目相信我们出于无奈在警察局任用的那帮家伙的报告。但是事实上，布里昂，你这位莫罗先生很不坏，我很喜欢他。我得为他做点什么事。"不久莫罗先生就等到了执政对他好感的证明。几天后，仅凭我的推荐，他就得到了一个年薪一万法郎的职位。

波拿巴在卢森堡宫的主要工作是策划筹款的方式和方法。虽然马基雅维利利用一章的篇幅证明金钱在当今世界的事务中用途极小，但是波拿巴的见解可不相同。他在这里占用一楼右边的一套房间，从伏吉拉斯街出入。他的起居室靠近通向二楼约瑟芬套房的一道专用楼梯——我占用了正上面三楼的一套房间。十点钟吃早餐，餐后波拿巴总是同他的日常客人，即几名侍从武官、他邀

---

① 希腊神话中特洛伊王普拉哀姆之女，阿波罗使她能未卜先知，但后来又使人不信她的预言。

请的人以及从不离开他的我本人，交谈一会儿。他也接待一些私人朋友——其中有他的弟兄约瑟夫和吕西安。他见到他们总是很高兴，同他们亲切谈话。康巴塞雷斯约在中午时来，一般在这里逗留一小时左右。勒布伦很少来访。他虽身任执政，德行却未变。在波拿巴看来他过分保守，因为他一直反对波拿巴富有雄心的意图和攫取最高权力的各项计划。波拿巴向约瑟芬和她女儿奥坦丝道了早安从早餐桌上起身时，总是说："来吧，布里昂，我们去工作。"

白天我在波拿巴那里，有时给他朗读，有时录下他口授的指示。一周中他去国务会议两三次。我们的晚餐在五点。餐后他上楼去约瑟芬房里。他通常在那里接见来访的各部部长，其中尤以外交部长来访让他高兴，特别是外长一职由塔列朗担任以后。快到午夜时，他往往匆忙地说："来吧，我们该睡觉了。"这是就寝的讯号。

在卢森堡宫，在可敬的约瑟芬仪态万方地主持的客厅里，夫人一词重新使用了。这是法国古来礼仪的第一次恢复，某些热心的共和派人士甚为惊异。但是不久事情在杜伊勒里宫走得更远了：在国家典礼上采用殿下一词，在家庭圈子里采用阁下一词。

第一执政就职之初，虽然一贯把搜集到的材料同人商议，但还是注意接受一些熟人的推荐。不过他们说不定会介绍一个无赖和傻瓜。他最不喜欢他称作碎嘴子的那种人，这样那样叨唠起来没完没了。他常说："我要的是多几个头脑，少一些唇舌。"

波拿巴刚把政府抓到自己手里时，对于革命和担任民政职务的那些人了解甚少，因而必须搜集各地人和事的情况。但是当一时的纷争激情变得越平静，党派精神就越加谨慎，迄今为止，混乱状态不堪收拾的地方，经过他的严格调查恢复秩序之后，他在授人官职上就逐步变得更加审慎了，不论是新设的机关或是各部门常有的日常变动，都是如此。后来他对我说："布里昂，我把你那个行政部门让给你。你中意谁就任命谁吧，不过要记住，你必须对我负责。"

我派给职位的所有那些县长、副县长、税务局长以及其他文官的姓名，够开列多大一张名单啊！我没有保存载有他们姓名的记事册，而且即便保存下来又有什么好处？我不可能深切了解所有那些幸运的候补人，但我还是荐举了我信任的那些人。

我对受过我恩惠的那些人没什么可抱怨的。不过下面说的情况也是真情：

我离开波拿巴以后，走在街上，我看到其中许多人竟宽宏大度地躲到街道对面去，这种细微的关心倒免了我脱帽行礼的麻烦。

　　一个新政府在推翻了的政府废墟上兴起时，如果国家处于战争状态，笼络人心的最好机会，就是提出和平的前景，因为和平总是民众向往的目标。波拿巴深知这点，即使他内心愿意战争，他也知道表现得倾向和平对于自己有多么重要。因此，他在卢森堡宫就职以后，急于照会各国他已进入执政府，同样致函法国政府所有的驻外代表。他也急于同伦敦的宫廷展开谈判。当时我国几乎同整个欧洲交战。我们已失去了意大利。德意志皇帝受制于他的朝臣，朝臣又受制于英国，法国国内又没有军队。对于第一执政甚为重要的是，各国应明白，指望波旁王室复辟是不可能的；本届政府的目标是采取一种有秩序的和革新的体制，并能够同各国保持友好关系。为此目的，波拿巴命令塔列朗首先向英国内阁提出和平建议。随之开始的交往，表明了波拿巴的谦卑政策和英国的倨傲政策。

　　照会来往没有立即产生结果。然而第一执政达到了他的部分目标：如果英国政府不愿进入和平谈判，至少有理由假定执政府随后的提议会得到同意。无论如何，这次交往向波拿巴提供了宣布自己各项原则的机会；而且最重要的是，他能断定，波旁王室回返法国不至成为两国间恢复和平的必要条件。

　　德·塔列朗先生担任外交部长以来，外交部的业务开展得极为活跃。在共和派人士中找出这样一个旧政权的贵族来对于波拿巴大有好处。选中德·塔列朗先生对于各国朝廷是某种谦恭之举。为了同他们打交道而向欧洲外交界人士介绍这样一个人，他的等级至少同他们不相上下，又被公认为仪态温文尔雅，具有优良品质和真正才能，也是对欧洲外交界一种细心的关照。

　　他寻求建立友好关系的不仅是英国，执政府也向奥地利皇室提出和议，不过是分别进行的。提出此议目的是挑起英奥两国间的猜忌。有一天他同我谈起他亟愿和平，说道："你看，布里昂，我手头有两大敌人。不瞒你说，我愿意同英国讲和。消灭奥地利是再方便不过了。奥国没有钱，除非经过英国搞来。"

　　不料这几方面的谈判都没有成功。欧洲各国无一承认以波拿巴为首的新政府，须有马伦哥之捷才能产生《亚眠和约》。

第十章 私生活

披阅古代伟人的史传时,我们往往惋惜他们的传记作者只着重描述英雄业绩而忽略了提及其人。虽说一个杰出人物和一个地位低下的人再相似不过了,然而我们探究他们私生活的细节时,还是很想知道那些因才华卓著而跃升到同龄人之上的人物最琐屑的习惯。这仅仅是好奇心的结果呢,还是毋宁说是一种自爱的行动?我们每想到他们比我们高超的同时,难道不曾有意无意地想过他们的弱点、他们的过失、他们的蠢事——总之,用他们同其他人的一切类似之点来自慰吗?因此,为使急于知道这类详情的那些人有机会满足他们对波拿巴的好奇心,我试图在此描述根据我自己的观察所见到的他,他体质上和道德上的特质、他的嗜好、他的习惯、他的激情和他的善变。我还应附带说明,我只保证我即将描绘的画像同1792年至1804年期间的他相像,因为那段时期我难得有见不到他的时候。

波拿巴其人曾是大多数高明的画家和雕塑家的题材。这些优秀的艺术家,其才能足以为法兰西增添荣光,他们描绘过他的面貌,然而可以说没有惟妙惟肖的。但天才也无法办到不可能的事。他轮廓整齐的头部,他宽阔的前额,他苍白而伸长了的面容,以及他好沉思的外观,都被搬上了画布,但他眼神之灵活以及表情之迅速都是无法描绘的。他头脑里所有多种多样的念头会立即流露在脸上,而他的目光从温和转到严厉,从发怒到高兴,几乎都同闪电一样迅速。真可以说,他头脑里产生的每一个念头都表现为一种特别的表情,刺激他灵魂的每一次冲动都有其相应的面貌。

他的两手形状秀美,他对此颇为得意,特别着意加以保护,有时在谈话当中他会带着满意的神情望着双手。他还想象他的牙齿也长得很美,可是他自以为的这个优点在我看来并非如此。

他走路时，无论独行还是同他人在房里或花园里散步，都略略躬身，双手交叉在背后。他时常不知不觉地耸耸略微高出的右肩，同时嘴巴从左向右一努，旁观的人如果不知道这几种动作只是一种病态习惯的反应，还会当作痉挛性动作哩。实际上这是深邃的沉思和思想激动的标志。在这样的散步以后他总是起草或是向我口授一些最重要的文件。他经受得住极度的疲劳，不仅在军中马背上和徒步行军中，而且在任何时候，他往往一次走五六个小时还若无其事。他有个习惯：同熟人行走时总是手挽手，把身子靠向同伴。

波拿巴常对我说："布里昂，你看我饮食多有节制，人多么瘦，可是我老在想，到四十岁上我会变得很能吃，大大发胖。我看得出我的体格要变化。我做大量体操，但是那顶什么用——这是个预感，一定会实现的。"这念头使他非常苦恼，我的看法可不一样，因此我总是向他说明这种担心没有根据，但他不相信；在我同他共事的期间，这种忧虑片刻不曾离开过他，那真是太没有道理了。

他对洗澡总是满有兴致，认为那是生活中必需的。我知道他一洗达两个小时。在此期间，我读日报或者任何新出的小册子给他听，因为他要亲自听到一切，知道一切，看到一切。他洗澡时总是不断扭开热水龙头，有时室温升高到我被浓密的水汽笼罩住，致使我无法阅读，不得不把门打开。

我总看到波拿巴极其有节制，憎恶一切过分的举动。他听说流传的关于他的那些荒唐逸闻，时常感到气恼。到处都说，他患有癫痫突发症，但是我在同他相处的十一年中，从未见过他显出那种病症的些许症候。他健康无损，体格结实。如果说他的敌人竭力贬低他，说他患有痛苦的周期性虚弱症，那么奉承他的那帮人则认为睡眠似乎同伟大是不相容的，他们同样夸张地说到他的警觉性。波拿巴叫他人警戒，他自己睡觉，而且睡得很好。他要我每天早晨七时叫醒他，因此我总是头一个进入他的卧室，但是往往当我要唤醒他时，他半睡半醒地对我说："啊，布里昂，请你还是让我再睡会儿吧。"没有要紧事的话，我就让他睡到八点才叫他。他平素在二十四小时中睡七小时，此外午后也小睡一会儿。

在波拿巴给我的秘密指令中有非常奇怪的一条。他说："夜间尽可能少进我的寝室。有好消息报告时决不要叫醒我，因为好消息并不是什么紧迫的事；可是有坏消息马上叫醒我，因为那是片刻也耽误不得的。"这样考虑是正确的，他从中获益匪浅。

他一起身，家仆便为他刮脸梳头。这中间我读报给他听，从《箴言报》开始。他除了德国和英国报纸外并不留神听。"念下面的，念下面的，"我读法国报纸时他会说，"我全知道，他们尽说些他们认为能讨好我的话。"我常感到吃惊，读报时家仆怎么能没割到他，因为只要有值得注目的事，他就会突然把脸转向我。

波拿巴梳洗穿着非常用心，因此他衣着特别整洁。梳洗完毕后，我们一同下楼到他的办公室。他在那里签署一些重要呈文的复文，这些呈文的内容，头一天晚上我已为他剖析过了。特别是在接见来宾的日子和阅兵的日子，这些事他办得最仔细，因为我常提醒他大部分上呈文的人要来到会客厅里听候回音。为避免这种麻烦，我事先通知他们第一执政的决定。然后他阅读我已开启并按重要性排好，放在他桌上的函件。他指示我用他的名义作复。有时他也亲自回复，不过很难得。

十时整，总厨师宣布早餐，我们坐下享用极端俭省的一餐，几乎每天早晨他都吃几块葱油煎小鸡。他很少喝酒，不是波尔多红葡萄酒便是勃艮第红葡萄酒，不过他喜欢后者。早餐和晚餐之后他各喝上一杯浓咖啡。我从未见他在两餐之间喝咖啡，我不明白大家怎么会普遍认为波拿巴特别嗜好咖啡。这种想法必定出自那些说他夜间睡不着的人。其实事情是这样，每逢他歇得比往常迟的时候，他喝的不是咖啡而是巧克力，要我也喝一杯陪他，但这事只是当我们的聚会延长到凌晨两三点时才有。

所有关于他大量吸用鼻烟的说法，也同他偏嗜咖啡的妄说一样毫无根据。他很早就学会这个习惯是真的，但他吸用很省，老用一只鼻烟盒。这种盒子他多得很，因为搜集盒子是他的癖好之一。如果说他同腓特烈[①]大王有任何类似之处，那不在他的背心口袋变成鼻烟仓库，因为，我已说过，他对人身整洁的重视甚至达到极端的程度。[②]

[①] 即腓特烈二世，1740年至1786年间的普鲁士国王。
[②] 有人硬说皇帝陛下吸食巨量鼻烟，为了更加便利取用，他在背心口袋里装鼻烟，为此而在口袋里镶上一道皮。这完全是假话。事实是，皇上只从盒里取用鼻烟，虽然他用量很大，但实际上只吸用一点，他时常把鼻烟盒捧到鼻子下面，仅仅为了嗅嗅鼻烟；旁的时候，他只撮一点儿，嗅一会儿便丢掉。因此他坐着或站着的地方洒满了鼻烟，但是他那优质亚麻手帕却从不弄脏。他搜集了大批鼻烟盒，而他最喜欢的是深色玳瑁壳镶金，还饰以玉石或者金质或银质的古董勋章的那类，形状为长卵形，带铰链盖的。他不喜欢圆盒子，因为那需要双手打开，而打开时盒或者盒盖掉地也是常有的事。他的鼻烟一般是极粗的那种，但他有时喜欢把几种鼻烟混合起来吸用——《贡斯当回忆录》。

波拿巴有两种主要的狂热——爱好荣誉，爱好战争。他再没有比在军营中更高兴，比赋闲更生气的事了。还有，建筑也能满足他的想象力，高楼巨厦的计划能填补没有正常职业时的空虚。他知道，纪念性建筑是各民族历史的构成部分，本身长存，在建造者从世上消失之后许久还可作为他们的文明的见证；同样，纪念性建筑物也常作为久远世代那些令人无法置信的战功的伪证。他知道美术作品赋予伟大的战役以久存的盛名，还可以纪念保护和奖励那些作品的王公。然而他也常对我说："盛名无非是盛大的喧嚣而已，声响越大，传得越远。法律、制度、纪念性建筑物、民族——一切都会毁灭，但是喧嚣声继续存在，并在后代子孙中引起回声。"这是他颇为自得的之一。他说："我的权力有赖于我的荣誉，我的荣誉又有赖于我所赢得的胜利。我的权力如果不以新的荣誉和新的胜利为依据，就会丧失。征战获胜造就了现在的我，也只有征战获胜能使我保持我的地位。"这种情绪一直在他头脑里占上风，成为他行动的主导原则，使他不断梦想新的战争，把战争的火种撒遍全欧。他认为，他只要无所作为就会倒台，他内心里翻腾的是进取不息的愿望。"一个新产生的政府，"他说，"必须使人眼花缭乱，一鸣惊人，不这样一定倒台。"一个自己一刻也不停息的人，怎能指望他休闲呢。

他对法兰西的感情同他年轻时大不相同。有一段时期他总是烦躁地想到科西嘉的被攻占，那时他将那里认作故乡。但是这种感情已磨灭了，我敢肯定说他热爱法兰西。他每想起要看到法国伟大、幸福、强盛并把其法律施用到别国便兴奋异常。他向往的是他的名字同法兰西紧密相连而不可分开，并在后代的耳中震响。在他的一切行动中，目前的一刻总是消失在未来时代之前，因此他无论在哪国作战，头脑里总考虑到法国的舆论。亚历山大在阿尔比勒①想的是赢得雅典人的选票而不是他已击败大流士，同样，波拿巴在马伦哥反复思索的问题是："他们此时在法国会怎么说？"

每次作战之前，波拿巴都不去想战胜了要怎么办，而是多方考虑受到挫折该怎么办。我述说这点，是因为我经常目睹的一个事实，我把决定他的估算是否一贯正确这个任务留给他的袍泽弟兄。他的成就巨大，因为他什么事都要冒险一试。他漫无止境的野心驱使他攫取权力，而权力之获得只不过为野心提供

---

① 今伊拉克北部地名，公元前331年马其顿军在此战胜波斯军。

了食粮。他对这条真理深信不疑：最伟大的事件往往取决于微不足道的小事。这就是他老是急于关注事态而不肯轻易一试的原因，适当的时机一到才突然抓住不放。奇怪的是，他在忙于作战计划和政府事务的过程中，对波旁王室一直感到恐惧，他非凡的头脑看到在圣日耳曼郊区有一个始终威胁他的鬼魂。

波拿巴生来对人性的估价便不高。到他熟悉人们之后更是鄙视他们。在他看来，人性恶这种见解是有许多突出的坏事例可作佐证的，他的手段严厉是他反复念叨的一句格言的结果："推动人们的是这两条杠杆——恐惧和利益。"举例而言，波拿巴对靠歌剧院财库为生的那些年金领取人怎样估价？这笔基金中很大一部分得自赌场，其中一部分用来抵偿那座富丽堂皇的剧院的开销，其余的分配在养老金和其他秘密用途上，后者根据迪罗克签署的命令支付。可以时常看到性格迥然相异的各式人物进入拉摩路那扇小门。身为驻埃及军总司令宠姬的那位女士是财库的常客，她被俘的丈夫是英军怀着甚大的恶意开释的。还可以见到一个哲学家和一个演员，一个著名的演说家和一个败落乐师，一个教士，一个高等妓女，甚至还有一位红衣主教。

波拿巴最大的不幸是他不相信友谊，对人类天赋的最喜人的感情——爱，他也没有什么需要。他同我说过多少次："友谊不过是个空名。我谁也不爱，不，甚至弟兄们也不爱。对约瑟夫也许有点爱，如果说我是爱他，那是出于习惯，还因为他是我哥哥。迪罗克！啊，是的！我也爱他，可那是为什么？他的性格讨我喜欢：他冷静、自制，还果断，我真的相信他从不流泪！至于我自己，谁全一样。我很知道我没有一个真正的朋友。只要我保持目前的地位，我要多少假朋友有多少。相信我，布里昂，我们必须把感情让给妇女，那是她们的事。但是男子可得内心和目的都坚定果敢，不然就同战争或政府无缘。"

在社交关系上波拿巴脾气很坏，好在他的坏脾气只不过表露在言辞上而已，发作一阵便烟消云散了。他的粗暴言语，他激愤的爆发，全是事先算计过并且准备好的。他想发泄对某人的不满时，总愿意有证人在场，于是他的批评粗鲁而严厉，还不顾人脸面。但只是在对方的错误行为有充分证据时，波拿巴才会做他从不轻易使出的这类猛烈的攻击。

他有意训斥某人时，总要有个第三者在场为证。我常想这给了他较大程度的自信。事实上，你熟悉他的性格后，同他单独相处时，只要你有足够的冷静、稳健和好脾气，你肯定能使他不发火。我们听说，他在圣赫勒拿说，那种场合他让一个第三者在座，只是为了使那一击的反响可以传得更远。但那不是他的真正动机，因为假如是那样，把事情立即公之于众岂非更加省事。可见他别有原因。我在他的左右供职的整个期间，我注意到他不喜欢私下会客；他约人来时，事先总是对我说："布里昂，你得留下。"有时通报未经约定的来客，例如一位部长或一位将军，我起身要退出，他会低声说："别走。"他留下我当然不是要我把他的话传播到外面，因为，拿我听到的去闲聊同我的性格和职责都是不相符的——我也没有工夫闲谈；而且，作为见证人参加这类商谈的少数人想必都知道，在一个洞悉一切言论和行为的政府之下，不慎泄密的后果是什么。

波拿巴对于革命中那帮嗜血的人深恶痛绝，特别是对那些弑君分子。不对这些人流露出恶感在他是痛苦的负担。他对我说到那些血腥的家伙，说到那些他称之为杀害路易十六的凶手时，总有恐怖之感，他为不得不任用他们而感到万分无奈。他多少次对康巴塞雷斯说："我亲爱的康巴塞雷斯，我同这事不相干，可你的情况再清楚不过了，一旦波旁王室返驾，你准被绞死！"说话的同时轻轻捏他的耳朵，以这种亲热举动减轻说这话的痛苦。于是康巴塞雷斯阴沉的面容会露出一丝苦笑，那样子令人难以描摹，也不愿去描摹——这一笑毫无例外就是这位第二执政的唯一答复。只有一次我听到他答道："算了，我们别开这种不合时宜的玩笑了。"如果说笑得像鬼这话可以形容人，那这个人就是康巴塞雷斯。

波拿巴有许多古怪的习惯和爱好。事情不如意，或者头脑里想着什么不愉快的事，这种时候他总是哼哼实在不配称为曲调的调子，因为他的嗓音全无乐感。这种时候他坐在办公桌上，又向椅子上一沉，那架势往往使我不得不提防他翻倒。然后他就以这种姿势用小刀刻画他靠背椅的右臂来出气，他带那把小刀看来好像也没有其他用途。我注意时时供给他好笔，因为我得辨认他的笔迹，哪怕他写不出工整字迹，尽可能少写些潦草字体对我也方便。

钟声在波拿巴身上有一种奇异的效果，那是我永远不能解释的：他听到钟声就非常高兴。我们在马尔梅松时，在通向卢埃平原的大道上散步，有多少次，村落的钟响打断了我们最严肃的谈话！他突然停下，唯恐我们挪动脚步会干扰在他听来那么美妙的钟声似的。他甚至时常因为我听到钟声后的感觉与他不同而气恼。这钟声在他身上产生的效果是那么有力，以至他说这话的声音都颤抖了:"啊!这令我回想起我在布里恩军校的头几年,那时我多快乐。"钟声停止后,他又恢复了深远的沉思,想到未来,头戴皇冠,把许多国王甩出宝座。

我只有在战场上才见过波拿巴比在马尔梅松的花园里更快乐。在执政府时代的初期,我们经常在每个星期六傍晚去马尔梅松,在那里度过整个星期天,有时还有星期一,他在那里有散步的乐趣,还能亲眼观察根据他的命令而实行的改进,从而可以稍稍抛开政务。起先他有时走走邻居,可是警察报告说,他要提防埋伏的王党分子架走他,使他失去了这种安全感。我们留居那里的最初四五天间,他以计算这座产业的年价值自娱。他既没忘掉花园也没忘掉菜园,估计总值为8000法郎。"这就不错了,"他说,"可是要住在这里非有30000法郎收入不可。"我看到他这么认真地探讨这个问题,不免开怀大笑,这种并不过分的愿望延续了没几天。

他在乡间看到身材修长雅致的妇女身穿白色衣服在林荫道上行走便很高兴,他受不了有颜色的衣服,特别是黑色的。他也不喜欢越来越臃肿的女士以及怀孕妇女;他极端嫌恶这两类人,难得邀请她们参加他的宴饮。他具备做个世人称作可意的人所需的一切条件,只是他不愿意做那种人。他的态度咄咄逼人而非讨人喜欢,那些了解他不深的人在他面前不由自主地感到敬畏。在超群出众的约瑟芬那么风度翩翩、仪态万方地充任主人的客厅里,人人轻松愉快。她丈夫不在场时,谁也感觉不到有个上司。他一来,一切都改变了,每一双眼都盯住他的脸,想看出他内心的情绪是倾向健谈呢还是闷闷不乐或者兴致颇佳。

他时常滔滔不绝地谈话,有时甚至太多嘴了。但他谈话的风度再合人心意不过,真可说是娓娓动听。他的话题很少涉及淫秽或戏谑的题材,从不谈论琐碎的事情。他最爱争辩,因此争得激烈时可能套出他最重要的机密。有时他在小范围里讲讲预兆或者鬼魂的故事开开心,讲这些他总是选择暮色苍茫的时候,并以某种一本正经的话为听者准备好下文。

波拿巴所讲的事全都饶有兴味而且富于创见。在旅途上他格外可亲,谈兴正浓时,他总是神思飞驰,新奇的见解和崇高的理想不绝涌出,不时还有一些他未来的意图,或者至少可说是他想隐瞒之事的线索不慎泄露出来。我大胆指出他这种不谨慎之处,他对我的意见毫不见怪,承认他的缺点,只说他没料到自己已说漏了嘴。在圣赫勒拿他坦率承认这是缺乏警惕。

他兴致好的时候,日常的爱抚就是稍稍弹弄拇指和食指,或者轻轻地捏捏耳朵尖。他同那些他认为关系已达到亲密无间地步的人做最友善的谈话时，惯于说："你是个傻瓜、笨蛋、呆子、蠢货、痴子。"这几个词语是他轮流用作赞词的，不过从未当真，他的声调就表明用这些词语是出于善意。

波拿巴既不相信药物，也不相信医师的处方。他把这说成是满纸胡言乱语，是要伎俩，他对这件事的见解是一成不变的。他精明的头脑除了已验证的真理之外什么也不接受。他对姓名和日期的记忆能力很差，但对事实和地点的记忆力却很惊人。我记得在一次从巴黎到土伦的旅途上，他向我指出六处最适宜打仗的地方，他从未忘记这六处地方。那是他对幼时最初几次旅程的记忆，甚至在我们到达那些地方以前他已向我述说每一处的情况，指出他要占领的阵地。

波拿巴对诗歌谐音的魅力毫无感受。他的听觉甚至感觉不到诗歌韵律，哪怕背诵一节诗都不能不破坏其节拍。但是诗歌中崇高的理想却很能打动他。他崇拜高乃依，甚至到这种程度：有一天《西拿》演出以后他对我说："如果像高乃依那种人生活在我的时代，我要任他为我的总理。我景仰不已的并非他的诗歌，而是他的良知，他对人心的了解，一句话，他深刻的智慧。"他在圣赫勒拿说他要立高乃依为公侯，但是他对我说到高乃依的时候，他还没有想到要立国王或封公侯的事。

波拿巴的性格中可没有对待女性彬彬有礼的成分。他没有什么中听的话对她们讲，倒时常用最粗野最出乎意料的言语招呼她们。有时他会说："天哪！你的胳臂有多红！"对另一个说："你的头发式样有多难看！"不然就是："谁把你的头发堆成那个样子？"还有，"你这件衣服多脏！你从不换换你的长裙吗？——我见你穿这件至少有二十次了。"美貌的歇弗鲁公爵夫人以浅黄色美发著称，而波拿巴对她说："怎么，哎呀！你的头发是红的！"（vous avez les cheveux voux）但这显然是拿她的姓氏（Chevreuse）开个玩笑，还无伤大雅。他常在妻子的梳妆室待上一小时，而她的情趣是再端正不过的，这大概使他更爱挑剔其他女士的服饰。起初他要求的主要是雅致，后一个时期就要求奢华和富丽，但优雅是他一贯的要求。他时常表示不喜欢那种露出颈部的服装，那是执政府初期的时新式样。

波拿巴不爱打牌，这对于应邀赴他的聚会的那些人倒是幸事，因为无论在卢森堡宫还是杜伊勒里宫，当他坐上牌桌时，客厅里再沉闷不过了，而他有时还认为自己是勉为其难哩。相反地，他同大家一齐散步时，人人都感到满意，因为他同各式人物交谈，不过他主要愿意同有学识的人，尤其是那些随同他远征埃及的学者谈话。但是归根到底，只有在他带领部队时，而不是在客厅里看到他时，方能对其人获得公正的概念。军装对于他比任何其他最漂亮的服装都要适宜得多。他初穿礼服时不是很高兴。我听说他第一次穿上官服时戴的是黑色宽大硬领巾，有人提醒他这种古怪的对衬时，他答道："这样更好，至少在我身上留下点军人的东西，那没有坏处。"至于我自己，我既没有见过那黑色硬领巾，也没有听到过这句回答。①

第一执政偿付他私人的债务非常准时，但是他不喜欢同那些为公益事务供应而同各部长讨价还价的承包商清账。对这类债务他用种种借口和难题，往往举出最荒唐的理由来拖延偿付，因此造成开销方面的巨额欠债，必须成立清偿委员会。他有这么个原则，一个固定的概念，即凡承包商都是无赖。他认为，他没有偿付的全部都是公平的扣除，从欠账里减下来的数额是赃物的部分归还。每个部长支出的预算越少，越受到波拿巴的喜爱，只有这种误事的吝啬才能说明为何德克雷克扣法国海军经费反而享有那么多年的信任。

波拿巴对于宗教没有固定的见解。"我的理性，"有一天他对我说，"使我不信奉许多东西，但是儿时的印象以及少年时的感受又把我拖回到将信将疑的状态。"我已说过他如何为钟声所感动，那是我至少目睹过二十次的事实。他喜欢谈论宗教。我在埃及，在东方号和米隆号上，屡屡听到他起劲地参与这方面的谈话。他欣然承认得到证明的，以及在他看来是出于人和时间的原因而发生的一切。但是他听不进唯物论。我还记得一个美丽的夜晚在甲板上，周围有许多人正在为赞成这个苦恼人的信条而争论，波拿巴举手向天指众星说："先生们，请告诉我这一切是谁创造的？"人能永久记住一个姓名，在他看来是因为灵魂不灭之故。他全然容忍各种宗教，而不能理解何以人要为宗教信仰受迫害。②

---

① 关于波拿巴的服饰这个题目，他的侍仆贡斯当详述如下：

陛下的背心和内衣总是白色开司米料子。他每天早晨更换，洗过三四次就不再上身了，他只穿白色丝袜。他的鞋子非常轻巧，丝绸衬里，饰以质朴或精制的椭圆形金扣。他偶尔也戴金质膝扣。皇上从不穿马裤，不戴珠宝。他衣袋里不带钱袋或钱币，只有手帕、鼻烟盒和糖果盒。他平素只戴两枚勋章，即荣誉勋位十字章和皇冠铁十字章。他在军服上装同背心之间挂一条红色绶带，两端几乎看不出，他在杜伊勒里宫接见宾客或者出场检阅时，在上装外面挂大绶带。他的帽子，只要陛下的画像存在，就几乎无须描述了，是最优质和最轻巧的那种水獭皮的，里面用丝绸填衬，不用楞条、缨穗或羽毛装饰。唯一的饰物是系上一个小小的三角帽章和丝环。

② 波拿巴出于政治权谋而在法国重建宗教礼拜，他认为那是巩固他政权的有力帮助。但是他绝不同意迫害其他宗教。他希望用肯定的和尘世的东西而不是靠信仰去影响人类——原注。

波拿巴极不喜欢翻悔一个决定，即使明知是不公正的决定。无论小事大事，什么都不能使他走回头路。在他，后退就是失败。对于他这种固执性，我在拉图尔—弗阿萨将军身上得到了例证。他似乎因为对这位将军的不公正处置而过意不去，但他要过一段时候才予补救。他的心愿同他的行为有分歧，可是他的善良意向遇见他自觉的公务职分时便退让了。波拿巴虽有这种情绪，却并不抱有深仇大恨，也不是报复成性。他的性格并不残酷。我当然不能为情况需要残酷和紧迫的战争规律强加于他的那些举动申辩。但是我能说，他时常受到不公正的指控，只有那些被狂怒蒙蔽的人才会给他起尼禄或加利古拉①的外号。他的任何作为都不该受到这样的诬蔑，我自以为我已相当恳切地述说了他的真正过失，我的话是可信的。我敢断言，除了政治方面之外，波拿巴是善感、慈爱、好动恻隐之心的。他非常喜欢孩子，坏人不会有这种爱好。在私生活习惯中，他对于人性中的弱点（下述用语并不过分）极为仁慈而且相当放任。有些人头脑中相反的见解根深蒂固，我不指望去改变他们。有些人或要反对我，但我是对探索真相的人说话。我同波拿巴相处到三十四岁，一直享有他推心置腹的信任，我迈的步伐不是轻而易举的。要做出公正的判断，我们必须考虑到时间和环境对人的影响，并且区别作为在校少年、将军、执政和皇帝时的不同特性。

迄今为止我对缪拉提得很少，但如今已到他同第一执政的一个妹妹结婚的时候了，我趁此机会转而叙一叙这门亲事以前的一些趣事，特别是这将使我有机会涉及若干家事详情，我得多加小心，可也不能隐瞒真相，那是我奉为指针的。

缪拉身材异常优美、匀称。他孔武有力，举止文雅，风度高贵，战阵中英勇无畏，不像共和国军人而大似我们在阿里欧斯托和塔索②作品中读到的那些教养有素的骑士。他仪态不俗，使人很快忘记他出身低微。他亲切、有礼、英武。在战场上他指挥的二十人抵过一整团人。只有一次他表现出受到恐惧的影响③，我们且看他是在什么情况下不同寻常的。

波拿巴在第一次意大利战役中迫使维尔姆泽率领两万八千人避入曼图亚时，命令苗立斯仅仅率领四千人防备那位奥国将领可能的出击。一次，奥军出击，

---

① 尼禄，公元54—68年的罗马皇帝；加利古拉，公元37—41年的罗马皇帝，皆以暴虐著称。

② 皆十五六世纪意大利诗人。

③ 作战时那么勇敢的拉纳元帅，最能赞赏勇敢了。有一天他痛斥一名上校，因为上校处罚了一个刚从枫丹白露来，初次上阵时露出惧色的青年军官。"你要知道，上校，"他说，"只有胆小鬼才敢夸口他从不害怕。"——原注

带领一支弱小小分队的缪拉，奉命向维尔姆泽冲锋。他害怕了，不去执行命令，混乱一开始就声称他负了伤。身为总司令侍从武官的缪拉顿时失去了总司令的宠信。

在此以前，缪拉曾奉派前去巴黎，向督政府呈献意大利方面军在迭戈和芒多维两战中缴获的第一批军旗。就在那次他结识了塔莲夫人和总司令的妻子。但是他早已在罗马被介绍给美丽的卡罗利娜·波拿巴，那是在她执行共和国大使职务的哥哥约瑟夫家里。看来甚至当时卡罗利娜对他已不算冷淡。他的情敌、圣塔克罗齐公主之子正在多方追求她，而他是幸运儿。

缪拉是在这次使命之后回到意大利时失宠于总司令的。总司令调派他到雷耶师，后又派往巴拉圭·迪耶师中。因此我们在《坎波福米奥条约》之后前往巴黎时，缪拉不曾同行。可是既然两位夫人十分宠爱他，对他极感兴趣，而陆军部长对他又并非不感兴趣，便使缪拉得以参加埃及远征军，当时他属于让纳师。在东方号上他还是一直受到另眼看待。波拿巴在海上旅程中一次也不曾同他谈过话，到埃及后对待他也再冷淡不过了，不时从司令部派他出去担负困难的任务。但是最后总司令派他去抗击穆拉德巴依，缪拉在那么多次危急的遭遇战中表现了惊人的勇略，他终于抹去了在曼图亚城下因雯那间的犹豫而加给他的暂时污点。加之最后他对阿布基尔那天的胜利贡献极大，以至波拿巴乐于把他在埃及聚集的最后的荣名带回法国，忘却了他一时的过失，也忘却了无疑听到过的关于缪拉的逸言；这点虽然波拿巴从未对我说过，我有充分理由认为，缪拉这个姓名是同夏尔之名并提了，那是朱诺在麦索迪阿水井旁不慎透露的。雾月19日缪拉率领掷弹兵对五百人院大厅的冲击，更全部消除了残留的嫌恶痕迹。当野心欲望在波拿巴头脑里登峰造极的时候，这位圣塔克罗齐王子的情敌被任命为执政府卫队长。

颇有理由认为，波拿巴夫人为提升缪拉而奔忙，以寻求他的尊敬，主要目的是多得一个帮手来对付波拿巴的几个兄弟和他的家族；她这样做是有充分理由的。他们无所不用其极地发泄他们的妒忌和憎恶；而善良的约瑟芬或许除了太富于女性性格之外无处可以指摘。她老是为阴暗的预感所折磨。她惑于温和的天性，看不出卖弄风情虽使她得到了一些拥护者，却同时授给她势不两立的敌人以把柄。

在这种情况下，约瑟芬深信她已用友情和恩德的纽带把缪拉拉到自己一边，热切地盼望见到他凭借姻亲关系同波拿巴合成一体，并运用她的全部影响促成他同卡罗利娜的婚事。她并非不知道卡罗利娜和缪拉已在米兰开始亲近并万分情愿成婚。是她首先向缪拉提出此事。缪拉犹豫不决，去同哥乐先生商议。哥乐在各方面的事务上都是有见识的顾问。他同波拿巴关系密切，洞悉这个家族的一切秘情。哥乐先生奉劝缪拉赶快进行，正式对第一执政提出向他妹妹求婚。缪拉立即为这事前往卢森堡宫，向波拿巴议婚。他做对了吗？若非此，他登不上那不勒斯的王位；若非此，他也不至于在彼索被枪决。

虽说如此，第一执政对待缪拉议婚的态度活像一个君王，而非袍泽弟兄，他一本正经地听了缪拉的话而不动声色，说他需要时间来考虑，不做正面答复。

可想而知，缪拉的求婚成了卢森堡宫当晚谈话的主题。波拿巴夫人全力说服，以获取第一执政的首肯。奥坦丝、欧仁和我本人参与了大家的恳求。"缪拉，"他说，"缪拉是小酒店主的儿子。我既已被好运和我的荣耀提升到这样的高位，就不能把我的血统同他的相混。况且，也无须着忙——我要等着瞧。"我们提起这对年轻人的互相爱慕，也没有忘记叙说缪拉对他个人的忠诚，使他回想缪拉令人瞩目的勇敢，以及在埃及的英武行为。"是的，"他生气勃勃地说，"缪拉在阿布基尔的确打得漂亮。"我们不能坐失良机，再三再四劝说，他终于同意了。夜间他和我单独在他房里时，他说："好吧，布里昂，你该满意了吧——我这方面是满意的；从各方面着想，缪拉都配得上我妹妹，他们再也不能说我高傲，说我寻求高门婚嫁了。要是我把妹妹嫁给贵族，你们这些雅各宾党人都要高呼来一次反革命了。而且，我很高兴我妻对这门亲事很热心你知道其中原因。事情既已决定，我得赶紧办理，我们不能拖延时间。如果我去意大利，想带缪拉同我们去——我必须在那里给予决定性的打击——明天来吧。"

第二天早晨七点我进入第一执政卧室时，他显得比他做出决定的昨天晚上更加高兴。我不难看出，约瑟芬那么热衷于缪拉和卡罗利娜婚事的真正动机，波拿巴再机灵精明也还没有察觉到。我从波拿巴的满意看来，他认为妻子的恳切态度证明，关于她同缪拉亲密关系的传闻纯属谰言。

缪拉和卡罗利娜的婚礼在卢森堡宫作为私事庆祝。第一执政还没有学会把家务当作国务。岂料办喜事之前，我们还得演出一幕小小的喜剧，我也不得不充当一个角色，我当照样记述于下。

缪拉结婚时，波拿巴正没有什么钱，所以他只给妹妹三万法郎作为嫁妆。

他还感到必须给她办一份出嫁礼品，可又没钱购置恰当的东西，他拿了妻子的一副钻石项链送给未来的新娘。约瑟芬对他这种慷他人之慨大为不满，千方百计想要个东西抵偿她的项链。她知道珠宝商孚西埃拥有富丽的优质珍珠集藏，据说原来属不幸的玛丽·安托瓦内特①所有。约瑟芬吩咐带给她看，断定够做一条极名贵的项链。可是买下来需要二十五万法郎，这一大笔钱怎样筹集？波拿巴夫人向当时的陆军部长贝尔蒂埃求助。贝尔蒂埃同往常一样咬咬指甲以后，着手清理针对意大利医疗服务欠佳而提出的赔偿要求；由于那时的承包商一定报答主顾的恩惠，珍珠从孚西埃先生的保险柜转送到了波拿巴夫人的珠宝盒里。

  珍珠就这样到手，可是又引起了波拿巴夫人从未想到的另一方面的小小难题。她怎能把瞒着丈夫购置的项链戴出来呢？使这事变得更加困难的是，第一执政明知他妻子没有钱，何况他还有点多管闲事，知道或者自以为知道约瑟芬的全部珠宝。因此，珍珠在波拿巴夫人的珠宝盒里藏了两个多星期，她不敢戴出来。对于一个女性，这是多难熬的惩罚！最后她的虚荣心制伏了谨慎心，再也隐藏不住了，约瑟芬对我说："布里昂，明天有个盛大的引见场面，我一定要戴出我的全部珍珠。可是，你知道，万一他注意到了要埋怨的。我求你，布里昂，你要靠近我。要是他问起我这些珠宝是怎么来的，我一定爽朗地回答是我向来就有的。"

  约瑟芬所担心的事情果然发生了。波拿巴瞥见那些珍珠后少不得问她："咦，我们这是什么呀？你今天怎么格外漂亮！这些珍珠你从哪儿得来的？我想我从来没有见过吧。""你准见过——你见过不知多少次了。这是内阿尔卑斯共和国送给我的项链，我戴在头发里的。""可是我想——""那么，问问布里昂吧，他会告诉你的。""好吧，布里昂，你对这些珍珠怎么说？还记得吗？""是的，将军，我记得很清楚，以前见过的。"这话不假，因为波拿巴夫人此前是给我看过，而且，她收过内阿尔卑斯共和国的一副珍珠项链也是事实，但那同孚西埃这副是没法相比的——波拿巴夫人把她的角色扮演得天衣无缝，而在这出小小喜剧中派给我的一个合作者的角色，我也演得不坏。波拿巴没有起疑心。我眼看波拿巴夫人轻易被信赖时，不禁想起苏珊娜②的见解：教养有素的贵妇能不动声色、若无其事地撒谎，绝不露出破绽。

---

① 路易十六的王后，也在断头台上被处死。
② 18世纪法国剧作家博马舍的杰作《费加罗的婚姻》中的女主角。

第十一章　觊觎皇位

我无意多叙第一执政通过或者批准的法律、法规和法令。除了《民法典》，那一切都算得了什么呢？然而我也不能不说，各执政最初的一些决定对于法国全境秩序的恢复收到了极好的效果。也许只有那些想起以前社会状况的人才完全赏识现状。督政府的一意孤行一如国民公会，而其卑劣程度又有过之，仍以可怖的 1 月 21 日①为共和国的一个节日。第一执政夺得权力以后决定废除这个节日，但是策动此事的人势力甚大，他得慎重行事。雪月 5 日他和他的同事西哀耶斯、罗歇·迪科签署了一项法令，废除一切节日，只剩下 9 月 22 日和 7 月 14 日②。这个办法意在只纪念对共和国和自由奠基的回忆。

波拿巴对一切都有算计。收到成效是他最大的满足，他不放过一切时机说些或者做些自以为可以讨好公众的事情。

雾月 24 日他巡视了各监狱。他总喜欢出其不意地外出巡视，使各个公共机关的长官猝不及防。这样他每每能够看到事物的真相。他回来时，我正在他的密室，他一进房就大声呼唤："那些督政都是怎样的蠢材呀！他们把我国的公共机关糟蹋到了什么地步。可是请候片刻。我要使一切都井井有条。囚犯的状况令人触目惊心，伙食极差。我询问了犯人以及狱卒，因为从上司那里什么也了解不到。我在坦普里监狱时，免不了想起不幸的路易十六。他是个出类拔萃的人，只是太厚道了，没法同世人打交道。还有悉尼·斯密士爵士，我让他们带我去看他的囚室。要不是他们让他逃了出去，我当已攻下圣让得阿克了。同那座监狱有关的痛心回忆太多了，哪天我非拆除它不可。我吩咐狱卒送名册

---

① 路易十六斩首之日——原注。
② 1792 年 9 月 22 日法兰西第一共和国成立；1989 年 7 月 14 日巴黎人民攻占巴士底狱。

来看，发现许多人质还监禁着，便释放了他们。我对他们说，不公正的法律扣押了他们，而我的首要职责便是恢复他们的自由。我难道没做对吗，布里昂？"我衷心祝贺他这个正义的举动，他对我的赞许颇为得意，因为我是难得在各种场合道他一声好的。

执政府成立之初发生了另一件事，可以作为波拿巴一旦做出决定便不肯改变的一个例证。1799年春我们在埃及时，督政府把曼图亚城防司令一职授予大名鼎鼎的将领拉图尔—弗阿萨。当初拿下此城对攻占意大利的荣誉做出了有力的贡献。拉图尔任这个重要职务后不久，奥军便来围攻曼图亚。大家都知道守军备足了可供长久抵抗的粮秣和军火。不料七月间该城向奥军投降了。投降条款中有奇怪的一项，即"拉图尔—弗阿萨将军及其参谋部人员将作为战俘解送奥地利；守军士兵准许返回法国"。将军和他指挥的士兵被区别对待，以及与此同时曼图亚的当即投降，得说是为激起对拉图尔—弗阿萨的怀疑而故意造成的情况。其后果是，贝尔纳多特任陆军部长时，下令开军事法庭调查这位将军的行径。拉图尔—弗阿萨一回到法国便发表了一部开脱自己的回忆录，其中说明，他因缺乏许多必不可少的物资而不可能长久防守。

波拿巴高升至执政之职时的情况便是如此。攻占曼图亚使他蒙受了那么大的牺牲，曼图亚的弃守使他气愤到提起此事便无话表达他怒气的地步。他甚至不待拉图尔—弗阿萨的罪责得到证明，便停止军事法庭的调查而发布了一道针对此人的激烈法令。这种处置引起议论纷纷，许多将领大为不满，他们由这个专断的决定想到，自己一旦失欢于第一执政也将有剥夺特权而受审于军事法庭之虞。至于我这方面，必须说我眼看这项针对拉图尔—弗阿萨的法令发布是十分遗憾的。我担忧其后果。几天后我才敢向他指出，他采取的这种严厉步骤不恰当。我告诉了他所有那些支持拉图尔—弗阿萨的言谈，试图说服他，让审讯做出公允的结论。"在像法国这样的国家，"我说，"脸面重于一切，如果弗阿萨罪责难逃，他免不了被判罪。""也许你说得对，布里昂，"他答道，"可是事情已经做了，法令已经发布。我向每个人都这样说明，我不能回转脚步。后退就是失败。我不能承认有错误。过些日子我们再看怎样补救吧。"

波拿巴说到被他驱除的督政府时老是非常鄙夷，指摘他们的贪污和施政中的种种弊端，时常恐吓说要他们退赔。

执政府最初感到拮据时，发行了一千二百万法郎公债，并在给国家主要官吏定薪时俭省到不能再省。

下表为共和八年执政府的节俭预算：

机构	法郎
立法院	2400000
保民院	1312000
档案局	75000
三执政（包括秘密办公费750000法郎在内）	1800000
国务会议	675000
各国务秘书和国务参议秘书	112500
六名部长	360000
外交部长	90000
总计	6824500

波拿巴的薪俸定为五十万法郎。

波拿巴留居卢森堡宫期间的执政府不妨称为预备期执政府。那个时期播下了他沉思的种种大事的种子，以及他想作为自己当权标志的那些制度的种子。那时的他，如果我可以用这个词语的话，是合两人为一身——又是共和国将领，不得不装扮成自由和革命诸原则的维护者；又是野心家，暗中策划推翻那种自由和原则。

他构想一种天衣无缝的言辞，用以欺骗那些可能看透他这种图谋的人，我对此时常感到奇怪。这种伪装，或不妨称为深沉的政策，是完成他的计划必不可少的，有时他似乎为了不断实践而用到次要的事情上去。举例而言，他对西哀耶斯永无餍足的贪婪有意见是众所周知的，然而他在致元老院的咨文中提出以国家酬劳的名义付给他这位同事，作为顺从退让的代价，当时咨文的用语说这是西哀耶斯的无私品德应得的报酬。

授给荣誉马刀和步枪也是从卢森堡宫时开始的，谁看不出，这不过是为创立荣誉勋位做准备而已？第一批授予的有个名叫莱翁·奥纳的掷弹兵军士，他顺利地获

准上书向第一执政致谢。波拿巴想以此复函哗众,口授我下述致奥纳的信:

> 我收到了你的信,我勇敢的同志;你无须提醒我你的英勇行为;自从勇敢的班纳赛特死后,你是军中最勇敢的掷弹兵。你领取了我分授的一百把马刀中的一把,谁都同意:你最当之无愧。
>
> 我很想再见到你。陆军部长下令让你前来巴黎。

这样讨好奉承一个士兵充分表露了波拿巴心怀的目的。给奥纳的复信一定会在全军流传。只要想到:法国最伟大的将军第一执政称呼一个军士为他勇敢的同志,除非是个坚定的共和党人、忠实于平等的朋友,谁还能这么写?要使军队热情高涨这是再有效不过的了。与此同时,波拿巴开始感到他在卢森堡宫回旋余地太少,着手准备迁往杜伊勒里宫。

然而,朝向重建君主制的这个重大步骤仍须谨慎从事。要紧的是扫除我国历代国王的宫室只有王者才能居住这个观念,那该怎么办呢?他们从意大利苄来一座优美的布鲁图斯①胸像,布鲁图斯是弑过暴君的。这正是最需要的东西。戴维奉命把尤利乌斯·布鲁图斯安置在杜伊勒里宫的回廊里。还有什么更能令人信服地证明他对暴政的嫌恶呢?同时,一座胸像是不会为害的,因此一切都很得当,一切都非常合理。

在法国历代国王的寝宫就寝是波拿巴满心向往的,其余的自然会随之而来。他要有一个原则,其多种后果以后当可推导出来。因此公开文件中故意绝不提到杜伊勒里之名,让那宫室仅仅充当政府大厦。初步的准备工作是相当朴实的,因为一个忠诚的共和派人士不宜爱好豪华虚饰。

波拿巴什么也不曾忽略。他用来装饰杜伊勒里宫宏大回廊的那些座像不是任意挑选的。他在古希腊人中选出德摩斯梯尼和亚历山大,即同时向雄辩的天才和征战的天才表示敬意。在近代的伟大人物中,他爱慕古斯塔夫·阿道夫,而后是杜兰和大贡德;杜兰的军事才能是他极为敬佩的,而对大贡德则可看出他不怕回忆起一个波旁王族中人,同时表明他知道怎样尊敬所有值得尊敬的人。迪盖·特鲁安的座像唤起对法国海军最荣耀时期的回忆;马耳孛罗和欧仁亲王

---

① 刺杀恺撒的罗马共和国元老院议员。

在回廊中也各有一席，似乎作为结束那个伟大时代的惨祸的见证人；还有萨克赛元帅，似乎为了表明路易十五时期也并非全然没有赫赫武功。最后，迪戈米埃、丹庇尔和儒贝尔这几个名字向举世宣告波拿巴对他已故战友怀有的敬意，他们为之牺牲的那个事业，如今已经不再是他的了。

约在这同时，波拿巴完成了他国务会议的组织。他划分了五个部：1.内政部；2.财政部；3.海军部；4.陆军部；5.立法部。他把国务员的薪俸定为两万五千法郎，各部部长三万法郎。他规定了执政、部长和各个国家机构的官服。这就重新采用了与旧政权一起被取缔的丝绒。在执政和部长的服装中使用这种不适合共和制的衣料，原因在于鼓励里昂的制造商。波拿巴的一贯目标就是这样，在最琐碎的细节上抹去共和国的观念，并且把各事准备妥善到恢复君主制的种种习惯，使得最后只需要变换一下名称就行了。同时我也得说，第一执政对服装琐事不屑一顾，我甚至想不起见他穿执政官服，他只有在公共仪式上迫不得已才肯一穿。他喜欢的、他穿了感到舒服的服装只有军营中质朴的军装。他就是身穿军装征服了古老的埃里丹纳斯和尼罗河①；那也是向导团的制服，这个团是波拿巴衷心依靠的，而且也是靠得住的，因为，那样的忠诚献身、那样的坚定不移和那样的勇往直前岂是随处可找的？

不久以前的初冬，执政做出的另一更重要的决定给许多家庭带来了幸福。大家都知道，波拿巴准备了果月18日事件，使他找到理由作为推翻督政府的借口。督政府推翻了，他希望至少是部分缓和一下果月18日的事变，因此他命令警务部长呈交关于放逐人员的报告。第一执政从这份报告中批准其中四十人返回法国，但要受警察监视并指定居住地点。波拿巴这样召回本国的这批优秀人才绝大多数并未长久置于警察监视之下。其中一部分甚至很快就补充到他们才堪胜任的政府要职上。事实上，波拿巴召回他们来支持他的观点是很自然的，因为他们被放逐的原因是温和共和主义诸原则，而这正是他至少表面上要作为自己政府基础的。巴雷尔致书第一执政洗刷自己，可是他未予理睬，因为他还没有发展到看重巴雷尔的地步。就这样，他着手把督政府排斥的那些人召回执政府的各部门，恰如后来他把共和国排斥的那些流亡国外的人士召回，安插到帝国最显要的职位上一样。时期和人物固然不同，用意是一样的。

---

① 指意大利和埃及。

第十二章　迁入杜伊勒里宫

　　迁居杜伊勒里宫之前，第一执政组成了他的秘密警察，意在作为一种宪警针对富歇领导的警察。迪罗克和德·蒙塞并任首席警长，以后是达武和朱诺。波拿巴夫人把这称作卑鄙的密探制度，我指出这种手段不起作用也是徒然。波拿巴有害怕富歇的弱点，同时又认为他是必不可少的。富歇在这方面的才能是出名的，无须任何夸奖，他很快发觉了这个机构及其主要头目，使他们屡次呈交荒谬的报告，这就增加了波拿巴对他的信任。

　　雾月18日产生的三名执政中，波拿巴迫不及待地宣布自己为老大。从他不时流露的表情中不难看出，他的野心全然没有得到满足。执政府只不过是迈向完全建立君主制的一个步骤。卢森堡宫变得太小，容纳不下政府首脑，于是决定让波拿巴住到杜伊勒里宫去。迁出卢森堡宫的雨月30日到来了，早晨七时我照常进入第一执政的卧室；他正熟睡，这天他也要我让他多睡一会儿。我前已指出，波拿巴将军执行他设想的计划时不像构思计划时那么兴奋。他的机灵劲使他把决定了的事情当作已经执行了。我向他报告时，他带着显而易见的满意神情说："好吧，布里昂，我们到底要睡到杜伊勒里宫去了，你很幸运，不必去出一趟风头，怎么去你可以随便，至于我，我一定要排列仪仗前往。我本不喜欢，但是我们必须铺张一番，因为百姓喜欢。督政府太简朴了，因此没有威信。简朴在军队是适当的，但在一个大城市，在一座宫殿，国家首脑必须用一切可能的办法引人注目。但是我们的行动必须慎重。我妻要从勒布伦的套房里观看仪式，你愿意的话，同她一起去，可是一见我下马就到房里等我。"

　　一时整，波拿巴离开卢森堡宫。那仪仗行列无疑不足以表现后来帝国时期特有的那种豪华富丽，但是也具备了法国现存状况所能准许的全部华贵壮观。

那个时期真正华美的只有军队的壮丽观瞻。包括华丽的向导团在内的三千名精选士兵集合于此参加仪式。个个都以齐整划一的步伐在乐队高奏声中行进。将官和他们的幕僚骑马，各部部长乘车。独有执政乘的马车由六匹白马拉曳，令人想起光荣与和平。这些漂亮的马匹是《坎波福米奥条约》缔结后德国皇帝赠送给第一执政的。波拿巴还佩带了弗朗西斯皇帝馈赠他的贵重马刀。与第一执政同乘一辆马车的是他的同事康巴塞雷斯和勒布伦。他在通过大半个巴黎的路途上到处受到欢呼，至少这一回的欢呼是无须警察下令的。通往杜伊勒里宫的各条大路上都有卫队夹道，这是君主制的排场，与波拿巴通过的大门上一条标语形成奇妙的对比："1792年8月10日。法国废除王政，永不重建！"王政已经重建了。

军队在广场上列队，第一执政下车骑马，或者更正确地说是纵身上马，检阅部队。另外两名执政则登上套房，国务会议和各部部长已在那里迎候他们。窗上挤满了一群优雅的妇女，身穿当时流行的希腊式服装，每个角落都有无法描述的观众拥入，每个角落都可听到好似异口同声的欢呼："第一执政万岁！"谁能不陶醉于这样的热情之中？

第一执政把检阅延长了若干时候，通过各个行列，向团队指挥官说些卖好的话。然后他在接近杜伊勒里宫大门处就位，右侧有缪拉，左侧是拉纳，背后有大批年轻的勇士，他们的颜面都已被埃及和意大利的太阳晒黑，而其中每个人参加过的战斗次数比他们的岁数还多。他看到第96、第43和第30等几个残旅的军旗通过面前——这些旗帜都只剩下一根光秃秃的旗杆，上面挂了几条已被硝烟熏黑的弹痕累累的碎片——便脱帽鞠躬致敬。一位伟大的将领这样尊敬在战场上破损了的军旗，受到成千上万人的同声喝彩。军人排成单人纵列后，第一执政正步跨上杜伊勒里宫的楼梯。

当天作为司令的角色已经结束，这时已开始成为国家首脑了，因为甚至那时第一执政一个人已是执政府。这里我要讲述一件事实，这对决定波拿巴实际上成为其他两名执政的头目贡献不小。大家不至于忘记，迪科和西哀耶斯领有执政头衔时，执政府的三执政如果不是在事实上，至少在权利上是平等的。康巴塞雷斯和勒布伦取代了他们，塔列朗被召来接替仑纳特先生任外交部长。他在执政办公室里的个别谒见，我也在场。塔列朗对波拿巴讲了下面这番话，我从未忘记："执政公民，"他说，"您把外交部托付给我，我决不辜负您的信任。

可是我认为应当声明，我要单独同您议事。这不是我的无谓倨傲，我向您说的完全是为了法国的利益，为了把法国治理好。为了统一行动，您必须任第一执政，而第一执政应当经管同政治直接有关的所有部门，就是内政部和警务部，外交部，以及陆军部和海军部。因此这五个部的部长同您单独议事是完全正当的。还有，司令，如果您允许我说，立法事务和司法行政应当交给第二执政去领导，他是个非常干练的律师。第三执政是非常杰出的理财家，可以让他掌管国家岁入。这样可以让他们干点事情自娱，而司令您既然掌握了政府的最高权力，就能达到您向自己提出的崇高目标：法国的复兴。"

这番值得重视的进言波拿巴听了并未漠然置之，因为这同他的秘密心愿恰恰相符，听了不能不高兴。塔列朗一走他就说："你知道吗，布里昂，塔列朗提出了可取的意见，他是个意味深长的人。""司令，认识他的人都有这样的看法。""塔列朗不是傻瓜，"他微微一笑说，"他看透了我的意图。你完全知道，他所建议的都是我想做的。他说得对，不过还有一点：单独行走的人走得快。勒布伦是个正人君子，但是他没有政治头脑，他只会著书。康巴塞雷斯身上革命的传统太多。我的政府必须是焕然一新的。"

迁入杜伊勒里宫之前，我们也时常去那地方察看奉波拿巴之命进行的整修工程，或者更正确地说是粉刷工作的进展。最初他看到他们涂在墙上的许多自由帽时，对当时杜伊勒里宫任用的建筑师勒贡特先生说："洗刷掉所有这些东西，这种蠢东西我一点都不要。"

在预定归他自己的套房里，第一执政亲自指出他想做的细致变动。在他办公室隔壁的房间里，按照礼仪设置了一张床。但是他难得睡在那里，因为波拿巴的生活趣味最单纯不过，爱好外在的豪华只是作为欺哄人的手段。用日常生活的语言来说，在卢森堡宫、在马尔梅松以及他迁入杜伊勒里宫的初期，波拿巴常与妻子共寝。他每夜从一道通到他办公室隔壁藏衣室的小楼梯下到约瑟芬的卧室，那藏衣室原来是玛丽·德·美第奇①的小礼拜室。我进入波拿巴的卧室，他来到我们的办公室也都通过这道小楼梯。

关于我们的房间，亦即办公室，我眼见那么多事件在此筹备，那么多大事小事在此处理，我在此度过一生中的那么多小时，今天我可以在此做一最详细

---

① 玛丽·德·美第奇（1575—1642），法国国王亨利四世的王后，路易十三的母亲。

的描述，以娱那些对这些细节感兴趣的人。房里设置了两张办公桌，其中一张非常漂亮，是第一执政的，搁在靠近房间中心处，他的靠椅转过背来就朝向壁炉，右边是窗户。再向右去是迪罗克的小房间，也有通往侍从和大厅的甬道。我的很简朴的办公桌摆在近窗户处。夏天从那里可以眺望栗子树的成簇树丛，但是要看到花园里散步的人还不得不站起来，再略向右是通往已经说过的典礼卧室的一道门，再过去是礼堂，礼堂顶上勒布伦绘了路易十四像。三色帽徽贴在这位伟大君王的额头，作为国民公会邪恶和愚蠢的见证。执政府以及后来的帝国内阁给我留下众多回忆，我相信读者阅读这几页时，当会认为我一点都没有忘记这些事。

现在我们终于住进杜伊勒里宫了！盼望已久的那一天过去之后，在第二天早上，在国王的宫殿里睡过一夜之后，我进入波拿巴的卧室，对他说："好啊，司令，您终于毫不费事地在百姓的欢呼声中来到这里了。您可记得两年前在圣安纳路时对我说的话吗？——我现在就可以称王，但现在还不是时候！""有的，的确说过，我还记得。看，专心致志要做件事到底会成功吧：两年都不到哩。你认为我们在这两年里把事情办差了吗？事实上，我极为满意，昨天的事进行得很顺利。你以为所有那些来向我献殷勤的人全是诚心的吗？当然不是，但百姓的欢欣可是真的，百姓知道什么是正确的！此外，参考参考舆论的伟大温度表——公债吧；雾月17日为十一，20日十六——今天，二十一。在这种情况下我可以允许雅各宾党人叨唠，但是不准他们嚷得太响。"

等他穿好衣服我们就去黛安娜回廊散步，他细细察看了奉他之命布置在那里的各座雕像，似乎在他的新居已很安适自在。谈话中他说："布里昂，迁入杜伊勒里宫还不算完，我们必须留在此地。住过这座宫殿的都是些什么人？恶棍歹徒——国民公会分子！稍停一会——那是你兄弟的房子。不是从那里我们眼看杜伊勒里宫遭到围攻，善良的路易十六被处死吗？不过安静些，让他们再试试看。"

古来王政的习惯一点点进入昔日王族的住地。国王拥有而宪法并未授予第一执政的权力之中，有一条是他极为渴望的，即赦免权。他僭用了赦免权，这是一切篡夺事件的天大幸事。事实上他已为他的政治地位牺牲了一切，只要没有迫切的政治需要的干预，挽救生命能给予他最大的满足——他甚至可以向他有着活命之恩的那些人道谢，感谢他们给他救人性命的机会。他任执政时是如此——我不是说称帝以后。有些人凭借友谊替那些被法办的人说情，第一执政波拿巴容易被他们感动。感人至深的下述事实对此提供了不容置辩的证据。

我们还在卢森堡宫时，法国逃亡分子德孚先生手执武器在提罗耳被共和国部队逮住。他被送到格勒诺布尔，监禁在该地军人监狱。判处被捕武装逃亡分子的相关法律是可怕的，众法官不敢偏袒。上午审讯，当天宣判，傍晚枪决，这是通常的过程。我亲戚德·波阿特兰古先生的女儿从桑城来到巴黎，告诉我德孚先生的可怕处境，他同桑城一些最体面的家族有亲戚关系，当地人人都对他抱有最深切的关心。

我走出房间去同波阿特兰古小姐谈了一会话，回转时发现第一执政对我的离开感到奇怪，因为我习惯上离开办公室必定让他知道。"你上哪里去了？"他问。"去看一个亲戚，她恳求您帮个忙。""什么事？"于是我向他述说德孚先生的悲惨处境。他最初的回答是可怕的。"不能宽恕！"他说，"对逃亡分子不能宽恕！对自己国家作战的家伙不啻是要杀自己母亲的孩子。"这头一阵脾气发过之后，我再次催促他，我讲了德孚先生还很年轻——仁慈产生了良好效果。"那么，"他说，"写吧，第一执政命令对德孚先生的审讯暂停。"他签署了简短的命令——我递交给费兰诺将军，通知了表兄弟，静候事件结束。

第二天早晨，我刚跨进第一执政的房间，他就对我说："好吧，布里昂，你不用对我说德孚先生的事了。你满意了吧？""司令，我不知说什么话感谢您才好。""很好，可是我不喜欢办事办一半。写给费兰诺，我认为德孚先生可以立即开释。我或许成全了一个忘恩负义的人，但是那我们就没办法了——那样对他就更糟了。有这等事情的话，布里昂，别怕对我说——我如果拒绝那是因为我没有别的办法。"

我自己出钱派出一名特别信使，信使及时赶到，挽救了德孚先生的性命。他是独子，他母亲和他叔父从桑城到巴黎来向我表示他们的谢意。我看到他母亲眼里流出欢喜的眼泪。本来从各种可能性来看，她的眼泪是注定了要为最痛苦的忧虑而流的。德孚先生现在住在桑城，是三个孩子幸福的父亲。

这次成功以及第一执政的和气态度鼓励了我，我也敢为德·弗罗特先生恳求宽恕了。他是旺代郡的一个头目，有人热情地把他介绍给我。路易·德·弗罗特伯爵一贯反对在旺代郡恢复和平的每一次努力。最后他被连续多次战斗的失利击破，迫不得已自己提出以前反对过的那些建议。他致函圭达尔将军提出和平建议。将军发给他一张前往阿朗松的通行证。不幸的是，弗罗特先生不止同圭达尔将军一人有书信往来；因为他一方面使用通行证，一方面又写信给下属，吩咐他们切勿投降，也不要同意放下武器。这封信被截获了，这就使得他的和平建议貌似骗局，更有甚者，他在以前的一篇宣言中说到，波拿巴的罪恶勾当必须尽早予以结束。

  这回我劝说第一执政开恩要比德孚先生的事情为难得多。然我对这事催得很紧，又费尽心机，热心地向他说明这样一件善举所能产生的良好功效，我终于得到了暂缓审判的命令。可是接着我又为贻误时机造成的不幸而受到怎样一次教训！我不知道事情已进展得那么远，没有让随带暂停审判命令的信使出发。警务部长已经注定了他的遇难者是什么下场，而他有心伤害人时从不耽搁时间。我不知道他为什么要消灭德·弗罗特先生，发出命令立即执行。这位伯爵于雨月28日审讯并判决，次日枪决，部长可怕的急促从事，使我说情的结果毫无实效可言。我有理由认为，在此期间第一执政又收到几起对德·弗罗特先生的秘密指控，因为他听到死讯时显得相当淡漠，仅仅带着不同寻常的痛苦对我说："你采取的处置措施还应妥善些，你看，这不是我的过错。"

  路易十四的一切行动中，波拿巴最钦佩的是他强迫热那亚使节来到巴黎替督者赔礼。任何外国对法兰西各项权利和尊严稍有冒犯都会使他狂怒。他在下述事件上表现出使法国政府受到尊敬的愿望，这事在当时虽然闹得不可开交，后来却还是由于动用了那个伟大的和事佬——金钱而得到友善的了结。

  两个落户法国的爱尔兰人奈柏·唐第和勃来克维尔，其姓名已列入法国陆军军官名册，先后来到了汉堡。英国政府断言他们是英国的叛徒，他们便被移交给英方；而法国政府既然认为他们是法国国民，他们的引渡便引起对汉堡参议会的强烈指责。

  据传勃来克维尔是爱尔兰人联合会的一个头目，他归顺了法国，任职至舰队首脑一级，身负秘密使命被派往挪威，所乘船只在挪威海岸沉没。他来到汉堡，汉堡当局应英国公使克劳福德的要求逮捕了他，监禁一年以后解送英国受审。法国政府干预此事，虽没使他获释，却也挽救了他的性命。

  奈柏·唐第是爱尔兰人联合会的创立人之一，为逃避源于自己政治情感的英国政府迫害，他逃往汉堡，意欲前去瑞典。他们被爱尔兰议会剥夺了法律保护权，而比起法国政府，汉堡参议会当时更急于讨好英国政府，便把他移交过去。他作为囚犯被解到爱尔兰，判处死刑，亏得法国抗议，他的判决才没有执行。他在狱中关了两年，同郝克斯伯里勋爵谈判缔结草约的奥托先生使他获释，送回法国。第一执政以可怕的报复相威吓，但是汉堡参议会写信给他为其行为辩解，并汇来四百五十万法郎以增强这番辩解的力量。这使他大大地缓和下来，这是对埃及往事的某种回想：这属于司令对众帕夏惯用的一种满意的敲诈，不过这次财政部连一个法郎也没见到。

我把这四百五十万法郎换成荷兰公债在我的办公桌里保管了八天。然后波拿巴决定其分配。偿还了我们即将读到的约瑟芬的债务和马尔梅松的巨额开销之后，他开给我一张他打算送礼的人名单。他从未提到我的姓名，因此我就免除了写自己名字的麻烦。但是过些时候他以最动人的善意对我说："布里昂，汉堡那笔钱我没有分给你，但是我要给你补偿。"于是他从抽屉里拿出一张印就的大纸，空白处他亲笔填了字的，说道："这里有一张三十万意大利利弗的内阿尔卑斯共和国汇票，是售给他们重炮的价款，我给你。"我一眼看出这张汇票过期已久，他任其超期而不去操这份心。"可是，司令，"我说，"这张汇票过期已久——双方都已解除责任了。""法国保证偿付这类债务，"他说，"把汇票送给弗蒙先生，他会扣除三厘清偿的。"我向他道谢，并按他的意思把汇票送往弗蒙先生处，得到的答复是这一要求已经过时，不在法律提供的任何类别之内，不能兑付。我遵照司令的命令又去函，可是再次遭到拒绝。"哎呀，"他说，那口气像是预料到这样答复的人，"我见什么鬼——你看法律全都在同我们作对！"简单说来，内阿尔卑斯共和国据有重炮和那笔贷款，第一执政保有那张汇票。至于我自己，我什么款项也不曾收到。

无论在意大利方面军总司令还是埃及远征军总司令那里，以及在任期十年的第一执政或终身第一执政属下，我都没有固定的薪俸。我从他抽屉里取出我自己的开支所需之数和他需用的钱款。他从不向我要账目。他拿出那张无法兑现的内阿尔卑斯共和国汇票以后，于1800年初冬对我说："布里昂，天冷了，我难得再去马尔梅松。趁我在国务会议时去拿我的文件和零星东西吧，这是我抽屉的钥匙，见什么取什么吧。"我两点钟乘马车去，六点回来。他正进餐。我把从他桌子里取来的什物和一万五千法郎现钞放在他办公室桌子上，后者是在一只小抽屉角落里找见的。他来了就说："怎么，这里有钱，你从哪里找来的？"我回答说是小抽屉里的。"啊，"他说，"是我忘记在那里的零用钱。

拿去吧。"

我已经叙述过在奈柏·唐第和勃来克维尔事件中从汉堡参议会敲诈来的四百五十万法郎的支出。然而整笔钱并未用来送礼,很大一部分预定要偿付约瑟芬的债务,而对这事的处理,需要一些见地。

马尔梅松产业价值十六万法郎,是我们在埃及时约瑟芬购置的。随后约瑟芬对这座美丽的园林做了多处改进,并增添了大量设备。这一切都不是白做的,而且大部分价款尚未付给,这不是约瑟芬唯一的债务。债主啧有烦言。这在巴黎造成的后果是不好的,而且我承认,我非常害怕执政的怒气总有一天要爆发,因此我到最后万不得已时才对他说起此事。所以当我得知塔列朗先生已经说起此事时,便万分满意。正如那一警句所说,谁也没他那么能为波拿巴的药丸包糖衣了。塔列朗生来具有独立的个性和头脑,不惜冒了开罪他的危险去告诉他,他远征埃及期间波拿巴夫人举了许多债,那大批债主全用尖刻的怨言发泄他们的不满。

波拿巴感到应当立即消除他们这种抱怨。塔列朗向他透露这件棘手的事情是某一天夜晚十一点半。塔列朗一走我就进入剩下波拿巴自己的那间小办公室。"布里昂,"他对我说,"塔列朗向我说起我妻子的债务。我有汉堡的那笔钱,向她打听切实的数额,要她讲出全部债务。我希望了结,再不要借债。但是给我看过那批流氓的账目才付给。那是一伙强盗。"

到那时为止,由于害怕那可怕的、约瑟芬一想到便不寒而栗的争吵,我一直不敢向第一执政启口此事。幸而塔列朗首先向他说起了,我决意竭尽全力了结这件不愉快的事。

第二天我看到约瑟芬,她为丈夫没发脾气而高兴,但是也没有高兴多久。我问起她亏欠的确实数额时,她恳求我别深究这件事,听信她所认可的就行。我对她说:"夫人,第一执政的脾气我不能欺骗您。他已经知道您欠了一大笔钱,他要清偿。我敢肯定您得忍受一些刺耳的责备和激烈的争吵。但是无论按您能承认的数额还是更大的数额,反正都是一场吵闹。要是您隐瞒任何一笔重大债务,短期内那些怨言又将开始,一定会传到第一执政的耳朵里,那时他的脾气将爆发得更加猛烈。听我的话,说出全数吧,结果是一样的,您只须听一次他要对您说的那些难听话就行了。要是隐瞒,您将一次次听个没完。"她答道:"我决不说出全数,那不可能。帮我瞒住我透露给您的数额吧,我想我亏欠大约一百二十万法郎，但是我不能承认六十万以上。我再不借债了，其余的我将从我的私房钱中逐渐还清。""请注意，夫人，"我说，"我还是主张我起先的意见。我相信他没料到您的债务竟达六十万法郎之多，因此我保证您报一百二十万决不会比报六十万多怄气，说出全数您就一下子整个解除了。""我决不能，布里昂，"她说，"我了解他，我决受不了他大发雷霆。"对这个问题讨论了一刻钟后，我不得不对她的苦苦哀求让步，答应对第一执政只报六十万法郎。

第一执政的气恼可想而知，他判断得很对，他妻子还隐瞒了一些。他对我说："好吧，就算这六十万法郎吧，可是这个数目必须还清她的债务，再别拿这件事麻烦我了。如果这些买卖人不同意减低他们的漫天要价，我授权你吓唬他们一下，我们必须教训他们别再那么随便地放债。"波拿巴夫人给了我他们所有的账单。他们担心要等候许久才收得到钱，因此他们讨价之高昂是想象不到的。

最后我运气好，在几经最剧烈的争吵之后，用六十万法郎清偿了全部债务，但是波拿巴夫人不久又照样胡乱花费。幸而金钱比较宽裕些了。这种难以想象的强烈花钱欲望几乎成了她全部不幸的唯一原因。她轻率的浪费闹得家里一直杂乱无章，直到波拿巴再次结婚时期，我听说那以后她才当心些了。1804年她被立为皇后，我对她再不能说这许多了。

我在巴黎比在马尔梅松更难得离开波拿巴。有时我们整个傍晚在杜伊勒里宫的花园里散步。他总是等到各门关闭。在这类傍晚漫步中他穿一件灰色紧身大衣，戴圆形帽；站岗警卫喝问时我奉命回答："第一执政。"这种散步作为我们公余的休息，对于波拿巴和我自己都是大有裨益的，像极了我们在马尔梅松的散步，不过我们在市内的散步时常是很有趣的。

我们在杜伊勒里宫留居的初期，每当晚上八点我看到波拿巴穿了那件灰色大衣进入办公室，就知道他要对我说："布里昂，我们去转一转吧。"那期间我们有时不走花园的拱廊，而是经过通向唐古兰姆公爵套房的小门出去。他挽住我的胳臂，两人去圣奥诺莱路的店铺里买零星杂物。我们的漫步最远难得超过枯树路。我假装察看我们好像想买的那些物品，他则担任发问的角色。他努力装出时髦少年无忧无虑的派头，看着真是有趣。他仿效花花公子边整领带边发问的模样有多笨拙："夫人，今天有什么新到的货吗？公民，他们怎么谈论波拿巴的？贵店看来货色齐全，你们应该顾客盈门。人们对波拿巴有什么说法？"有一天，波拿巴以侮慢口气说到第一执政，招惹了一顿臭骂，我们不得不急忙退出店外避开，他却感到再快乐没有了。

在波拿巴头脑里，毁灭人和建设纪念性建筑物是一回事，甚至不妨说，他对纪念性建筑物的热情同他对战争的热情不相上下。但是，由于在所有东西中他不喜欢卑鄙和庸俗的东西，他爱宏大的建筑物一如他爱好大规模的战斗。埃及废墟的宏伟外观使他爱好宏大建筑物的天性得到发展。他珍视的并非那些建筑物本身，而是由建筑物永远保存下来的历史回忆，建筑物呈献的伟人名姓以及记录的重大事件。事实上，我们为何重视我们到达亚历山大港时望见的那座纪念柱呢？还不是因为这是庞培纪念柱吗？艺术家会对其大小比例和装饰物探讨不休；学者译解其铭文；但使纪念碑永留后世的却是庞培这个名字。

试图描绘波拿巴的性格时，我理应说到他对纪念性建筑物的爱好，因为不提这个特点，在他的画像中就缺少某种根本的东西。虽然这种爱好，或者更正确地说这种热情，在他的思想和追求荣誉的计划中占有主要地位，但也并不妨碍他同样重视次要的改良计划。他的天才值得用伟大的纪念碑来把对他荣誉的记忆永恒化；但同时他的良知又使他能真正重视一切的确有用的东西。不能指摘他不加观察便否决任何计划，这种观察需时不长，因为凭他惯有的机智一眼就能看出事物的真相。

波拿巴头脑里一再回忆起开罗那壮观的大公墓。他赞美那座死者之城，他对那座死城的居民贡献不算小。他打算按照引起他深切注视的开罗大公墓的计划，在巴黎的东南西北各建一座宏大的公墓。

波拿巴决定，巴黎新建的街道都要四十英尺宽，外加人行道。总之，为了装饰他希望变成举世第一的国家之首都，在他看来，多么豪华也不为过。除了战争，这是他野心的首要目标。这两个概念在他脑海里浑然融合，以至他非等到有相称的纪念物留给子孙后代供他们回忆不可，绝不认为一次胜仗已经完整。荣耀——一连串的荣耀归于法兰西，也同样归于他自身。每当畅谈他的宏伟计划以后，他总对我说："布里昂，我做这个是为了法兰西；我的一切希望，我的一切愿望，我的一切工作目标，都在于使我的名字永远同法兰西这个名称相连！"

拿破仑对伟大而有用的纪念物的热情，不止在巴黎一个城市留下痕迹，也不止法兰西一个王国。在比利时，在荷兰，在皮蒙特，在意大利王国，凡是他设有行宫的地方，他都做了巨大的改进。他在都灵建造了一座华丽的桥梁跨起波河以代替那座已经毁坏的旧桥。有多少事物都是在这短促而又多事的在位年代中着手并完成的！从梅斯到美因兹交通困难。一条广阔的大道就像变魔术般地建成了，笔直穿越无法通过的沼泽和无路可依的森林；山峦碍事就劈开，峡谷障碍就填平，一条欧洲数一数二的道路很快就开放通商了。他不仅不允许人，也不允许自然界阻挡他。

波拿巴在大规模的桥梁和道路工程中，总是念念不忘如何排除自然界安置在古代法国边界上的障碍和壁垒，以及如何把他不断并入帝国的各省联系得更加紧密。于是在萨伏依的勃拉芒森林，一条平坦有如花园幽径的大路取代了陡峭的通道；于是他在切尼山通道之巅建造了一座兵营，而且打算建立一个市镇，使那里变成几乎一年四季都可通行、赏心悦目的散步场所。辛普朗山隘被迫在法国工程人员的镐头和坑道面前低头；波拿巴满可以说"现在再不存在阿尔卑斯山了"，其理由要比路易十四说"现在再不存在比利牛斯山了"充足得多。

第十三章　同保罗一世结盟

事件的重要性随其发生的时间而异。一件谁也不加注意便过去了的事情会因后来的若干事件而变得重要起来。在我即将述及路易十八谋求同第一执政开始通信之前，上述想法很自然地出现在我的脑际。这绝非波拿巴生平历程中无关紧要的事。帝国看似建立在牢固基础上时，不妨把这当作是件稀奇事而已；但是因为波旁王朝幸福地复辟了，他们重登宝座的问题便具有更加崇高的性质，必须谨慎确切地叙述事实。因此我把通信的原件以及有关的奇妙情况向读者摊开。路易十八的来函全文如下：

无论他们明显的行为是什么，像您这样的人，先生，是决不至于感到惊慌的。您接受了显要的职位，我为此感谢您。您比任何人都更明了保证一个伟大国家的幸福所必需的力量和权力。从法兰西自身的暴力拯救法兰西，您就会满足我内心的首要愿望。把国王还给法国，后世子孙定将祝祷您身后之名。您对于我的国家永远是最需要的，决不能解除要职，那是对我的家庭和我本人的恩德。

　　　　　　　　　　　　　　　　　　　　　　　　　　　路　易

第一执政收到此函甚为激动，他虽然每天宣称他同王公一类人不打交道，但还是在考虑要不要答复这次倡议。当时吸引他注意的各种事物的压力使他犹豫了，他不急于回复。我应提到，约瑟芬和奥坦丝恳求他让那位王孙抱有希望，这样他可以不必做出任何保证而又有时间观望，到头来他能不能充任比蒙克[①]

---

① 乔治·蒙克（1608—1670），一手策划查理二世复辟的英国将领。

更显著的角色。她们的恳求非常急切，所以一天他对我说："女流这种魔鬼真是疯了。圣日耳曼郊区改变了她们的脑筋，被她们当作守护神了，但那没有关系，我同她们不相干。"波拿巴夫人告诉我，她催促他采取这一步骤，免得他想自立为国王。想到此事她头脑里便引起痛苦的不祥之兆而无法克服。

在同我的多次谈话中，第一执政以过人的英明探讨了路易十八的提议及其后果。然而他说："波旁派分子如果以为我是充当蒙克这个角色的人，就大大自欺了。"事情搁置于此，国王的来函留置桌上。在此期间，路易十八写了未注日期的第二封信。全文如下：

    将军，您要知道，您享有我的尊敬已久。如果您怀疑我的谢意，提出您需要的酬劳并确定您朋辈的酬劳。至于我的原则，我是个法国人。我生性仁慈，出于理性的吩咐，我会更为仁慈。不，洛迪、卡斯蒂里恩、阿尔科拉等地的战胜者，意大利和埃及的攻占者，决不至于徒爱虚名而不要真正的荣耀。但是您在浪费宝贵的时间。我们可以保证法兰西的荣誉。我说我们，因为我需要波拿巴的帮助，而他没有我也将一事无成。将军，全欧洲正在观望您。荣誉在恭候您，我又是迫不及待地要为我们的百姓恢复和平。

                                                      路易

第一执政过了些时候才答复这封如此高贵庄严的信。他想向我口授一函。我求他注意国王来函全是亲笔，他也以为亲自作复较为合适。于是他写了下函。

殿下：

    我已收到您的来函，感谢您说到我时表现的宽宏态度。

    您不应该想要回到法国，您要回法国必须踩过十万死尸。

    为法兰西的安宁和幸福而牺牲您的利益吧，历史会公正对待您的。

    我对您家族的不幸并非无动于衷，而且将乐于获悉您不乏能对您退隐生活的平静有所贡献的一切。

                                                      波拿巴

他这些泛泛用语没有许下任何诺言，连字面上都没有。他的权力日益增长，地位日益巩固，在他看来波旁王室的机会也日益减少。从收到国王第一封信到第一执政作复，其间相隔七个月。

收到路易十八来函以后数日，我们在马尔梅松的花园里散步。他兴致勃勃，因为万事都在他头脑里闪过。他说："我妻子同你谈到过波旁王族的事吗？""没有，司令。""但是你同她谈话时，稍稍倾向于她的意见。现在，告诉我，你为什么向往他们回来？他们回来对你无利，你也没有什么可以指望他们的。你的级别还不够高，不用盼望任何重要职位。你跟随他们永远也当不成什么。不错，由于德·香朋纳先生的援引，你曾被任命为驻斯图加特公使馆秘书，但要是没有发生变化，你会在那里或者还要低的职位上蹲一辈子。你见过在国王手下单凭功绩提升的人吗？""司令，"我说，"在这点上我很同意您的意见。我在波旁王室底下从未得过任何好处，无论是赠予，还是职位，或是恩惠；我也没有不自量力到自以为会被提升到什么显要职位。但我考虑的不是自己而是整个法兰西。我相信您有生之日能够一直执掌政权，可是您没有孩子，而且可以十分肯定，约瑟芬永远也不会为您生育子女。您不在了我们该怎么办？我们会落得什么结果？您常对我说，您的弟兄们都不——"说到这里，他打断我："啊，这点你说对了。要是我活不到三十年来做完我的工作，我死后你们会有长久的内战：我几个弟兄对法兰西不合适，你知道他们。于是几个最能干的将领之间会有剧烈的较量，每个人都认为自己有权取得我的位置。""既然如此，司令，那您为什么不尽力消弭您预见到的这些祸患呢？""你以为我从未想到那些吗？可是充分估量一下我这方面的种种难处吧。如果实现复辟，那些曾经投票赞成处死国王的人，那些在革命中有突出贡献的人，国家领土，以及十二年来做的大量事情，都将怎么办呢？你以为不会有逆流吗？""司令，难道还要我唤起您的记忆，路易十八在他的来函中不是保证您所担忧的一切都不至于发生吗？我知道您会如何回答，但从您的地位看，想要什么条件还不是在您吗？在您要求的代价下答应他们所求于您的吧。不须着急。三年或者四年，您能在此期间建立适合法国需要的各项制度以造福法国。风俗与习惯的力量会给那些制度以力量，使之不易被摧毁，即使怀有这种企图也不会成功。"他说："波旁王族会认为，据此他们已经重新占有了他们祖传的产业，可以任意处置。再神圣的预约，再确凿的诺言，遇上强力都将化为乌有。只有傻瓜才相信这些。我的主意已定，我们不再谈这个问题吧。可是我知道这些女流怎样折磨你——让她们去管她们编织的事，由我来管我自己的事吧！"我在办公桌上写道：妇女们编织——他自立为皇帝——帝国已经分崩离析——他已死在圣赫勒拿岛——波旁王室则已复辟。

"波拿巴同保罗一世的初步关系是在执政府就任以后不久开始的。然而事态看来不那么不利了：从瑞士和莱茵河两岸已经传来含糊的报道，指出俄国人和奥地利人之间存在冷淡状态；而且，与此同时，伦敦和圣彼得堡两个朝廷之间有隔阂的征兆开始察觉到了。这时第一执政也已发觉保罗一世性格豪爽而且有些怪僻，认为这是设法击破俄英联盟的有利时机。他这人哪肯放过这样一个大好时机而不以平素的机智加以利用呢？不久以前，英国人拒绝参加交换七千名在荷兰被俘的俄国士兵的条约。波拿巴下令把他们全部武装起来，穿上同他们过去所属部队相称的新军服遣返俄国，不要赎金，不要交换，也没有任何其他交换条件。这种明智的宽宏大度并没有白费。保罗深为感动，虽然近来同英国紧密联盟，现在他却立时宣布与英国为敌。第一执政对这次政策上的胜利感到高兴。

"从那以后，这位执政同那位沙皇成了要多好有多好的朋友。两人争相表白友情，可以相信，波拿巴不会不把这种恭谦有礼的竞赛变为替自己牟利。他深深打动了保罗的头脑，竟能对圣彼得堡内阁产生直接影响。

"当时英国驻俄大使惠特窝斯勋爵奉命立即离开俄京前往里加，到保罗死时为止，那里一直是北方的阴谋中心。各港口的英国船只被扣，一支普鲁士军队应沙皇的紧急要求威逼汉诺威。波拿巴抓紧时机并且利用叶卡捷琳娜政权的继位人向他表示的友谊，决定使这种友谊为他执行构想已久的计划效劳：他打算经由陆路对英国的东印度殖民地发动远征。

"斯普兰波顿男爵来到巴黎使得执政府一派的人，亦即几乎每个巴黎人极为满意。他衔有特别使命来到巴黎，表面上带全权头衔，同时又是联系执政的机密使节。波拿巴极端满意保罗选派的这位大使，以此说明那位皇帝对第一执政宽宏行为的谢意。

"我们不难察觉，保罗对斯普兰波顿先生十分信任。由于他圆满地完成了托付给他的使命，保罗写了几封友善而嘉许的信函对他的作为表示高兴，这些信斯普兰波顿总是让我们也读到的。谁也没有他那么喜爱法兰西，他热切期望他的初步谈判可以导致俄法两国政府间的长久联盟。波拿巴和保罗之间频繁的亲笔信函都由他经手，我读过所有保罗的来函，其中吐露他对波拿巴的爱慕之坦率是惊人的。他对第一执政钦佩万分，所以那百般奉承的口气赛过任何朝臣。俄国皇帝的这种钦佩不是假装的，既热切又真诚，这不久便有了证明。

"波拿巴毕生历程中再没有比体验到保罗对他的热忱更为满意的了。在他看来，一位君主的友谊是他自己成为君主的一个步骤。另一方面，旺代郡的事态开始呈现好转的局面，他希望不久以后实现他所热切想望的国内和平。①

"这期间第一执政继续把俄国皇帝的友谊转变到牢固的根基上。实际上，

---

① 这段记述同拿破仑本人在圣赫勒拿岛口述的下文完全相符：

保保罗皇帝继叶卡捷琳娜女皇为帝。他差点没因仇视法国革命而发疯，他母亲仅以口头允诺为满足的事，他实行了，参加了第二次反法联盟。苏沃洛夫将军率领六万俄军进攻意大利，另一支俄军进入瑞士，沙皇又把一万五千人的一个军交付约克公爵用以攻占荷兰。这是俄罗斯帝国可供调遣的全部兵力。苏沃洛夫虽然在卡萨诺、特列比亚和诺维等战役中都获胜，于柯尔沙科夫被俘的苏黎世战役之后，却在圣哥达和瑞士各个谷地丧失了军队的半数。保罗这才悔悟他行事不慎。1800年苏沃洛夫回到俄国，军队只剩下四分之一左右。保罗皇帝痛切抱怨他的军队没有得到奥军或英军的援助，精锐损失殆尽。他责备维也纳内阁在攻占皮蒙特以后不允许撒丁国王复位，毫无崇高宽宏的理想，全然为算计和利害关系的意图所支配。他也抱怨英国人占领马耳他以后没有让耶路撒冷的圣约翰骑士团复职，也不把该岛归还武士，而是攫为己有。第一执政不遗余力地重视这些不满的种子并使之开花结果。马伦哥战役之后不久，他找到了讨好这位沙皇活泼而冲动的想象的办法，即把教皇利奥十世授给亚当岛那把剑送给沙皇，作为他对守卫罗德岛抵御异教徒感到满意的纪念。在意大利、苏黎世以及荷兰，八千至一万名俄军士兵当了俘虏。第一执政向英国人和奥地利人提议交换，遭到两国拒绝。奥方是因为还有许多奥军俘虏在法国；而英方虽有大量法军俘虏，却说因为这项建议是违反他们的原则的。他向圣詹姆斯内阁即英国政府说："什么！你们竟然拒绝交换由约克公爵指挥在你们队伍中作战而在荷兰被俘的俄军士兵？"对维也纳内阁则说："怎么！你们居然不让那些北国健儿归国？多亏他们，你们才在特列比亚和诺维两战中获胜并且攻占意大利若干地区，他们还俘获了大量法军士兵留在你们手中。这样的不义之举激起我的愤慨。"第一执政说，"好吧，我不须交换就把他们交还沙皇，他定将看到我是多么尊敬勇士。"被俘的俄军官佐立即领回他们的佩剑，俄军部队集中在亚琛，很快换上全套新装并发给法国制造的精良武器。俄军将领一人奉命把他们编成营和团。这一击顿时打中了伦敦和圣彼得堡的关系。受到多方面打击的保罗，这时迸发出他的热情气质，一腔热情都被法国吸引去了，他致函第一执政说："公民，第一执政，我写信给您并非讨论人或公民的权利；每个国家愿意如何治理就如何治理。不论哪国，只要我看到担任国家首脑的人懂得如何统治和如何作战，我的心就被他吸引去了。我写此信告诉您我对英国不满。英国破坏了国际法的每一条，唯其自我主义和一己利益是从。我愿意同您联合以结束英国政府的不公正处置。"

1800年12月初，为俄国服务而内心亲法的芬兰人斯普兰波顿将军到达巴黎。他携来保罗皇帝的信函并奉命带领俄军俘虏归国。凡是回到俄国的俄军官兵无不经常极口赞誉他们在法国受到的善遇和厚待，特别是第一执政就任以后。皇帝和拿破仑之间的通信随即成为日常的事了：他们直接探讨最重大的利害关系以及压制英国威势的办法。斯普兰波顿并未奉命缔和，他无权缔和，他也不是大使，和平还不存在。因此这是一种特殊使命，这种使命允许给予这位将军一切特殊待遇，以取悦委派他的君主，还要避免因这种厚待而可能产生的任何不便。

——《圣赫勒拿岛回忆录》

用英国的海上霸权来激起各个次要海上强国的愤怒和嫉妒之情向来不是难事。英国声称有权搜查中立国船只,并宣告,对于封锁问题的主张确实曾由俄国和欧洲每个海上国家政府在多次条约中加以承认。无奈宿怨尚存,波拿巴最机灵不过地利用了每一部外交机器来挑起对英国的同仇敌忾,首先是在沙皇有充分准备的头脑里,然后在普鲁士、丹麦和瑞典诸国的内阁里。实际结果是这几个国家联合起来反对英国。"

第十四章 马伦哥战役

"为法国国内的安宁已经做了大量工作,但是显然只有结束已在法国两处边境激烈进行许久的战争,成果才算圆满。最近两年的命运同以《坎波福米奥条约》——或者不妨更确切地称为停战协定——结束的光荣战役大不相同。奥军收复了意大利北部,已经威胁到萨伏依边境,图谋攻入普罗旺斯以支持当地王党新的叛乱。在那里抵抗奥军的部队人数远远不敌,并且是屡次败于苏沃洛夫的残军。莱因边境的奥军和法军比较接近势均力敌,但即便那个地区也大有忧虑的余地。整个而言,波拿巴上船去埃及时留给共和国的宏大气派已换成可怜得多的姿态;事实上,由那几次败绩造成的全国普遍的沮丧对于拿破仑的野心却是大有用处的。如果说国内需要强有力的手腕,那么也同样深切感到需要一位将领能在战场上为三色旗重获胜利,因此发生了具有决定意义的雾月革命。

"此时,奥地利盟国中实际上已有一个离开了。俄皇保罗由于对苏沃洛夫麾下的俄军受到那种方式的支援感到愤慨,从获胜的战场上撤出全部俄军。波拿巴凭他担任第一执政的新身份,决定在同奥地利开战之前取得同英国议和的声誉。他不采取外交途径而亲自致书英王乔治三世,答复是担任外交大臣的格伦维尔爵士致塔列朗的正式照会,拒绝谈判。

"波拿巴以对外作战换取国内安全的政策甚至比他的历届前任都要明确。他离国期间法国的自豪感已经深受损伤,还必须在欧洲干出点不亚于洛迪、利沃里和塔利亚曼托等战役时的事,他才有希望坐稳他的宝座。接到英国外相的答复时,他(搓着手,这是他非常高兴时的习惯)对塔列朗说:'这是再好不过的了。'同一天,即1月7日(格伦维尔照会日期之后刚三天),第一执政发出布告成立后备军,包括所有曾经服役的退役士兵和新征集的三万兵员。"

那时候，在他的青年时代，凭他的天才横溢以及大脑的旺盛活力，甚至博得同他势不两立的死敌的钦佩。他处理微小事情之熟练令我吃惊。当最重大的要事占用他每一刻光阴之际，他拨款二万四千法郎给圣伯纳德山区医院购买食物。他看到后备军成立，万事进程都合他心意，就对我说："我希望趁梅拉斯还不知道我已在意大利时便袭击他的后背。只要热那亚守得住；但那是由马塞纳守卫的。"

3月17日，他情绪良好，趁兴要我打开肖夏的意大利大挂图——他扑在图上，叫我也扑上去。然后他把头上涂了红色和黑色大漆的小针插上去。我默不作声地望着他，静候这毫无折损的战役的结果。他派驻了敌军，又把红头小针插上他打算配置自己部队的据点，对我说："你想我能打败梅拉斯吗？""叫我怎么说呢？""你是个傻瓜，"他说，"你看这里——梅拉斯在亚历山大里亚，他的司令部在那里，他要在那里待到热那亚投降。亚历山大里亚有他的军火库，他的医院，他的炮兵，他的后备部队。我在这里（他指着圣伯纳德火山隘）穿过阿尔卑斯山袭击梅拉斯，我截断他同奥地利的联络，在这里（他在圣朱里安诺插上一枚红针）在斯克里维亚平原同他会战。"他发觉我把这种针头的摆弄看成不过是种消遣时，便停下来，用通常的几个称呼招呼我作为休息，然后继续他的图上谈兵。约在一刻钟后，我们伸直身子，我把地图放回原处，再不去想这事了。但是四个月后，当我带着从当天上午的混乱中抢出来的公事包和急件到了圣朱里安诺，那天夜里又在距该地一里格的托来·迪·加利福罗按他口授写下那次战役的公报时，我坦率地承认我佩服他的军事计划。他自己也因预见正确面带笑容。

"这个时期法国在各个边境有四个方面军：布律纳统率的北方方面军，监视荷兰奥仑治王室的一派人，并守卫海岸，防止英国再次入侵。击败约克公爵之后，政府大大削减了其兵力。第二是儒尔当统率的多瑙河方面军，在斯托卡克战败以后，被迫退过莱因河。第三个称为瑞士方面军，由马塞纳统率，在斯托卡克战役中被迫撤出瑞士大部地区，可是在苏黎世之战打胜俄军后重新占领了整个瑞士共和国。第四便是那个仍然自称'意大利方面军'的零碎残部。热诺拉战役惨败以后，他们杂乱无序地聚集到亚平宁山区和热那亚高地一带，部队士气已经大为损伤，所以整营整营地开小差，退过瓦尔河。事实上他们也已困苦到了极点：因为他们已没有任何办法同波河流域联络，英国舰队又有效地封锁了整个普罗旺斯和利古里亚的海岸，把他们关闭在荒芜的巉岩间，使他们备尝围城守军的艰难困苦。

"第一执政派马塞纳去担任意大利方面军司令。他在此时机给全军颁发的命令，在士兵头脑里产生了魔术般的效果。马塞纳受到士兵的高度尊敬，他到达热那亚以后，逃兵纷纷迅速归回到他们的旗帜下。与此同时，波拿巴命令把多瑙军团和瑞士军团两个军合并成一支强大的'莱因方面军'，由莫罗统率。最后指定第戎作为后备军的会合地点：这里地处中心，可以在情况需要时支持和增援马塞纳或莫罗。但是拿破仑真正的意图是用作掩盖他主要目标的伪装。因为他已同卡尔诺一起草拟了那公认为古今战争中最大胆而又最巧妙的作战计划。这个计划又靠他亲自执行，结果获得了最辉煌的成功。

"莱因方面军足有十五万人，无论同谁相比都是全共和国训练最精良而且实力最雄厚的军队，波拿巴安置莫罗为该军首领是超越一切个人嫉妒的高尚表现。那位将军的声誉几乎同他相差无几，而莫罗的才能也当得起那名声，第一执政想的只是完成联合作战目标的最好办法。后来莫罗因为执行职责方式不当而受到上司的严厉责备。给他的命令是，不惜冒让克赖率领的奥地利大军插入他和法国之间的危险，立即向乌尔姆进发；可是他又奉令从部队中派出一万五千人执行另一件任务，即通过圣哥塔山隘进入意大利；但又要他明白，竭尽全力制止克赖经由提罗耳打通同意大利的联络也是他无可推托的差使。在这种种情势下，一位将领尽管有他的上司，也应该更加谨慎地行事，不去顺应拿破仑不受约束的宏大志向，这是不足为奇的。然而必须承认，莫罗一贯享有谨慎而不是鲁莽的将领的名声。他对克赖作战的详情可在他处找见。各次战斗的情况不同，命运也各不相同。莫罗的各方敌人听任他于4月末渡过莱因河开始战斗，7月15日他在奥格斯堡设立司令部，既可以增援意大利的法军，也可以进军奥地利各邦的心脏地带，而波拿巴亲自远征的成功使得这两种行动都不必要了。

"第一执政决定亲自指挥功垂战史的最冒险的一次战役计划。在第戎成立后备军只不过是一种骗局。确实有大批幕僚人员集合到该地，那里同别处一样以全副力量准备作战的武器和军火。但是集中在第戎的部队很少，而且流言四起使人们相信，这支部队打算开往热那亚的马塞纳总部以重建显赫一时的意大利方面军。奥方收到关于他们的人数和外观的报告，不仅不当回事，而且还加以嘲弄。这时波拿巴已花了三个月时间在法国内地各处征集他的军队,他的目的是靠这支军队扭转阿尔卑斯山脉南麓事态的面貌。这支军队已经分道开赴瑞士领土,各个分队都完全不知其他分队的目标。波拿巴已向那个地区派去他最亲信的战友贝尔蒂埃和其他几名能力最强的军官,命令他们侦察阿尔卑斯大山链的各个山口,并为军事行动做其他一切准备,直到那时,还只有他们参与这次机密行动。"

第一执政对于贝尔蒂埃将军担任陆军部长的施政不够满意,派卡尔诺去替换他。卡尔诺的坚定和正直早有大量明证,但是波拿巴不喜欢他,因为他是个过于坚决的共和派。贝尔蒂埃出发赴第戎,开始在该地创建有名的后备军。这支军队起初不算一回事,不料几星期后就一战而把意大利全境重新归入法国统治。

执政体制不允许第一执政亲率军队越出共和国领土。他不愿外界知道他已做出决定要亲自统领现在他首次称为"大军"的意大利方面军。我向他指出,任命贝尔蒂埃为总司令骗不了任何人,因为世人都能看出,他做出这个抉择的意图必定是亲自指挥。我的见解使他高兴。

第一执政在巴黎逗留,直到接获贝尔蒂埃从日内瓦发来的决定性速件——内容如下:"我希望在这里见到您。等您发布可使三个方面军协同行动的命令。这些命令只有您在军营中发出,在巴黎决定措施是来不及的。"

波拿巴立即确定5月6日为我们离开巴黎之日。做了一切安排,也发出了一切命令,但他还不愿人知道他前去指挥军队。启程前夕,他当着另外两名执政和各部长的面对吕西安说:"明天写出致各省长的通报,你和富歇送给各报去发表。只说我已出发去第戎视察后备军;你还可以说,我或许最远要去日内瓦,但是要肯定说我离开巴黎不超出十五天。你,康巴塞雷斯,明天主持国务会议。我不在时你是政府首脑,对国务会议也这么说;你可以说我离开是短期的,但是别讲定任何事。让国务会议确信我完全满意,他们已经做了很大的贡献,我希望他们继续下去。等等,我还忘了,你同时还可宣布我已任命约瑟夫为国务会议成员。出什么事的话我会像雷电一样赶回来的。我把法国的一切重大利益全托付给你了。我希望不久维也纳和伦敦就会谈起这事。"

我们在凌晨两点出发,走勃艮第大路,这是我们在全然相异的各种情况下经常行经的道路。

沿途波拿巴大谈古代的军人,特别是亚历山大、恺撒、西庇阿和汉尼拔。他显得很熟悉这些统帅的地位和各人的手段。他特地研究过古今战略。在伟大的战争科学中,没有哪个部分曾为他的天才所忽略。我问他,亚历山大和恺撒他更佩服谁。他说:"我把亚历山大列入第一流,我也佩服恺撒在非洲的漂亮仗。我更钦佩那位马其顿王的理由是他对亚洲战役的构想,尤其是其实施。责怪这位王者花七个月时间围攻泰尔的人是没有战争观念的。要是我自己,如有必要我会在那里留七年。这是个庞大的课题,就我来说,我认为围攻泰尔,攻占埃及,以及进军阿蒙绿洲是这位伟大主将的天才的证明。他在格兰尼格斯和伊萨斯两战中只挫败了波斯王的先头部队,他愿意给后者时间集中其全部兵力,以便一击之下推翻这个他刚刚动摇了的庞然大物。亚历山大若是穷追大流士进入波斯各地就会脱离后援,只遭遇零星小部队而被拖进沙漠,使他的军队迷路。坚持攻下泰尔使他保持了同希腊的交通,他为希腊立下那样多的功绩。他之挚爱希腊正如我的热爱法兰西,他把自己的荣耀寄托于希腊的荣耀。他占领了当时十分强大富庶的埃及省,就迫使大流士前来保卫或者挽救这个地方,在行军途中遭遇他。他自称朱庇特之子,他的行动方式对他算计东方人的烈性是有用的。我们知道这一点怎样帮助了他。最后,他死时才三十三岁——身后留下了多大的名声!"

虽然我对于深奥的战争科学完全外行,也不能不钦佩波拿巴的各项崇高计划以及他对古今名将精辟的评价和独到的见解,我不能不对他说:"司令,您时常怪我不知奉承讨好,可是现在我告诉您真话,我钦佩您。"我说的是实话。

5月7日我们到达第戎,他以盛大的仪式检阅了七千至八千名未经训练的衣着不全的部队,把他们交付布律纳管理。那些奥地利间谍对这次执政检阅再次感到满意。这次拿破仑在第戎只停留了两小时,通宵赶路后于次日到达日内瓦。波拿巴在这里会见派来探测圣伯纳德大山口荒无人烟通路的马来斯戈,听他诉说了军队经由那里进入意大利的种种困难和骇人情景。"能够通过吗?"拿破仑打断这位工程师的叙述问道。"勉强可以通过!"马来斯戈答道。"很好,"第一执政说,"enavant"(我们前进吧)。

奥地利人只叨念絮歇率领的一个削弱了的丧魂落魄的师(他们毫不怀疑该师注定要由第戎军来增援,事实正是这样),与此同时第一执政已决定他们要冒阿尔卑斯大山的一切危险和困难突入意大利,一如古时汉尼拔之所为。向瓦尔河和热那亚进军实行起来要比较容易些，也多半会取得胜利，可是仅仅取得胜利还不够。最亟须的是，波拿巴这个姓氏要放出神奇名声的烈焰。而他赚取这种威名的计划是不顾千险万难从阿尔卑斯山下来，疾趋梅拉斯后背，切断对手同奥地利的一切联系，而后迫使梅拉斯应战，这一战有马塞纳和絮歇在梅拉斯另一侧，回师必遭覆没。

为了比较容易搜集行军所需粮秣储备，使进军能更迅速地完成，以及使敌人摸不清行军目的何在这三重理由，拿破仑决定他的军队要采取不同路线分四路前进。蒙塞率领的左翼是从莫罗军中分出的一万五千人，奉令经由圣哥塔出山；杜劳的五千军取道切尼山方向；同等兵力的沙白朗军经小圣伯纳德前进。第一执政亲自率领三万五千人的主力，让他们完成携带大炮翻越大圣伯纳德巨大天障的宏大任务。

这样，沿阿尔卑斯山系——从莱茵河和罗尼河源头到伊赛河和杜兰采河——总共约有六万人已准备好这次冒险。为使我们对此举抱有公正的观念，还必须提及，拿破仑明明知道，这些人中认真见过哪怕一次炮击的还不到三分之一。

"蒙塞、杜劳和沙白朗遇到的万般困难，从波拿巴自己行军的叙述中便可充分理解。从5月15日到18日，他的各路队伍都出动了。拉纳带领先锋部队在前开路；贝尔蒂埃将军和第一执政亲自指挥后卫，因后卫有炮兵随行，是最重要的目标。到了圣彼埃，道路的痕迹都消失了。这支由骑兵和步兵组成的军队从这里起不得不载负了战斗所需的全部军火，包括四十门野炮的辎重在内，攀登高空怪石嶙峋和永久积雪的山脊前行，那是只有羊倌、羚羊猎人以及歹徒私贩才敢来去的地方。走在这样的悬崖峭壁上一失足就没命了。头顶的冰川只须射上一枪便足以引起崩落。所跨越的无底深渊里凝结了冰块雪堆。大炮和弹药的运输是最困难的，因此第一执政亲自监督搬运。炮身卸下来放入已按口径挖空的树干，然后全凭膂力拉曳——有时动用不下一百名士兵来拉一门炮。炮架和车轮则拆开吊在杆上用人肩挑。火药和炮弹装入枞木箱，由从阿尔卑斯山区广大地区征集来的全部骡子驮载。这些准备工作都是在波拿巴抵达日内瓦到拉纳开始进军的一周间完成的。他本人有时骑骡前进，但多半是步行，鼓舞那些负载大炮的士兵。疲劳困苦之状是无法形容的。前面的人不敢稍停一下喘口气，因为一停步就会使后面处在万分危殆峭壁边缘的队伍陷于混乱。前军的脚步和蹄印把深及膝盖的冰雪踩成稀泥,后军须在其中蹒跚前行。所幸拿破仑的进军没像汉尼拔那样受到强悍敌人的袭击骚扰。恰恰相反,山民踊跃前来领取慷慨的报酬,那是他对愿意减轻部队沉重劳役的人的赏赐。

"5月16日拿破仑在圣莫里斯修女院宿夜。其后四天间,全军通过了大圣伯纳德山口。5月20日波拿巴本人在坐落于高山顶上的十字军救护团修女院驻停了一小时。修女院的善良神父事前已接到通知,他们在每个士兵路过时供给面包、奶酪和一杯酒做午餐。他们因为这种适时的善举受到首脑的热烈感谢。在这里,他同一个青年农民分手,这个青年作为向导,从圣莫里斯修女院一路陪同他行走到此。拿破仑同这个青年人无拘无束地聊天,对他的纯朴产生极大的兴趣。道别时,拿破仑问到这名向导家境的一些详情,给了他钱币和一张致圣莫里斯修女院院长的便条。这农民照交了便条,惊异地发现,靠了他不认识的一张字条,他的物质福利有了固定的增加。然而这个慷慨奖赏的对象不甚记得他同执政的谈话了。他形容拿破仑是个'黝黑的人'(这是叙利亚日晒的结果),虽然和蔼可亲,目光相遇时总免不了令人产生恐惧之感。这位英雄的话他留在记忆里的仅有一句:'我在你们的山里淋坏了这顶帽子;也罢,我要在山那边找顶新的。'——拿破仑是到达圣伯纳德客舍拧出帽子里的雨水时这么说的——然而,当士兵沿那个特别称为'荒芜谷'的可怕荒野推进受阻时,那向导把波拿巴的出现和话音的效果描述得非常有趣。通常只须望一眼或者说一个字就足以使全体人员重新行动起来。但是,如果路上出现了新的显然难以克服的困难,执政下令击鼓吹号一如发起冲锋,这样做从没有失败过。拿破仑手下的官兵就有这样英武的性情,他调动他们的手腕就这样高明!

"5月16日拉纳麾下前锋抵达秀丽的奥斯塔山谷,其他部队迅速地接踵而至。这一段行军的艰难不亚于前一段的攀援。骡马和大炮得从一个个滑溜的陡坡上放下去——有一次拿破仑本人甘心坐着滑行约一百码之遥,我们就不难判断那要多么费心了。

"17日拉纳抵达夏蒂荣,在那里袭击并打败了五千人的一师奥地利军——这师奥军在那里遭受一师法军的攻击时,惊慌失措,好似敌军是从云端落到他们面前的。"

第一执政攀登圣伯纳德山时显得沉着、若无其事和冷静自持,他认为必须树立榜样时总有这种表现。他向向导询问两个谷地居民的生活状况,他们以何为生，意外的事是否像他们说的那么频繁？向导告诉他，多年的经验以及有连续记录的事实，使得居民能够预见任何气候变化而绝少见欺。波拿巴身披骑装，手执马鞭，若有所思地前行，似乎为没听说圣巴德炮台陷落而失望。全军正向大圣伯纳德山口全速挺进。他在这可怕的孤寂中静候了三天，盼望听到位于山那一面、控制通伊夫里亚道路的圣巴德炮台投降的消息。伊夫里亚镇于5月21日攻下，但是他于三天后得知炮台还在固守，看来不至于马上投降：他对此口出怨言："我等不及了，"他说，"这些蠢材永远攻不下圣巴德炮台，我须得自己去。"

23日我们望见了控制大路的炮台，它右临多拉巴耳蒂亚小河，左傍阿耳巴勒多山。波拿巴来到俯瞰炮台的一处高地，把望远镜平放在草地上，自己伏在掩护他的灌木丛后，以躲避被围炮台的射击，仔细观察炮台。他向几个前来提供消息的人提出若干问题之后，以不快的口气指出了他们所犯的一些错误，凭绝少受骗的军事眼光下令构筑一座新炮台轰击标出的一点。他说，从那里几发炮火就可迫使炮台投降。发布命令后他就下山去伊夫里亚宿夜。6月2日他获知炮台于前一天投降了。

如果说翻越圣伯纳德山值得在侥幸大胆行为的史册上占有突出地位，那么与此同时，我们对第一执政那使敌人迷惑的构思和幸运也不能过于迷信。这次冒险完全出人意料，因此通向圣巴德炮台的道路上全无奥地利军部队防守。这个地区完全没有军队，我们仅遇到一些零散弱部，他们阻挡不了我们向米兰进军。波拿巴很知道如何利用敌人防务中的破绽，使敌人除了惊慌混乱，别无其他逃脱办法，只能回转步伐，放弃入侵法国。在这种情势下，大胆成了对天才的真正考验。但是支配波拿巴行动的这种天才胆略偏偏是统率领奥地利军的梅拉斯将军所缺少的。如果梅拉斯具备军队统率应有的那种坚定性，如果他比较了两军各自的阵势，在比较中他如果认识到：他已无力重占他的战线并恢复他同世袭各邦的联络；他是意大利各设防城镇的主人；他完全无须害怕马塞纳，絮歇也无法抵抗。那么，要效法波拿巴的做法，他当已兵临里昂，那第一执政又会怎么办呢？梅拉斯不致遇到什么阻碍，他会发现所有镇市全没有设防，法军已倾巢而出，没有敌人可打了。如果波拿巴是梅拉斯，他就会这么干；然而，对我们幸运的是，梅拉斯不是波拿巴。

我们于6月2日到达米兰，那天第一执政获悉圣巴德炮台已经拿下。我们在那里停留六天。这时决定全局胜负的一天正在临近。第一执政做出安排，分派大军各部去占领指定的地点。我已说过，缪拉被责成去进占皮亚琴察，他刚占领该镇便截住梅拉斯将军的一名信使。消息宣告坚守日久的热那亚已于6月4日投降。经过长久而闻名的守卫之后，守方因此闻名，马塞纳更是获得盛誉。

我从几种报道中读到，第一执政亲临蒙特贝洛之战并取得胜利。这是个错误。第一执政到6月9日才离开米兰，那天拉纳已同敌人交战。战斗激烈异常，我还清楚记得几天之后拉纳形容此战那句话："我的队伍里骨折的声音就像冰雹落在天窗上。"

我们离开巴黎那天，日后对胜利大有贡献并制止了马伦哥溃败的德赛，由于奇怪的机遇从埃及来到土伦。他于1800年5月6日写信给我，告知他的来临。我在马提尼克收到此函，并拿给第一执政看。"啊"，他说，"德赛到了巴黎！"波拿巴当即发出命令，要他不得迟误，赶快到意大利方面军司令部来。德赛于6月11日上午抵达斯特拉代拉。第一执政以最和善的态度接见他，当他是最衷心尊敬的人，第一执政从他的才能和品格已断定他日后将成为怎样的人。波拿巴对这些将领有猜忌之心，因为他怕野心促使他们分庭抗礼。但是德赛从未使他不安。德赛谦逊没有架子，既坚定又和气。他的行为证明他只爱荣耀，全无其他杂念，我敢断言，他心胸中根本不存在任何野心和追求政治权力之想。波拿巴对他的友情达到了热烈的程度。从埃及回来后，他们第一次会晤时，他同第一执政密谈了三小时。德赛到达的第二天波拿巴便发布命令通告全军，德赛担任布台那一师的师长。

我向波拿巴表示对他和德赛的长谈感到奇怪。"是的，"他说，"我同他谈了许久，可是我有我的原因。我一回到巴黎就要任他为司法部长。他将常任我的副官；只要我力所能及，我会立他为亲王。我发现他的个性很有些古风。"德赛于三十三周岁零两天战死。

13日第一执政在托来·迪·加利福罗宿夜。傍晚他命令一名参谋军官去了解奥地利军在博米达河上是否有桥。深夜他得到报告说河上没桥。这使他感到放心，他满意地上床了。不料次日凌晨他就听到炮声，又得知奥地利军已冲到平原上并展开战斗。波拿巴公开表示了对那军官所作所为的极大不满，说他是懦夫，前进得不够。他马上赶赴战斗现场。我到当晚六时才又见到他。我遵照他的指示前往圣朱里安诺村，那是三月间他向我指出过的未来战斗地点。圣朱里安诺村距离战斗开始的地点不足两里格。下午我看到兵士护送一群伤兵穿过村子，不久又过去一批逃兵。他们在圣朱里安诺村没说别的，尽是退却的事，据说只有波拿巴一个人坚决反对撤退。有人劝我离开圣朱里安诺村，我在该村刚刚见到总司令派来的信使。14日早晨德赛将军向诺维挺进，以探察通热那亚的道路。热那亚虽经其杰出守军的努力，还是不幸于数日后失陷。我随这师人回到圣朱里安诺村，对其人数之少感到惊异，而这师人是开上去增援一支已大大削弱和分散的军队的。在他们看来这一战已失败了，事实也是如此。第一执政问过德赛的想法，这位勇敢的将领豪迈地答道："这一战已完全失败，但是现在才两点钟，时间还足够打胜另一仗。"这些简明而英雄的语句是第一执政当天晚上亲自向我重述的。谁想得到这支小小的队伍和克勒曼率领的一小队重骑兵在五点左右竟扭转了当天的命运？毋庸讳言，是克勒曼霎时间的心血来潮才转败为胜，赢得了马伦哥之战。

德赛率领的那个师离开圣朱里安诺村之后不到两小时，我就看见了那支从早上以来一直使我焦躁不安的军队凯旋，真是又惊又喜。命运之神从未在这么短的时间内以如此截然相反的两个面貌出现过。两点钟，是败仗及其一切灾难性后果的悲惨景象；到了五点钟，胜利又归于阿尔科拉的旗帜了。一战就重占了意大利，法兰西的皇冠显现在远景里了。

这次可纪念的战役，后果是无可估量的，成了许多著作家的主题。波拿巴先后三次讲到此战，但是我得说，哪一次也没有《罗维戈公爵回忆录》中发表的记载真实。公爵当时是德赛的侍从武官，他对克勒曼在这一辉煌事件中的作用叙述如下：

"帝国政府倒台后，有些伴称克勒曼将军朋友的人竟敢为他争起骑兵冲锋的功劳。那位将领分享的荣耀已够满足他最乐观的愿望，不能再有这么狂妄的要求了。我更愿意提出下述情况为他开脱：有一天我们谈论那一战时，我提醒他是我把第一执政的命令传给他的，他似乎没有忘记那一事实。我绝不是怀疑他的朋友想贬低波拿巴将军或者德赛将军的荣耀，他们同我一样知道，这两位将军威名赫赫，这样的贬低丝毫影响不了他们。对计划战役的首脑当之无愧的赞颂表示反对，或者试图剥夺克勒曼将军在胜利中所享的光荣份额，都是徒劳的。"我对这段话还要略志数语于后。

"德赛将军从自己的阵地上瞧不见克勒曼将军，他甚至要我请求第一执政派骑兵增援他。克勒曼将军从自己驻扎的地点也望不到德赛将军的那个师,他甚至可能还不知道后者的到来,因为他是两天前才与方面军会合的。两人都不知道对方的位置,只有第一执政才知道,只有他才能协调他们的行动,只有他才能使他们各自的努力贡献给同一目标。

"这一战的命运决定于克勒曼的勇敢冲锋,然而冲锋要是在德赛将军发起进攻之前,很可能得到完全不同的结果。克勒曼似乎认识到这一点,因为他听任奥军队伍越过我军战地,将其前部伸过我军仍然据守的阵线前沿而毫不阻拦其推进。克勒曼没有早冲锋的原因是,这一行动至关重要,万一失败,后果是无可挽回的。因此这次冲锋只能纳入全盘计划之中,而对此他并不熟悉。"

傍晚七时我同第一执政回到司令部时,他对德赛的阵亡表示了最深切的悲痛。他说:"小克勒曼来了一次出色的冲锋——他冲得正是时候——我们全亏了他。看,这些枝节竟决定了大局。"

这几句话表明,波拿巴是充分估计到克勒曼的功劳的。然而当那位将军来到第一执政同一群将官以及其他军官就座的桌旁时,波拿巴冷淡地对他说:"你做了一次相当出色的冲锋。"然后,他似乎为衬托这番冷淡,转而向统率卫队掷弹骑兵的贝西埃尔大声说:"贝西埃尔,卫队真是无限荣光了。"的确,卫队没有加入克勒曼的冲锋,他所能集合的重骑兵超不过五百人。就是这一小支勇士队伍把刚刚摧毁了德赛师的奥军切成两段,俘获了六千人。卫队在马伦哥到夜晚才冲锋。

据传,第二天受到冷漠恭维的克勒曼第一次怀着不满情绪向拿破仑说:"我已把皇冠加到您的头上。"我不曾听到此话,因此不敢断言他是否这样说过。这事我只能到第一执政那里去核实,而我,当然不能对他提起定会使他不快的事。但是我可以说,不论是真是假,这话流传甚广,波拿巴也知道,因此他没有给克勒曼任何恩惠,没有委派克勒曼当一个战地师长以酬劳其崇高功绩。

对德赛之死有各种不同的说法,公告上对他的赞颂不待说全是虚妄之词。他并不像我不得不按第一执政的口述写下的那样,是死在他侍从武官勒白伦的怀抱里,他也没有说过我以同样态度录下的那篇漂亮言辞。下文才是事实,或者至少是更为可能的情况:他被那颗致命的子弹击中时,并没人发现。他一声没出,倒在离勒弗芙尔·代奴特不远的地方。巴洛阿指挥的第九轻骑兵旅的一个营长看他挺在地上,获准去解他的大氅,发现大氅背面被击穿了。这种情况引起了怀疑,德赛究竟是身先士卒,由于己方士兵动作失误而死的,还是转身鼓舞士兵时被敌人击毙的?不论怎样,使他死亡的战斗非常短促,刹那间一片混乱,而命运的转变又那么突然,在混乱中他阵亡的情况无从确知是不足为奇的。

次日清晨,列支敦士登亲王从梅拉斯将军处来同第一执政展开谈判。那位将军提出的条件波拿巴认为不合适,他对亲王说,围困在亚历山大里亚的军队可以不失陆军荣誉地开出,但须在众所周知的条件下,即整个意大利完全复归法国统治。那一天歇勒的大错得到补救,他是个最无能的人,他的蠢笨使一切陷于瘫痪,他屡战屡败,从亚得里亚海一直逃到切尼山。列支敦士登亲王请求回到将军那里复命,他于傍晚回来,对条件的苛刻发表了许多意见。"殿下,"第一执政带着明显的不快答道,"把我的最后决定带给您的将军,快些回转,条件已无可更改。您知道,我对你们的处境同你们自己一样清楚。我并非昨天才开始打仗。你们被围困在亚历山大里亚;你们的伤病员充斥,又缺乏粮食和医药。我占领了你们的后方。你们军队的精锐部分非死即伤。我满可以提出更多的要求,我的地位允许我这样做,但是我敬重你们将军,为尊敬他的花白头发而降低了我的要求。"这番答话说得非常高尚而有力。亲王无话可说。我陪他出来时他对我说:"这些条款非常苛刻,特别是交出围攻了许久的热那亚,它是半个月前才向我军投降的。"奥地利皇帝在得悉热那亚投降的同时又听说将其归还。这种情况使得这一条显得更加严厉了。

第一执政回到米兰后,任用萨瓦里和拉普为侍从武官,两人曾任德赛的侍从武官,他们称德赛为父。第一执政本不愿添此二人,理由是他的侍从武官已够。但是他尊重德赛这个名字和德赛选中的这两名青年军人,加上我从旁劝说,很快答应了。两人侍奉他直到政治生活的最后一刻,其热心和忠诚是赞美不尽的。

下文为拿破仑本人对马伦哥之战的讲述,是他在圣赫勒拿岛向古戈将军口授的:

"11日之战中,从埃及归来,已在土伦经过避疫隔离的德赛,带了他的两名侍从武官拉普和萨瓦里,来到蒙特贝洛的司令部。

"德赛急于大显身手。他渴望报复他在里窝那受到的凯特海军司令的虐待,这事他一直存在心里。第一执政立即派他任布台那个师的师长。

"梅拉斯的司令部在亚历山大里亚:他的全军已聚集在那里两天了。他处境危殆，因为他已丢失了他的战线。他在琢磨下一步怎么办上耽搁得越久，他的处境越是糟糕。因为一面有絮歇的部队向他背后挺进，另一面第一执政的军队在斯特拉代拉阵地上的堡垒和壕堑一天天增加。

"12日下午，第一执政对梅拉斯将军没有动静感到奇怪和不安，开始担心奥军已向热那亚或者特西诺河运动，不然便是开向絮歇，想粉碎他以后再回师对付第一执政。第一执政决意离开斯特拉代拉，以加强的侦察队的形式向斯克里维亚河挺进，以便能针对敌军采取的路线行动。傍晚法军进占斯克里维亚河上的一处阵地，包围了托尔托纳，司令部驻在伏格拉。在这次行动中没有得到敌军的情报，只发现少数骑兵侦察员，这并不说明一支军队已来到马伦哥平原。第一执政不再怀疑奥军已经避开了他。

"13日拂晓，他渡过斯克里维亚河，开向广阔马伦哥平原中央的圣朱里安诺村。轻骑兵没有发现敌军。无疑，梅拉斯正以全速行军，因为如果他认为等候法军合适，他不至于忽视马伦哥平原这个有利于展开他大量骑兵的优良战场：看来敌军很可能正向日内瓦进发。

"根据这种想法，第一执政派德赛的部队为先锋，火速开往左翼末端，命令他们监视从诺维到亚历山大里亚的大路。他又命令维克多师进入马伦哥村，并派出侦察组到博米达河上察看敌人是否在河上架了桥。维克多来到马伦哥，在那里发现奥军后卫三四千人，他进攻并击溃了他们，占领了该村。他的侦察兵于薄暮来到博米达河，他们报告说敌人在河上没桥，亚历山大里亚只有一支平常的守军。他们没有提供梅拉斯军队的消息。

"拉纳所部在马伦哥之后宿营，向右翼列成一斜线。

"第一执政深感不安。夜间他决定回到他前一天的司令部，以便听取蒙塞将军、拉波普将军，以及派往热那亚的间谍的情报，那些间谍原是要到司令部会合的。谁知斯克里维亚河水泛滥溢出两岸。这条小河几小时之间就涨高了许多，但很快便可回复平常状态。这种情况促使第一执政决定把他的司令部设在托尔托纳和亚历山大里亚之间的托莱·迪·加利福罗，并在这里宿夜。

"这时，蒙特贝洛战役之后的亚历山大里亚陷于最可怕的混乱状态。奥地利参议会为最不祥的预兆焦躁不已；他们眼看奥军同其作战线和军火库隔绝，陷于第一执政和絮歇将军的部队之间。絮歇的前哨已经越过山岭，开始从后方袭击奥军右翼，使他们心中茫然不知所措。

"几经踌躇之后，11日，梅拉斯决心派一支强大的分队对付絮歇，其余的奥军继续以博米达河和亚历山大里亚城作为掩护。但在11日和12日的战斗中，梅拉斯听说第一执政向斯克里维亚河移动。12日召回了那支分队，13日一整天和夜间他都在考虑对策。经过尖锐激烈的讨论之后，梅拉斯的幕僚宣称，他不知道有后备军存在，帝国参议会的命令和指示只提到马塞纳军。因此他们处于不幸境地应该归咎于内阁而非梅拉斯将军。在这种意想不到的处境中，就要看勇敢的军人的努力了。因而号召他们突破第一执政的军队，重开与维也纳的交通，如果成功就万事大吉，因为他们成了热那亚的主人，可以立即回师尼斯，执行在维也纳制订的行动计划。最后，万一不成而被打败，他们的处境无疑是可怕的，但是全部责任应归于内阁。

"这些推理平息了一切不同的意见，最后形成一个呼声：武装起来！武装起来！人人都开始为次日的战斗做准备。

"人数众多的奥地利军队完全有机会获胜。奥方的骑兵至少是法军的三倍。法军的实力不甚清楚。虽然奥军在蒙特贝洛之战中受到损失，退却之后在热邦亚和尼斯附近又遭受损失，但还是比后备军多得多。

"14日拂晓，奥军成单行开过博米达河上的三座桥猛攻马伦哥村。顽强的抵抗持续了许久。第一执政从激烈的炮声中发现奥军已开始进攻，便立即发出命令，要半日前已向左方进发的德赛将军率部回圣朱里安诺村。第一执政于上午十时来到圣朱里安诺和马伦哥之间的战地。敌军到底攻下了马伦哥村，维克多师在顽强抵抗之后被迫退出，陷入极度混乱。左方平原上布满了我方的散兵，他们在所到之处散布惊慌情绪，许多人甚至恐慌地呼喊：一切全失败了。

"拉纳将军的部队在马伦哥右侧不远处同敌军交战。敌军攻占该村之后，向左展开，在我军右翼的对面摆开战线，且已超出我右翼。第一执政当即派他的骑兵卫队营占领右边距拉纳约五百托以斯的一处优良阵地以遏止敌军。卫队营包括八百名掷弹兵，是全军最精锐的部队。拿破仑亲自率领第七十二旅半个旅赶去支持拉纳，并指挥卡拉·圣西尔的后备师开向极右翼的卡斯代耳——赛里奥洛，以迂回于敌军的整个左翼。

"这时，全军战士在广大的平原中央发现了第一执政，他的周围是参谋人员和两百名头戴皮帽的掷弹骑兵。这一景象已足够唤起部队胜利的期望，他们恢复了信心，散兵又集合到拉纳将军左后侧的圣朱里安诺村。拉纳虽然受到大部敌兵的攻击，仍以可美的秩序和冷静从广阔平原的中央实行退却。这支军队三个小时便退过了四分之三里格，这段路程完全暴露在八十门大炮的葡萄弹下。与此同时，卡拉·圣西尔以反向运动向右翼末端挺进，迂回于敌军左翼。

"德赛的部队于下午三时左右赶到。第一执政命他占据圣朱里安诺村前路上的一处阵地。以为胜利已成定局的梅拉斯疲惫不堪，退过各座桥梁进入亚历山大里亚，留下他的参谋长察赫将军负责追击法军。察赫认为法军是沿着从托尔托纳来的大路进行退却，便试图从圣朱里安诺村后进抵这条大路。不料第一执政在刚开始行动之始就改变了他的退却路线，即经过沙拉和托尔托纳之间，因此，从托尔托纳来的大路对于法军便无关紧要了。

"拉纳的部队在退却中一直收缩左翼，以便把路线指向新的退却点。正当察赫将军设想这两支军队已交叉时，右翼末端的卡拉·圣西尔几乎就在退却线上。

"维克多师这时已集结起来，迫不及待地要重新开始交锋。全军所有的骑兵都集中在圣朱里安诺村前，在德赛军右方，在拉纳将军的左后方。弹丸弹壳落到圣朱里安诺村，村左已被察赫的六千名掷弹兵攻占。第一执政传令给德赛将军，要他率领生力军歼击这部分敌军。德赛立即准备执行这项命令，可是当他率领第九轻骑兵的半个旅两百名骑兵前进时，被一颗子弹击中心房，在刚发出冲锋令的瞬间倒毙。这一击夺去了第一执政认为最适合担任自己副官的人。

"这件不幸事并未妨碍军事行动，布台将军用立即为这位深受爱戴的官长报仇的一致迫切愿望，很快把士兵鼓动起来，这种情绪也激荡在他自己的心胸。第九轻骑兵的半个旅这时也确实不愧'无敌'这一称号，荣立了大功。与此同时，克勒曼将军率领八百名重骑兵无畏地向敌军左翼中央冲去。不到半小时那六千名掷弹兵已被击溃、打垮、驱散并且落荒而逃。察赫将军和他的全部随从人员都做了俘虏。

"拉纳将军立即向前冲锋。在我军右翼同敌军左翼较量的卡拉·圣西尔距博米达河上的桥梁要比敌军近得多。刹那间奥军陷入最可怕的纷乱。遍布战地的八千至一万名骑兵生怕圣西尔的步兵会比他们先到桥头，以全速奔驰后撤，撞翻途上的一切。维克多师赶忙以全力重占在马伦哥村原先的战地。敌军处于最可怕的混乱无序状态。人人只顾逃命。博米达河上各桥头的拥挤倾轧和混乱已到极点，大批散兵不得不挤成一团。入夜，所有留在左岸的人全都落到共和国手中。

"奥地利军队的溃不成军和绝望状态真是难以描述。一面有博米达河对岸的法军指望在拂晓渡河;另一面,他们的右后方又有絮歇将军的部队。

"他们可从哪条路退却呢?向后他们会被驱向阿尔卑斯山和法国边境。他们本可以在交战前开赴右边的热那亚,但是既已败北,获胜的军队紧追在后,就没有希望前去了。在此绝境中,梅拉斯将军决定利用博米达河为屏障并倚靠亚历山大里亚城堡的保护,让部队在整个夜间集结和休息;以后视需要重渡塔那罗河,保住那个阵地,无论如何也要争取到谈判,以投降来挽救他的军队。"

第十五章　挫败阴谋

马伦哥之战决定了意大利的命运——奥地利军一败涂地，总司令无力伺机再同打胜的敌军一决胜负，便于次日提出议和。

梅拉斯提出放弃热那亚和皮蒙特、伦巴第以及教皇领地的一切强固地点——只要波拿巴让他把剩下的军队平安地开到曼图亚后方。拿破仑接受了这项建议，马上实行休战。他一战就几乎收复了法国人在失利的1799年意大利战役中失去的全部领土。无论如何，他的功勋已足够给他的名字增添无比的光辉，并且表明，在他的指挥下，法国军队仍不失为一支英勇善战的军队。他以梅拉斯将军的提议收场还有别的动机。他知道英国军队已在开赴热那亚的海程上，万分紧要的是，要在他们到达目的地以前重占该港。

这项协定一签字，波拿巴就在托莱·迪·加利福罗向我口授了给他同事的下述函件：

> 执政公民，马伦哥战役的次日，梅拉斯将军带讯给我军前哨，请求准许他派斯卡耳将军来我处。当天草拟协定，副本附上，夜间由贝尔蒂埃将军和梅拉斯将军签字。我希望法国人民对他们军队的作为感到满意。
>
> 　　　　　　　　　　　　　　　　　　　　　　　　　波拿巴

此函中唯一值得注意的是末尾一句。这句话表明第一执政仍然装作承认人民的主权，即使没有故意明显地插进去"执政公民"字样。战斗已取胜，哪怕在这样一件琐事上也要另外两名执政感到他们不是第一执政的同僚而是他的下属。

我们于 6 月 17 日回到米兰。再次占领此城后，第一执政不论在何处出现，欢呼喝彩声都不绝于耳。第一执政在米兰见到了马塞纳，这是我们远征埃及以来第一次相见。波拿巴极口赞誉他出色的热那亚保卫战，这也是他当之无愧的。波拿巴命他接替自己任意大利方面军司令。莫罗正在莱因河方面，因此只有苏黎世的攻占者有资格继第一执政任这支军队的司令。第一下已经打出了，然而还可能发生紧急情况，需要一位精明有经验而且熟悉当地情况的将领坐镇。何况在确知当时完全受伦敦内阁影响的维也纳内阁会遵守何种条件之前，我们不能完全放心。

第一执政靠马伦哥之战的胜利巩固了他的权力，在米兰稍留数日处置意大利事务，然后首途回返巴黎。我们取道都灵，行经该城时，第一执政花数小时巡视了城堡，它是随亚历山大里亚的投降而出降的。翻越切尼山时我们遇到了克勒曼夫人的马车，她是前去与她丈夫相见的。第一执政认出那位夫人时，命令马车停下来，为她丈夫在马伦哥的英勇行为向她致贺。

我无须细说波拿巴一路上遇到欢呼和敬慕的情景了，因为每当他踏上旅途无不如此。我们到达里昂时，下榻塞勒斯坦旅社，人群欢声震天，万众麇集，都想一见第一执政，波拿巴不得不在阳台上出现一下。第二天他在里昂人的欢呼声中，去为新的拜耳古广场奠定基石，雅各宾党人在革命狂热中毁掉了大广场，新广场是在其废墟上建立的。

我们于傍晚离开里昂，经由第戎继续我们的旅程。第戎市民的欢腾达到了狂热的程度。我难得看到如此吸引人的场面：一群特别美貌优雅的少女，头戴花冠，伴随波拿巴的马车，令人回忆起希腊和罗马共和时代的一切，并想起围绕奥林匹克竞技会优胜者舞咏的少女的合唱。

波拿巴旅行时谈锋甚健，可是他的谈话并非时时都同样有趣。我们行经勃艮第时他对我说："再来几次这样的胜仗，我也许可以留名给后世子孙了。""我想，"我答道，"您的成就已足够使您享有长久的声名了。""成就已够！"他说，"你可真行——不错，我在不到两年内攻占了开罗、巴黎和米兰。那么，我亲爱的伙伴，我如果明天死去，千载之后我也许能在通史上占半页篇幅。"他说得对——读史几小时，眼底已溜过许多时代，一人在位的时间或其一生仅仅是刹那间的事。

我们于七月二日抵达杜伊勒里宫，在离开不两个月的时间里，完成了怎样的奇迹!

"巴黎人的热情迸发超过了一切有记载的凯旋典礼。夜复一夜家家灯火辉煌,一天又一天民众成群地挤在杜伊勒里宫周围,只要能看一眼法兰西的保护者便感到满足。

"欢乐之情格外奔放,因为接到捷报的人们本来是准备接获别种消息的。6月14日中午时分,法军被逐出马伦哥,显然是遭到全面惨败之时,有个行商离开战地,匆忙踏过旅途来到巴黎,宣称波拿巴已被梅拉斯彻底击败。据说那些对第一执政心怀恶意的人立即行动,密谋把他逐出政府,而把主要权力授给卡尔诺。毫无疑义,拿破仑离开期间,有人策划了不少敌对的阴谋,而他在巴黎接受那样喧嚣而铺张的凯旋欢迎之际,不免疾首蹙额;也不会有人否认,从这时起,他对卡尔诺已怀有嫉意和反感。

"这时,这场大战的消息激起了莱因方面军的好胜心,他们急切地渴望建立可与马伦哥之役同时载入史册的功勋。但是第一执政答应梅拉斯停战的精神也沿用于德国前线各军,因此,莫罗没能及时利用他部队的高昂士气。然而随后的谈判却未能成功。奥皇既已接受了英国的津贴,便很难反对英国的抗议,抗议批准任何不包括英国在内的和议。可以自然而然地设想,心高气傲的奥地利内阁不到英国政府坚决认为绝对必要时,决不肯在一项屈辱的和约上用玺的。这时恰又传来了马耳他向基斯勋爵和拉耳夫·爱伯克隆比爵士率领的一支英国远征军投降的消息①,这一及时的好运给反法联盟注入了生气。总之,缺乏诚意加上猜疑使谈判一天天地拖延下来,已注定非流更多的血不可。

"在这次从6月15日到11月10日的休战期间,流亡在外的波旁王室诸王公,又几次竭力诱使第一执政成为法国的蒙克而未获结果。阿图瓦伯爵使用了一种巧妙的谈判方法。他派了一位非常美貌而迷人的贵妇基歇公爵夫人去巴黎。她毫不费事地结交上约瑟芬,一时成为执政座上光彩夺目的尤物。但是一旦拿破仑发觉了这位美人的目的,就勒令她在数小时内离开巴黎。然而这类阴谋无法不外泄,而在这个时代保王派的希望无疑是处在高昂的激奋状态中。"

这个时期写给第一执政的大量信函几乎是难以想象的。这些来信往往古怪得出奇,我保存了很大一批,其中有一封是逃往泽西的移民杜洛塞·布曼诺阿

---

① 在1800年9月5日。

的来函，说的是有关波拿巴家的一些趣事。下署日期为1800年7月12日，泽西。信中最奇怪的几段为：

将军，我唯愿能够不嫌冒昧地提请您注意一事，这事我窃自以为您当可忆及，因为您既然曾在阿雅克修居住十八九年，或不至于完全忘记。但是您或许会感到惊异，这样的小事竟成为我荣幸地上书于您的主旨。将军，您必不至于忘却，当您先君被迫从奥顿中学领出您弟兄，又从奥顿前去布里恩探望您时，手头无钱，向我告贷二十五路易，我愉快地借给了他。他回来后，没有机会偿还我，当我离开阿雅克修时令堂提出以若干餐具抵债，我谢绝了，告她等到她方便时再还我也无妨。我相信直到革命爆发前她也无力了却还债的心愿。

将军，我为此区区小事烦扰您深感歉意。可是我的境遇十分悲惨，这一点点钱在我也非同小可。我被驱逐出国，不得不避难此岛，此间百物昂贵，上述小事本不值一提，现在对我却大有用处了。

将军，我行年八十有六，曾不间断地为祖国服务六十年之久，落得被迫避难此间，依靠英国政府补贴法国逃亡分子的微薄款项为生。我说逃亡分子，因为我是迫不得已违反您的意愿而成为其中之一的。

我把此信念给第一执政听，他当即说道："布里昂，多么神圣啊！一分钟也别耽误，快以十倍之数汇给那老人，并写信告诉杜洛塞将军，他的名字立即从逃亡分子名册上勾销。这帮积习已深的盗贼犯下多少罪孽！我永远也还不清。"波拿巴说这几句话时的伤感情绪是我绝少见过的。晚上他问我命令可曾执行，其实我早已及时办完了。

我已多次利用我的特权随意改变话题，现在根据我脑际涌现的关于往事的回忆，在插叙一些称作家务事也并无不妥的细节，然后叙述一件阴谋案，而阴谋的对象还是这个阴谋的庇护人。

第一执政冬季总是住在杜伊勒里宫，有时夏季也住些日子，宫中的大客厅位于他的办公室和他约见宾客的会客室之间。他在这间会客室中需要什么东西或想同谁谈话时，就拉一拉铃，应声的是一个名叫兰道阿的心腹仆人，他是第一执政办公室的传令兵。波拿巴拉铃时多半是要问我某种文件、某个姓名、某个日期或者诸如此类的事。于是兰道阿就得应声走过客厅和办公室，然后回转来通知我要我去。这样来回奔跑使波拿巴感到不耐烦，他什么都没跟我说就下令把铃移了地方，让铃在我办公室里作响，而且就在我办公桌上。第二天早上我进入办公室时，看到有人在梯子上。"你在上面干什么？"我问道。"我在装铃，先生。"我叫来兰道阿，问他是谁的命令。"是第一执政的命令。"他答道。我立即命令那人下来，把梯子搬走，他照办了。我照例去见第一执政并为他读报时，我说："将军，今天早上我看到有个人在您的办公室里装铃。他说是奉您的命令，可我确信一定是搞错了，就把他打发走了。那铃肯定不是给您装的，我想大概也不是给我装的，那么是给谁装的呢？""这个兰道阿真蠢！"波拿巴说，"昨天康巴塞雷斯在我这里时，我要找你。拉了铃没见兰道阿来。我以为铃坏了，吩咐他修理。我想你看到的就是装铃工人在修理，你知道，线路要经过办公室。"我对这番说明感到满意，不过并没有受骗。他为保住面子责备了兰道阿，但后者只不过是奉命行事而已。他只消念及我和他童年时代起已是朋友，如今又同他亲密无间地住在一块，享有充分信任，就不该认为我能忍受那样的待遇。

在我说到契拉基、阿雷纳、托比诺—勒布伦以及其他几个人的阴谋之前，必须先提一下拿破仑在圣赫勒拿岛说的一段话。他说，或据传，他这样说过："对我最危险的两次谋害是雕塑家契拉基和肖恩布鲁恩宫里的那个狂热分子策划的。"我那时不在肖恩布鲁恩宫，但我确信波拿巴正处于迫在眉睫的危险境地。我听确实可靠的人士说，斯达普斯从爱尔福特出发，意在谋害皇帝，但是他缺乏执行这项密谋的勇气。他配备了一把大匕首，有两次接近拿破仑，近到足以击中他。这是我听拉普讲的，他抓住了斯达普斯，从他上衣里搜出了匕首。那一次波拿巴得以保住性命，完全是由于那个自命不凡青年的迟疑不决，后者想要为自己的狂乱愤怒而牺牲。同样真实的是，有一个比斯达普斯更危险的狂热分子也企图谋害拿破仑，这一次，《圣赫勒拿岛回忆录》的作者①却绝口不提。

在此期间，试图刺杀第一执政的事件屡屡发生，下文是对契拉基谋刺事件的正确记述。

阴谋本身只是个阴影。但是我认为叙述一下其主要情节，至少在表面上对

---

① 即拿破仑。

第一执政遇到的危险加以夸张还是可以的。

那时在巴黎有个闲居的家伙名叫哈勒耳。他当过营长，可是被撤职了，因此心怀不满。他联络了契拉基、阿雷纳、托比诺—勒布伦和德默维衣。这几个人出于各自的动机全都切齿仇视第一执政，而第一执政也没有把契拉基和阿雷纳当作朋友，但不认识其余两人。这四人伙同哈勒耳制订了刺杀第一执政的计划，并把干这个勾当的时间定在波拿巴去看歌剧的晚上。

1800年9月20日，哈勒耳到杜伊勒里宫来找我。他向我揭露了他所参与的阴谋，还许诺只要我供给他经费使阴谋趋于成熟，就能在他们采取行动时逮捕他的同谋。我对他的告密不知怎么办，若要回绝可就承担太大的责任了。我当即把此事报告给第一执政，他命令我给哈勒耳一笔钱。

第一执政定于10月10日前去观看歌剧。那天国务会议散会后，另外两名执政会聚在第一执政办公室里。波拿巴当我的面问他们是否认为他应去看歌剧。他们指出，既已采取了一切预防措施，就毫无理由害怕任何危险，应该表明，所有谋害他性命的企图都是徒劳的。晚餐后波拿巴在他的绿色军服外面穿上一件大外套，同迪罗克和我一齐跨进马车。他坐在自己包厢的前列，他的包厢位于左边入口分隔前包厢和侧包厢的两个廊柱之间。还不到半小时，第一执政只留下迪罗克在身旁，要我去看看回廊里发生了什么事。我刚离开包厢就听到很大的吵闹声，随即得到报告说，有一大批人已被捕，他们的姓名我不知道。我赶紧去告知第一执政，我们便立即返回杜伊勒里宫。哈勒耳的姓名重又列入陆军名册，被任命为文森猎兵司令官。他是在当甘公爵谋刺案发生时就任此职的。我后来听说，他妻子是那个不幸王孙的干姐妹。当甘入狱时她知道，几小时后那监狱就成了他的坟墓。唉！每当我提起当甘公爵就不能不考虑，关于那件断送他性命的悲惨横祸，要是把知道的全部讲出来，我会付出怎样的代价——但是总有一天我要讲出来，我是为那些受到不应有诽谤的人申诉。

至于说契拉基和阿雷纳的阴谋，毫无疑义，那帮阴谋分子意在要第一执政的命，他们用尽一切手段来完成他们恶毒的计划。然而，要说既有哈勒耳告发知道了这个阴谋，不让其成熟就破获也很容易，那是欠公平的。这是我当时的见解，现在我依然这样看。

虽然从契拉基和阿雷纳的阴谋案到雪月3日骇人的谋刺事件只相差三个月，我不能把这两件事分开，不过，这两件事只有思想目标是一致的。前一批阴谋分子属于革命派。而后者，我不得不伤心地承认，是保王派，这些人为了谋害第一执政，不惜牺牲好多公民的性命。为此，自尊的作者不论多么希望保王派好，这一行动也无非是为了保王派的利益，也不能不斥之为世上最恶毒的罪行之一。

　　警察对雪月3日的阴谋毫无所知，原因有二。首先，他们不是同伙，其次，阴谋分子目的坚定，没有彼此背叛和出卖。在这种情况下，只有两个原因才能使他们招供，这两个原因一个是可以原谅的，即害怕刑罚，另一个是可耻的，即指望受赏。但是这两个原因都没能影响雪月3日的阴谋分子，是他们发明并创造了那用来破坏与暗杀的名副其实的爆炸装置。雪月3日，海顿的大型圣乐《创世》在歌剧院首次演奏，第一执政早就表示过他要到场。那天我没有同他共进晚餐，可是他走时对我说："布里昂，你知道今晚我要去歌剧院，你也可以去，但是我不能带你同车去，因为拉纳、贝尔蒂埃和洛里斯顿要陪同我去。"我听了很高兴，因为我极想听听德国乐派的这一巨制。我到歌剧院比波拿巴早，他进入后按习惯在包厢前列就座。全场听众都凝视他，他显得异常镇静沉着。洛里斯顿一看见我就来到我的包厢告诉我，第一执政来歌剧院途中在圣尼凯大街险些遇刺，一桶炸药爆炸，震碎了他的马车窗。"我们脱险不到十秒钟，"洛里斯顿补充说，"马车夫绕过圣奥诺莱大街的转角后，停下来等候第一执政的命令，他冷静地说，'去歌剧院。'"

　　听到此事后，估计到很快就会有人找我，我便立即离开剧院返回杜伊勒里宫。不久波拿巴也回来了，因为这一消息已传遍巴黎，楼下的大客厅里早挤满了大小官员，都急切地想从他们首脑的眼色里判断出此时此刻他们该想些什么和说些什么。他没让他们疑惑许久。他激愤地嚷道："这是雅各宾党人干的事，他们竟想要我的命！这里没有贵族、教士、朱安党人的事——我自己知道该怎么办，他们别想算计我。这些人是九月党人，他们公开反叛还策划阴谋，一致反对历届政府。契拉基、阿雷纳、托比诺—勒布伦和德默维衣谋刺我还不到三个月。他们全是一丘之貉！九月的凶手、凡尔赛的刺客、5月31日的盗匪、牧月的阴谋分子，是对现政府犯下的一切罪行的祸根。他们要是不知收敛，就要被消灭！法国必须肃清这批暴徒！"波拿巴说这些话时的痛切之情是难以想象的。有几名国务会议成员，特别是富歇，试图向他指出，在掌握任何人的罪证、宣告人们有罪以前，最好核实事实。但是没有作用，波拿巴的怒气有增无减，把指控雅各宾党人的话又重复了一遍。于是在他们早该作答的长长罪行单上，可疑地又添上了一条罪行。

"爆炸事件的真相公众从未知悉。警方已报知拿破仑有人企图刺杀他，警告他不要外出。第一执政在他的小房间里书写的时候，波拿巴夫人、博阿尔内小姐、缪拉夫人、拉纳、贝西埃尔、值班的侍从武官、勒布伦中尉（即现在的普拉生查公爵），全都聚集在客厅里。那天晚上要演奏海顿的圣乐，夫人小姐极想去听听，我们也表示了同样的愿望。护卫人员已奉命出外，拉纳请求拿破仑也和大家同去。他同意了。他的马车已经备好，他带了贝西埃尔和值班侍从武官。我奉命陪同女眷。约瑟芬曾收到君士坦丁堡一块华丽的头巾，那天晚上她第一次使用。'请允许我指出，夫人，'我说，'您这条头巾的戴法不如往常漂亮。'她兴致盎然地央求我给她折成埃及贵妇人的样式。我折叠时，我们听到拿破仑出发了。'走吧，姐姐，波拿巴已经去了。'缪拉夫人说，她急于去歌剧院。我们跨进马车时，第一执政的马车已经到达卡洛塞广场的中央。我们跟在后面，但是还没进入广场炸弹就爆炸了。拿破仑脱险于千钧一发之际。他的法国籍仆人圣里根早已派驻在圣尼凯大街中，化装为水运夫，一名护卫掷弹兵信以为真，用马刀背打了他几下，把他赶走。马车转了弯，炸弹在拿破仑和约瑟芬的马车之间爆炸了。女眷们闻声惊叫起来，车窗震碎了。博阿尔内小姐手上受了点轻伤。我下车跨过圣尼凯大街，路上倒下的人尸身横陈，还有爆炸震倒的墙垣的碎块。执政和他的随行人员谁也没有受到严重伤害。我进入剧院时拿破仑坐在他的包厢里，安详而平静，用他的观剧镜观看听众。富歇在他身旁。他一见到我就说：'约瑟芬，'她恰好进来，他便没问下去。'那些恶棍，'他非常冷静地说，'竟想炸死我。拿圣乐说明书给我。'"[①] 阴谋的残酷激起了普遍的恐怖和愤慨，使人对第一执政其人产生了一种新的兴趣。那些刺客受到公正的审判并予处决，他们因自己的罪恶而声名大噪。在大家心里还在狂喜之际，参议院公布一项法令，判处一百三十名罪大恶极的恐怖分子首领永远放逐，又受到大家的欢呼。可是拿破仑本人根本没有把那个令人厌恶的帮派残余当回事，上述专断的法令也从未付诸实施。

不过第一执政却及时地利用了公众的情绪，这种做法更合乎他的谨慎和远见。此时他向各立法机构建议设立一个新的称作"特别委员会"的法庭，包括

[①] 本段是伴送波拿巴夫人去歌剧院的拉普叙述的爆炸事件详情。他同布里昂在警察完全不知情一点上有所不同。

八名法官，不设陪审团，也不得复审或上诉。由于他们的面子，这项建议以微弱多数通过了。这个法庭设立后，第一执政实际上就可以凭一己高兴随意处置所有那些政治嫌疑分子。不久，又一项法律公布，规定元首有权在必要时把不忠诚人士作为"国家的敌人"驱逐出巴黎或法国，任何法庭无权干预。这就使他的专制权力更加趋于全面（如果说至今还不完全的话），被富歇管理得像可怕的机器一样的警察组织，成了把他的意图付诸执行的最有效的工具。

一批被判处流放的雅各宾党人的名单开列出来了。我有幸从中勾掉了几个人的名字，他们的见解也许偏激了些，但是他们所受的教育和个人品德都是值得推崇的。我不说读者也会知道他们是谁。我只想提出提索先生，目的不是为了记录下我对他效劳，而是记录下一件可以致谢的事例。

1815年拿破仑正要进入巴黎之际，提索先生来到我当时所在的警察公署，向我提出以他家作为安全避难所，并担保在那里不致有被查获的危险。我虽未接受他的建议，还愿意在此称道此事。看到政治见解不同并非总是与宽厚和荣誉感相排斥还是令人满意的。我永远不会忘记《论维吉尔》的作者念出 Domus mea[①] 这两个词时的神情。

还是回到那张黑名单吧。写到这里，甚至想起那些完全无辜的人，连一丝证据都没有便被控犯有反叛罪行，就不寒而栗。一个人的名字、见解，也许仅仅是假设的，就足够成为放逐他的理由。1801年1月4日执政颁布的一项法令，经次日的参议院法令确认，把一百三十人置于特别督察之下逐出共和国领土，其中两人仅仅是因为自己九月党人的身份。

由于在报道中和政府法令中都极不公允地指控这些流放者为爆炸案的主谋人，他们在南特受到群情愤激的对待，以至军队不得不出来干预，才使他们免遭杀害。

这种行为之不合法是再明显没有的，因此执政府法令中没有提到对很引人注目的雪月3日事件的处置，仅仅宣称，前一天采取的措施目的在于保护宪法。这才给人以希望。

第一执政对雅各宾党人表现了切齿的痛恨。对此是不能责难他的，虽说他没有在雅各宾党人这个头衔下把每一个热心为公众自由辩护的人都包括进去。

---

① 拉丁文：我的家。

他们的反对惹他气恼，他们胆敢非难他的暴虐行为，抗拒他毁灭他自己曾立誓要捍卫然而又不断地力图推翻的自由，对此他永远不能原谅他们。这是他行为的真正动机。他知道自己有许多错误，因此不喜欢那些能看出因而不赞成那些错误的人。所以，他更怕的是他称之为雅各宾党的那些人，而不是保王党人。

我在这里录下了波拿巴的种种过失，可是我原谅他，任何人处于他的地位都会这样干的。现在他很难看清真相，不合心意的话他根本不愿听。他为阿谀奉承的人所包围，能接触他的人大多数绝不说出自己的真正想法而一味重复他本人的想法。因此他钦佩向他进言的人的智慧。这样，富歇为了保持自己受宠信，不得不向他的主子交出从自己最亲密的朋友中挑选出来的一百三十个人作为放逐的对象。

这时，富歇仍然相信，关于雪月3日行刺案的真正指使人他并没有上当，仍以他惯常的机敏发动全部警察力量。然而他的努力有一个时期未见成效，最后到1801年1月31日，星期六，我们抵达马尔梅松后约两小时，富歇谒见，提出了说明，他的准确无误的真实论据。此事已无可怀疑，波拿巴看清了，雪月3日谋刺案是保王党一派人策划的阴谋。但是对混杂在雅各宾党人称号下的那帮人，放逐令既已执行，就不能撤销了。

因此，雪月3日事件的后果是，无辜的和犯罪的都受到了惩罚，不过也有点差别，即犯罪的至少得到了受审的益处。当所谓的雅各宾党人遭到指控时，富歇没有任何确凿的证据证明他们的无辜，因此对他们的非法判决不能归咎于他。他头脑里犯罪的负担已经够重了，不必再给他增加莫须有的罪名。我还得说，他若在波拿巴大发雷霆之初就大胆反对其意见，或许可以改变打击的方向。富歇对真相尚未掌握任何线索时，每次来到杜伊勒里宫就总是向我宣称，他确信起先被控的那些人是无辜的。但是他不敢把这个意见告知波拿巴。我时常把富歇的意见告诉波拿巴，可是因为缺乏证据，他得意扬扬地回答我："罢了！罢了！富歇总是爱这样。何况这是无关紧要的。无论如何我也要驱逐他们。保王党人中如果发现这种罪行，他们也要受到惩处。"

真正的罪犯最后终于查获了，圣里根和卡朋为抵偿他们的罪行而人头落地。这样，第一执政贯彻了自己的主张，而正义女神也贯彻了她的旨意。

第十六章　霍亨林登战役

马伦哥战役之后实行的休战最初破裂过，后来又恢复了，在莱因方面军、意大利方面军同奥地利帝国军队之间继续遵守了一段时间。但是奥地利受到两百万英镑津贴的贿赂，非把英国包括在内，否则不肯谈判缔和。这同奥国的一贯政策是相符的——奥国在战场上被击败后，总会随时许下一些诺言，可是得到些许利益就赖掉了，这一次奥国得了英国的金钱援助，对于再次重启战端并未断念。

特·圣于连先生已代表奥地利方面在巴黎签署了初步和约，但是被维也纳朝廷否决了。波拿巴派迪罗克把草约送往维也纳供皇帝批准，结果未能通过奥军前哨。这个意外行动是英国大力影响的结果，当然激怒了第一执政，因为他早已表明了他的有节制与和平愿望。

第一执政在恼怒中下令莫罗：除非菲利普斯堡、乌尔姆和音哥耳斯达特诸城投降，使他能重占莱因河与多瑙河上各个桥梁，不然就中止休战，重开战端。于是奥方提出在新基础上谈判，英国表示愿意参加谈判，可是第一执政不同意与这两个联合起来的国家打交道。英国不允许在海上实行像法国和奥地利在陆上实行的那种休战，理由是一旦破裂，法国从海上休战获得的好处要多于奥国从已经实行的陆上休战中获得的好处。必要的交往带来的困难和耽误使上述理由看似有理。第一执政同意接受英国的其他建议，允许英方参加吕内维尔谈判，条件是他同英国签订的条约奥地利不得介入。英国拒绝这样办。波拿巴对这种未定局面和奥国在英国影响下翻脸感到厌倦，又觉得这种状态拖延下去只能变得对自己不利，于是中止休战。他在意大利的各次成功说明他本已同意的许多牺牲已经过分了。仅仅希望立即缔和一点就已忽视了胜利给予他的巨大益处。

英国和奥地利没有对第一执政表现的种种克制表示领情，两国联合起来的傲慢态度看来有增无减。于是他立即下令在德国和意大利恢复进攻，战火又起。

驻意大利的法军渡过了明乔河，国境内的法军渡过了多瑙河。著名的霍亨林登战役使法军前哨推进到距维也纳不足十里格处。这次胜利带来了和平，因为第一执政接受了过去的经验，在奥地利同意单独缔结和约之前不允许休战。奥地利已被逐往最后的壕堑，被迫投降并抛开英国。英国内阁虽已付出两百万英镑也无法阻止这分裂。第一执政对奥国的回避和英国的阴谋感到的不耐烦和愤怒是难以想象的，因为他对复辟波旁王室的计划正在执行并非毫不知情。所以当霍亨林登的胜利把秤盘上的全部分量投到他这边时，他是大喜过望了。1800年12月3日，莫罗在全然不利的情况下赢得了那次著名的战役①，结束了维也纳内阁举棋不定的状态。第一执政于12月6日接到消息，那是个星期日，我递给他报告时，他刚从歌剧院回来。他真是高兴得跳起来了。我还应指出，他并未期望莱因方面军的行动能取得这么重大的成果。这次胜利给和平谈判开了新局面，决定了次年1月1日吕内维尔大会的开幕。

莫罗夫人接获霍亨林登战役的消息后，赶赴杜伊勒里宫拜候第一执政和波拿巴夫人。她没能见到他们，后又数次前来也均未得见。最后一次由母亲雨洛夫人陪伴前来，又白等了许久。离去时，她母亲再也抑制不住自己的情绪，在客厅里当着我和其他家人的面大声说："在霍亨林登战胜的将军之妻不该这样来献殷勤。"这句牢骚传给了她针对的那些人。不久莫罗夫人就到德国同丈夫聚会了。后来雨洛夫人又来到马尔梅松，请求为曾在海军服役的已故长子晋升。约瑟芬殷勤地接待了她，邀请她和陪伴她的莫罗的朋友卡朋奈先生共进晚餐，她接受了。第一执政到晚餐时才见到她，待她颇为冷淡，很少说话，餐后立即退席了。他此时的怠慢非常明显而且失礼，致使约瑟芬觉得她必须致歉，并把他的恼怒说成是由于对某些小事的不满。

波拿巴并非不喜欢莫罗，因为他并不害怕莫罗。霍亨林登战役以后他说起莫罗总是夸奖不已，也并不想掩盖，在那个紧要关头全靠莫罗扭转了局面，但是他受不了莫罗的岳父家，说那是一伙阴谋家。

---

① 霍亨林登战役的前夜，莫罗正同一批军官进晚餐，一份报告递给了他。虽然他决无吹嘘的习惯，读后还是对宾客们说："我从这里得知了克赖男爵的行动。这些行动都合乎我的愿望。明天我们可从他那里俘获一万人。"

鉴于德·布里昂先生没有详述著名的霍亨林登战役，我们从拿破仑本人的《圣赫勒拿岛回忆录》中摘录如下：

"12月1日拂晓，大公在安普芬根高地之前铺开六万人向只有两万五千人的格兰尼埃中将展开正面进攻。他的另一路纵队经过克赖堡桥冲击，向格兰尼埃的后背和右翼的阿巧高地进发。内伊将军在优势敌军面前最初被迫退却，但是又聚集起来反击进攻，击溃八个营，怎奈敌军不断展开其众多兵力，由伊森河谷地杀出，格兰尼埃中将不得不退却。

"奥军的战略调遣非常出色，这初步成功预示了以后还有意义重大的行动。可惜大公不知如何利用这样的情势，没有猛攻格兰尼埃的部队。格兰尼埃的损失只有数百人被俘和丢弃两门大炮。第二天，12月2日，他只有零星行动，使法军有时间集合并从头一天的惊骇中恢复过来。他为这个错误付出巨大的代价，这是次日的惨败的主要原因。

"2日一整天莫罗都用来侦察大公的部队，开始希望有充裕的时间把所有各师联成一气。但是卡尔大公犯下了让这一整天白白度过的重要错误，却没重犯让第二天也白过的错误。他于黎明开始行动，法军将领为实现军队的联合而做的布置未能奏效；无论是勒古布的部队还是圣苏尚的部队都没能参加作战；里什庞斯师和德凯恩师也只能各自为战；3日那天他们全都到得太迟，来不及防卫霍亨林登森林。

"奥军分三路纵队前来。左路军一万人在音河与慕尼黑大路之间向阿比欣根和圣克里斯托弗挺进；中路军四万人整，沿慕耳道夫通慕尼黑的大道经由哈格直趋霍亨林登，炮兵装备、车辆和辎重也走这条唯一可靠的道路；右路军两万五千人整，由拉图尔将军指挥向勃鲁克朗前进。

"各条道路都多处中断，这是十二月份的常事。右路和左路纵队行经几乎无法通行的歧路，大雪纷飞。后随炮兵和辎重的中路军，由于有走大道的优越条件，很快赶到了左右两路军的前面，其先头部队毫无阻拦地插入森林。奉命在阿耳顿波抵御这路军队的里什庞斯尚未到达，可是这支敌军却在霍亨林登村被遏住了，这个村庄是内伊将军左翼的支柱，格鲁希师的驻地。法军阵线以为本身被包围了，一时有些惊慌，几个营被击溃，出现某种混乱状态。内伊将军赶上来，一次猛烈的冲锋使得奥军先头部队的掷弹兵死的死，伤的伤。斯邦诺奇将军被俘。这时右路奥军前锋从勃鲁克朗高地冲击。内伊不得不驰往他的左翼去同奥军交锋。如果拉图尔支撑他的前锋，内伊的努力将嫌不足，但拉图尔还相距两里格。这时里什庞斯和德凯恩的两个师，本应在拂晓之前赶到森林的出口阿耳顿波村的，却因夜间难行的道路受阻，加之气候恶劣，整夜大部分时间迷失在森林边缘。里什庞斯率领他那个师，第八和第四十八列兵旅以及第一猎兵营，抵达阿耳顿波村时，发现他已在敌人炮兵装备和他自己已成单行前进的全部大炮的后面。他穿越该镇，在高地上排列成队。组成敌军后卫的八个骑兵营展开了，炮击开始，第一猎兵营发起冲锋但被击退。里什庞斯将军处境越来越危殆。他很快接到通知，由于德鲁埃的进展已被大量敌军遏阻，不能再指望他了。关于德凯恩他没有消息。他在这种可怕的困境中下定了殊死决心，留下华特将军带领骑兵阻挡敌方的胸甲骑兵，自己率领第四十八和第八列兵旅进入霍亨林登森林。护送炮兵装备的匈牙利掷弹兵组成三个营，手握刺刀向里什庞斯进逼，没把他的部队当作正规部队。第四十八列兵旅击败了他们。这次小规模的战斗决定了当日的命运。护送队伍陷入一片混乱和惊恐：赶车的割断了马索逃跑，遗弃了八十七门炮和三百辆大车。后队的混乱传到前军。在狭道中遥遥领先的纵队也大乱；他们想起夏季那次悲惨的战役就吓住了；此外，他们大部分由新兵组成。内伊和里什庞斯会师了。约翰大公随同残军在极度纷乱中不顾一切地退往哈格。

"这一仗之后的当晚，法军司令部向哈格转移。在决定整个战局获胜的这一战中，法军仅用半数兵力即六个师就抗击了几乎全部奥军。战地上的兵力约略相等，每一方七万人左右。但是约翰大公已不可能聚集更大兵力，而莫罗还可向战地投入两倍的兵员。法军在道芬、安普芬根的战斗和霍亨林登之战中死、伤和被俘一万人。敌人损失达两万五千人，逃兵还未计入。七千名战俘，其中包括两名将官，一百门大炮和大量车辆就是那天的战利品。"

奥地利的种种希望既已因致命的霍亨林登之战而破灭，现在别无办法，只得在能争得的最好条件下缔和。最后和约于1801年2月9日在吕内维尔签字。根据和约，奥皇，不仅作为奥地利王国元首，而且以德意志帝国首脑身份，保证以莱因河为法国国界，因此牺牲了一部分普鲁士领土以及帝国其他附属王公还有他本人的领土。奥地利极不情愿的另一条款是放弃托斯卡纳，拿破仑决定将之转交巴马王室的一位王公，以报答西班牙在战争期间的大力效劳。奥皇承认巴达维亚共和国同法兰西共和国合并，并承认内阿尔卑斯和利古里亚两共和国：二者事实上都是大帝国的省区，似乎从此在这种基础上建立起了第一执政的持久权力。

现在大国中只有英国继续坚持同法国敌对。第一执政利用他的全部影响促使北欧大国联盟反对英国。上文已经述及，几近狂热的俄国皇帝早已强烈地崇拜波拿巴个人，在崇敬之情的影响下，事实上在马伦哥战役之前已抛弃了奥地利。第一执政千方百计地讨好这位专制君王并保护他的利益。

结果是，事实上形成了针对海上女王的联合：而当此19世纪的开端，英国不得不考虑单枪匹马地面对法国的巨大军力以及全欧舰队联合的必要。

1801年3月初，海军司令海德·帕克爵士和副司令纳尔逊勋爵指挥一支舰队进入波罗的海，目的在于进攻北方列强各自的港口，不让这几国实现同法国及荷兰舰队相联合的计划。英舰于3月13日通过波罗的海海峡，窥伺哥本哈根海面的碇泊处，丹麦王太子兼摄政已在那里做好难以攻克的迎敌准备。纳尔逊自告奋勇指挥突击，终于在4月2日等到顺风，率领十二艘战列舰，还有巡洋舰和纵火船，扑向丹麦舰队。丹麦舰队包括六艘战列舰，十一艘水面炮台以及很大一列小船，彼此连锁并同陆地连接，还有架设八十八门炮的王家炮台和阿马克岛上的要塞予以掩护。战斗历时四小时，以英舰大获全胜告终。除了少数三桅舰和炮舰早早逃脱外，全部丹麦舰队不是被击沉、焚毁，便是被俘。摄政太子为挽救首都免遭毁灭，被迫进入谈判，结局是丹麦放弃与法国的同盟。纳尔逊勋爵然后侦察斯德哥尔摩，发现瑞典舰队已经出海，因为不愿造成不必要的痛苦便没有去伤害该城。这时消息传来，保罗在圣彼得堡的宫中遇刺。他奉行的政策为俄国贵族所不乐意，可能也不合嗣皇的心意。北方联盟的感人精神事实上已荡然无存，一次短暂的谈判以完全破裂结束。

保罗一世于1801年3月24日夜在宫廷革命中倒下，死于刺客之手。这事使第一执政十分悲痛。由于这次意外事件对他的情绪和政策极其重大的影响，他指示我把下述声明刊登在《箴言报》上：

"保罗一世于3月24日夜逝世；英国分舰队于30日夜通过波罗的海海峡。历史将指出这两件事之间存在的联系。"

3月24日的罪行和对其主使人的怀疑，我认为这种怀疑并非捕风捉影，就这样在他的头脑里联系起来了。

保罗同波拿巴的友好关系一天比一天密切。波拿巴对我说："我配合沙皇一定能对英国在印度的霸权给予致命的打击。这次宫廷政变推翻了我的一切计划。"这个决定以及这位专制君王对法兰西共和国首脑的钦佩，无疑成了他致死的原因。这时候那些受到最长久和最粗暴的胁迫而且对更换皇帝怀有最大兴趣的人成了大家指控的对象。我读过一位北国君王的来函，留在我脑际的印象无疑就是这样，这位最尊贵人物的来函甚至说到这桩罪行的代价以及每个主使人分担的任务。但是必须承认，保罗的行为和个性，他的暴虐行为，他的粗暴、变幻无常，还有他那经常漫无节制的专制主义，都使他成为普遍憎恨的对象——因为忍耐是有限度的。这些怨恨的缘由大约不致造成阴谋，但是给剥夺这位沙皇宝座和生命的阴谋的施行提供了有利条件。

保罗去世以后，亚历山大登上皇位，第一执政的意向又回到波兰的肢解和瓜分问题上，这个念头一直在他头脑里盘旋。他在第一次意大利战役和在埃及时已多次对苏耳科夫斯基说过，他的首要愿望是重建波兰，报复瓜分波兰的不义之举，以这种伟大的正义行为恢复欧洲古来的平衡。他时常向我口授给《箴言报》的文章就倾向于证明，除非这类掠夺得到赔偿和报复，否则欧洲永远不能安享太平。可是他又往往不等送往报刊便把这些稿件毁掉。保罗死后不久，他的对俄政策就改变了。对这个帝国作战的想法经常出现在他的脑际，无疑这时他已形成了十一年后才发生的那次致命战役的概念。那次战役别有种种原因，重建波兰不过是个借口。因为从我们所说的这个时期起便形成概念的这场战争已不幸发生，每当念及个人的观点阻挡了一个繁荣富庶的国家的重建，这个国家曾三次被其强大邻邦的贪婪政策撕成碎片，便不免黯然神伤。

约于此时，一派有势力的人向波拿巴倡议同教皇决裂，建立一个独立的法国天主教会，其首脑应驻在法国。他们指出，这样做他的权力可以大大增加，他就可以同最初几代罗马皇帝媲美了。可是在这方面，他的愿望同他们的不一致。"我相信，"他说，"法国的一部分是要成为新教徒的，尤其我要是赞助那个倾向的话。我也确信，法国的大部分人仍将信天主教，他们会热情百倍地反对同胞分化。我只须恢复法国原来盛行的宗教，再给少数人以宗教信仰自由，就能使每个人满意了。"

波拿巴考虑得对：在法国重建宗教，他的政府就能得到强有力的支持。他从马伦哥战场归来后就多方设法去完成这个目标。1801年7月15日，关于重建法国的天主教信仰一事同教皇的协议签字，1802年4月间又制定了一条国家法律。

4月11日星期日，庄严的《赞美上帝颂》在巴黎圣母院演唱。听众十分拥挤，到场的人大部分在华丽壮观的典礼期间始终站立，可谁敢说大家的情绪同这一切豪华排场是一致的？毫无疑问的是：到场人中很大部分的脸色和姿态都表示出不耐烦和不高兴，而不是对他们所处的地方表示满意或尊敬。

执政府一般而言是极端非宗教性的，也不能指望不是这样，因为组成这个政府的主要是那些帮助消灭法国一切宗教信仰的人，还有那些在兵营中度过生平、在意大利进入一座教堂多半是为掠走一幅名画而不是望弥撒的人。有些人没被灌输过任何宗教观念却具备劝人尊重他人的（自己并不参与的）信仰的善良意识，他们并不非难第一执政的行为，并且多少能以礼仪律己。但是在杜伊勒里宫去圣母院的途中，拉纳和奥热罗一看到他们是驱车去参加弥撒就要下车，第一执政发出命令他们才没下车。因此他们到了圣母院，第二天波拿巴问起奥热罗对仪式作何感想。"哦！全都非常好，"那位将军答道，"什么都不缺，只少了为推翻你现在正在建立的东西而死去的千百万人。"波拿巴对此评语大不高兴。

为说服第一执政当众履行宗教的各种强制性义务做了许多努力。他们需要一个有影响的人做个范例。有一次他告诉我，他以下述声明回绝了那种请求："这已经够了。再别要求我了。你们达不到目的。你们永远别想把我变成伪君子。让我们到此为止吧。"

然而波拿巴终于同意去望弥撒了。圣克卢教堂是第一个恢复这项古老习俗的地方。他命令仪式比宣告的钟点提前开始，为了使那些仅仅为了嘲弄他的人来到时弥撒便告结束。

每逢第一执政决定在杜伊勒里宫中的小礼拜堂公开望弥撒的星期日，靠近他办公室的一间房里就准备好一座小圣坛。这间房原系奥地利的安妮王后[1]的小礼拜堂，一座可以挪动的小圣坛安置到一步高的平台上，就使它恢复了原先的用途。一周中其余各天这间小礼拜堂就用作浴室。星期日来往的门打开了，我们就坐在自己办公室里听堂内做弥撒。室内人数从不超出三四个，仪式最长不过十二分钟，而第一执政还难得不在此期间办理一些公务。第二天各报无不

---

[1] 1601—1666，法王路易十四的母后。

刊载第一执政在自己住所听做弥撒的消息。路易十八也时常以同样方式在自己房里听做弥撒。

我在一部对许多事情都有出色记述的著作中读到，第一执政在1801年7月15日同教皇的协议达成时废除共和历，重新采用格里高利历①。这是误记。他并未把历法当作宗教事务。从共和十四年雪月11日（1806年1月1日）起恢复使用格里高利历的参议院敕令是在共和十三年果月22日（1805年9月9日）通过的，比同教皇签订协议晚四年。采用古来历法别无其他目的，不过是使我国能在同日常事务密切相关的一点上与欧洲其他国家一致而已，在日常事务上使用十进历法极为伤脑筋。

1801年4月的一个夜晚，一份英文报纸送到马尔梅松，宣告艾伯克隆比指挥的英军于3月13日登陆埃及成功，又记述了同月21日的战斗：法军战败，而那位英军将领阵亡。波拿巴起先装作不相信这则消息，当众声言这是不可能的。但是晚间独处时，他表白了他的担心并深信报纸的记载确凿无疑。这似乎使他极为懊丧，因为他在所有的征战中，对使他名震东方的远征埃及估价最高。因此他竭尽全力保持那处殖民地。他在致克莱贝尔将军的函件中说："你和我一样能理解法兰西保有埃及的重要意义。土耳其帝国衰落的症候随处可见，目前正在分崩离析，法国此时撤出埃及，危害尤其大，因为我们很快就可看到那块肥美的地区要落到别的欧洲强国手中。"然而选派冈托姆去援助克莱贝尔却是不得当的。第一执政下令要他去地中海，后来发现他还没有离开布勒斯特时曾一再对我说："冈托姆在搞什么鬼？"

冈托姆的犹豫不决，他的反复无常，他到了土伦又迟迟离开，1801年2月19日他才回到土伦，仅十天后海军司令基思就随同拉耳甫·艾伯克隆比爵士出现在亚历山大港外，这一切完全打破了波拿巴设想的给那块濒于毁灭的殖民地增援物力人力的全部计划。

第一执政早已想到撤出埃及在所难免。他接到的埃及方面的最后消息确是令人沮丧的，造成了一种可怕的灾难的预感。在《亚眠和约》之前举行的谈判中我方放弃对埃及的攻占，这是一大功劳。但是如果在10月1日的草约签字以前，伦敦知道了8月末发生的一些事件的话，这种牺牲不能认为很大。第一

---

① 即目前世界通用的公历。

执政生怕发生这样的事,亲自答复了奥托先生的最后来文,其中包括英国政府打算采纳的草约。来文和答复都不曾给当时的外交部长塔列朗先生过目。第一执政催促尽可能以全速批准草约,他忧心忡忡到这般程度倒是好事,因为被迫撤离埃及的讯息于草约签字的次日便传到伦敦。奥托先生来函告知第一执政,霍克斯伯里勋爵向他传达此消息时告诉他,勋爵很高兴各事早已解决,因为得到这一消息后,他便不能在同样的基础上处理此事了。实际上,我方在巴黎同意自愿撤出埃及,而根据当时的协议撤离埃及,这点对英国是重要的。撤出埃及是在 1801 年 8 月 30 日,于是付出如此高昂的代价攻占埃及之举化为乌有,甚或有害。

英国根据这项条约交出战争期间攻占的除锡兰和特立尼达以外的一切地方。另一方面,法国交还从葡萄牙夺走的各地并保证爱奥尼亚群岛的独立。马耳他则归还给圣约翰骑士团,宣布为自由港:英国或法国都不得在骑士团中派驻代表,守军由中立国部队组成。这是惹起最大困难的一条,注定要成为不久便战端重启的借口。

正式协定于 1802 年 3 月 25 日签字,这时,不论在伦敦还是在巴黎,所展示的欢乐情绪都是前所未有的。

第十七章　路易·波拿巴的婚事

和约业已按照对国家声誉极为体面的条件缔结,各个方面都希望以往进行的血腥战争自此宣告结束,法国可以推行自己喜欢的那些制度了。但是《亚眠和约》使法国所处的辉煌地位似乎激起了各邻国的嫉妒,产生了一种反对各国休养生息的情绪。事实上,我们即将看到:由于微不足道的原因,战争又以异乎寻常的仇怨爆发了。

这个时期执政府的光荣还没有玷污,对前程抱有最为乐观的希望。毋庸置疑的是,这只需第一执政真正愿意促进和平并使法国休养生息。

革命战争期间,圣多明各岛宣布脱离母国独立。到这时决定派兵远征使其重新归顺。这支远征军于1801年12月14日离开法国海岸,其悲惨和失败的结局是众所周知的。司令一职授予勒克莱尔将军,他除了身为第一执政的妹夫之外,别无才能足以胜任此职。第一执政对他嫌恶甚深,故意选中他无疑是为了把他派往远处。第一执政向我口授对这次远征的训令后,召见了勒克莱尔,当我的面对他说了这些话:"这是给你的训令。现在是你的机会,去发财吧。再别纠缠不休地向我要钱,惹我厌烦。"远征圣多明各是波拿巴犯下的大错之一。他与之商议的人无不竭力劝阻,但是他的脾气就是这样,谁也不能让他离开已经决定的目标。

第一执政向我口述的致杜桑的函件中有最冠冕堂皇的词句和最动人的谎言。他还送回了在巴黎受完教育的杜桑的二子。他又提出任杜桑为副总督,只要杜桑能为使那块殖民地归还母国卖力。

杜桑起先表现出多少愿意谈判的意向,可是若非害怕受骗便是怀有更大的野心,又决心作战了。然而,他被一支训练有素、迄今还是强有力而且补给充足的军队轻易地制伏了。他投降后退居种植园,非经勒克莱尔准许不得外出活动。一项强加的阴谋构成了把他作为俘虏解送法国的借口。到达巴黎后他被置于严格的禁锢下,加上气候的变化,不用求助于毒药已足够缩短他的生命了——这是一种不可置信的传闻。波拿巴承认他才能高超、精力充沛、勇气过人,我敢肯定,他同杜桑的最后关系若是另一种结局,他准会很高兴的。除了勒克莱尔,换别人也许能使杜桑把殖民地利益和人权同母国的要求协调起来,这几方面的冲突随着时间和环境的变化已有所缓和。夺去勒克莱尔生命的黄热病也把灾难传遍了军队,士兵普遍开小差,勒克莱尔的继任者罗尚博手段严酷,致使这块殖民地完全丧失。1803年,他把这个岛弃给德萨利纳,自己向一支英国分舰队投降。这次倒霉的远征就此告吹,消耗了我国一支精锐部队,其最初的费用是由剥夺海军伤病员津贴来供给的。

这个时期波拿巴时常有剧痛发作,我毫不怀疑,从他日后病痛的性质看来,他的病症是这时开始的。他向我口述给勒克莱尔将军的训示那晚,他时常抱怨的病痛就发作得很厉害。

1802年1月7日奥坦丝小姐同路易·波拿巴成婚,这时,婚礼祝福列入民法的惯例还没有恢复。宗教仪式在维多阿路的私人小礼拜堂举行,一名教士在场主持。与此同时,波拿巴要他妹妹卡罗利娜的婚礼按宗教仪式举行,以前婚礼是只在民事官面前举行的。他本人没有遵从此例,出于什么动机他可没有泄露。难道他已经怀有离婚的念头,要经宗教批准将使离婚困难吗?也不用怕被指责为怯懦,因为他妹妹和女儿的婚事都恢复了宗教仪式。对此我听他说过三言两语表明他毫不在意。他在圣赫勒拿提到路易和奥坦丝的婚姻时说:"那是出于爱恋,彼此看中对方,对于他人,则这门亲事是约瑟芬阴谋的结果,对她有利。"真相是:路易与奥坦丝并不互相爱恋,第一执政明明知道这点。他知道奥坦丝毅然爱慕迪罗克,而迪罗克对她的爱慕没有报以同等的热情。他甚至已同意他俩的结合,但是约瑟芬想到这门亲事就十分痛苦,使出她的全部影响来制止。她对我说:"我的两个小叔子是我的死敌;你看出了他们的种种阴谋,知道他们弄得我多么难受;拟议中的这门婚事将使我孤立无援;而且,迪罗克若无波拿巴的友谊将一无所有,财产、地位甚至声望,一概没有;他不能保护我去对付几个兄弟的公然敌视。我必须为将来找个更好的倚靠。我丈夫非常喜欢路易,要是我能把我的女儿嫁给他,他就会成为我抵消几个小叔子的毁谤和陷害的有力砝码。"我答说,她对我隐瞒她的意图已太久了,我已答应为更加情投意合的年轻人效劳,因为我知道第一执政的情绪倾向于谁。他常对我说:"我要是白费力气,他们彼此中意,应该结婚。我喜欢迪罗克,他出身名门,我已把卡罗利娜给了缪拉,波利娜给了勒克莱尔,我也能把奥坦丝给迪罗克;他很勇敢,他同别人一样好,他是师长——他俩的结合是无可反对的。况且,我对路易另有看法。"我同约瑟芬谈话时还说,只要提到同路易结婚她女儿就掉泪。在筹划中的奥坦丝和迪罗克的婚礼之前,第一执政派给他一项特别使命:祝贺亚历山大皇帝登基。他去国期间,这对年轻人的书信往来由我经手,这是他们自己请求的。每天晚上我同奥坦丝小姐去打弹子,她打得极好。每当我低声对她说"我有一封信"时,她立即停止游戏,跑进自己闺房,我跟进去交给她来信。她热泪盈眶,我回来许久以后,她才再次下到客厅来。

约瑟芬急于增添对付夫家的助力,我看到她的决心已无可动摇,便不能不赞成她的观点,答应不再反对。但我指出,我再也不可能在她们的家事争议中保持沉默和中立。她表示满意。我们留居马尔梅松期间,阴谋继续进行,但是各种可能性仍对迪罗克有利。我甚至向他道喜,他以出奇的冷静接受了。几天后我们回到杜伊勒里宫,在那里约瑟芬决意把她女儿嫁给路易并利用她对第一执政的全部影响来取得他的同意。1802年1月4日,波拿巴进入我正在办公的房间来问:"迪罗克在哪里?"我答道:"出去了,我想是去歌剧院了。""他一回来就通知他,我把奥坦丝许给他了。他要同她成婚,必须在两天之内举行婚礼。我要送他五十万法郎,并且委派他为第八师师长。他须在婚后第二天带了妻子前往土伦,我们要分居。我家里不要女婿同住。我希望他把这事定下来,所以今晚要通知他,如果他同意的话,把他的答复告诉我。""我想他不会同意的。""那很好,她就嫁给路易。""她愿意嫁他吗?""不容她不愿意。"

这门亲事以这么匆促而粗鲁无礼的方式提出,所以我毫不怀疑他和约瑟芬之间产生了某种分歧。十点半前后迪罗克回来了。我尽可能把第一执政的用语几乎逐字转告他。迪罗克答道:"既然如此,我的朋友,他满可以替我保管住他的女儿,我要去拜访——"他以满不在乎的神情这么说着便拿起帽子出去了,我感到莫名其妙。第一执政得知他已拒绝,当晚约瑟芬便确保了她女儿同路易结婚,因而数天内就办了婚事。以上是对此事如实的正确记述。奥坦丝万分烦恼,而迪罗克大概甚为得意。路易多了妻室之累,而奥坦丝有了丈夫之累,她一向厌恶其人的。两人之间本已存在的彼此嫌恶并未因结亲而消除，情绪的冷淡依然未变——叙述这些情况时，我认为必须提及一种恶毒而可耻的流言，这是第一执政这个时期的敌人捏造的，即说他对奥坦丝怀有的感情超出继父对女儿之情。我们在后文会见到他就此事对我说的话，可是我们不能过早地破除这么卑鄙的诽谤，这和风言风语真是可恶至极。

和平给了波拿巴余裕，这时他很想让内阿尔卑斯共和国同法国政府保持和谐关系。这就有必要挑选一位在各方面都同他自己完全一致的总统，而在这方面再也没有人比他本人更合适了。因此他准备任命自己为那个共和国的首脑，为此目的，便让代表团在里昂同他会晤。行前我对他说："您再次访问您荣耀的发迹之地意大利和伦巴第的美丽首府岂非更合适？您在那里是万众景仰的对象。""是的，准会是那样。"第一执政答道，"但是去米兰一行费时太多。我还有许多理由愿意在法国会晤。我对那些代表的影响在里昂要比在米兰更加绝对和肯定；并且，征服埃及军的高贵残部集合在里昂，我很高兴重见他们。"

1802年1月8日我们离开巴黎。这时已执意要登上法国帝位的波拿巴，希望有朝一日仿照查理大帝让意大利人拥戴他为意大利王，他自命将来要成为查理的后继人。在他看来，内阿尔卑斯共和国总统之职是朝向伦巴第主权大大前进了一步，犹如他后来发现终身执政之职是通往法国帝位的重要步骤一样。26日他轻而易举地获得了总统头衔。这次行程和会谈只不过是形式，可是公众舆论却必须靠狂言大话和庄严的手续才能迷惑得过。

近来谋害第一执政生命之举引起了传闻，说他此行采取了特别戒备以保障安全。我可从未见到任何这类戒备——这是不合他性情的。他一再说："谁要肯拿自己的生命冒险才能要我的命。"因此他像个平民那样旅行，马车里难得有武器。

这一年，1802年，3月25日，英国在亚眠签署了一项停战十四个月的条约，称为《亚眠和约》。这项条约各个条款的性质，引不起大家对持久和平的希望。英国显然不肯撤出马耳他，该岛终于成为和平破裂的主要原因。但是这项条约却被用来巩固了第一执政的权力，因为以前对他态度傲慢的英国，如今把他当法国政府首脑对待。他察觉我赞赏这些好处，就没有掩饰他对这方面的满意情绪。

就在这个时候，他看到他的荣耀和权力不断增加，一次我们在马尔梅松散步时他对我说:"那么,布里昂,你也将永垂不朽了!""为什么,将军?""你不是我的秘书吗?""告诉我亚历山大的秘书的名字。"①我说。于是波拿巴朝我笑着说:"唔!这倒不坏!"我的反问中准含有点奉承的意味,但那从不至于使他不高兴,而我敢肯定,那一回绝不是因为我不大像个朝臣和歌功颂德的人而责备我。

　　我也不妨在这里叙说一下第一执政同英国报刊纠纷的原委,这是他爱好自由的新证据!第一执政从来都是新闻自由的死敌,他以铁腕掌握报刊。我时常听到他说:"要是我把缰绳交给他们,我的权力维持不了三个月。"不幸的是,同样的情绪也支配了他对一切公共自由特权的行为。他想把强加给法国的一片沉寂同样加诸英国,却无能为力。他对英国报纸和毁谤性刊物对他的百般侮辱怒不可遏,特别是对巴黎《使徒行传》前任编者、一个姓拜耳蒂埃的人主编的报纸《杂拌》。这家报纸经常充满对第一执政和法兰西国家最激烈的攻击,这种情况对其编者,一个法国人,无疑是非常光彩的。波拿巴从未能像英国那样习惯于蔑视报刊的讽刺。他在《箴言报》上发表激烈文章作为报复。奥托先生甚至奉命就这些系统的中伤提出一份官方照会,第一执政认为,这是经英国政府授意的。在此正式措施之外,波拿巴个人还致函财政大臣艾丁顿先生,请他支持这种抗议,催促他采取立法手续取缔那些第一执政怨恨的报刊。为了尽快发泄他对新闻自由的仇恨,他抓住签署草约的时机催促艾丁顿。

　　艾丁顿先生亲笔写了一封长信回复第一执政,此信由我译出。那位英国大臣言之成理地驳斥了第一执政的论据。他确实承认,报刊的攻击有时是一种弊病,但是宪法赋予个人以言论自由,只要自己胆敢负责。"写作方面的过错同任何其他罪恶一样要受到惩处。这些过错,"艾丁顿先生承认,"有时逃脱了各种法律的严格制裁。但是那也无法可想,"他往下说,"而且也难于找到补救办法,因为新闻自由是国家体制的构成部分,不能侵犯。人民全靠这项自由,任何一位大臣也不敢冒险在议会中提出这个问题。这项自由对于英国人是极为宝贵的。"后来艾丁顿先生向第一执政道出了他的意见:"他虽是外国人,也有权将他的怨诉提交国家法庭,只是那样他必须准备眼看他怨诉中一切诽谤性的东西重印出来作为诉讼程序的一个部分。"艾丁顿恳请他"以深切的鄙视对

---

① 波拿巴不知道亚历山大的秘书的姓名,我当时也忘了告诉他是卡利斯提尼(古希腊历史家——译者)——原注。

这些麻烦事不加理睬，像大多数人那样，把这些中伤诽谤看得无足轻重"。我也为暂时制止这种诽谤案的起诉出了微力而感到高兴。

事情就此搁起，但是《亚眠和约》以后，第一执政还是使拜耳蒂埃受到法院传讯。辩护由著名的杰姆士·麦肯托什爵士主持，据当时报道，他的答辩可谓竭尽雄辩之能事。然而拜耳蒂埃还是被判有罪。公众舆论认为这项判决是一次胜诉，但未见付诸执行，因为两国关系随即破裂。念及这种对英国报刊诽谤性文章的过度敏感，在重启战端上的作用竟赶上甚至超过了重大的政治利益，便使人神情抑郁。

《亚眠和约》以后，波拿巴早已派遣塞巴斯蒂亚尼将军赴土耳其游说大君恢复同法国的友好关系，他对自己这一次行动非常高兴。

撤出埃及以前，那里牵涉了第一执政很大一部分注意力。他早想派一个像塞巴斯蒂亚尼那样的人遍访北非、埃及和叙利亚，尽力激发那些国家的君王对法国的好感，改变他们现在的态度，并且消除英国力图造成的坏印象。于是塞巴斯蒂亚尼肩负这项使命出行了。他访问了北非各国、埃及、巴勒斯坦以及爱奥尼亚群岛。他每到一处都绘声绘色地渲染波拿巴的威势而贬低英国的荣誉，他增进了原有的关系并同各国首脑缔结了新交。关于袭夺印度的英国当局，他提供的秘密情报非常出奇，只是没有希望成功。这些报告摘要发表在《箴言报》上，包含许多敌视英国的词句；此外还有只需六千人便可再度攻占埃及，爱奥尼亚群岛一等时机有利便将倒向法国等语。

英国政府对这些侮辱性报告的发表甚为不满，法国外长答道，英国政府允准发表的罗伯特·威尔逊爵士的《埃及远征记述》，严重损害了第一执政的品格和荣誉。彼此这样反复指控很快便使得休战完结。

约在1802年初，拿破仑开始感到右侧剧痛，在马尔梅松他在夜间坐着办公时，我时常看到他靠住座椅右扶手，解开上衣和背心的纽扣呻吟道："痛死我了！"于是我扶他去寝室，往往不得不搀着他跨上从他办公室通向走廊的小楼梯。也是此时，他屡屡表示担心他到四十岁时胃口将大增，变得肥胖臃肿。他时时担心的发胖，从他对有些生活习惯的节制和身材一向瘦削看来，是多余的。他问我谁是我的医生。我告诉他是他兄弟路易介绍给我的科维扎尔。几天后他召见科维扎尔，后来他成了皇上的首席御医。那个时期科维扎尔的处方似乎使他受惠不少。波拿巴的痛楚使他更加暴躁，对他平生这个时期的许多举动都有影响。他常常在第二天早晨把口授的隔夜文件撕毁；有时我得扣压那些已经下令送往《箴言报》而我认为可能造成不良后果的文章。早上他没见《箴言报》刊出那篇文章，有时便查问送去没有。我总是找个借口说为何不曾送去，再把该文呈交给他。往往是他读后说声不行，便随手撕掉。

和约批准后，第一执政有意派遣大使去伦敦，不知为何看中了安德烈奥西将军。我对人选提出己见说，他和这项使命的极端重要性不相称。波拿巴答道："我还没有决定——塔列朗来马尔梅松时我要同他商议此事。"晚上说起打算任命大使的事，提了几个人之后，第一执政说："我想我还是要派安德烈奥西。"塔列朗对此人选不甚满意，用冷淡而含讥刺的腔调答道："你还要派一个安德烈！这是哪个安德烈？""我没提任何安德烈，我说是安德烈奥西！你认识他，他是炮兵将官。""啊！真的！"塔列朗答道，"我没想到他。我想的只是外交界人士。"安德烈奥西还是被任命为大使，他前往伦敦朝廷赴任，但是只留驻了几个月，无所事事，这对他倒是极大的幸事。

1801年5月4日，国务会议通过了执政任期再次延长十年之后，波拿巴首次正式提出设置荣誉勋位的问题，并于同月19日定为一项国家法律。反对意见极为强烈，第一执政依靠他的全部权势，他的论证能力，再加上他地位的影响，在国务会议的二十四票中也才获得了十四票。保民院也显出同样的情绪，仅以五十六票对三十八票的多数通过。立法机构的投票比例也几乎相同：一百六十六票对一百一十票。他对这个可怜的多数感到吃惊，晚上对我说："你是对的，还有反对我的偏见。我应该等待，不必急于提出；可是事情已经做了，你很快便会看出对这些等级差别的兴味还没有过去。这种兴味是人的天性所固有的，会产生不同寻常的结果。"不出波拿巴所料，这项制度引起了一连串怪事。贵族阶级为之狂喜——于是，短期间内，安定宗教信徒和恢复教会和谐的政教协议，召回逃亡分子的法令，执政权力延长十年，为终身执政和帝制做准备，在一个早已废除一切等级差别的国家内创立一个引起种种怪事的等级，这些事便接踵而来。波旁王族够聪明的，随着已废除的各等级的复活保存了荣誉勋位。

1802年4月，第一执政费了九牛二虎之力才使自己成为终身执政。大概也是在这个时期，他把通常称为马基雅维利原则的那些诸如两面三刀、奸诈等手法发挥到登峰造极的地步，还从未见过诡计、虚伪、狡黠、假温驯等等手腕被施展得这么巧妙和有效。

他弟弟吕西安狂热地鼓吹世袭权力和一个稳固的朝代，但他不过是奉兄长之命行事而已。自由同漫无节制的权力是抵触的，同样，在一定程度上对过分爱好战争和侵略也有所限制。他对我说："十年任期满足不了我。我认为这很可能惹起无穷无尽的麻烦。"他早先对我吐露过："法兰西是否将成为共和国的问题还是值得怀疑的，这还要等五六年才能决定。"他显然认为这个期限太长了。他是否把法国视为自己的产业，或者自命为人民权利的保卫者，那我不知道，但我确信他真心实意地为法国谋福利，然而在他头脑里，这种福利同专制权力又是不可分的。我痛心地眼看他遵循这条途径走去。

爱好自由的朋友们，那些真诚希望维持一个在宪法上是自由的政府的人，会同意执政权力在宪法原先规定的十年之外再延长十年。他们以此牺牲来换取荣华和随之而来的权力；当时他们再也没想到这是助长了阴谋诡计。他们因此而红极一时，也仅仅是一时而已。参议院否决了终身执政的任命，只延长了十年任期。

第一执政对于参议院的决议不满意；但是他对议案做了不动色的回避性答复，其中声称："如果人民的愿望要求参议院授予这十年任期，他将服从这一新的牺牲。"——从人民那里获取比参议院更多权力的衷心希望从此滋生。

5月10日，星期一，国务会议召集特别会议，传达的不仅有参议院的议案，还有第一执政的复文。国务会议仅把前者视为通告，进而考虑该同人民商议哪个问题。他们不满意只把第一执政任期延长十年，便极愿顺从他的愿望，决定把下述问题提交人民决定——"是否任命第一执政为终身执政？他能否有权指派继承人？"这两个问题都令人吃惊地迅速通过了。任命终身执政案一致通过，授权提名继承人案也以多数通过。不料第一执政又假惺惺地非难第二项决议，宣称那不是他自己提出的。第一执政接到国务会议决议时，为掩饰他攫取专制权力的计划，认为还是辞去给予他的一部分权力较为明智，因此把提议授权他委派继承人的部分取消了，这项提议本来就是以微弱多数通过的。

第十八章 布里昂的离去

现在我们已看到波拿巴成了终身执政,但他还不以此荣誉为满足,不久就向审议各种新法典的委员会表示:赞成罗马法关于过继的规定。他利用自己平时的机智,硬说这样选定的嗣子比亲生儿子还要亲。这条意见的目的不难察觉——他让约瑟芬生育子女已没有指望,所以想过继一个他兄弟的儿子做嗣子。到了秋天,保守的参议院以一项简单法令授权他用遗嘱证书的方式指定执政一职的继任人。这项法案(1802年8月4日)把一个新的朝代召到法国王位上,从这时起,"人民的自由、平等、主权"等字样就从官办报纸和政府公文上消失了。

现在共和国只不过是个虚幻的东西或者历史的回忆了。共和国所剩的东西只是各宫门上欺骗性的铭文,波拿巴甚至在迁入杜伊勒里宫以前就下令砍倒庭院中的两株自由之树,这样,他在毁灭实际的自由之前,先把其外在的象征消除了。到8月2日和4日的参议院法令公布时,连感觉最迟钝的人也已看清,第一执政已经大权在握,只缺一个名义了。

这两项参议院法令公布后,波拿巴已习惯于把国家的各主要机构仅仅当作他行使权力的必要工具。有利害关系的谋士纷纷聚集到他周围,煞有介事地提出,应恢复古来的各种称号,因为这比共和国的各种形式更能同人民托付给他的新权力相配。然而他的意见,用他自己的话来说,是"梨子尚未成熟",一刻也不愿听人谈起这个计划。有一天他对我说:"到时候这一切自会来的。不过,布里昂,你要明白,我必须首先采用尊号,这样,我要授给的其他称号就自然有了来源。最大的困难已经克服。无须乎再瞒骗什么人。人人都看得明明白白,终身执政同帝位之间只是一步之差。但是,我们必须多加小心。保民院有些爱找麻烦的家伙——但是我会提防他们的。"

这些严重问题在大家头脑里翻腾起伏之时，住在马尔梅松的大部分人去普隆比埃旅行了一次。这伙人中有约瑟芬、波拿巴的母亲、博阿尔内—拉瓦莱特夫人、奥坦丝和拉普将军。对于这欢愉的一群，此行是件赏心乐事，所以他们写给我一份逗乐的公报，告诉我旅途中的趣事和憾事。但这次普隆比埃旅行之前还有一幕，我既已着手记述有关第一执政家庭的真情，便不能绝口不提了。波拿巴夫人于启程之前两三天召见我，我遵命前去，看到她眼泪汪汪，以忧伤的声气嚷嚷道："吕西安怎么是这么个人！我的朋友，你不知道他竟对我说了些什么无耻的话！'你要去温泉了，'他说，'你得同别人生个孩子，因为你，同他生不了孩子。'你想想我听到这样的主意有多么气愤——他又说，'要是你不想要，或者不可能的话，波拿巴势必同别的女人生孩子，而你必须收养他，因为总得有个继位的嗣子。你要知道，这是为你好。''什么，先生！'我答道，'你以为国家能听任一个私生子来统治吗？吕西安！吕西安！你要毁掉你哥哥！多么可怕啊！要是有谁以为我听了你这丑恶建议而不感到惊骇，那我就是个贱人！你的想法是恶毒的，你的话是吓人的！''那么，夫人，'他答道，'对此我只能说，我实在为你惋惜！'"

善良的约瑟芬向我叙说这事时止不住地抽泣，我对她的气愤也不无同感。真相是这样，吕西安在那个时期虽然一贯装作对于权力不屑一顾，却不断地为把权力集中到他哥哥之手而大卖气力，他认为要使他的意图成功，三件事是必不可少的，即世袭大位、离婚和帝国政府。

吕西安在纽衣利附近有一处美丽的别墅。在上文那伤心的一幕之前数日，他邀请波拿巴和马尔梅松全体仕女去观赏戏剧演出。演出的剧作是《阿耳济尔》。埃莉沙扮演阿耳济尔，吕西安饰萨莫尔。他们的台词念得太卖力，他们的姿态表情过分做作，而服饰又十分裸露，使大多数观众感到厌恶，尤其是波拿巴。演出过后，他相当气愤。"这是幕丑剧，"他愤愤地对我说，"我不该容忍这样粗鄙的东西。我要让吕西安明白，我再也不想看这种玩意了。"当吕西安换了便装来到客厅时，他当众招呼他兄弟，告诫后者今后必须停止这种表演。我们回到马尔梅松后，他还十分不满地说到刚才那出戏。他说："真不像话！我正在大力恢复社交礼仪的纯洁，我的弟弟妹妹却硬要以几乎是裸体的状态在舞台上现世！这是个侮辱！"

吕西安对戏剧表演的爱好十分强烈,非常重视。事实是:他念台词的技巧比之最优秀的职业演员也未见逊色。戏剧演出不限于纽衣利。我们在马尔梅松也有自己的剧场,但这里的一切至少都合乎最端庄的礼仪。现在我既已退居幕后,就不肯放过他们而要把读者引入我们戏剧的秘密中去。

第一执政指令在马尔梅松构筑一座非常精致的剧场供我们使用。我们的演员有欧仁·博阿尔内、奥坦丝、缪拉夫人、洛里斯顿、狄德洛、一位宫廷官长,同全家沾点亲的另外几个人,还有我自己。我们忘掉政务,尽可能把政务限制在杜伊勒里宫处理,在马尔梅松这所别墅里过得非常快乐。再说,我们都还年轻,怎能不让一切都增添几分青春的魅力?第一执政最喜欢观赏的戏剧演出是《塞维勒的理发师》和《反抗与恶意》。奥坦丝的表演淋漓尽致,卡罗利娜也还可以,欧仁非常出色,洛里斯顿相当认真,至于我,可以说,在这一伙中间也并非最差劲的。即使我们算不得优秀演员,也并非因为缺少优良的指导和顾问。塔耳马和米肖常来听我们朗诵,有时一块来,有时分别来。

波拿巴对我们的表演极感兴趣。他喜欢看熟人扮演的戏剧。有时他为我们演得卖力而夸奖我们。对于此道我虽然同他人一样感到好玩,可也不得不多次提醒他,我的职务使我没时间在我的角色上下功夫。于是他装出哄劝的样子说道:"来吧,别牛气了!你的记性有多好!你知道我很喜欢,约瑟芬也非常感兴趣。早晨早起了点儿——事实上,我睡得够多了——不就这么回事吗?来吧,布里昂,给我赏个光。"一次这样的谈话以后,我不得不着手钻研我的角色。

这个时期,在夏季,每逢星期日我有半天可归自己。然而我不得不把这段宝贵的余暇奉出一部分来琢磨一个新的角色以满足波拿巴。有时我也去鲁埃耳度假。我还记得,一天我从马尔梅松赶往鲁埃耳时,丢失了一只勃来古造的好表。那是下午四时,路上挤满了人。鲁埃耳的敲钟人击钟时我才知道我丢了表。一小时后我坐下来进晚餐时,村里的一个小伙子把表送来了,他是在大路上的车辙里发现的。我对这位年轻人的诚实感到高兴,酬谢了他和陪他来的父亲。当晚我向第一执政述说此事,他对这种诚实深感惊异,要我了解这个青年人和他家庭的情况。我获知他们是诚实的农民。波拿巴给这家的三个弟兄安排了职业,格外难得的是,他豁免了送表给我的那个青年的应征服役。这类事情一经波拿巴得知,他总要以某种方式向其中的主要人物表示他的谢意。

在他的气质中有两种品德占优势——仁慈和急躁。当他处于急躁影响下时,急躁就占了上风,这时就无法控制住他。关于仁慈的事例刚刚讲过,关于急躁,我要再讲一件大约发生在这个时期的事。

卡诺伐要为第一执政塑造一尊巨像,他抵达巴黎后便来到圣克卢。这位大艺术家不时前来希望他的模特儿能以适当的姿态站立,谁知波拿巴老是那么疲倦、厌烦和急躁,因此他难得做出适当的姿态,做了也只是极短的瞬间。波拿巴对卡诺伐怀有最大的敬意。每当通报他的来临,第一执政就派我去陪伴他,直到他有暇与之晤谈,但波拿巴总是耸耸肩膀说:"还要塑像——老天哪!多么讨厌!"因为不能尽心研究他的模特儿和波拿巴对此事的不甚耐心,卡诺伐多次向我表示他的失望——这压抑了他想象的热情。大家都说他的雕像不甚成功,这或许是上述情况造成的。现在威灵顿公爵藏有这尊巨像。巨像甚为高大,如拜伦勋爵所说,威灵顿公爵反而只及拿破仑身材之半。

波拿巴仅仅把他人看作自己意图的助力或阻碍。雾月18日时,富歇是个助力;但现在他被视为阻碍,必须设法排除他。第一执政的许多真挚朋友最初就反对富歇在政府中占有席位,可是富歇势力极大,谁反对他准要失宠。在整个巴黎,也不妨说在全法国,富歇都因能力高超而享有突出的声望,但他的主要才能却在于使人相信他真有才能。波拿巴久已不满富歇的作为,因为他有理由相信,这位警务部长正以蒙骗他的办法增添本身的威势。他决定把富歇解职。但是富歇在他左右拥有极大势力,所以他想要小心从事。因此,作为掩盖,他决意裁撤警务部,并举出这样做的理由是表明他对法国的安全和国内平静具有信心,借以巩固他的政府。富歇为第一执政提出的这些论据所压倒,举不出任何充足理由来反对,只是奉劝道,这项计划的执行至少应推延两年。波拿巴听了富歇的劝告似乎颇为赞许,但这只是当面的表示,把他解职已经确定了,随即于9月12日夜晚执行。在这项他犹豫了很久的举动以后,他仍然尽力缓和他的严苛手段,便任命富歇为参议员,他在把富歇推荐给参议院的咨文中宣称:"富歇在困难时期担任警务部长,以其才能、活动和对政府的依附做到了情势要求他的一切。虽然把他安插在参议院内,但如果事态再次需要警务部,政府再难找到更可信赖的人选了。"这便是富歇失宠的经过——约瑟芬对此比谁都感到痛心,她是在消息公之于众的时候才知道的。不论任何场合她都为富歇受她丈夫的突袭辩解,因为她相信他是唯一对丈夫说真话的部长,也因为他是反对波拿巴的几个兄弟的。

我已说过约瑟芬的种种烦恼以及波拿巴几个兄弟对待她的恶劣行为，因此，我愿就富歇的失宠（这在波拿巴夫人是少了一个支持者）连带叙述几件约于此际发生在马尔梅松的事情。我是双方的亲信，又是这几件事当中一个不由自主的角色，如今事隔二十七年，还能有什么动机能诱使我隐瞒任一方面的真相呢！

路易·波拿巴夫人怀了孕。约瑟芬虽说对子女不失慈爱，但对于女儿的临近分娩似乎不像一个做母亲的心所应有的那样关切。她早就知道有所谓奥坦丝同第一执政关系暧昧的诽谤性谣言流传，这种卑鄙的中伤使她泪如泉涌。可怜的约瑟芬为她的荣华地位付出了多么昂贵的代价啊！我既然知道这些恶意的谣言多么缺乏根据，便尽力宽慰她道，我正在竭尽全力去揭露这些谣言是多么卑鄙无耻和虚妄荒诞。我的确是这样做的。波拿巴却为四面八方向他表露的爱戴弄得眼花缭乱，他愚蠢的虚荣心加重了他妻子的忧伤。他竭力劝说她道，那些谣言的起因只不过是公众希望他有个孩子，这种自我爱慕向母性的忧虑提供的虚假安慰，加剧了她对本已存在的夫妇关系的担忧，唯恐离婚的念头又产生了，她一想到就不寒而栗。波拿巴出于虚荣的愚蠢幻想，居然以为只要假定一个孩子是他的，法国就情愿接受其统治，哪怕他是个私生子——真不愧为一种创立新正统的独出心裁的方式。

约瑟芬的过于敏感，甚至现在我也觉得是情有可原的。她深知我对波拿巴要建立一个朝代的看法，她也没有忘记两年前路易十八写信给第一执政而激发这个问题时我的行为。我记得，在把波拿巴和恺撒、克伦威尔并提一事公布后，有一天，约瑟芬不待通报就进入我们的房间（她有时是这样径自进来的），利用早餐时出现的愉快兴致，她温柔地直趋波拿巴，坐在他的膝头，用手轻轻抚摸他的头发和脸庞，认为时机有利，便柔声对他说："我恳求你，波拿巴，不要做国王！是吕西安怂恿你为王的。别听他的。"波拿巴一点不含怒意地回答她，说到最后几个字甚至还带笑容："你疯了，可怜的约瑟芬，是你们圣日耳曼郊区家族的那些富贵老孀妇，还有你们那帮罗许富科①给你讲的海外奇谈吧……好吧，现在别打搅我了，你去吧。"波拿巴和气地对他妻子说的话，我常听他一本正经地宣告。关于这个问题的五六场争吵我都在场。此事还引起了博阿尔内家和波拿巴家之间的不和，也是无可否认的。

---

① 1613—1680，法国作家。

我已讲过，富歇是袒护约瑟芬的，而吕西安则是她最痛恨的仇敌。有一天罗德雷在波拿巴夫人面前肆无忌惮地猛烈攻击富歇，她激昂地回击道："波拿巴的真正敌人是向他灌输世袭国家、创建朝代、离婚和再结婚观念的那些人！"约瑟芬忍不住这样喊出来，因为她知道罗德雷在鼓动这些念头，他受吕西安的指使四处散布。记得有一天，她到鲁埃耳的小房子来看望我们，我陪她沿大路朝她召来的马车走去，我毫无保留地向她表示，我为波拿巴的野心，为他几个兄弟毫无信义的主张担忧。"夫人，"我说，"如果我们不能劝阻司令为王，我很担心他的未来。他如果重建王政，那他多半是为波旁王族操劳，使他们有朝一日得以重登他设置的宝座。古代政体得到重建，于是王位只不过是由哪个家族占有的问题，不再是自由政府或专制政府的问题。法国如果失去自由，何不选择古来的王族呢？您一定知道这种情况。您结婚还没满两年，您丈夫从意大利回来就告诉过我他向往王政。如今他已是终身执政。他怎肯决然到此罢手呢！他早已万事俱备，只欠一个空名。欧洲各国的君主谁也没有他这么大的权力。我虽感到遗憾，夫人，但是我确信，无论您本人如何，您将进位为王后以至皇后。"

波拿巴夫人任我说到这里，没有插嘴，但我一说到王后和皇后两词时，她就惊喊道："我的上帝！布里昂，这样的野心完全不合我的想法。我只求能一直做第一执政的妻子。把你对我说的话一字不漏地说给他听。尽量劝阻他称王。"我答道："夫人，时代大不相同了。最睿智的人、头脑最健全的人已坚决而勇敢地反对世袭制的趋向。但是现在忠言逆耳。他听不进我的话。什么时候谈论这个问题他都死抱住他的观点不放，要是严正地反对他，他的怒气就没完没了，他言辞严厉，声色逼人，凭威势压倒他面前的一切人。""可是，布里昂，他那么信任你，你不妨再试一次……""夫人，我向您担保，他决不听我的。再说，他收到路易十八来信时，我的话都说到头了。当时我向他指出，他没有子女，无人可以传给王位——从他和他几个弟兄的观点看来，他无疑是不愿为了他们而设置王位，我还能说什么呢？"至此约瑟芬再次打断我，大声说道："我好心的朋友，你说到子女时，他对你说了什么吗——他提到离婚了吗？""一个字也没有，夫人，我向您保证。"

以上便是我同波拿巴夫人在她叨念不已的事情上一次谈话的内容。试把拿破仑在圣赫勒拿岛说到他前妻的话与此相比较，也许并不乏味。据《回忆录》

记载，拿破仑在圣赫勒拿说，约瑟芬后来不得不放弃生育子女的一切希望时，她常常暗示一种重大的政治欺诈，最后公然向他提出。我不怀疑波拿巴说过有这类含意的话，但我不相信那结语。记得有一天，我已在办公室中就座，波拿巴进来时对我高声说道："好啊，布里昂，我妻子到底……"他说这话时那种大喜过望的劲头简直无法形容。我衷心祝贺他，但多半是出于礼貌，并非相信约瑟芬真使他做了父亲。因为我清楚记得，给波拿巴夫人开药方的大夫科维扎尔曾向我断言，他们两个是不会有什么结果的。约瑟芬求助的唯一政治欺诈就是药物；处在她的地位，换一个女性能不这样办吗？那么，这里夫妇两人的说法有矛盾，是不足为奇的。但是真相属谁一边？我毫不犹豫地认为在约瑟芬一边。女方对家庭秘事的忧虑和希望总是向唯一的亲信和盘托出；而男方在眼看他野心的巨厦夷为平地，在被迫退却中，还一心想保住他生平另一座荣誉的大厦完整无瑕。两人的说法确实有天壤之别。波拿巴当可记得，恺撒甚至不能容许自己的妻子有嫌疑的念头。①

　　第一执政在他人生经历的这个辉煌时期还不失时机地力图争得大众的钦佩和贤能之士的赞助。为此他对各门艺术表现了相当的热忱，也意识到促进工业需要政府的保护。但是必须承认，他又使政府的保护变得毫无价值，因为他不断破坏自由，而自由则是激励各方面进步的本原。1802年秋季，夏普塔尔先生主持在罗浮宫举办的工业产品展览会，第一执政大为满意。法国工艺达到的高度完善，尤其是展览会激起那些在和平期间来巴黎的众多外国人的赞叹，这些似乎都让他为之自豪。1802年时，首都呈现一派引人入胜和生气勃勃的景象。到检阅日全巴黎都拥往游艺场，高兴地观赏蔚为奇观的成群英国人和俄国人乘坐华丽的马车来来往往。自从三级会议集会以来，各种娱乐场所还从未接纳过如此众多的游客，各节庆日也从未显得如此壮观，那个时期以来首都也从未呈现过这么欢乐的光景。繁荣气氛处处可见，而波拿巴高傲地自命为其缔造者。他高兴地看到，他视为巨大政治温度表的公债迅速上涨。因为他看到，如果说由于雾月18日革命，公债的价值从七增长到十六，那么在终身执政表决以后，这个数字甚至又高涨了两倍，而8月4日参议院敕令的发表又把公债提高到五十二。

---

　　① 相传恺撒听到关于其妻的流言就同她离婚，声称恺撒的妻子不能受人怀疑。

巴黎显得如此兴旺繁盛之时，外省各地也处于和平安宁状态，外交事务方面也呈现出安全的象征。礼拜形式的重建无疑是这种幸运事态的一个主要原因。在政教协议签订以后，罗马教廷对第一执政可说已变得忠心耿耿，对法国的种种愿望处处表现得百依百顺。有些人反对重建礼拜，第一执政因克服了（至少表面上）他们的疑虑不安而扬扬自得，他批阅各地呈交的报告，看到报告说教堂经常满座便喜不自胜。的确，他在1802年整年都重视礼仪改革，礼仪在革命风暴中已变得失去节制了。第一执政利用教皇对他表示的好感，把他舅舅费什先生连升到教会的最高职位。1802年8月15日，费什被任命为主教，次年接受红衣主教的法冠。后来波拿巴又划给他里昂大主教区，他挂名至今。

这时我国同各国都和平相处，种种条件无不有利于把第一执政所追求的专制权力抓到手，这确实也是他能设想的唯一政府类型。他政府的突出特质，即使在执政府名义下也毫不含糊地证实了他的真正意图。如果他计划建立一个自由政府，显然他就要让各部部长对国家负责，然而他却想让他们对他本人负责。他把各部部长只看作他可恣意使用的、实现他意图的工具。仅此一点已足以揭露他未来的全部意图，为使公众知道各部部长是不负责任的，政府的全部法令只由当时的国务秘书马雷先生签署。这样，终身执政之职无非是帝国的一种伪装，甚至这也不能长久满足他的野心，他决心建立的是一个新朝。要达到这个目标有许多困难，他也感到自己的地位脆弱，但是他知道如何面对种种障碍，他已习惯于克服阻碍。他并非担心会在法国国内惹起什么困难，可是他有理由担心，国外列强不会满意地坐视一个新的家族重建君主政体。只要王位一直空缺，波旁王族的问题便可在某种程度上搁置不论，但是一旦恢复君主政体而排除了波旁王族，就会自然地在各国王族间引起惊慌。波拿巴不仅致力于在法国建立一个专制君主国，更糟的是他要建立一个军事专制君主国。他认为他亲手签署的法令具有一种魔力，能转瞬间把他的将领变为干练的外交官。因此他派他们到驻外使馆，似乎向派驻国的君主表明，有朝一日他会发动突袭夺取他们的宝座。任命拉纳前往里斯本朝廷或许是当时值得一读的趣事，因为这表现了波拿巴性格的真相，就是说，哪怕是对他最忠心的朋友，只要他厌烦他们并要摆脱他们，他就惯于采用这种手段。

波拿巴对拉纳已不再以你我相称，可是那位将军仍然这样称呼，简直难以设想这种熟不拘礼的称呼对第一执政的冒犯有多严重。拉纳是唯一敢对波拿巴以袍泽相待或直言无忌地吐露真情的人。这就足够使波拿巴决意将他驱除出左右了。但是用什么借口可以驱除攻占蒙特贝洛的将军呢——那得精心策划；而在这条真正邪恶的奸计中，我们会看到波拿巴使出了他极为拿手的狡诈手段。拉纳从来不顾明日如何，胡乱花费自己的金钱，正如他不吝惜自己的鲜血那样。贫寒的军官和士兵受惠于他的慷慨大度匪浅，他也把他们当作自己的子弟。因此他没有财产，反而负债累累。他不时缺少钱花，经常向第一执政求助，似乎把此视为当然之举。我得承认，波拿巴也从未拒绝过他。波拿巴对他的状况虽然一清二楚，有一天还是对他说："我的好同伴，你得稍稍顾全点外观。你应置备一处同你地位相称的产业。有所诺阿伊宅邸，你何不租下来，摆设得像样一点呢？"生性直率的拉纳毫不怀疑其中有何图谋，听从了第一执政的劝告，租下了诺阿伊宅邸，装饰得富丽堂皇。欧迪奥供应了一套价值二十万法郎的餐具。他这样顺应了波拿巴的意愿以后，来向波拿巴乞求他花费的款项四十万法郎。"可是，"第一执政说，"我没有这笔钱。""你没有这笔钱，那么见鬼，我该怎么办呢？近卫队钱柜里也没有吗？""你需要多少到那里去拿吧，以后我们再补回去。"拉纳料想不到其中别有用意，去向卫队财务官索要。财务官最初曾予回绝，等到获知第一执政同意后才答应。

　　拉纳拿到四十万法郎后不及二十四小时，财务官便接奉财务总管的命令，要他清理账册。拉纳透支钱款的收据当不了凭证。财务官凭借第一执政的权威也不顶用。第一执政突然一点记不起那回事，他把事情经过忘得干干净净。总而言之，拉纳得负责把钱款归还卫队钱柜。而他，我已说过，是一文不名的。他为此去到爱他如子的勒费弗尔将军处，原原本本述说了事情始末。"傻孩子，"勒费弗尔说，"你怎么不来向我要？偏要向那家伙举债？好吧，也无法可想，这里是四十万法郎，拿去给他，让他见鬼去好了！"拉纳急忙奔向第一执政。他嚷道："你怎么有脸干出这么卑鄙的事？我为你出了多大的力，为满足你的野心流了多少血，你怎么能这样对待我，给我摆个这样的圈套！这就算你保留给我的酬劳吗？你忘了葡月13日事变，那次成功我的功劳要比你的大！你忘掉了米莱齐莫，我是你跟前的将校！我在巴萨诺打仗又是为了谁？你不是没看到我在洛迪和格弗诺洛干得如何，我在格弗诺洛还负了伤；而你居然对我玩弄了这样的把戏！要不是我，巴黎在雾月18日早就发生暴乱了，要不是我，马伦哥之战你要败北。在蒙特贝洛，我独自，是的，我独自率领全师渡过波河，你反要把功劳算给根本不在场的贝尔蒂埃，这就是我委身屈从的报酬！不能这样，无论如何不能这样。我要……"波拿巴气得脸色苍白，还是听下去而没有发作。拉纳正要向他提出决斗的时候，朱诺听到吵闹声赶了进去。这位将军出乎意料的出现解脱了第一执政的窘境，平息了拉纳的怒气。"那么好吧，"波拿巴说，"到里斯本去吧，在那里你可以弄到钱，回国时就无须任何人为你还债了。"波拿巴就这样达到了目的。拉纳启程去里斯本了，回国以后，再不出口便是惹人厌恶的你呀你的了。

叙说了波拿巴如何对不起拉纳之后，我不妨于此附带交代一下造成我同第一执政破裂的详情。对于这事有种种不符实情的说法在流传，因此我极愿说明事实真相。

我向第一执政提出辞呈至今已有九个月。我的公务对我过于繁重，我的健康由于负担过重而趋于危殆，我的医师科维扎尔先生本来就催促我必须休养，这时正式警告我，像这样操劳过度，不可长此支撑下去了。

我决意听从科维扎尔的劝告，我的眷属更是急迫地恳求我照办，但是我一再推迟这决定性的一着。我不愿放弃保持了这么多年、只发生过一次波折的友谊。那一次是约瑟夫认为让我在富歇的餐桌上充当暗探最为合适。我还没有忘记这位攻占意大利的将军对我的待遇，一想起我要离开一个对我多方表示信任、我从童年时起便与之亲密无间的人，就十分难过。因此我陷于进退维谷的境地，除非有某种预料不到的情况才能解脱。这种情况果然发生了，下面便是我同拿破仑第一次破裂的经过：

1802年2月27日夜间十时，波拿巴向我口授一份非常重要而又紧迫的公文给塔列朗先生，要求这位外交部长于明天上午指定的时间来杜伊勒里宫。我按照习惯把函件交给执政府信使送往目的地。

这是星期六。第二天，星期日，塔列朗先生于午间来临。第一执政即同他谈论昨晚发出的函件中的事项，得知这位部长早晨才收到文件时未免吃惊。他立即拉铃召来信使，并命令要我来。他怒气冲冲，拉铃过猛，手在壁炉角上重重碰了一下。我匆匆来到他面前。"怎么，"他赶紧对我说，"我的函件怎么没在昨晚送出？""我不知道，我交给了负责经管函件发送的人。""去查问迟误的原因，赶快回来。"我迅即查明原委回到办公室。"怎么回事？"第一执政问道，他的怒气似乎有增无减。"是这样，司令，谁也没有过错。是没有找到塔列朗先生,无论在部里,还是他自己的公馆里,或者认为他可能去的任何一位朋友家里都没有。"波拿巴不知迁怒谁才好,塔列朗先生的冷静使他克制了些,可同时又打算大大发作,便从座位上起身走到大厅,叫来信使,厉声问他。那人被第一执政的怒气吓昏了,回答支支吾吾,而且语无伦次。波拿巴回到办公室,比他出去时更恼怒了。我跟随他去大厅,在回办公室时设法平息他的怒气,并请他不要为这件无关紧要的琐事失去自持。我不知他是否因为老是望着手上滴血而怒气倍增,无论怎样,他那怒不可遏的模样也是我从未见过的。我跟在他后面,将要进办公室时,他把门重重一关,我若距他再近两三英寸就会正好碰在我脸上。在这几乎是狂乱的动作同时,他还出言不逊,更令人不堪忍受。他当着塔列朗先生之面嚷道:"滚开,你这个笨蛋!"在如此难堪的侮辱之下,我承认,那已经控制了第一执政的怒气一下子掌握了我。我使出他关门的那股劲头把门一推,自己也不知怎么竟喊出:"你是比我还要笨百倍的笨蛋。"随即上楼到办公室顶上自己的房间里去了。

我绝没想到,也极不愿意为此事而离开第一执政。但是事情既出也就无法追悔了,因此不容我有思索的余裕,在余怒未消的状况下,我写了下述明确的辞呈:

司令:
　　我的健康状况不容我继续为您效劳。因此恳求您接受我的辞呈。
布里昂

写完后过了一会儿,我从窗户里看到拿破仑的几匹备好鞍辔的坐骑已在宫门等候。这是星期日,他一反经常的习惯,要骑马外出。迪罗克奉陪在侧,他一走我就下楼到他办公室,把我的函件放在他桌上。波拿巴同迪罗克于四点钟回来后,看见了我的函件,开启前他说:"啊,啊,布里昂的信函。"他一眼读过那短简,几乎马上就说:"他生气了——接受。"他回来时我已离开杜伊勒里宫,不过迪罗克把下述便条送到我进晚餐的地方:

亲爱的布里昂:
　　第一执政要我通知您,他同意您辞职,并请您告知我有关您的文件的情况。

您的迪罗克

又及：我即将拜谒您。

当晚八时迪罗克来到我处。我们进入办公室时，第一执政也在，我当即开始对意料的继任者做必要的交代，以便他担负起新的职务。波拿巴看我没理会他，又注意到我给迪罗克指点时神情冷淡，感到没趣，粗声粗气地对我说："好吧，我受够了！走吧。"我正在梯子上给迪罗克指明各种文件的存放处，听了马上下来走出去。我也受够了。

我在杜伊勒里宫又留了两天才找定住所。星期一我下来到第一执政办公室向他告别。我们极为友好地谈了许久。他说他对我的离职极为遗憾，又说愿意尽力相助。

第二天是星期二，第一执政邀我同他共进早餐。餐后他同别人谈话时，波拿巴夫人同奥坦丝硬要我看在她们一向对我表现的友情与善意情分上，去提出重任原职。她们说错处在我，是我忘了身份。我答道，我想到的是难堪而非补救，何况我真的需要休养。后来第一执政叫我到他身旁谈了许久，重申他对我的好意。

五点钟时我下楼来，准备长辞杜伊勒里宫，遇上执政府信使告诉我说，第一执政要见我。我走过通向办公室的房间时，迪罗克叫住我说："他希望你留任。我请求你不要回绝，赏我一次光吧。我对他明确说过我不能胜任你的职务。我不习惯于这个工作，而且，老实对你说，那差使我嫌烦。"我顾不上给迪罗克回话而径直进入办公室。第一执政笑脸迎接我，扯扯我的耳朵——那是他兴致最好时的动作——对我说："你还生气吗？"他带我到我原来的座位上，又说："来吧，坐下。"唯有素知拿破仑的人才能体会我当时的处境。有时当他做出选择时，他的仪态之中具有一种使人难以回绝的力量。我无法反对，只得重任原职，做原来的工作。五分钟后，通报晚餐已经摆好。"你同我一块吃饭怎样？"他说。"不行，有人在一个地方等我，我正要去时，迪罗克把我叫回来了。那个约会我必须去的。""那我就没话可说了。可是说定八点钟来到这里。""我准时来。"这样我又成了第一执政的机要秘书，我相信我们的和解是真诚的。

这事过后不久，有一天第一执政用关切的口气（我当然不会傻到听不出来）

对我说："亲爱的布里昂，你不能真的事必躬亲。政务增多了，而且还将增多。你知道科维扎尔说的话。你有个家庭，因此注意健康是对的。你可别让工作累坏了自己，所以须得有个人协助你。约瑟夫对我说，他愿意推荐一位秘书，他对那人评价很高。他将听命于你：他可以誊清你的文稿，完成不断交付给他的一切工作。我想，这就大大减轻了你的负担。"我答道："有个人协助我是再好不过了，等他熟悉政务以后，到一定的时候就可替代我。"约瑟夫给他弟弟派来的是曼纳伐耳先生，一位受过完善教育的青年人，还具备勤勉和谨慎的长处。我有充分的理由完全满意他。

我不久就察觉，第一执政急于使曼纳伐耳先生熟悉日常政务并习惯他的作风。他决不原谅我居然敢在他具有这么高权势时离开他，他正在伺机惩处我，他抓住一个不幸的事件作为摆脱我的借口，我也早就希望这一天快来了。

我要对此加以说明。此事本应使我得到第一执政的慰藉和帮助，却反而使我失宠于他了。我同他的破裂已成为各种错误说法的主题，我不愿自找麻烦去一一更正了。我只提一下我在罗维戈公爵的回忆录中读到的有关记载，内称我被控贪污。罗维戈先生是这样表白他自己的：

"自从第一执政被授予最高权力以来，他的生活就成了一部个人奋斗的多幕剧。他有个机要秘书布里昂先生，是他青年时期的朋友和同伴，现在分担他的一切工作。第一执政经常在深夜里找他，尤其责成他每天早晨七时来到身旁。布里昂准时携带他事先过目的公文来到。第一执政几乎毫无例外地要亲自看过其内容，然后处理一些政务，钟鸣九点时坐上餐桌。他的早餐只需六分钟，刚吃完就回到他的私室，直到吃饭时才出来，饭后马上又恢复他专心致志的工作直到晚上十点，那是他通常的就寝时间。

"布里昂具有天赋的十分惊人的记忆力，他能说、写多种语文，笔端敏捷，跟得上口授的速度。他还能以许多别的优点自诩：他熟悉各个行政部门，谙熟国际法，他的热忱和活动能力使得他的服务是第一执政不可缺少的。我知道他的首长对他寄予无限信任的各种理由，但我不能以同样的确信举出使他丧失那种信任的那些错误。

"布里昂有许多敌人，有些是由于他的个性，但大部分是由于他所据的地位。别的一些人则嫉妒他与政府首脑同享的声望，更有一些人是对他不用那种声望来增进他们的个人利益不满意。还有的甚至将他们的要求没能如愿归罪于他。反正没有人因为他缺少才干或行为不慎而指控他。他个人的行为是检点的。可是他确实参与了财政投机。这种情况很容易予人口实，于是他被控贪污。

"这就触及了最要害处，因为第一执政最痛恨非法牟利。然而，只靠一个人的呼声想要诽谤一个他多年来尊重和亲近的人的品格是要失败的，所以聚集了一些人，异口同声地反对他。无论那指控有无根据，反正是不择手段地要让第一执政相信他们。

"看来最有效的办法是直接同被告一方，或者同公认有所牵连的那些人通信。这种通信是以秘密方式进行的，其中谈到的财政活动，已构成了告发他的理由。于是，他们屡屡把向君主启奏真相的途径用于向波拿巴传送虚构消息的目的。我必须揭露这种做法。

"在路易十五时期，甚至在摄政时期，邮局组织成为一个精细的侦查体制。当然不是查每一封信，但对所有有理由怀疑的信件是要查的。可疑信件被拆开，认为扣压不妥的则录下副本，迅即送回正常途径。谁要告发他人只要借助这样的机构就能使他的告发大起作用。要达到目的，只须向邮局任意投寄函件，其措辞足以证实他想传达的意见即可。再尊贵的人也可能因为一封他从未读过的信或者信中他茫然不解的含义而受到怀疑。

"我这话是根据亲身经验说的：有一次，一封写明寄我的信件被拆开了，信中提到一件纯属编造的事情。被拆开的信件涉及我当时必须履行的某些职责，因此其抄件也转给了我，岂料我早已收到从寻常途径寄来的原件。我奉召回答这些复制件提出的各种问题，并趁机指出，盲目信赖从这种不可靠的途径得来的情报有多么危险。因此，后来这种获取情报的办法就不再受重视。但是布里昂先生受辱时期这种体制正被充分运用，他的各个仇敌正小心地利用这一手段。他们利用巴贝·马波阿先生玷污他的品格，马波阿洁白无疵的人品加重了他们的指控。这位严酷公务官的见解以及许多别的情况使得第一执政同他的秘书分手了。"

盗用公款指的是以欺诈手段挪用公款的罪行。但是支配公款不在我权限以内，我不经手任何款项，我怎么也想不通何以会被指控盗用公款。

除了报刊上发表的以外，我还未及读到罗维戈公爵的回忆录，家里便转来了巴贝·马波阿先生的来函如下：

先生：

　　我注意到近日报刊登载的一文，谨此附上。文中所述并非事实，窃自以为你我都有责任声明，我当时和现在对于所说的分手原委都毫不知情——书不尽言。

马波阿

　　我无须多说什么来辩白自己。上述马波阿先生主动送来的证言已足够推翻对我掀起的所谓盗用公款的指控，这种指控是由于缺少我同第一执政破裂真正原因的正确消息。

　　罗维戈先生也看出我的怨敌众多。我暗藏的敌手无非就是那些人，他们巴望君王左右没有这么一个对他的荣誉而非对他的虚荣心忠贞不贰的亲信。波拿巴对一位部长发泄不满时，曾当着马雷先生也在内的众人说过："我只要能再找到一个布里昂，你们这批人我一个都不要。"这就足够引起那帮嫉妒我享有这种信任的家伙对我的仇视了。

　　我有巨额投资的巴黎一家商行破产了，嫉妒和仇视我的人乘机挑拨第一执政对我不满。波拿巴始终不能原谅我想离开他这回事，在他坏脾气再度发作时终于决定把我的工作牺牲。

　　一家当时巴黎信誉最著的商行在其投机业务中承接了几项陆军的合同。商行实际上是同贝尔蒂埃打的交道，我在这宗生意中投入一笔款项，贝尔蒂埃是知情的。我哪里知道那些该倒霉的头目参与危险的公债投机，没多久就深深纠缠在内而招致破产。这惹起第一执政对我强烈不满，宣称他不再需要我为他工作。

　　以上便是我同波拿巴分手前因后果的真实说明。我否认任何人对盗用公款的指控提出哪怕是一件可以佐证的事实或者任何此类文件。我的行为不怕调查。我为波拿巴服务时，曾荐举任用了许多人，在共和十年花月6日的参议院敕令颁布之前经我提出，在逃亡分子名单上勾掉了许多名字，可是我从不指望他人的感谢。经验告诉我：那不过是句空话。

　　罗维戈公爵把我的失宠归咎于信件一再被截获，使我在第一执政眼里显得可疑。当时我不知道这回事。我深知那些对波拿巴谄媚奉承的人的奸计，他们几乎全是我的仇敌，但没料到会有如此卑劣的举动。多亏马波阿先生主动来函终于擦亮了我的眼睛，使我对此深信不疑。马波阿先生的来函前面已经照录，该函还有一则附言如下：

"我想起，某星期三第一执政在圣克卢主持一次部长会议时曾打开一张纸条，不及告诉我们内容就匆匆离座，显然他无比激动。几分钟以后他回来说把您解职了。"

第一执政的突然不快究竟是怎么引起的，因为对我同那不幸事件关系的报道失实，还是波拿巴仅仅以那事为借口，执行一项我确信是早已做出的决定，对此我还未能肯定。

我退居圣克卢的一所房屋，是波拿巴建议我购置，并允诺负担其装设家具费用的。我们即将看到他如何履行这项诺言。我随即派人通知波拿巴办公室的信使兰都阿，把寄我的信函全部放进波拿巴的公文包，因为许多给他的信信封上写的是我的名字。因这一通知，我接到曼纳伐耳先生的下述来函：

"我相信第一执政不愿把您的信函全部呈交给他。我想您仅指那些信封上写给您而可能同他有关的那部分信函。

"第一执政已函示公民拉瓦莱特和莫利昂把他们的邮包都写明寄他。我不能准许兰都阿遵从您的命令。

"昨晚第一执政显得烦躁不已。他一再说：'烦死我了！他是我从七岁起就认识的。'"

我认为他必将重新考虑那个不幸的决定。

第一执政在友情同高傲两者的冲突中度过整整一个星期。他稍一表示要召回我就遭到那群对他阿谀奉承的家伙的反对。我们分手的第五天，他召我去见他。他殷勤备至地接待了我，和颜悦色地说我在言谈方面往往太无拘束——这个过错我有心不去改正——然后又说："你的离职使我很懊丧。你对我用处很大。你既不过分贵胄气，又不过分平民气；不太倾向贵族派，也不太倾向雅各宾派。你谨慎而又勤勉。你比谁都了解我；而且你我之间，不妨说，我们应把这看作一种朝廷的事。看看迪罗克、贝西埃尔、马雷。不管怎样，我还是很想要你回来，可是你回来就证实了我少不了你那种说法。"

我确信如果波拿巴左右无人进谗言的话，他会召回我的。这个信念可以从他决定同我分手到正式宣布将我解职之间这段时期得到证实，我们的破裂发生在10月20日，到11月8日第一执政送来下列函件：

国务部长，布里昂公民：

我对您同我相处期间对我的服务感到满意，但今后无须您效劳了。我希望从现在起您放弃我机要秘书的职务和名义。我将尽早抓住时机以适合您的能力和才智并有助于公益服务的方式为您谋一生计。

波拿巴

如果说第一执政的恶意还缺乏证据，可看下面这一事实：收到宣告将我解职的信件不久，我收到迪罗克一张便条，是他为了卑劣的报复而授意写的。为了说明这一点我先得述说以前的事情。

为了保持少许自由，我谢绝了波拿巴夫人为我和我的眷属在马尔梅松准备的一套住房，而在鲁埃耳购置了一所小的房屋。第一执政已下令为这所房屋和我在巴黎的房屋配备家具。从下令的方式看，我毫不怀疑波拿巴的意思是把家具赠送给我。岂料我离开他的职务后他就要我归还。我起先对他的要求不甚在意，最多是指鲁埃耳的家具罢了；后来，他为报复的念头所驱使，不惜采取最卑鄙的手段指示迪罗克给我写了下述函件：

我亲爱的布里昂，刚才第一执政指示我今晚将您巴黎住所的钥匙送给他，内中家具不得挪动。

他还指示我把您在鲁埃耳或他处的全部家具，凡是得自政府的，都收入库房。

我请求您赐复以协助我执行上述命令。请您务必在第一执政返回以前将一切物件收拾停当。我万分抱歉。

迪罗克
共和十年雾月 24 日（1802 年 11 月 15 日）

我再提一件事实便可说明波拿巴有意使我受到毒辣的迫害。4月20日迪罗克送给我下述便条：

我亲爱的布里昂，请求您今天上午光临圣克卢。第一执政有事要我告知您。

迪罗克

这张便条使我焦急万分。我不得不怀疑,我的仇敌又捏造了新的诽谤性事实。但是我不能不说,我绝没有料到会身历如此下流的事。

迪罗克告诉我第一执政要他通知的事项以后,我当即给波拿巴写了下面这封信:

> 迪罗克将军要我此时等他,他通知我您已接到报告,说海军金库发现亏欠十万法郎,您要求我于今日中午归还。
>
> 第一执政公民,我不知这是什么意思!我全然不知其事。我向您庄严宣告:这一指控是最可耻的中伤。这是捏造的那些恶毒指控中的又一项捏造,目的在于破坏我对您的影响。
>
> 我此时在迪罗克将军的住所,恭候您的命令。

我一写好,迪罗克就把我的条子呈交第一执政。他很快就回来了。"好了,"他说,"他让我告诉你,这事完全弄错了——他现在相信他受骗了。他为此事表示遗憾,希望再不要提起。"

波拿巴周围那帮卑鄙的讨好奉承者巴望他把在埃及使用的敲诈勒索手段重新用在我身上。但是他们应当记得,为了敛钱而在埃及使用的枪炮齐轰方法在法国是行不通的,给革命车轮抹油的习惯流行的日子已经过去了。

第十九章 战端重启

第一执政从不指望同英国长久和平,但是他愿意和平,因为百姓在十年战争之后渴求和平,和平能提高他的威望,使他能为自己的政府奠定基础。和平为波拿巴攫取法兰西皇位之所必需,恰如战争之为巩固法国皇位并以牺牲欧洲他国王位为代价扩张法国边界所必需。这就是《亚眠和议》以及突如其来破裂的秘密。可是必须承认,战端重开比第一执政希望的要早得多。在和战大计上,波拿巴听取崇高的意见,但商讨这个问题时他老是宣称赞成战争,而只要英国对于欧洲各国政府保持巨大影响,战争即将招致祸患,第一执政把这点置之度外。英国显然寻求战争,而他着急的是不能让英国先下手。

他说:"怎么能让英国占尽先发制人的好处?我们必须惊动欧洲!我们必须出其不意地予以重大打击!"第一执政就是这么辩解的,我们不妨判断一下他的行动与他的情绪是否相符。

英国不履行条约激起了他的好战情绪,并在法兰西举国眼中证明立即宣战是完全合理的,他还要向国民解释,和平如果破裂是违背他意愿的。这种举棋不定状态并未延续多久,因为英国国王致书国会,述及法国各港口正在准备武器弹药,他们必须对筹划中的入侵采取预防措施。这一不守信义的事例激恼了第一执政,致使有一天他在一次公开接见会上,当着所有外国大使的面以非常粗鲁的态度质问英国大使惠特窝斯勋爵。

"这一切全是什么意思?"波拿巴说,"你们厌烦和平了吗?难道欧洲须得再次淹没在血泊之中?你们在做战争准备,正是这样!你们以为这样就能压倒我们?你们会看到,法兰西只能被打倒,却永远不会被吓倒,永远不会!"

英国大使对这突然的一击瞠目结舌,无以对答,只是允诺把这次谒见的情况转报本国政府。①第一执政的这种做法成了英国召回惠特窝斯勋爵和重启战端的口实，若非英国有意寻求战争，这种小事哪能引起战争。

英国和法国交恶时，两国都可以谴责对方不守信义，但是法国显然是有理的。英国拒绝按照《亚眠和约》规定交出马耳他，这明明是破坏和约的罪行。而法国可受指摘的不过是有不遵守条约的明显倾向。但是必须承认，由于皮蒙特以及巴马和皮亚琴察并入法国，扩张领土的倾向昭然若揭。那完全是波拿巴倚仗权势干的。可以料想，法国国内的繁荣和法国统治者的野心是英国感到不安的原因，但这不能作为英国公然不守信义，拒绝从条约签字时起三个月内撤出驻马耳他部队的借口；现在已时过一年有余，部队还驻在该岛。马耳他要恢复原有秩序，设置统治者和独立的骑士团，受教廷保护。维也纳、柏林和圣彼得堡三方政府保证条约的履行。

1803年5月12日惠特窝斯勋爵离开巴黎时，波拿巴已在圣克卢。十五天内曾经试图恢复谈判，但是没有成功，因此只能选择战争。第一执政在做最后准备之前，向参议院、立法院和保民院致送咨文。他在咨文中谈到英国召回大使，又出现的敌对状态，英王致国会的出乎意外的照会，以及紧接着英国各港口的武装。他说："法国千方百计促使英国恪守和约，可是无效。英方拒绝了

---

① 萨瓦里对这一罕见的场面描述如下："波拿巴抓住一次执政宫廷接见的时机发泄他对英国行为的不快。他刚读了驻伦敦大使的来文，大使呈交的英国国王致国会文书的抄件，谈到了所谓法国各港口正在武装的问题。

"他的头脑完全被细阅来文后产生的思绪所支配，那天他没有进入第二大厅，而径直去找各国大使。他在英国大使面前突然止步时，我距他不过几步远，他怒气冲冲地提出了一连串质问：'你们的内阁是何用意？造谣说我国各港口正在武装，动机何在？怎么，这种方式就能使各国轻信，或完全忽视我国的真实意图吗？了解实际情况的人谁都会看到，只有两艘运输船正在装备以驶往圣多明各；那个岛屿吸引了我们的全部注意，占去了我们可以动用的一切资财。你们为什么这样抱怨不已？难道和平已经成了负担，可以甩掉吗？欧洲又将陷入血泊中吗？你们在做战争准备！想装腔作势吓唬我们！法兰西只能被打倒甚至毁灭，但是永远吓不倒！'

"大使恭敬地鞠躬，没有作答，第一执政离开他的座位，但不知是因为怒气发作感到燥热还是其他原因，他停止徘徊，退入私室，波拿巴夫人随之而入。转瞬间大厅里空无一人。俄国大使和英国大使在窗前继续交谈，大厅里已无来宾。'说实话，'俄国大使对英国大使说，'我们怎么也料不到有这样的发作。那么您打算如何回复呢？您应该把此事报告本国政府，同时根据事情本身采取适当的行动。'

"他采纳了这个意见。两国间的交往变得冷淡而审慎。英国早已做出决定。很快两国政府间便处于针锋相对的状态。

"两国间互相照会，要求明确澄清事实；随之要求护照。第一执政立即发给了护照。我在圣克卢的密室时，马雷先生被引入，带来了随同护照发出的复文的修改稿。他向第一执政宣读，并用最客气的词句称道惠特窝斯勋爵的个人品德，对他表示深切关注。他很满意，这回大使毫无影响本国政府的行为。"

每一次提议，其要求越来越蛮横——可是法国决不屈服于威胁，并将为信守和约和法兰西的荣誉而战斗，而且确信，因为法国的事业是正义的，人民是勇敢的。她有权期望得到应有的结果。"

这份咨文是庄严的，没有波拿巴经常流露的那种吹嘘劲头，参议院除复文外还投票通过建造一艘战列舰，费用由参议院津贴支付。波拿巴自己行事时通常在文告中用人民的名义，如同他在终身执政问题上的做法。但是正如我常说的，他为自己的利益所做的一切都便宜了波旁王族。波拿巴虽然还不是君主，却坚决要求英国国王放弃法兰西国王这个空洞尊号。这个尊号之保持至今，似乎暗示旧日的权利还没有放弃。这项提议被接受了。因此，波旁王室返回时，在《巴黎条约》上，法国国王这个尊号才从英国国王的许多尊号中取消了。

英国怨恨的理由首先是英国的货物被查禁，这在缔和以后反而比战争时期更加严格了。英国方面有了这项声明，已无须再提出任何别的理由抱怨了；但真相是，英国对我国的繁荣局面以及我国制造业受到的推动感到惊骇。英国政府希望获得一纸能给我国兴旺的贸易以致命打击的商约。但是波拿巴表示反对，因此，他可能早已预见到同英国破裂，他是故作吃惊罢了。

英国政府的敌意显然出于对商约的失望，英国国王的声明曾提到这一点。声明中埋怨法国在大不列颠和爱尔兰各口岸派驻了大批人员，身份为商务代办，而这种身份及其享有的各种特权只有凭商约才能得到。我想，这就是英国政府怨恨的真正原因。不过以此作为宣战的理由未免荒唐，因此英国才历数了其他的怨诉理由，如皮蒙特和巴马及皮亚琴察两邦与法国的合并，法军继续留驻荷兰等。法国对土耳其的用心和打算也引起了种种议论，对此的不满源出塞巴斯蒂亚尼将军，我已说到，他被派往埃及去了。在这点上，我敢说，英国政府获知的传闻是真实的。波拿巴曾屡次同我谈到他对东方的想法，以及他想方设法打击英国在印度的霸权的计划，无人认为他会放弃这些计划。两国政府这样彼此指摘的结果是双方都不再守信义了。

同英国重开战端时，波拿巴的多数兵种都毫无准备——官兵大批准假在外，骑兵处于破落境地，炮兵因有重铸全部野炮的计划而暂时缺乏战斗力。但这种种困难，都似有魔力地一一克服了。他靠征兵补足兵员，撤销重铸大炮计划，从各大城镇筹募钱款，不久即占领的汉诺威提供了大批良马供骑兵乘用。

《亚眠和约》破裂约七个月之际，即 1803 年 12 月 15 日，第一执政召我去杜伊勒里宫。他对我不可理解的行为我还记忆犹新。因为有一年多不见他了。所以接他的召唤时我感到颇为不安。实际上我是因为叫我预先带上睡帽，唯恐要去文森宿夜而大吃一惊。

约定晋谒那天，拉普值勤。我并不向他隐瞒我对此次会晤的结果感到担心。"您不必担心，"拉普说，"第一执政只是想同您谈谈。"于是他通报我已来到。

波拿巴来到我等候他的大厅，以最愉快的方式招呼我，寒暄数语之后，打听道："各方对我准备突袭英国的准备工作怎么说？""将军，"我答道，"对此意见分歧很大，人人都是怎么希望就怎么说。例如常来看我的絮歇并不怀疑此事的发生，盼望到那时再向您证明他的谢意和忠诚。""但是絮歇告诉我你并不相信。""是的，我当然不信。""为什么？""因为五年前您在安特卫普对我说过，您不愿让法兰西冒一死的危险——那事情太危险了——从那以后，情况并没有什么改变，因此还是不太可能。""你说得对，那些相信要突袭的人都是蠢材。他们看透事情真相，我率领十万大军登陆是不成问题的。会打一场大仗，我将取胜。可是我必须算计到有三万人死伤或被俘。如果我向伦敦进发，还要打一仗，不妨假定还是我战胜；可是军队折损四分之三，援军毫无希望，我在伦敦又当如何？那岂不是发疯！在我们的海军占优势之前，那样做就是冒险。大军集结北方另有目标。我的政府必须先发制人，否则就将失败。"那时波拿巴显然希望隐瞒他的意图，他做到了。他想让各方相信他意在突袭英国，目的只是为了把全欧洲的注意力吸引到那个方向。他在敦刻尔克让大家讨论改建各港口的种种计划，并趁机大谈其对英国的进一步打算，连左右最能干的人都骗过了。

入侵英国是1803年秋季和冬季全欧注意的重大目标。但是次年年初巴黎本身一时成了一连串吸引公众注意的事件的舞台。

有个福舍—波勒被派往巴黎去调解莫罗和皮什格鲁。皮什格鲁将军因果月18日事件被放逐，第一执政尚未准许其返回法国。他寄居英国，等候有利时机来实行他原来的各项计划。莫罗在巴黎，可是从未在第一执政的接见或招待会上露过面。两位将军敌视波拿巴已是尽人皆知的事，不过皮什格鲁是公开的，而莫罗则是隐蔽的。但第一执政事事顺利，对这两位将军表示的是轻蔑而不是害怕。莫罗这个名字在军队中的影响比皮什格鲁大；策划推翻执政府的那些人知道，没有莫罗的帮助就成不了事。

时机并不有利，但是他们既已参与英国内阁的部分机密，知道和议仅仅是一次休战，他们还是很想利用这种情况实现和解，以便能够确保日后利害的一致。莫罗和皮什格鲁关系很坏，因为莫罗曾把在德·克林林先生马车中收缴的文件呈交督政府，使得皮什格鲁的叛国行为暴露在光天化日之下。此后皮什格鲁的名字在军队中便失去了影响，而莫罗的名字对于在他指挥下打过胜仗的人则是亲切的。

福舍—波勒的计划是不对任何事情做出决定便同莫罗妥协。莫罗生性疏懒或许再加上他的良知，使他奉行这句格言：人和事都以顺其自然为好，因为拖延在政治上同在战争中一样有用。况且莫罗是真正的共和派，如果他犹豫不决因而没有参与，那他显然不会帮助重立波旁王室，而这恰是皮什格鲁所企求的。

以上的话可看作几个更加重大的阴谋事件不可缺少的引言，这些阴谋发生在标志执政时期结束的那个重大事件之前。我指的是乔治·卡杜达尔、莫罗和皮什格鲁密谋案，以及拿破仑性格上无法洗刷的污点——处死当甘公爵。关于乔治密谋案，发表过各种不同的见解。我不想否定其中任何一种。我只叙述我耳闻目睹的那一可怖事件。我决不相信我在许多著作中读到的那种见解，说什么此事是警方为了给第一执政登上宝座打开道路而策划的。我想这是对此有利害关系的人所谋划，但受到富歇的鼓励，以利他官复原职。

为证实我对富歇的行为和手腕的看法，我必须指出，1803年末，有几个人设想了调解莫罗和皮什格鲁的计划。富歇当时不在部长任上，他唆使同莫罗一派的人和莫罗的伙伴去造访莫罗，他们是无心的，因受富歇的影响，激怒了这位将军。原先的打算是让莫罗和皮什格鲁共同的朋友戴维神父设法实现他们的和解，可是他被逮捕并送往坦普里监狱，于是由一个叫拉若莱的人接手。一般人都认为拉若莱是富歇雇用的。他前去伦敦，劝说皮什格鲁和他的朋友返回巴黎，然后回程宣告他们的意图，并为接待和毁灭他们做好布置。这项阴谋的唯一基础是莫罗的不满。我记得1804年一月末的一天，我拜访富歇，他告诉我他去过圣克卢，同第一执政对事态做了长谈。第一执政对目前的警务表示非常满意，他这样渲染描绘无非是为了显得他更加重要。富歇问："如果向您报告，乔治和皮什格鲁早已来巴黎并部署他所说的阴谋，我该怎么说？"第一执政对富歇的错误似乎颇为得意，他以满意的神情说道："你的消息真灵通！雷尼埃刚接到伦敦来函说，皮什格鲁在城区附近的金斯敦同英王的一位大臣进餐。"

富歇坚持他的说法，于是第一执政从巴黎召来大仲裁人雷尼埃。雷尼埃向富歇出示信件。第一执政起先看着富歇弄错了显得很得意，可是富歇毫不含糊地证实皮什格鲁和乔治是在巴黎，雷尼埃这才相信自己受了密探的骗，他的敌手付的报酬比他多。第一执政看得明白，他的前任部长比现任部长知道的多，便将雷尼埃解职而留富歇谈了许久。富歇怕引起疑窦而对自己的复职不置一词。他只请求将此事交付雷阿尔经办，并命令雷阿尔服从他可能从第一执政处接奉的一切指令和训示。

在叙述我熟悉的莫罗和其他被告被捕的情况之前，我想先把我在这些重大事件发生期间同波拿巴的一次长谈做一介绍。

莫罗被捕而尚未开审的时候，即1804年3月8日早八点，第一执政接见了我，这并非出于我的请求。他问了几个极关紧要的问题，如我在做什么，有无需要他帮助之处，并保证说他忘不了我，又说了一些关于阴谋案的含糊看法，然后，他突然转换话题说："另外，听说有关我同奥坦丝有暧昧关系的流言还在继续，关于她头一个孩子的最可恨的谣言也在流传。当时我以为，这些流言蜚语之盛行是因为公众不愿意我断绝子嗣。你离开我以后还继续听到那一类话吗？""是的，将军，常常听到。我真没想到这种坏话会流传至今。""想起来真叫人害怕！你知道真相，你什么都见到了，什么都听到了，再细小的事也瞒不过你，她爱上迪罗克时你正是她的心腹。因此我希望，如果你写到关于我的事时，要洗清这种有损名誉的谣言。我不愿这种话随同我的名字传给子孙后代。我拜托你了。你总不会相信这种难听的丑话吧？""不相信，将军，从不相信。"于是他谈到奥坦丝的种种生活情况，她平素的待人接物以及婚后的变化。"结果并不符合我的愿望，他俩的结合并不幸福。我感到难过，不仅因为他俩都是我亲近的人，这也似乎证实了那帮家伙关于我同她亲密关系的丑闻。"谈话结束时他说："布里昂，有时我还想任用你，但缺少恰当的理由，怕旁人会说我少不了你。我要让他们明白，我离开任何人都行。"我说了其他几句关于奥坦丝的话后答道，"因为和我相信的完全相符，我会照您的愿望办的，但也不是全靠我，因为真相已是人所共知的。"

博阿尔内小姐对第一执政感到敬畏，向他说话时就禁不住打颤。她从不敢请求他帮什么忙，有事相求也总是向我提出。我说话也无效时才说是替她请求的。"小傻瓜，"波拿巴说，"她怎么不自己来求我？她怕我吗？"拿破仑对她只有父爱，别无其他。他同她母亲结婚后，爱她如同亲生女儿。我目睹他们的私生活至少有三年之久。我断言，我从未见到一点可以引起疑心的事，也从未见到不正当亲密关系的丝毫痕迹。这些谣言只能说是对名人品性的恶意中伤，使人不假思索便会轻易相信的那类中伤。我坦白地宣告，在他告知我之前，我早已知道有这种可恶的指控，我若有丝毫这种怀疑，当然要揭露——但那不是事实。他已去世，对他的回忆只应限于真正发生过的事。无论好事坏事，公正的史家不能把这种责难当作对他的指控！在结束这个微妙的主题时，我必须说：他的各项守则都严格到极点，指控他的那种过错他从未想到过，那也不符合他的道德观念或情趣。

现在我要回到1804年初接连迅速发生的那些更具大众性的事件。为对这些事形成一个正确的观念，有必要既分别而又连带地加以考虑。

具备起码智力的人都会相信，乔治、莫罗和皮什格鲁以及其他有关人员的阴谋案若非警方纵容默许是永远不会发生的。莫罗从不希望波旁王室复辟，我对他最亲密的朋友卡朋奈先生太熟悉了，因而深知他内心的隐情。他的观点与乔治、波力奈、里维埃以及别的一些人绝不相同。

当甘公爵之死是这次大审讯中可怖的插曲，在叙及大审讯的详情之前，我还要讲到一些事实，这或将有助于从混乱不堪的阴谋和谎言中理出真相来。

多数阴谋分子被关押在坦普里监狱和拉福斯监狱。拘禁在坦普里监狱的一个叫布维·特·洛齐厄的人企图上吊自杀。他用自己的围巾上吊，正要气绝时狱卒进入。被救活以后他供认，他不怕死，但受不了审讯的考验，与其因恐惧而招供，不如决意自杀。事实上他供认了。正是在他供认的那天上午，莫罗从自己在格罗波阿的乡间别墅去巴黎，途中被捕了。

富歇通过自己的密探使皮什格鲁、乔治和其他一些保王分子相信，他们可以指靠莫罗，据说他十分同情他们。莫罗确曾告诉皮什格鲁他受骗了；为此，也为了他自己，莫罗再没对皮什格鲁说过此事。鲁西容在3月14日的审讯中供称，波力奈对某人说过："看来一切全坏事了，他们彼此并不了解。莫罗言而无信，我们都受骗了。"里维埃先生也供称，他很快就发现他们受骗了，他正要回英国时被逮捕了。确实，他们从皮什格鲁那儿了解了莫罗的声明以后，全体阴谋分子准备离开巴黎。正在这时，他们几乎同时全被捕了。乔治在去旺代途中被人出卖。那人在警方默许下从他离开伦敦起一直尾随他，并且不管他在何处和打算干什么都一点不去惊动他。

阴谋分子几乎同时全部被捕说明,警方十分明了他们的行踪。

皮什格鲁拒绝在审讯笔录上签字,他怕警方会用某种化学方法复制他的笔迹,再填到不是他的供词上去。他害怕泄露出自己同莫罗的关系,因为现在正在设法毁灭莫罗,也怕泄露警方教唆阴谋分子采用的手段。

2月15日夜我得知莫罗已被捕,次日清晨,我去到卡朋奈先生同他侄儿居住的圣彼埃路打听这位将军被捕的详情。使我大吃一惊的是,我还未及和看门人说话,他就先告诉我卡朋奈先生和他侄儿都已被捕。"我劝你,先生,"看门人说,"赶紧走开,因为来拜访卡朋奈先生的人都受到监视。""他还在家吗?"我问。"是的,他们正在检查他的文件。""那么,"我答道,"我要上去。"我有理由为卡朋奈先生的友谊自豪,对他的回忆在我是亲切的。他对自己的被捕倒不如对他侄儿和莫罗的被捕感到痛苦。然而他侄儿几小时后即获释,他本人则被送往圣彼拉杰监狱去单独监禁。

于是本来一无所知的警方很快获知一切。警方虽有探子遍布法国,从布维·特·洛齐厄的供词中发现,接连有三次登陆都已神不知鬼不觉地实现。本来还有第四次,但由于第一执政派了萨瓦里将军去逮捕那些可能登陆的人才未能实现。这再清楚不过地证明,警察忠于原先的首脑,联合决定来哄骗新部长。

必须记住,波拿巴的一切图谋无不朝向一个目标——创建有利于他的法兰西帝国;虑及这一点也是重要的:第一执政对和平破裂后逃亡分子的状况有何变化也很关注。

波拿巴同各政府处于和平状态时,波旁王族的事业得不到各国政府的支持,逃亡分子除了顺从情势外也别无选择。但战争的复起改变了一切。这时波旁王族的目标与对法作战列强的目标一致起来,战争还起了把国外的和已经归国的逃亡分子以及那帮不满分子联合起来的作用。他们的敌意加上武装对付波拿巴的列强,不由让人三分。

这就是1804年初乔治阴谋案各首要分子和同谋分子被捕时,有关逃亡分子的事态。3月21日当甘公爵被处决;4月30日向保民院提出了在法国建立一个由个人主宰的政府的议案;5月18日参议院尊奉拿破仑·波拿巴为皇帝;最后,6月10日乔治和他的同谋分子被判刑。于是波旁王族中一个人的流血和法兰西王冠加于一个幸运的军人头上,就成了乔治阴谋案惨剧的两幕插剧。

还须记住，此时我们正同英国作战，而奥地利和北方巨人也行将勾结起来对付我们的新皇帝。

现在我要对当甘公爵惨死的详情略加叙述。那位不幸的王孙因恋爱正耽在爱登赫姆，同在国内策划阴谋的那帮人并无联系。1804年2月15日莫罗被捕，这时阴谋已经败露。皮什格鲁和乔治也于2月间被捕，而当甘公爵的逮捕迟至3月15日。那么，如果那位王孙果真同阴谋有牵连，甚或他仅仅是知情，那么他所谓的同谋犯既已被捕，他三天之内准能得到消息，他还会在爱登赫姆停留片刻吗？他说，他在爱登赫姆人地生疏，此事传到该地时，如果确凿，他父亲和祖父为了他个人的安全会通知他的。判处乔治及其同伙死刑的事于1804年6月10日通过，而当甘公爵甚至在审讯开始之前的3月21日即已枪决。这样仓促的处置又该如何解释？假如像拿破仑所说、波旁王族的这个年轻人是他们的同谋，他怎么没和他们同时被捕？他怎么没同他们一齐受审，何以在那次可怕的审讯过程中一次也没有提到这位鼎鼎大名被告的名字？难道是怕他的答辩会暴露这一神秘事件？任何有理性的人绝不至于把当甘公爵视为卡杜达尔阴谋案的共谋人。拿破仑卑劣地滥用他的权威编造谎言，企图以此瞒过当代人和子孙后代来逃避对他的憎恨，而这种憎恨将因为他的残暴而永远和他的名字连在一起。

如果那时我还是第一执政的亲信，我相信当甘公爵的鲜血永远不会沾污波拿巴的荣耀，因为我相信我能够劝阻他实行这个害人的图谋。我知道他的目的不外乎吓唬来自爱登赫姆的逃亡分子，那儿是他们群趋避难的所在。

据传当甘公爵曾上书波拿巴，表示愿意为他效劳，并谋求在他军中任职，而该函直到行刑后才呈交上去。这真是荒唐已极。他的口供笔录没有提到此事——实际上根本不曾有过这样的事，也不能设想那位王孙会怀有这样的念头。同他在一起的人说他从未写过这样的信，我也决不相信有谁胆敢扣压致波拿巴的信，这信对这位如此庄严崇高的牺牲者来说性命攸关。

拿破仑在圣赫勒拿的自述中竭力开脱自己的罪责，说只要他接到那位王子的吁请就一定会赦免他。但是，如果我们把他说过又经他的忠实随从传给我们的话加以比较，不难发现漏洞百出，事实是无可怀疑的。拿破仑不肯承认处死当甘公爵的真正原因，但是无情的历史将载明，他于当甘遇害三个月之后称帝，历史不像他同时代人那样宽宏大度，是不会归咎于时机、犯罪狂热或者阴谋的。

这一血腥景象发生在文森堡。卫队掷弹骑兵司令官奥登纳将军奉陆军部长之命前往莱因地区，对自己统辖的新布里撒克的宪兵队各头领下达训令。这位将军派一小队宪兵去爱登赫姆，3月15日当甘公爵于该地被捕，当即解往斯特拉斯堡卫城，在那里停留到18日以等候巴黎的命令。命令很快下达，并迅即执行，载运那位不幸的王孙的马车于20日上午十一时抵达关卡，停留五小时，然后经外林荫道驰上通往文森的道路，入夜到达文森。这一可怖事件的每一场景都在夜间发生——太阳甚至都没有照到其悲惨的结局。士兵奉命星夜开赴文森；当晚命运之门对那王孙关闭了——法庭连夜开庭审讯他，或者不如说是不经审讯就判处他。3月21日凌晨六时，下令开枪，那位王孙一命呜呼。请允许我在此提一下当时的反应：当甘公爵被处死的消息传到巴黎所激起的惊骇令人回忆起恐怖时期。啊！如果波拿巴能看到笼罩首都的凄惨气氛，并同他自马伦哥战场凯旋时所呈现的欢乐景象做一对照，他会想到，他的荣耀已经无可洗刷地被玷污了。

获悉这则噩耗后，我决定去马尔梅松拜见波拿巴夫人。我知道，出于对波旁王室的感情，她会陷入无比深切的哀痛。我先派个差役去探听接见对她是否方便，以前我从未预先探询过，此时此地倒认为是正当的了。我一到就被引入她的梳妆室，只有她同奥坦丝还有雷米扎夫人在；我发现她们全都哀伤万分。"布里昂，"约瑟芬一见我就说，"多么吓人的事啊！你真不知他近来处于何种精神状态——他回避，怕见任何人。谁能提议他做出这样的行动呢？"我把我所知悉的详情告诉约瑟芬后，她惊呼道："多野蛮啊！不过谁也不能责怪我，因为我已尽一切力量劝他不要执行这项置人于死地的计划。他不信任我，可是你知道我会猜出来的，他也承认了一切。可是他多么粗暴地拒绝了我的哀求！我抓住他，我跪倒在他的脚下！'管你自己的事去！'他狂怒地喊道，'这不是女人的事——走开。'他那粗暴的态度，是你们从埃及回来后我俩见面以来从未有过的，仁慈的上帝啊！我们将会落到什么地步呢？"

我无话可以平息波拿巴夫人的忧伤，因为我同她一样悲伤，只能对波拿巴犯下的这种罪行表示遗憾。"巴黎舆论怎样？"约瑟芬说，"我肯定他必定受人憎恨，甚至这里他那帮奉承者也暗暗感到吃惊。从昨天到现在我们是多么哀痛；而他——你知道他对自己不满时是怎样的——谁都不敢对他说话，我们的周围是一片哀伤，他交给萨瓦里的是什么使命啊！你知道我不喜欢他，因为他也是逢迎拍马的人之一,他们的阿谀奉承足以毁坏波拿巴。啊,对了,昨天萨瓦里到我这里来完成当甘公爵死前交付他的一项令人悲伤的任务。""你看,"她往下说,"这是他的画像和一绺头发,他请求我送给他的一个亲爱者。萨瓦里向我叙说公爵临刑前的几句话时几乎掉泪;后来又努力克制自己说:'看到这样一个人的死,谁也不能不引起最痛苦的情感。'"

第二十章　皮什格鲁之死

当甘公爵之死的直接后果还不限于在首都引起的普遍惊骇。消息迅速传遍外省和外国，到处引起惊恐和忧伤。外省有个影响巨大的社会阶层叫作"城堡贵族"，可说是外省的圣日耳曼区。迄今为止这些城堡贵族的舆论对于第一执政并非不拥护，因为他们感到人质法太严厉，而他减弱了人质法的作用。所以他在很大程度上赢得了他们的好感。但是当甘公爵的死讯使得那些还在动摇的甚至已经转变的人又背离了他。这件暴行消除了使人对他的政府产生希望的那种吸引力，唤起了迄今一直沉睡的种种情感。

对于各国朝廷其后果也不见得不重要，甚而变得更加严重。我从非常可靠的方面获悉，英国显然只待亚历山大皇帝接到消息，抱有组成新的联盟反对法国的希望。亚历山大公开表示愤慨。我听说，庇特[①]获知这位法国王孙的死讯时说，波拿巴给自己造成的损害比宣战以来英国对他的损害还大。庇特其人不会关心任何人的死活，但是他看到而且抓住了自己头号劲敌的这个重大政治错误所给予他的全部利益。

维也纳政府的政策是不以抗议或任何其他行动表示不悦。法国军队驻扎在汉诺威，使柏林朝廷一点不敢表示同情，最多只能在王后私室中有所议论。但是此事肯定大大改变了各国君主对于第一执政的态度，加速了英国同奥地利和普鲁士的秘密谈判。

当甘公爵之死是当时正在进行的大审讯的可怖插曲，随后波拿巴便晋升帝位。在这个时期的反常现象中，这也算是罕见的了，即对危害共和国的犯罪案

[①] 小威廉·庇特（1759—1806），英国历史上最年轻的首相，当时他正在自己的第二次任期内。

件的判决，是以公然毁灭了共和国的皇帝的名义宣读的。他全凭这点聪明先宣告自己为共和国皇帝，这是他宣布自己为法国人的皇帝的前奏。我们看到他这两个方面——他向自己目标迈进的闯劲和他对灵活善变及大胆这两手的巧妙运用——不能不佩服波拿巴的天才。这使他有时胆敢挑逗机运，有时又能避免不可克服的困难，不仅到达路易十六的宝座，而且登上了重建的查理大帝的宝座。

但我的目标并非推究历史，我只是要叙述当时所见以及事后所闻的，关于乔治、皮什格鲁和莫罗以及其他被告的审判案的各个方面。我亲自听了此案的全部辩护和审理，根据我听到的一切，我深信莫罗决非阴谋分子。

前已述及，莫罗是于布维·特·洛齐厄供认之日被捕的；皮什格鲁则是利用最丑恶的叛卖手段捕获的。警官们找不到他的躲藏地点，就以十万克朗诱使给他提供隐蔽场所的一个老朋友交出了他。这个卑劣的家伙确切地描述了皮什格鲁藏身的房间，警察根据他的告发，利用假造的钥匙，在床上抓到了这位攻占荷兰的将军。

皮什格鲁被捕在2月22日晚间，出卖他的欺诈朋友名叫勒白朗。皮什格鲁也是布里恩军校学生，我们离校以后我从未见过他。他年龄比我们大，他已是助教时，我们还是学员。我清楚记得，让波拿巴重述头四条算术规则的就是他。还有巧事，即皮什格鲁和波拿巴是同时被授予炮兵中尉衔的。他们的命运有多大差别！一个准备登上宝座时，另一个是坦普里监狱一间地牢中孤单的囚犯。

皮什格鲁被捕之后四十天，即4月6日早晨，他被发现死在坦普里监狱地牢中。他经过十次审讯，可是一点没有供认，也没有牵连任何人，但是他的全部供词使人料想，他一定是在审讯室上大胆而公开地讲出来的。他说："我在各位法官面前的发言是符合真情和我国的利益的。"我相信他能遵守诺言，因为他以性格坚定果断著称。这方面他与受妻子很大影响的莫罗不同。

毫无疑义，皮什格鲁是在狱中被扼死的，以免他泄露任何不合意的事。所以人们认为他必须死，这是他死亡的真正原因。

皮什格鲁刚死就告知了其他囚犯；他们既然全都认识他，谁也不信他是自杀——他们当时该是多么恐惧！

对待莫罗不像对其他囚犯那样严厉。确实，即便宽待也不见得太平，因为他甚至在狱中也受到士兵的崇拜和尊敬。连守卫他的也不例外。巴黎普遍相信，只要莫罗胆敢向看守他的士兵发一声号令，那狱警队伍会立刻组成一支荣誉卫队，随时准备为保障这位在霍亨林登获胜的将军的安全，而执行一切必要的命令。或许正因为他受到尊敬的对待，对于朝夕可见妻儿也尚满意，同时也因为他坚信对自己的指控是不公正的，他才似乎冷漠地顺从地忍受一切。

拿破仑称帝之后约十天，即5月28日，审讯开始。巴黎的轰动情况是以前任何同类事件中都没有的。逮捕莫罗所激起的愤慨公开地表现出来了，警察都制止不了。公众对于乔治等人的舆论已经上当，认为他们是拿英国津贴的刺客，可是对于特·波力奈先生、特·里维埃、夏耳·道西厄，特别是莫罗，情况完全不同。人群的好奇和他许多朋友的焦急所造成的情势真需要一队卫兵把莫罗围住才能抑制，他们已注意防范，不让情绪增强到成为一个爆发点，以免这位深受士兵崇敬的将领一声呼喊足以号召他们起而保卫，很可能发生拥护莫罗的骚动，对此，有些人盼望，另一些人害怕。我确信如果法官判处他死刑，骚动将会发生。

审讯开始之日，司法宫各通道人群簇拥得水泄不通的状况简直难以想象。审讯历时十二天，拥挤状况持续了十二天，通过判决那天格外拥挤。第一流人士无不极愿到场。

审讯过程中迫使我注意的最显眼的事实有二——其一是庭长对待囚犯如此粗暴；其二是莫罗的无辜。但是莫罗在最狡猾最巧妙的审问中，从未暴露任何破绽。十分明显，他对在伦敦策划的全部阴谋诡计一概不知。事实上，在整个审讯过程中，我没发现他同其余犯人有何牵连，诉讼中听取证词的三十九名证人中几乎没有一个认识他。他自己供称，被告人中他一个不识，也全没见过。他的外表同他的内心一样平静，他坐在庭上好像一个为好奇而出场的人，不像可能判处死刑的被告。

若不是从敌人行列中飞出的杀死莫罗的那一发子弹，若不是玷污霍亨林登胜利者军帽的外国帽徽，他的完全无辜早已毋庸置疑了。

有一次开庭时发生了一件事，几乎产生了闪电的效果。此事仿佛仍在眼前，我看见莫罗的挚友勒古布将军带着一个幼童突然闯入法庭，他把孩子举起来情绪激动地放声高呼："士兵们，看看你们将军的孩子！"这突如其来的行动使得在场的士兵全体起立，不约而同地伸出双臂，这时，群众中喝彩声四起。可以肯定，那时只要莫罗一开口，拥护他的热情就会高涨到推翻法庭，要求释放他的程度。可是他仍然默不作声，好像是全庭唯一漠不相干的人。

乔治引起的兴趣远不如莫罗——他是好奇的目标而非利害相关的目标，他以凶猛坚决的态度对待他的命运；他的举动和风度都像一个粗野的士兵，但在粗鲁的外表下藏有英雄的灵魂。有关他自身的一切他全部公开，但只要牵连到同伴就保持最固执的沉默，千方百计想要打破他的坚决态度也是徒劳。

审讯过程中最令人感兴趣的还是波力奈先生、道西厄和里维埃。贵族的特权刚被剥夺，不顾任何人道而竟让一个光辉名字的后嗣在大庭广众前露面，这肯定是失策。他们生来的忠诚献身的英雄气概不能不赢得大家的崇敬。被告全都年轻，他们的处境博得万分同情。大部分人都不屑求助于否决，他们似乎不惜自己的性命，更要紧的是为他们参与的事业保持荣誉。甚至法律之剑高悬头顶之际，波旁王室的忠仆仍无时无刻不表现他们的爱戴和忠诚。我还记得，庭长举出特·里维埃先生犯罪的一桩证据是他佩戴一枚达阿图瓦伯爵的纪念章。特·里维埃先生请求准许他察看这枚纪念章；递给他以后他吻了那纪念章，紧紧按在心口，交回时他说，他只盼对自己爱戴的王公尽臣下之礼。退庭时众人纷纷垂泪。

宣判前一天开庭时，整个法庭都看到的波力奈弟兄竞相表现的慷慨友爱之情，更是深深地感动了大家。哥哥在供称自己是独自外出，又是在白天，不像迫切要躲避的阴谋分子之后，又增加了一段永远铭刻在我记忆里的崇高言辞，尤其令人感动——"现在我仅有一个希望，当宝剑高悬在我们头顶，危及被告中数人的生存时，希望你们即使不念我弟弟的无辜，也请姑念他的年幼而赦免他，让你们报复的全部重压都落在我身上吧。"第二天，死刑判决宣布之前，茹耳·特·波力奈先生向全庭致词说："昨天我为我哥哥的发言深深感动，以致没能顾到做正式答复。可是现在我既已完全平静下来，我向诸位先生恳求，不要考虑他为我着想的要求。我对这事提出相反的、更加公允的意见，如果我们当中必须有一个成为牺牲者，如果还来得及，救救他吧，把他还给他眼泪汪汪的妻子吧；我是独身汉。我同他一样能够从容赴死——我太年轻，还未及尝到生活的乐趣，不会为失去这种乐趣而惋惜。""不，不，"他哥哥喊道，"你的一生刚刚开始，应该受刑的是我。"

上午八时法庭成员退往会议室。审讯开始以来，听众不仅没有减少，反似日渐增加，这天上午虽然一时还不会宣判，没有一个离开，生怕重新开庭时挤不进来。通过死刑判决的有乔治·卡杜达尔、布维·特·洛齐厄、鲁西容、罗歇耳、阿芒·特·波力奈、夏耳·道西厄、特·里维埃、路易·杜各、彼各、拉若莱、罗吉、哥斯特—圣—维多、台维耳、加耶、若约、布班、勒默西厄、让·卡杜达尔、勒朗和默里耳；而茹耳·特·波力奈、勒里当、莫罗将军、罗兰和伊赛仅仅各判处两年监禁。

宣判以后，全场骇然，消息迅即传遍巴黎。我有充分理由断言，那天是公众哀悼日；虽是星期日，所有娱乐场所全都空无一人。胡乱通过众多牺牲者的死刑判决，其中大部分属于社会最上层的阶级，已经激起恐怖，加之对莫罗的判决所激起的嘲笑。判处莫罗的荒谬，看来谁也没有波拿巴本人那样明白，他以最清楚的言辞说到此事。

特别法庭判决以后，皇帝的妹夫、巴黎总督缪拉马上求见，恳求他赦免全体囚犯，因为缪拉看出，在他登基之初，赦免他们给他增添的荣耀要比处死他们对于帝业增添的安全为多。缪拉的行为就是如此。但是他并未请求个别赦免任何人。获得皇恩特赦的有布维·特·洛齐厄、鲁西容、特·里维埃、罗歇耳、阿芒·特·波力奈、道西厄、拉若莱和加耶。

对嗜血的警方其余不幸牺牲者的判决于 6 月 25 日执行，即对特赦的人宣布之后两天。他们一刻也没有丧失勇气和坚定；乔治知道谣传他已获赦免，请求先死，以便让同伴知道他并没有脱离他们而苟活。

第二十一章 加冕称帝

许久以来，法国各地的政府代理人就已奉命以人民的名义为第一执政谋求，人民所不乐意而波拿巴在貌似顺从普遍民意下一心向往的东西，即不受限制，无须以其他名义掩饰的君主权力。前述已被发觉的阴谋的时机以及我所做的有关说明是不可忽视的。民政、军政和教会等机构无不急切地抓住时机大批呈上请愿书、祝贺函件和感恩书。上书人大部分并不限于庆贺，而是恳请波拿巴巩固他的事业，其真实含义是要他攫取世袭的帝制权力。

在这出壮观的戏剧的场景中，波拿巴以他惯有的才能扮演自己的角色，小心翼翼地藏身幕后，让他人为他的处置做准备。

参议院在此事中领先，于庆贺第一执政逃脱所谓的"英国的匕首"的同时，没忘记恳请他切勿迟误他大业的完成。由于尚未确知的某种原因，波拿巴把参议院的这份请愿书搁置不复近一个月，到答复时仅仅请求把请愿书的目的表达得更清楚些。参议院和波拿巴之间的这种书面协商是秘密的，没有立即发表，到他想要传达结果时才予公开。为得到他想望的结果，必须让他正在深思熟虑的计划在保民院提出，保民院议员居雷荣幸地正式提出把执政制共和国转变为帝国，波拿巴晋升至皇帝尊号，拥有世袭之权。

居雷在4月30日的会议上扩充了他向保民院提出的议案，我也在场。开头他历数了制宪议会以来的历届政府时期泛滥法国的种种弊端，末后说，"因此我提议，把我们的愿望——实为全国的愿望转达给参议院，其目标：第一，宣布目前的第一执政拿破仑·波拿巴为皇帝，在帝号下继续担任法兰西共和国元首；第二，宣布皇帝尊位由他的家族世袭；第三，我国各项制度中至今仅具轮廓的，应予明确规定。"这就是居雷的解释性的长篇演说词。我看到一群保民院议员拥向保民院去报名对这个问题发言——个个都补充了原提案人的话，原案本已明显地是由他授意，而最后还要回到他那里。总之，演说者无不竭尽歌功颂德之能事，一个个有过之而无不及。

保民院通过了居雷的提案，再无须隐瞒参议院的首倡提案了；梨子已届成熟，因此参议院的请愿书于原来日期之后四十天发表了。

为使他们的行动更加隆重，参议院全体前往杜伊勒里宫，由议长康巴塞雷斯宣读请愿书。他以参议院名义致词，他在发言中说："一看到危险——上帝已从中救出定要实现自己意图的英雄，自然而然想到的第一个念头是：图谋消灭第一执政就是图谋消灭法兰西。那么，赐给我们紧密结合的各项制度吧，这种体制当会比你久远。你将开创一个新纪元，但你要使其传之久远；荣耀只有经久才不是虚空的。伟人啊，完成您的大业，并使其同您的荣耀一样永垂不朽吧！您已从过去的混乱中解脱了我们，您使我们能够安享今日的幸福；又为我们保证了未来。"谁能拒绝这样的颂扬奉承辞令呢。

参议院有此答复，基本上已大功告成，现在剩下的只不过是一些典礼要加规定，程式要予补充。安排这种种杂事耽搁了十五天；到 5 月 18 日，拿破仑终于第一次受到原先的同事康巴塞雷斯对他的祝贺，用皇上这个称号。康巴塞雷斯身居参议院首脑，前去向新任皇帝呈交关于创立帝国组织法的参议院敕令。拿破仑在圣克卢，参议院也在圣克卢正式隆重复会。从康巴塞雷斯的演说中，大家首次听到采用陛下这个尊称。然后皇帝答道：

> 凡能增进国家福利的一切，都是我的幸福所系。你们认为这个称号对于国家的光荣有作用，我接受。关于世袭继承法，我听任人民的批准。我希望法国永远不会为加于我的家族的荣耀感到后悔。不论如何，如果我的子孙再不值得这个伟大的国家爱戴和信任的话，我的心灵也就不再护佑他们了。

然后康巴塞雷斯上前向皇后庆贺，三年前我在马尔梅松向约瑟芬所做的预言就此实现。

波拿巴晋升帝位的当日以皇帝身份办的第一件事就是封约瑟夫以大选侯之职外加殿下称号。路易也擢升至警长之职，也加殿下称号，康巴塞雷斯和勒布仑分别被封为帝国宰相和财政大臣。

第二天皇帝驾临巴黎，在杜伊勒里宫举行朝见，他这人怎肯耽误与他新称号俱来的自豪和虚荣所产生的踌躇自满之情。聚会的辉煌壮丽和人数之众多都是空前未有的。禁卫军司令贝西埃尔以禁卫军的名义致词，皇帝答道："我知道禁卫军对我怀有的感情，我充分信任他们的勇敢和忠诚。我经常注视袍泽弟兄们，他们逃脱了这么多次危险，满身光荣的创伤，使我越看越高兴。我看到禁卫军，想到十五年来无论哪一仗都有他们的人参加就感到满意。"

同一天，在巴黎的全体将官和校官都由路易以警长身份引见。几天里一切都呈现新面貌。万众赞颂，声冲霄汉，但是巴黎人私下里都嘲笑那批新朝臣举止笨拙，这使波拿巴大不高兴。

为使他的登基典礼尽可能庄严隆重，波拿巴下令参议院亲自在巴黎宣布关于组织法的参议院敕令，这一敕令完全更改了国家宪法，该仪式定于花月30日举行。

波拿巴登基以后的日子，旧有的程式都恢复了。皇帝决定赐予法国王子和公主以帝国殿下称号，他的姐妹也赐给同样称号。帝国的高官大臣称为尊贵的殿下；大臣的子弟和有衔的人都称为阁下，各国务大臣具有阁下头衔，向他们有所呈请时外加阁下敬称；参议院议长亦赐给阁下衔。

与此同时，拿破仑任命了第一批帝国元帅，并决定对他们口头称呼为元帅大人，书面尊称为阁下。这些共和国子弟由于一个袍泽弟兄的愿望而转变为帝国栋梁，他们的姓名如下：贝尔蒂埃、缪垃、蒙塞、儒尔当、马塞纳、奥热罗、贝尔纳多特、苏尔特、布律纳、拉纳、莫蒂埃、内伊、达武、贝西埃尔。元帅衔已授予参议员克勒曼、勒费弗尔、佩里农和塞律里埃。

我们已看到，波拿巴怎样巧妙地避开了执政府宪法的规定。那部宪法禁止他在共和国领土以外担任总司令，他就颁给马伦哥方面军以后备军番号。他晋升帝位以后这部宪法不再保留了。

这种困难既已消除，他的嗜战欲望无疑便油然而生了。他很想在新的尊号下大显身手。我熟知他的个性，所以我完全有资格说，他试图以不甚正当的手段在大陆上挑起战争。他在这方面有很大的优越条件，他既不为自爱所约束，也不害怕开罪任何强国，他要一切都顺从他，使自己一直保持至尊地位。我以前说过，波拿巴从未认真考虑过进犯英国，只不过以此为借口聚集一支大军——

以迷惑大陆各强国——使英国因害怕入侵而告警，借以鼓舞本国军队的士气。这些计划波拿巴对谁也没说过，连他的大臣也不曾告知。唯有他才能制订的这项计划，在我看来是现代的伟大奇迹。

拿破仑在位的第一年保留了7月14日的节庆，这唤起了对人民的两大胜利的回忆——攻占巴士底监狱和第一次联盟。那一年的这一天是星期六，但是皇帝下诏于星期日举行庆典。这是符合他对于国家教会协议的情绪的。他说："使我坚决反对重建天主教信仰的就是从前有那么多节日要纪念。一个圣徒纪念日就是一个偷懒日，我不喜欢那样，因为百姓必须干活才能活命。我同意一年四个节日，不能再多，如果罗马的大人老爷对此不满，他们尽可以离开。"丧失时间在他看来是极大的灾难，所以他总是把少不了的庆典合并到已经奉献于宗教用途的日子去举行。

7月15日，星期日，皇帝在盛大的帝王仪仗簇拥中首次在巴黎市民前露面。当时在巴黎的荣誉勋章荣获人员遵照新的程序宣誓，这时皇帝皇后是由人数众多的一队扈从随驾。他们前往荣誉军人院，受到身任典礼大臣之职、已在指挥典礼的塞居尔先生的接待。他把皇后引到为接待她而准备的座位上，她的座位在祭坛右面拿破仑的宝座对面。我虽然反对这样豪华的盛典，还是出席了这次仪式，因为两天前迪罗克既已发给我几张入场券，我想还是谨慎为好，万一迪罗克是奉他之命行事的，那么拿破仑灵活的目光将会注意到我没到场。

我花了约一小时观察帝国新贵们高傲而有时不免可笑的气派，我也注视教士的行动，他们由红衣主教贝洛阿带领，在皇帝驾临时前去迎接。当我看到我昔日的同伴和布里恩军校的同学高踞宝座之上，四周簇拥他的是显赫的帝国高官，他的各位大臣和各位元帅，头脑里便产生了多么怪异的种种念头啊！我不由自主地回想到雾月19日。想到波拿巴口舌结巴得非常厉害，我不得不拉他的上衣要他退下时，这一切豪华场面就消失无遗了。引起这样的回想并非由于嫌恶或嫉妒心，在我们两人经历的任何时期，我都不愿对换地位。但只要是能回想的人，他若出席一个以前难以同自己平起平坐的人的高升仪式，都可能产生这时首次折磨我的这些古怪念头。

皇帝在庆典上宣布，他将亲自去给集结在布伦的军队颁赐荣誉勋位。不久他就实践了诺言。他于18日离开圣克卢，兼程前往，第二天上午大家还都忙于准备接驾时，他已在他们中间视察工事了。

他离开时，巴黎普遍认为颁发荣誉勋位只不过是个借口，重大的目标是突袭英国。这的确只是借口，皇帝想要激起军队更高的士气，他要以新的尊位在军队前露面，参加一些大规模的演习，使军队服从他可能发出的第一声号令，确实，谁能相信，做了这么广泛的准备工作——有这么多的运输船，全军准备随时登船——竟从未真正打算突袭英国？但就是这样，打击是朝向另一方向。

距离恺撒塔不远之处，布伦和蒙特累耳军营的八万人在苏尔特元帅指挥下，聚集在一片广大的平野上，参加颁发铸有御像的十字形荣誉勋章仪式。我同波拿巴去埃及以前的第一次海岸之行时曾见过的这片平野，是一片圆形凹地，中央有座小山，现在成了波拿巴在士兵中间的御座。他同显赫的臣下驻驾小山上，各团队围绕这个光荣的中心排列成行，看似四射的光芒。波拿巴在这个大自然之手布置的御座上高声宣读几天前在荣誉军人院宣读过的同一份誓言。这是呼唤全军鼓起士气的信号，拉普对我谈到这次典礼时说，他从未见过皇上表现得这么高兴。他怎能不高兴？那时命运似乎听从他的愿望。这灿烂的一天起了一阵风暴，报告说他的小型舰队有部分折损之虞。波拿巴离开他颁发十字勋章的小山，前往港口指挥，看看可以采取何种措施。他一到达，风暴就魔术似的停止了。小型舰队平安进港，完整无损。他返回军营。为士兵准备的体育和娱乐节目开始了；入夜，灿烂辉煌的烟火直冲云霄，光彩四射，从英国海岸清晰可见。

他检阅部队时，总是向军官也时常向士兵问起他们参加过哪次战役，给重伤员颁发十字勋章。我想在这里稍带说说皇帝采用的一种奇特的小骗术，这对激励部队士气起了极大的作用。他会对一名副官说："找团长打听一下，他的部队里有没有参加过意大利或者埃及各次战役的人。问明他的姓名、家乡、家庭情况，以及他干过什么。还要问他的军号，属于哪个连队，报告我这一切情况。"

到检阅那天，波拿巴一眼即可找出给他描述过的那个人。他走到那人面前，仿佛认识对方似的，称名道姓，说道："哦！原来你在这里！你是个勇敢的人，我在阿布基尔见过你。你的老父亲怎样了？怎么！你没有获得十字勋章？等等，我发给你。"于是这个高兴的士兵就会逢人便说："你们看，皇上认识我们大家，他知道我们的家庭，他知道我们在哪里服军役。"这对士兵该是多大的鼓舞。他还说，他相信大家迟早都会当上帝国元帅！

洛里斯顿告诉我一些拿破仑在布伦军营驻驾期间的逸闻，其中一则是两名英国水手英勇无畏的杰出事例。两人是《亚眠和约》破裂后法国最大的英军战俘营凡尔登战俘营的俘虏。虽然对一切英国人严加监视，但他们从凡尔登逃出，来到布伦，沿途却没被发觉。他们在布伦停留数日，因不名一文而无法再逃。他们没有登船的希望，因为对各种船只都监视甚严。两名水手用小块木板尽量并合，制成一条小船，他们除了小刀之外没有其他工具。他们用帆布盖上小船。小船只有三四英尺宽，长度也相仿，轻巧到一人就能容易地背在肩头。对家园和自由的热爱是多么强大的激情！他们如被发觉，准要枪毙；如果逃脱，同样也难免要溺死，然而他们还是决意乘坐他们脆弱的小船试渡英吉利海峡。他们从海岸上看到一艘英国快舰，就推出小船，竭力追赶。他们离岸不及一百特瓦兹①就被海关官员察觉，追出去抓了回来。这个冒险事件的消息传遍军营，两名水手的非凡勇气成为大伙谈论的主题。事情传到皇帝耳中。他想看看这两个人，他们连同小船被解到他面前。凡是不平常的事物都能触发拿破仑的想象力，他对于这么大胆的计划竟用这么软弱的工具去执行不觉感到惊异。皇帝问他们道："你们真的想用这个渡海吗？""陛下，"他们答道，"如果您不信，放我们走，您将看我们离开。""我放你们走。你们是勇敢而大胆的人，无论在哪里，我见到勇气就钦佩。但是你们不应用性命去冒险。你们已经获释；还不止此，我还要把你们送上英国船。你们回到伦敦，要告诉别人我如何敬重勇敢的人，哪怕他们是我的敌人。"拉普同洛里斯顿、迪罗克以及其他许多当时在场的人，对于皇帝的宽宏大度都感到十分惊奇。这两人如果不是带到他面前，会被当作间谍枪决，现在反而获得自由，拿破仑还赏给每人若干金币。这是拿破仑获得最强烈印象的事件之一，他在圣赫勒拿岛同拉斯·卡萨斯先生的一次谈话中还曾回想起这件事。

拿破仑从布伦军营下诏创设十年奖金，他打算于五年后的雾月18日周年纪念日第一次颁发，这是对创建执政制共和国纪念日的无害庆祝。这个办法又似允诺延长共和国的寿命，后来并未达到。所有这些小事都没引起注意就过去了；但是拿破仑曾屡次对我发挥他欺骗世人的伎俩，所以我深知其真实价值。也是在布伦军营，他凭个人意志下达一纸诏令，毁坏了共和国最崇高的机构综

---

① 法国长度单位，相当于1.949米。

合技术学校，改为一所纯粹的军事学院。他知道那个高等教育圣地培育的是共和精神。我同他一起时，他常对我说，所有的学校、学院和公众教育机构都应受军事训练。我多次竭力反对这种想法，然而无效。

布伦设营时期是英国见欺于波拿巴最甚的时候。英国人真的以为他有意入侵，政府耗竭一切力量招募人员，征收钱款来防备受到突袭的危险。的确，这对进攻的一方总是有利的。他可以选择他认为最方便的地点去行动，而防的一方唯恐受到攻击，不得不处处设防。然而，拿破仑那时正当他的天才和处于活动的兴旺时期，目光老是越过周围的事物，盯着远方那些似乎吸引了他全部注意力的目标。这样，在我所说的这次旅程中，其目的表面看来就是组织莱因地区的各营区。他从罗歇福特和布伦派出两支分遣舰队，一支由米尼西指挥，另一支由维尔内夫指挥。我不详述这两支分舰队的情形，我只是提与其有关的事，即皇帝还在比利时的时候，洛里斯顿突然出乎意料地来看望我。他是在赴土伦途中，要去指挥将登上维尔内夫舰队的部队。他对被任命的这个职务不大高兴。

洛里斯顿的来访对我是一次幸运。我们向来友善，我听他讲了不少事，特别是皇帝消度时间的方式。他说："你想象不出皇帝日理万机的情形，他的驾临激起了军队多高的热情。但是他对承包商的怒气比从前大，他对待有些承包商非常严厉。"洛里斯顿这番话并没使我吃惊，因为我很知道拿破仑讨厌承包商和所有同军队有买卖关系的人。我常听他说，他们是国家的祸害和痼疾；他无论获得多大权力，都决不给他们任何人一点荣誉。还有全体贵族阶层的荣誉，在他是最受不了的。承包商在督政府时期，甚至在执政府最初两年，都是重要人物。他建立帝政以后再不是要人了。波拿巴有时同他们打交道如同他以前对埃及的巴依那样，强行向他们勒索军饷。

已经约定约瑟芬和皇帝在比利时相会。他从布伦军营前去比利时，这使那些以为入侵英国的时候终于来到的人很是吃惊。他在拉肯城堡同皇后会合。城堡事先已经由皇帝下令修葺，新近更是装饰得富丽堂皇。

皇帝沿莱因河畔的城镇继续他的旅程。他首先停留的是亚琛城，穿越三个主教区，沿途视察了科隆和因逃亡分子而闻名于世的科布伦茨，抵达麦茨，他在这里留驻的特殊意义是首次试探同教廷谈判，以便劝诱教皇前来法国为新皇帝加冕，以教会的批准和支持来巩固他的权力。拿破仑这次旅程历时三个月——十月间才回到圣克卢。

他回来后，派了戈发雷利出使罗马，使命是试探教廷，劝说教皇圣上驾临巴黎在拿破仑加冕时封以帝号。我已叙说过我所知道的皇帝的宗教观念——宗教在他似乎仅仅是一种虚伪的感觉，而非基于深思熟虑的信仰。虽然如此，他对教会的威力还是相信的——不是说对他的政府有危险，而是对大多数人民有影响。拿破仑不能理解，佩剑戴冠的君主怎么能向教皇下跪，或者让他的王杖屈从于圣彼得的任何一位代表。他的心灵非常伟大，不能容忍这种想法。相反，他认为教会和他的权力相结合是影响人民舆论的恰当手段，是使人民束缚于一个因教皇政权庄严核准而合法化的政府的附加纽带。波拿巴没有上当。在这件事上，同许多别的事一样，他的天才睿智，能够理解教皇封他帝号的全部重要意义；在路易十八没有臣民，没有领土，只有幻想的王冠可戴，也不曾领受过神圣涂油礼的情形下尤其如此——休·卡贝的子孙正是因为神灵涂油礼而成为教会的长子。

一经奏明皇帝戈发雷利出使成功，教皇俯允他的心愿，即将驰往巴黎亲手确立查理大帝的王杖，他满心想的尽是为那件大事做准备。在此之前，除了英国，欧洲各国都已承认拿破仑为法国人的皇帝。

缔结国家教会协议时波拿巴对我说："我让那些共和派将领对群众爱怎么叫嚷就怎么叫嚷吧。我知道我干的是什么，我是为子孙后代工作。"现在他该收获国家教会协议的果实了。他下令，教皇在其途经法国领土的旅程中，各地都须以最隆重的礼仪接驾，他则前往枫丹白露宫迎候圣父。这是波拿巴重建旧日宫廷出巡先例的机会，出巡时旧日正式朝臣将被更换。现在已成皇宫的枫丹白露宫同所有旧日王宫一样，新近经过整修，其豪华和情调堪同近世进步的工艺相配。皇帝在通往尼慕尔的道路上行进时，信使禀报庇护七世已临近。波拿巴的目的是躲避原已商定的仪式。因此他想以率领一伙人出猎作为借口，教皇车驾到达时他好像恰巧在途中。他跳下马背，教皇跨出马车。拉普随侍皇帝，我还记得听他以德国口音讲述这次重大会晤时的神态，然而他是不大把这种场面放在眼里的。事实上，拉普虽在皇帝左右，却是保持个性独立的人之一，他知道他没有理由对我弄虚作假，他说你想想那出有趣的喜剧是怎样演出的吧。皇帝和教皇拥抱够了之后，跨上同一辆马车，为使他俩处于平等地位，他们要同时各从一门进入。那全是事先决定了的。但进早餐时皇帝却在算计如何设法表面上不露痕迹地赶坐到教皇右侧，结果一切如愿。至于教皇，拉普说，"我得承认我从未见过比庇护七世面貌更加和善,风度更加可敬的人。"

教皇和皇帝在枫丹白露宫晤谈后,庇护七世首先启程前往巴黎,沿途对他表示的敬意不亚于对皇帝的敬意。他下榻杜伊勒里宫的花神殿。由于悉心照料,使教皇寝殿的布置和陈设同他在罗马的常驻地蒙特卡罗宫一模一样。

教皇驾临巴黎真是异乎寻常的事件,虽然早有议论,还是令人难以置信。因为在这个首都,仅仅四年之前,所有圣坛都被推翻,少数虔信者不得不秘密祈祷,的确,哪有比在这里看到教会的首脑更令人感到出奇的事呢。教皇成了公众致敬和普遍好奇的对象。我很想瞻仰他,当他参观皇家印刷厂时我如愿以偿了。那时印刷厂就在目前法兰西银行的地点。厂长在圣父驾临时呈献一册用一百五十种语文印制的主祷文。还发生了一件很值得载入史册的事。一个缺乏教养的青年人在教皇面前还戴着帽子。有几个人对他这种无礼态度甚为气愤,上前要摘掉他的帽子,引起一场纠纷,教皇看到这事,走向那个青年人,用真正教父般的慈爱口吻对他说:"青年人,脱下帽子,接受我的祝福吧。一个老年人的祝福决不伤害任何人的。"我可以说,在场的人无不为这件事深深感动。庇护七世的仪表令人起敬,这是从未见过他的人也可作证的,因为戴维的画像把他描绘得惟妙惟肖。

教皇莅临巴黎在伦敦引起的轰动超过了其他任何地方,虽然英格兰国教会已经脱离了罗马教会。这时英国内阁散发诽谤拿破仑的文字,极力影响舆论。他们这样做的目的无疑是激怒英国人民,把后者的注意力从那些可能造成群情愤激并使他们变得不孚众望的目标上引开。那时皇帝对英国的怒气达到了极点,这种情绪在某种程度上确是法国的民族感情。

现在拿破仑已达到他野心的第一个目标,但是他野心的扩展是没有限度的。现在又开始准备加冕典礼了,因为此事不久就要举行。这项活动推动了各行各业,对巴黎各职业阶级的思想产生了极为有利的效果。大批外国人和外省人观光首都,豪奢之风和旧时习俗的恢复,使各行业的大批工匠诸如马具工、马车工、花边工、刺绣工等都有活可干了。他们在督政府下是无人雇用的。这些现实的利益在巴黎造成的支持者比想象和传说的还要多。公道地说,这种百业俱兴的景象是十二年来从未有过的。皇冠上的宝石在珠宝商边奈的商行里公开展出一个时期。皇冠本身形状轻巧,饰以黄金叶片,看上去不似法国皇冠,倒像古罗马诸帝的皇冠。这些贵重的饰物连同奉拿破仑之命从亚琛运来的皇杖都珍藏在国家宝库里。

我不想详述 1804 年 12 月 26 日举行的典礼了——闪闪的珠宝摇曳的羽饰，皇帝仪仗行列中披着华丽马衣的骏马，按照罗马习俗，教皇仪仗以骡子为前导，引得巴黎市民兴高采烈，这些都已有不少人描述过了①。

加冕典礼的次日，当时在巴黎的部队全部集合在马斯广场，发给他们鹰旗以替换共和国旗帜。这个典礼我真的很喜欢，因为看到拿破仑身穿禁卫军司令官制服在他的士兵中间使我很高兴。这使他唤起了我对意大利方面军总司令和埃及远征军总司令的回忆。

军校前面建立了一座硕大的检阅台。军校虽然现已改为军营，仍使我回想起少年时代的同学。台后可以看到皇帝皇后的宝座。一声令下，各路纵队都向宝座靠拢。然后拿破仑起立下令分发鹰旗，并向各军团的代表发表演说如下：

"士兵们，看看你们的旗帜吧！这些鹰旗永远是你们的集合地点。鹰旗永远在你们的皇帝认为保卫他的宝座和他的子民所必需的地方。誓为保卫鹰旗而牺

---

① 下文关于皇帝加冕典礼的记述，可以补充布里昂的节略：

"圣母院内部新近油漆过，装设了富丽堂皇的特座和座席，被大批观礼者挤得水泄不通。

"御座设在中座末端的高坛上，正对大门，教皇圣座在高高的祭坛边的唱诗班内。

"教皇自杜伊勒里宫出发，沿码头前往主教官，从那里经秘密入口进入唱诗班。

"皇帝和皇后从典礼广场出发。仪仗行列通过圣奥诺莱街到伦巴街，然后经交易桥、司法宫、圣母院的庭院进入主教宫。这里已为全体扈从准备好厅室。他们个个盛装参加典礼，有的身穿光荣的官职制服，有的穿军服。

"圣母院外面，从主教宫到圣母院正门，用木料架设了长长的穿廊，皇帝的扈从行列即由穿廊来到，真是威武壮观。行列由本已众多的朝臣带头，其次是佩戴勋章的帝国各元帅，随后是皇帝的大臣和高官，最后才是衮冕盛装的皇帝。他进入大教堂的一刻，同时爆发了皇帝万岁的欢呼声。出现在这座宏大建筑四周的无数人物构成了一幅奇特无比的挂毯。

"仪仗行列从中座的中间通过，来到面对高坛的唱诗班。下述景象也同样叹为观止：唱诗班周围的座位上挤满了最优秀的伴侣才能生养的俊秀至极的女士，其中多数在其美貌风采之外又以各自佩戴的生辉珠宝互相媲美。

"教皇圣父走到安放在唱诗班中央的讲经桌前会晤皇帝，一边另有一张皇后的讲经桌。他们在那里念了一段短短的祷文后回来坐在教堂末端正对唱诗班的御座上，他们在御座上听教皇念弥撒。他们去奉献又回转；然后步下御座平坛，前后相随去领受涂圣油礼。皇帝和皇后到达唱诗班后再次在讲经桌旁就座，教皇在那里主持仪式。

"他把皇冠呈交给皇帝，皇帝接过后戴在自己头上，又取下戴到皇后头上，再取下搁回原先放置的垫褥上。一顶稍小的皇冠立即戴到皇后头上。这一切全是事先安排的。皇后左右有众淑女簇拥着，瞬息之间一切事都办了，无人察觉已经改朝换代。仪仗行列移回平坛。皇帝在坛上恭听赞美颂歌；法事结束时，教皇亲自上坛，似乎在宣布：弥撒告终。《圣经》呈献给皇帝，他脱下手套把手按在这部圣书上宣读誓言。

"他从原路回返主教宫上马车。仪式为时甚长，仪仗行列经过圣马丁路、林荫道、国家教会协议广场和旋转桥返回；皇帝驾返杜伊勒里宫时已是薄暮时分。"

牲性命吧,誓为能够永远把鹰旗保持在胜利的道路上而鼓起勇气吧——你们宣誓。"这番演说之后的欢声雷动简直无法形容。万众的热情实有强烈的吸引力,甚至使冷漠的人也不能不为之动容。

第二十二章　吞欧野心

拿破仑加冕使欧洲政局中发生了两件相当重要的事。第一件是加冕典礼以后的 1804 年 12 月 3 日，英国和瑞典在斯德哥尔摩签订了一项条约，规定英国向瑞典交付巨额津贴；第二件是西班牙和英国相互宣战。

在这种情况下，皇帝很想利用宗教观念的影响和天主教会首脑驾临为他的加冕增添重要的意义。圣职授任之前，他装作只以半帝王的身份出现；但这时他认为已经得到所谓合法圣职的批准，因此他在加冕以后约一个月致书英国国王，其性质类似雾月 18 日之后随即向英王致函，表示要英王承认他为法国人的皇帝。此函开头数语为："陛下，我的兄弟，我应上帝的召唤并经参议院、子民和军队的同意，登上法国的皇位，我的首要愿望就是和平。"这实在是欺诈的杰作，因为确凿无疑的是，皇帝极不愿意看到英法之间重建和平，尤其是当西班牙的宣战使他得以掌握格拉维纳海军司令指挥的拥有六十多艘战列舰的西班牙舰队之时。

英国为竭尽全力对付法国还未见效而恼怒，设法以不能原谅的方式图报复。我认为各国政府都有责任尊重中立国的权利。不论马德里政府怎样屈从杜伊勒里宫，对英国作战的终究只有法国一国，而且法国各盟国除荷兰外，都没有任何敌意表示。因此，英国政府干涉西班牙的行为是怎么也说不过去的。

穆尔海军司令未经事先宣战就强要搜查从墨西哥载运财宝驶回加的斯的四艘西班牙快速舰。西班牙舰队司令拒绝服从要求，于是开战，西班牙人寡不敌众，被迫投降；三艘快速舰被击中，第四艘被炸毁。英国巡洋舰对他们的损害还不止于此，英方不顾查理四世的大使道瓜达先生还在伦敦，竟焚毁伊比利亚半岛各港口的西班牙商船，并拦截和俘获了护航舰只多艘。这些违反国际法的侵犯行为使得西班牙国王怒不可遏，或者认真说来是大大激怒了他的大臣、举世闻名的和平亲王，以致西班牙对英国宣战了。

这回英国的行为不仅理亏，而且失策；如果英国政府消息灵通一些，探听到拿破仑的秘密意图，无论如何不至于犯下逼得西班牙去同拿破仑共命运的错误。上述函件是在这样的情况下致送英国国王的，目的是诱使英王相信他愿意和平。但是函件在伦敦产生的效果瞒不过他，当他收到的不是他称为兄弟的乔治三世的复信，而是英国大臣致外交大臣的函件时，他并不感到奇怪。该函开头说："陛下已收悉法国政府首脑给他的信，"接着说，"陛下最关心的莫过于为他的子民恢复和平，但是他拒绝对此作复，尤其是未经同大陆各大国，特别是同俄国皇帝商议之时。"

皇帝对英国大臣的函件并不在意，因为来函正当他处于荣华的绝顶，祝贺从四面八方涌来的时候。参议院和巴黎城举办盛大节庆，皇帝和皇后驾临。总而言之，处处都在庆贺他的圣职受任。年终以前他召集立法院开会，12月27日他亲自为会议揭幕，帝国的这次新庆典极为豪华。

1804年大事甚多，对于欧洲的命运影响十分巨大的事件于十二个月之内接连发生，在历史上是罕见的。构成上半年悲惨景象的是警方的计谋，那位青年王孙的残酷处死，罪案的审讯以及随后的处决和赦免。下半年的标志是波拿巴高升至皇帝宝座；他巡视并入法国版图的新置各省；最后，这或许是现代最不寻常的事件——教皇的法国之行，以教会名义处置了一个无人占有可又并未出缺的宝座。这个多事之年以皇帝亲临主持立法院开会告终，他在开幕式上的演讲词给予全欧最为有力的印象。他在演讲词中说：

"在此庄严集会之时看到世界普遍和平使我高兴；但是我们敌人的政治原则，如近来他们对待西班牙的行为，足够表明实现和平的愿望有多么困难。我无意扩大法国领土，只是要保持其完整。对于欧洲其余部分，我没有扩大影响的野心，但我已有的影响也一点不愿丧失。帝国不欲合并任何邦国，但我不愿牺牲我的权利或者联系我所创立的各个邦国的纽带。"

不等教皇回到意大利，就有消息说皇帝有意赴米兰一行，目的是把内阿尔卑斯共和国并入意大利王国。这不过是执政制共和国化为法兰西帝国的必然后果。这一来拿破仑完全可以媲美查理大帝了。

进一步叙述此行的目标之前，我在此要略述自己被任命为驻不伦瑞克和梅克伦堡两公国以及汉萨同盟各城镇全权公使的情况。

任命发生在 1805 年 3 月 22 日。因为约瑟芬曾经善意许诺，皇帝一有意起用我就通知我，所以她一经获知这项意图就派人告知对我的任用，并通知我皇帝要召见。

自从约瑟芬的比利时之行以后我再没见过她，加冕典礼的盛况和繁文缛节以及随后采用的朝仪已使我眼花缭乱，因而不敢再去帝国宫廷。

到达马尔梅松后，皇帝的慈颜接待和熟不拘礼使我惊奇。他含笑迎我而来，同我热情握手，那是他任执政以来未曾有过的，我简直不敢置信我谒见的是法国人的皇帝和后来的意大利国王。但我深知他的倨傲情绪，没因他一时不拘礼仪而逾越正式恭敬的界限。"我亲爱的布里昂，"他说，"你不会认为我因已达到高位而对你的感情有所改变吧？不，我的身价并非由做皇帝的排场气派所构成的，那一切不过是给百姓看看而已，我必须自我评价。我一向非常满意你的服务，因而委派你到一个我有理由为它们设置的位置上去。我知道你是可靠的。"

然后他以最友善的态度问及我的家人以及我在干些什么。总之，我从未见他这么放下架子，不拘礼节，这么不加虚饰的真诚态度。我认为，与此相反的态度倒是自然的，因为他的伟大已是公认的了。"你知道，"拿破仑往下说道，"八天之内我要出发去意大利。我自立为意大利国王，但那只是块踏脚石，对于意大利我还有更加宏大的意图。意大利必须成为包括所有阿尔卑斯山以北各邦国，从威尼斯到滨海阿尔卑斯地区的一个王国。意大利同法兰西的合并只能是暂时的，但是意大利居民必须习惯于生活在共同的法律下。热那亚人、皮蒙特人、威尼斯人、米兰人、托斯卡纳人、罗马人、那不勒斯人等彼此嫌恶，谁也不肯承认谁的优越地位，然而回顾历史，罗马是意大利的天然首都。但要实现这点，必须把教皇的权力限制在纯宗教性事务之内。我一时完成不了这一切，但我们不妨从长计议。对这个问题我现在只有个模糊的想法，可是到时候会成熟的——万事取决于时机。我们像两个懒汉似的踱步时，如果有人对我说有朝一日我将成为法国的主人，那又当如何呢？那是我的愿望，但当时只是模糊的愿望。后来的一切全由时势造成。至于意大利因为不可能一下子统一在一个政权下，所以要先变成法国的，使之习惯于服从一套统一的法律。所有小邦将在不知不觉间同化，然后才会有一个意大利，我才给予独立。但要达到这点我需要二十年的时间，谁能指望那个？布里昂，我很乐意告诉你这一切。这全是藏在我头脑里的；但对你全部吐露了。"

我认为，波拿巴对我说的关于意大利的话我只字未易，我毫不虚夸地说，那时我的记忆力甚好，而记住他对我说的每一句话又是我十分牢固的习惯。波拿巴告诉我他的初步计划以后，又习以为常地转变话题说："布里昂，我顺便告诉你一件事，特·布里恩夫人固请我路过布里恩，我已答应了。不瞒你说，现在去看望我们年幼时游戏和读书达六年之久的地方，我感到非常高兴。"我趁皇帝高兴时鼓起勇气说，如果我能与他共享对我们两人同样珍贵的对往事的回忆，我将多么快乐。但拿破仑稍停片刻之后，格外和气地说："听我说，布里昂，从你我的地位看这是不行的。我们分手两年多了，这么突然地和解，别人会怎么说？我坦白告诉你吧，我很后悔你的离去，我经常遇到的处境常使我想要召你回来。在布伦时我几乎就决定了。此事拉普或许已告诉过你，他喜欢你，他对我说他的确很高兴你回来。但如果说三思之后我改变了主意，那是因为如我常对你讲的，我不会让人说我离不开某某人。不。你去汉堡吧。"

皇帝沉默了片刻，我准备告辞，但是他留住我，以最和善的态度说："什么，你这就走吗？你忙什么？我们再谈一会吧。天知道下次我们什么时候才见面！"于是，沉默片时之后他说："我越是多方考虑我们的地位，我们过去的亲密关系，以及后来的分离，就越是感到必须你去汉堡。去吧，亲爱的伙伴，你会发现这样符合你的利益。你打算什么时候启程？""五月间。""五月间——啊，那时我已在米兰了，因为我要在都灵停留。我喜欢皮蒙特人，因为他们是意大利最优秀的士兵。""陛下，意大利国王地位次于法国人的皇帝。"①"啊，你记起有一次我在杜伊勒里宫对你说的话了。但是，我亲爱的伙伴，我要做大量工作才能达到目的。""从你进展的速度看，为期不久就可完成。""比你想象的要长些。我看到我路途上所有的障碍，但那惊动不了我。英国人无处不在，搏斗是在英国同我国之间。我知道将要发生什么事。整个欧洲都将成为我们双方的工具——有时属于这一方，有时属于另一方。但整个说来，问题完全在法英两国之间。一切全考虑过了，你去汉堡吧——你了解德国，而且，更方

---

① 这指我们第一次去杜伊勒里宫时我同拿破仑的一次谈话。他对我谈到他称帝的计划。我指出，他要获得欧洲各古老王室的承认有种种困难。"如果是那样，"他答道，"我会把他们全部废黜，然后我就是他们中间最古老的君主了。"

便的是你能说德语。"

我对这次谈话的回忆就是如此。谈话历时一小时半,我们不停地散步,因为波拿巴对这种召见方式乐而不倦,会不知不觉地走着谈上一整天。

伏尔泰在某处说过,只要教皇的手脚被束缚住,你吻吻他的脚趾是再好不过了。波拿巴并不尊敬伏尔泰,或许不记得这句名言,但是不论如何他很快感到自己有必要照办。教皇,或者毋宁说各红衣主教,认为像圣父巴黎之行这样重大的移尊就教的举动不能白去,应该索取点儿报酬。但是他们若对波拿巴的政策再深知一些,就不敢有所要求了。他们要求归还阿维尼翁和波伦亚以及原来隶属教皇的若干意大利领土。不难想见波拿巴以何种方式对待他们的要求,特别是他所求于教皇的已经到手之后。必须承认,罗马教廷方面等到加冕典礼以后才提出他们的要求是极大的错误。如果罗马教廷以此作为教皇法国之行的条件,也许波拿巴会同意交出阿维尼翁或者连同意大利领土,但他必定存有收回之心。不管怎样说,这些要求遭到了断然拒绝,这使拿破仑和庇护七世的关系变得冷淡。公众虽然一时没有察觉,但他们对过去的事件大部判断正确,所以得知教皇拒绝替皇帝加冕为意大利国王时,便人人心明眼亮了。

拿破仑于4月1日离开巴黎去取得米兰那顶铁制王冠。教皇则在巴黎多留了一些日子,这对百姓的宗教情绪产生了非常有利的影响,教皇的慈爱容颜和温厚仪态博得了极大的尊敬。后来迫害教皇时教皇不曾来巴黎对拿破仑是好事,因为一个看上去温顺而具有福音般的人,只能被人看成牺牲者,不会有其他看法的。

波拿巴对于攫取意大利王冠并未显得迫不及待,因为他知道反正逃不出他手。他在都灵停驻甚久,占用优雅的斯杜皮尼吉宫,那可称之为撒丁尼亚诸王的圣克卢,距离皮蒙特首都同圣克卢距巴黎一样。皇帝哄骗皮蒙特人,委派梅努将军任他们的总督,梅努任职到他为取悦于妻舅博尔盖泽亲王而设置南阿尔卑斯各省统一政府。博尔盖泽亲王除了立为罗马王公之外,实难另做安排。教皇返回罗马途经都灵时,拿破仑还在都灵,他在当地最后一次会晤圣父,表示了最大的个人尊敬。拿破仑从都灵前往亚历山大里亚,动工兴建那些耗费了巨额金钱的庞大工事。这是他考虑多年的得意计划之一。我记得马伦哥战役之后我们在米兰时他对贝尔蒂埃说过:"我只要占有亚历山大里亚,就能永远当意大利的主人,亚历山大里亚可以建成举世最坚强的堡垒,能够容纳四万守军,备足六个月的给养。万一发生暴乱，或者奥地利派遣劲旅到此，法军可以退入亚历山大里亚坚守六个月，足够我攻入意大利，击败奥地利，为亚历山大里亚解围。"

皇帝既然距离马伦哥战场极近，当然重访了那个著名的战地。为使此事更加庄严隆重，他在战地检阅了驻意大利的全部法军。拉普告诉我，他显然为此目的才特意从巴黎带来了曾在那个可纪念的日子穿戴的军服和帽子。事后，他取道加萨赴米兰。

皇帝在米兰占用蒙萨宫，尘封的伦巴第诸王的古老王冠被取出。新的加冕典礼在米兰大教堂举行，那是除了罗马圣彼得大教堂之外意大利最大的教堂。拿破仑从米兰大主教的手中接过王冠戴在自己头上，高声说道："上帝赐我此冠，慎勿触犯。"这话成了后来皇帝为纪念他加冕意大利国王而创建的铁王冠勋章用的格言。

皇帝留驻米兰期间初次接获奥地利和俄罗斯不满意的消息；柏林政府也并非不知情，但是普鲁士慑于法军驻在汉诺威而不得不隐瞒自己的不满情绪。

从米兰回来时，皇帝下诏在大圣伯纳德山隘立碑纪念马伦哥之捷。奉陪拿破仑的德农先生告诉我，波拿巴想找到德赛的尸体埋在纪念碑下，但是未能找到；后来还是让萨瓦里将军找着了，因此英勇的德赛的骨灰确实安息在阿尔卑斯山之巅。

皇帝回到巴黎约在六月末，随即出发去布伦军营。这回又被认为入侵英国的计划将付诸执行。多数人都相信这种看法，因为波拿巴几次亲临观看登船试验。然而那几次试验都没有得出结果，约在此时，一件惨事有力地加深了认为我国海军处于劣势的意见。包括十五艘船舰的一支法国分舰队遭遇到考尔德海军司令指挥的只有九艘船舰的英国舰队。本来满可期望战斗将以我方获胜利告终，却不幸折损两艘。此次布伦之行同前几次一样，目标不在入侵英国：拿破仑的意图不外是激发部队的士气并保持对英国的多方面威胁，他认为必须这样才能把注意力从他作战准备的真正动机——入侵德国并击退已经开始向奥地利进发的俄国部队——上引开。这就是拿破仑最后一次布伦之行的真正目标。我们即将看到他攻入德国，并在奥斯特里茨会战之日成为奥地利君主国的主人，一如在马伦哥会战之日成为意大利的主人。

我于1805年5月20日离开巴黎，6月5日向汉堡参议会呈递国书，议会的代表是市政官道尔曼和舒特参议员。因为我同时也是派驻梅克伦堡——施韦林和不伦瑞克两邦在位公爵的，便向他们宣告到任，他们报以承认我作为全权公使的职权。我到汉堡不久就处在奥斯特里茨战役之前的许多重大事件中了。我忘不了辞行时皇帝对我说的话："你在德国对我很有用，我对这个国家有企图。"这些企图使我一直处于矛盾之中，我是奉命给予友谊和友好保证的。我在汉堡，在各个方面都要花费很大气力，因为诸事转瞬之间接踵而来并且彼此交叉。我的业务是多方面的，但尚不及以前在皇帝办公厅时由我经手的繁多；可我目前所负责任是机要秘书的地位所不应有的。我得监视阿尔顿纳的逃亡分子；还要监视同外交大臣还有警务大臣的通信；同派驻汉堡的各外国公使会商；同法军各将领保持密切联系；考察我的密探，并且随时提防《汉堡通讯》上塞进那些会使皇帝万分恼怒的文章。编者每晚把次日早晨报纸的大样送到我处，这是仅向法国公使提供的优待；即使那样也不能经常删除那些令人不快的文字。各外国君王对拿破仑的敌意鼓励了形形色色的诽谤文字，大大增添了我的困难。这种怨恨在处死当甘公爵以后大大增长了，这个事实是当时驻汉堡的各外国公使或者著名的外国人谁都不讳言的。

我到达德国时奥地利皇帝还没有承认拿破仑为意大利国王。虽然其大使还留在巴黎。现在皮蒙特已并入法国，意大利服从法国的法律，奥地利眼看拿破仑身为这么伟大的一个国家的首脑，拥有这么大的权力，不能不害怕他野心的下一步后果。因此奥地利自那时起想要战争。英国急于解除入侵的威胁，便鼓动奥国政府的不满。我有理由认为，拿破仑并不把奥地利表现敌意引为憾事；他放弃他那耗费巨大而又毫无用处的对英国的远征也毫不惋惜。

我到达汉堡后，就根据给我的训令提出保证，皇帝陛下将确保德国的结构和平静，并视之为他的神圣职责。然而我还未及履行职责，德国已被战争摧毁，大陆体制正在毁坏每一个城镇。

经验久已证明，秘密交涉最容易泄露的地方不在当地。有关的消息时常在远处有反响，而事件本身在其发生地点倒几乎毫无所知。政治事件对于商业投机家的直接影响使得商人特别密切注视四周发生的一切。鉴于他们组成社团，由最强固的契约——共同利益——把大家联合起来，我决意同与北欧各国保有广泛而频繁交往的几家商行建立联系。我知道，只要享有这几家商行的信任，便可获得关于俄国、瑞典、英国和奥国一切动态的消息。我要取得的情报包括谈判、条约，军事措施诸如超出平时编制的征兵、军事调动；设立军营、设立军火库和装备舰只等。

1805 年 8 月初，我得到情报，俄国和英国正在谈判缔结盟约，但是由于发生了某些情况而尚无结果。我也获悉亚历山大皇帝固请莫罗将军为他效劳，统率俄国步兵。他提供一万两千卢布支付莫罗的旅费，莫罗当时没有接受；后来当他不幸接受时，竟死在敌人队伍中。

现在北欧列强的敌对意图已无可置疑，拿破仑必须及时领悟，否则将被压倒。因此他下令各个方面军司令集中于几个据点，做好准备，当奥地利方面一有敌对行动时立即前进。

这时由贝尔纳多特元帅指挥并占有广大地域的汉诺威方面军已经集中，以便接近显然不久即将开始军事行动的战线。贝尔纳多特为此不得不放弃属于汉堡的库克斯港，为了利用这次不得不采取的行动；他借口说撤退是表示对市政当局的尊重而向该港索取援助。该军不久便兼程向德国南部开拔。他奉命取最短路线进发，因而途经安斯巴赫领土，使得普鲁士国王甚为恼怒，但当时普三还不打算与法国争吵。

贝尔纳多特元帅方面军七万人的会合对于拿破仑实在至为重要，不能不以全速经由最短路线行进。不断玩弄某种计谋的瑞典国王古斯塔夫提议组织一支包括他本国的部队、普鲁士军和英军的军队，如果在北欧发动强有力的进攻，贝尔纳多特必定不敢撤离易北河及威悉河畔而去增援正向维也纳进发的大军。但是瑞典国王的联军除了围攻小小的哈曼要塞之外别无结果。普鲁士不愿同德国破裂，抛弃了瑞典国王，波拿巴对他的怒气倍增。古斯塔夫这项计划的失败，促使他的臣民离心离德。他们目睹国王力不从心的计划以及他加诸拿破仑的百般侮辱（特别是处死当甘公爵以后），唯恐自己成为遭受报复的牺牲品。

第二十三章 乌尔姆之捷

这是我到达汉堡三个月以后的事态,最后,消息传到我处,皇帝已于9月23日启程去军中。在此之前,他废除了共和国仅存的一点残余,即共和历法。

这部历法是那次革命最愚蠢的发明之一,各个月的新名称连法国各地也不尽适用,普罗旺斯的收获还等不到麦西多的阳光来催熟。9月9日,一项参议院敕令规定,从明年1月1日起各月份恢复原有名称。我读到拉普拉斯①给参议院的报告颇感兴趣,我承认,我很乐意看到由法律确立事实上仍在通用的格里高利历法。我们在外国格外感到与全世界相异的一项制度是多么不便。

可以想见,我在汉堡亟欲得到各种消息,我从德国内地和巴黎的一些友人处获得了大量消息,正是这种通讯往来,使我能向本书读者提供到拿破仑赴战时为止各种事情完整而真实的叙述。我已说过,他惯用的办法就是宣战时总是竭力说服世人他是渴望和平的,这种手法最惊人的要数第一次攻占维也纳之前的那回了。这样的事在他的经历中是少有的。内阿尔卑斯共和国变成意大利王国以及热那亚同法兰西合并明明是破坏条约的,皇帝却硬说条约全是奥地利方面破坏的。真实情况是,奥地利在尽可能秘密地备战,沿巴伐利亚边界集合部队。一个奥地利军团甚至突入选侯邦的几个省,就被拿破仑用作前来协助法国各盟邦的借口。

我在汉堡收到一份非常奇怪的照会抄件,皇帝在照会中列数他对奥地利的怨诉,并夸口说,他在《吕内维尔和约》之后听任奥地利占有林道是他的克制。照会是致当时正在累根斯堡集会的奥国国会的,内称:"皇帝曾假装没注意威尼斯的债务不仅未曾偿付,实际上反倒勾销了,这不仅在字面上,而且在实质

---

① 著名的法国天文学家。

上都破坏了坎波福米奥和吕内维尔两和约。他的米兰和曼图亚籍的臣属在维也纳受到不公正的对待,虽有正式规定,仍无一人收到报酬,对此他也保持缄默;奥地利承认英国有设置封锁的罪恶权利,这是偏袒行为;奥地利打着中立的旗帜屡屡损害法国也从未引起维也纳朝廷一方的任何不满。他的保持缄默已经牺牲了他对和平的爱好。"

这份照会所述各事都是实有的。但是拿破仑不说他情愿闭上两眼仅仅是为了想让奥地利犯得更多,好授予他进攻奥国的合理借口,却偏偏举出法国政府的克制和忍让作为对比。他在那份照会中还说:"法国皇帝业已撤出瑞士,经过调解得到安宁和幸福;他在意大利只留驻了保护勒凡特①商业所必需的部队。他把部队聚集在远离奥国边界的海岸,专心致志于一场他尚未挑起但为了法国和欧洲的利益他要进行的战争,奥地利挑选这个时机来一个牵制攻击,要比公开宣战更加有利英国和有损法国。"

在皇帝动身赴军中之前那次可纪念的会议上,他让"参议院敕令"提出一项改组国民自卫军的计划。外交大臣宣读一份阐述《吕内维尔和约》以后法国和奥地利之间相互行为的"陈述书",其中把法方的种种违约之处以令人惊叹的辞令掩盖起来。最后,散会之前,皇帝向参议员致词,说他即将离开帝都去统率军队援助他的各个盟国,以保卫他子民最宝贵的利益。

这篇演说词在汉堡引起巨大轰动。而我,从中看到了拿破仑惯常的吹嘘,但这回各种事态似已决定要被他言中。皇帝尽可多打几场比奥斯特里茨之战还要高超的仗,但是没有一战有这么神奇的结果。好像事事都包含于奇迹,我常想,波拿巴一定在窃喜他终于即将在德国开始一场大战,他对此多次表示了热切的愿望。

我收到的一切报告都讲到军队在得知要开赴德国时那种惊人的高涨热情,同我从私人通信所知完全相符。波拿巴第一次借助人工运输工具,两万辆马车魔术般地把他的军队从布伦运到莱茵河畔。胸怀壮志的年轻人想到战斗临近,无不跃跃欲试,谁都梦想荣华和迅速提升,都希望在一个首领之下大显身手。这个首领是军队的偶像,深知如何把人驱入他自己的令人难以置信的活动范围。

皇帝暂驻斯特拉斯堡时得悉奥军的阵地情况,就敢预言,胜利正在维也纳

---

① 地中海东岸,今黎巴嫩一带。

城下等他。拉普告诉我,这是他当众说的。他说:"麦克的战役计划已经决定了,考当——福克斯①是在乌尔姆。"这是拿破仑看到敌军集中到一个据点,预见其失败时爱说的一句话。经验证明他是正确的。我还须在此证实,谓麦克在乌尔姆出卖自己的说法是没有根据的,他那样布置是因为别无其他办法。这种说法的起因或许是拿破仑出于人道的干预使他免受军法审判。

发起战役时,拿破仑先率领巴伐利亚军对敌作战,本国的部队尚未到达。各军会齐以后,他发布宣言,进一步激发这支可敬佩的军队的热忱和献身精神。

拿破仑在向外交代表发布的国书中,在他的演说和宣言中,总说自己遭受到攻击,对于那些知道他的想法同说法相距多远的人,他在这点上的恳切足够暴露其真相了。

战役开始时发生了一件事,对一位极可赞叹的人来说,那是他好运的开端。皇帝在斯特拉斯堡时向工程兵司令马累斯高将军打听,他的部队里有没有胆大心细而又聪明的青年军官可以托付以重要侦察任务的。马累斯高将军选中的军官是一个上尉工程师,名叫伯纳,在综合技术学校受的教育。这个青年人接受任务以后就出发,几乎前进到维也纳,在乌尔姆投降之时回到皇帝大本营。波拿巴亲自询问他,对他的答复非常满意。但是伯纳上尉逐句回答拿破仑的查询后还不满足,他把观察到的情况以及可以采取的路线草拟了一份报告,他除了其他情况外,还观察到指挥军队经过各要塞地点直扑维也纳是极为有利的,占领首都以后,皇帝便可向整个奥地利君主国发布法律。拉普对我说:"这位军官谒见皇帝时,我在场。他宣读报告以后,你会相信皇帝竟然大大生气吗?'什么,'他说,'你太大胆放肆了,一个年轻军官居然妄想替我制订一个战役计划!出去,等候我的命令。'"

在我已经和将要写到的关于伯纳上尉的事迹中,我们可以获得对波拿巴的完整形象。拉普告诉我,那位青年军官刚走出,皇帝顿时改变了腔调。他说:"那是个有为的青年人,他的观察是正确的。我不能让他去冒被打死的危险;我以后还用得着他。告诉贝尔蒂埃,下令叫他离开这里去伊利里亚。"

命令发出去了,伯纳上尉同伙伴们一样正在热切地盼望即将来临的战役,眼看自己没被允许参加,就认为是对自己的处分;可是在皇帝方面却是保存一

---

① 意大利南部的山隘,公元前321年塞姆奈特人击败罗马人之处。

个青年人性命的措施，他欣赏这个青年人的功绩。战役结束后皇帝要提升那些功劳最大的军官时，伯纳上尉之名被认为已失去欢心，没有列入贝尔蒂埃提议应晋升营长一级的那批上尉工程师的名单，但是皇帝却亲笔把伯纳一名添加在其他人的前面。然而皇帝把他忘了好长一段时期，后来碰巧才记起了他。我本人从未结识伯纳先生，但是我听拉普说伯纳后来成了他的同事，也是皇帝的副官。我要在这里叙述此事的详情，虽然它发生在后一时期。

皇帝亲赴1812年战役之前在巴黎想获知关于拉古沙和伊利里亚的确切消息。他召见马尔蒙，其答复不能使他满意。他再垂询各个将领，询问结果总是："这一切都很好，可是不够，我不知道拉古沙的情况。"于是他召见继马累斯高任工程师总监的德让将军。他问道："你的军官中有熟悉拉古沙情况的吗？"德让沉思片刻后答道："陛下，有一名营长，他早被我们忘了，他非常熟悉伊利里亚。""他叫什么？""伯纳。""啊，稍等会儿——伯纳，我记得那名字。他在哪里？""陛下，他在安特卫普，修筑堡垒。""快下达指令，叫他立即骑马返回巴黎。"

皇帝诏令执行之迅速是素知的。几天以后伯纳便到了巴黎德让将军家里，随即来到皇帝办公室。他受到和蔼的接待，拿破仑马上说道："告诉我拉古沙的情况。"有一次他对我说过，这是询问一行人员观察所得时最有把握的方法。他对伯纳先生提供的关于伊利里亚的情况十分满意，那位营长说完以后，拿破仑对他说："伯纳上校，现在我知道拉古沙了。"然后他同伯纳闲聊起来，谈到安特卫普筑垒的详情，谈到他有个工程计划，说明他如围攻这个城镇将如何摧毁防御工事。新任上校对皇帝解说受到攻击如何防卫时，说得头头是道，波拿巴很高兴，当即赏赐他荣誉勋章，据我所知这是他绝无仅有的一次，皇帝将去主持国务会议，他要伯纳上校随行，会议中间他数次征询伯纳对于所讨论的各个项目的意见。散会时拿破仑对他说："伯纳，你担任我的副官吧。"战役结束时他被任命为旅长，不久又任师长，现在他已作为健在的第一名工程师军官闻名全欧。克拉克的一件蠢事使得这位杰出人物再不能为法国效劳，他谢绝了欧洲各国君主的隆重礼聘而告退到美国指挥工程人员。他在佛罗里达那边构筑的堡垒，工程人员都宣称为军事工艺的杰作。① 这些全是拉普还有其他值得

---

① 这位杰出的军官已经返回法国，新近被任命为陆军部长，但是任职不久——原注。

听信的人告诉我的，可以说我从这里发现了拿破仑的整个性格。我更观察到他那锐敏眼力的典范，那眼力使他能在任何场合察觉长处并掌握住，就像那本来是由他发出而又由他收回的那样。

若要描述辉煌的1805年战役，我须同编制历书一样，对一场为时仅仅三个月的战争，逐日记载胜仗或者拿破仑临阵促成的军队的神速行动，对捷报频传所起的巨大作用。实际上，难道不曾听说过皇帝每当开战之初都是行动迅速的吗？他于9月24日离开巴黎，战斗于10月2日开始，而6日和7日法军已渡过多瑙河包抄了敌军的侧翼。8日缪拉在多瑙河上的韦尔廷根一战俘获奥军两千名，其中的将领有奥芬堡伯爵。次日，败北的奥军退向京次堡，在我战胜的军团前面奔逃，我军顺沿取胜的路线于10日进入奥格斯堡，12日进入慕尼黑。我接获战报时仿佛是在阅读神话般的史绩。法军进入慕尼黑之后两天的14日，一支六千人的奥军部队在梅明根向苏尔特元帅投降，而内伊手执利剑攻占了日后归他的埃尔欣根公国。最后，于10月17日发生了有名的乌尔姆投降；同一天，意大利的法军对奥军开战，前者由马塞纳指挥，后者是卡尔大公。我相信拿破仑深感遗憾的是这位亲王没有指挥同他亲身对阵的部队，因为我时常听到他叹息敌军将领之无能。他无时不准备乘他们的蠢笨错误取胜，似乎又认为他们的缺乏将才使他能轻易取胜，他的荣耀便显得逊色。也许从没有任何人那么迫切地想要同一个各方面都与自己旗鼓相当的敌手较量。

波拿巴在奥格斯堡稍事停留，目的是判断奥地利军队可能采取的行动，然后以惊人的速度趋向奥军，致使斐迪南大公为自己能重渡多瑙河而庆幸；但所有其他奥军部队都被驱向乌尔姆，一向认为难以击破的该地守军现在增至三万人。

日后在那不勒斯为缪拉效劳的塞居尔将军奉派向麦克提出第一次建议，劝说他投降。列支敦士登的莫里斯亲王也被派来帝国大本营谈判，按照成规，他是被蒙上眼睛骑在马上带来的。拉普对我讲了这次会晤的详情，他同皇帝别的副官一同在场，我记得他说贝尔蒂埃也在场。"你自己去想象，"拉普说，"他们解开那位可怜亲王的蒙眼布以后，他那种惶恐或者不如说是惊奇吧。他一无所知，连皇帝已经来到军中也不知道。当他得知他面谒的是拿破仑时，忍不住惊呼起来，这当然瞒不过皇帝。他率直承认麦克将军还不知道皇帝已亲临乌尔姆城下。列支敦士登亲王提议投降，条件是准许乌尔姆守军撤回奥地利。这项建议,在当时守军的处境下,"拉普说,"使得皇帝失笑了。'你不能设想,'皇帝说,'我会接受这样的建议。我能从中得到什么好处?八天!八天内你们必须决心投降。你们以为我什么都没听说吗?你们盼望俄国军队——他们还没到波希米亚。如果我允许你们开出去,谁向我担保你们不去会合俄军以后再对我作战?你们的将领欺骗我的次数太多了,我再不上他们的当了。我在马伦哥够软弱的,允许梅拉斯的部队开出亚历山大里亚。他保证谈判缔和,但是怎么样呢?两个月后莫罗不得不对亚历山大里亚守军作战。况且,这不是寻常的战争。根据你们政府的行为我没有义务对它遵守条款。我不相信你们的诺言——你们已向我进攻了。要是我同意你们的提议,麦克会做出保证——但是,凭心说他能守信用吗?在他自己,他能——至于他的军队,不能。如果斐迪南大公也同你在这里,我可以听信他的话,因为他能对条件负责,不愿羞辱自己;但是我知道他已离开乌尔姆并渡过多瑙河,当然我也知道到何处去找他。'"

"你难以想象皇帝发言时列支敦士登亲王的窘态,"拉普继续说,"不过他稍稍恢复以后就表示,除非答应他提出的条件,否则守军不肯投降。'如果那样,'拿破仑说,'你尽可以回到麦克那里去,因为我决不会答应你们那样的条件。你同我开玩笑吗?等一下,这是梅明根的降书,拿去给你们的将军看看,让他按同样条件投降,我不会给他别的条件。你们的军官可以送回奥地利,但是士兵必须当俘虏。告诉他必须快做决定,因为我没有时间久候。他拖延越久,他的处境越糟。明天我接受梅明根投降的军队就将到此,那时我们就要决定怎么办。让麦克认清,他除了按照我的条款投降外,别无选择。'"

拿破仑对敌人使用的专横口吻总是成功的。这回在麦克身上也产生了所求的效果。列支敦士登亲王来到我方大本营的同一天,麦克致书皇帝,说明他接受皇帝的条款,但是只同他本人而不同任何其他人商谈。次日贝尔蒂埃奉派前去乌尔姆,从该地带回了降书。守军获准随带武器、军旗等撤出,送往法国当战俘。这样,拿破仑所说奥军的考当——福克斯是在乌尔姆的话就言中了。

拿破仑对面前的任何障碍都狂怒异常,对待任何胆敢抗拒他的意志的人都严厉无情,而当他获胜时就全然改变了,他对待败军仁慈,那并非一种伪善的高傲感的表示。我确认,他是真诚地怜悯他们,因为我时常听他说:"一个将领在打了败仗那天是多么可怜!"他自身体验过这种情感,那是当他耗费极大气力还达不到目的而不得不撤除对阿克的围攻之时。我相信当时他恨不得扼死杰扎尔，但是如果杰扎尔投降了，他也同样会以礼相待，如同他对待麦克和乌尔姆守军的其他将领一样。守军将领一共十七人，其中有列支敦士登亲王，即前一天发觉自己面对皇帝时大吃一惊的人。还有克勒瑙将军，以前历次战争中获得军事盛誉的特·朱莱男爵，以及弗来纳将军，他的处境更加危险，因为他是法国人、逃亡分子。

拉普告诉我，看到这些将领真令人悲伤。他们由麦克带领列队经过时恭恭敬敬地向皇帝鞠躬。他们忧伤地保持沉默，还是拿破仑首先发言。他说："诸位先生，我很过意不去，像你们曾经表现过如此英勇的人，竟成了一个政府愚蠢行为的牺牲者，这个政府怀抱不理智的意图，不惜危害奥地利国家的尊严并愚弄其将领为其效劳。你们的大名是我素知的——你们作战之处都留下过你们的荣誉。看看害苦了你们的那些人的行为吧。不宣而战进攻我，还能有比这更不公正的事吗？因此招致外国的侵入难道是不公正的吗？把亚洲的蛮子引入欧洲各国间的争端难道不是对欧洲的背叛吗？如果帝国枢密院恪守信义，就不会进攻我而是同我结盟来迫使俄军退回北方去。目前的同盟是对付羊群的狗、牧人和狼，这样的计谋不可能是政治家设想出来的。幸运的是我战胜了，如果我战败了，维也纳政府很快就会察觉其错误而感到后悔了。"

第二十四章　奥斯特里茨之战

在以贬损俘虏的政府来讨好俘虏的同时，拿破仑很想对他自己军队的行为表示满意。为此目的，他发表了下述著名的宣言，其中包含对战役开始以来发生的一切情况的概述。

大军的士兵们：

我们在十五天内结束了我们的战役。我们打算做的已经做成了。我们已把奥地利部队赶出了巴伐利亚，恢复了我们的盟邦在其领土上的主权。

那么狂妄和莽撞地开向我国边界的军队已被歼灭。

但是这同英国有何相干？英国已达到目的。我军已不在布伦，英国付出的巨额津贴也不会减少。

组成敌军的十万人中，六万已经成为俘虏；他们将在农业劳役中补充我们应征士兵的缺额。

两百门大炮，九十面军旗，以及他们的全部将领都落到我们手中。逃脱的不足一万五千人。

士兵们！我向你们宣告这是一场大战，但多亏敌军是乌合之众，我不冒任何风险就取得了想要的成果。各国史上不见先例的是，这些成果是在死伤不足一千五百人的损失下取得的。

士兵们！这次成功是由于你们对你们皇上的无限信任，你们在疲劳和种种匮乏下的耐心坚持，以及你们惊人的大无畏精神而取得的。

但是我们决不到此止步。你们跃跃欲试地要开始第二战役。

我们将以同样方式对付英国用黄金从天涯海角收买来的俄国军队。

我们现在即将参加的战斗特别关系到法军步兵的荣誉。我们在瑞士、荷兰已确定过的问题将再次确定，即：法国步兵在欧洲居第一位还是第二位？

在军队的各将领中，我同谁发生争议都是不光彩的。我的全部心愿就是尽可能少流血来取得胜利，我的士兵都是我的子弟。

我总把这篇宣言看成是军事辞令的杰作。拿破仑一面赞扬他的部队，一面暗示在欧洲各国士兵中俄军是能同他们争雄的，以激发他们的好胜心。他所说的第二战役很快开始了，并受到热烈欢呼。关于俄军流传着种种骇人听闻的报道，他们被说成是半裸体的野人，所到之处抢劫、毁坏并放火。甚至有人确言他们是食人生番，看到过他们吃孩童。从此他们被称为北方蛮子，以后便普遍用来称呼俄国人了。

乌尔姆投降以后两天，缪拉那方面迫使瓦奈克将军在特洛奇太芬根投降，俘获万人。于是，二十天的战斗就使奥地利军队折损五万人，死伤未计在内。

27日法军渡过因河，进入了奥地利领土，随即占领了萨尔斯堡和布劳瑙。马塞纳手下的意大利方面军也取得重要胜利，在上述两要塞投降那天（即10月30日），在卡列迪耶罗血战获胜，俘获奥军五千人。

这时奥地利皇帝试图以谈判来延缓拿破仑的进展，派出乌尔姆投降的将领之一，回国向君主禀报那件惨事的特·朱莱先生来提议在缔和之前先行休战，奥国政府承认自己真诚愿意媾和。他不曾对弗朗茨皇帝或者其内阁隐瞒奥军的毁灭以及无法阻挡法军的迅速推进。这个圈套昭然若揭，拿破仑怎能不立即发觉。他总是装作爱好和平，但是他很想继续这一场旗开得胜的战争；因此他指示特·朱莱将军向奥皇确报自己的缔和心切不亚于奥皇，他打算与奥方谈判而又不能耽搁军事行动。拿破仑的做法都相当慎重，不然他不会采取的，特·朱莱不论怎样经过奥地利授权，显然未经俄罗斯授权。所以俄国大可否认休战，及时赶到以守卫维也纳，而占领维也纳对于法军事关重大。现在俄军正迅速推进来对付我军，莫蒂埃指挥的我军一个师在多瑙河左岸的初次遭遇战中受阻，使得皇帝大为烦恼，因为这是第一次遭受挫折。虽然是极其轻微的挫折，俄军还是夺去三面法军的鹰旗，这是军旗落入敌手的首次，拿破仑深以为耻，使他在圣波顿多留了数日。

在奥斯特里茨之战这个非同寻常的战役期间，我方部队的辉煌战绩接连传来，使人应接不暇，每一名信使所带来的好消息都大大出乎我的意料。迪罗克的特派信使带来的函件更是我没料到的，其开头数语如下："我们已在维也纳；皇帝平安。"迪罗克于布伦军营结束之前肩负使命辞别皇帝前去柏林，此时复命完成，在林茨重新会合大军。

维也纳的迅速攻占是由于拉纳和缪拉的莽撞行动获得成功。两人在勇敢和大胆上各不相让。这两位元帅的大胆计谋使得维也纳塔波河上的桥梁没遭破坏，不然我军占领首都将遇到很大的困难，这一勇敢而果断的行为对于战役的进展影响极大，这是事后拉纳告诉我的，他神气活现，使他高兴的是在智谋上赛过了奥地利人，而并非对他做出的光辉行为感到骄傲。冒险行为在他已成自然，只有他才往往把自己的功绩看得不足为奇。啊！多少优秀人物成了拿破仑野心的牺牲者！

下文是我听拉纳说的塔波河桥的故事：

一天我同缪拉在多瑙河右岸散步，我们观察到奥军占据的左岸正在构筑某种工程，目的显然是想在我们部队逼近时炸毁桥梁，那些蠢材竟冒失到在我们鼻子底下做准备工作。可是我们给了他们很好的教训。我们商定后，回去发布命令，我把我的掷弹兵纵队交付给一名军官指挥，他的勇敢和智慧都是我信得过的。然后我回到桥边，同行的有缪拉和两三名别的军官。我们不在意地前行，同桥中央一个岗哨上的指挥官搭上了话。我们对他说到，休战协定很快就要签订。我们同奥军军官谈话时，设法使他们的眼睛转向左岸。然后我的掷弹兵纵队按照我们颁发的命令来到桥上。左岸的奥军炮手看到他们的军官在我们中间，不敢开火，我的纵队快步前进。缪拉和我在队前，夺得了左岸。为炸毁桥梁备下的全部可燃物资都被投入河中。我们的人占领了用于守卫桥头的各个炮台。我对奥军军官那帮可怜虫说，他们已成了我的俘虏，当时他们惊慌万分，不知所措。

以上便是我所记忆的拉纳的口述，他形容奥军军官发觉大错铸成后惊惶失措之状时，不禁开怀大笑了。拉纳立下这一功，当时不曾意识到其重要后果，但是不久就察觉到了。这不仅为其余的法军确保了通向维也纳的可靠而方便的入口,而且无意中已建立了一道不可逾越的障碍,使俄军同卡尔大公指挥的奥军不得会师。卡尔为马塞纳所逼迫,退到世袭各邦的中心,期望不久能在此处打一场大仗。

缪拉和拉纳的两师一经占领维也纳,皇帝就命令全军其他各师都开往首都。拿破仑在肖恩布鲁恩设立大本营,计划迫使卡尔大公退往匈牙利,他自己率领军队迎击俄军。这些近乎奇迹的强行军的先锋部队总是由缪拉和拉纳指挥的。

下面拿破仑在此次战役中的一段趣闻,是拉普告诉我的:进入维也纳之前数日,拿破仑身穿日常制服骑马在路上走,遇到一辆敞篷马车上的一位女士和一名教士。那位女士眼泪汪汪,拿破仑忍不住停步问她何事烦恼。"真气人,"她答道,因为她不知道这是皇帝,"我在距此两里格的家中遭到一伙士兵的抢劫,他们杀害了我的园丁;我去迎候你们皇上,他知道我娘家,一度受过我家的厚恩。""您叫什么名字?"拿破仑问道。"我姓特本尼;我是前科西嘉长官特乌波夫的女儿。""夫人,"拿破仑答道,"我很高兴有机会为您效劳。我就是皇帝。"拉普继续说道:"你想不到皇帝给予特本尼夫人怎样的殊遇。他安慰她,同情她,为她遭遇不幸道歉。他请她赏光到大本营去等他,他很快回转,最后还声称特乌波夫先生家的每个人都应受到他的敬重。然后他从禁卫军中派出两名轻装步兵护卫她。当天他再次见到她,关切备至,丰厚地赔偿了她的损失。"

1805年11月2日瑞典国王来到斯特拉松。我立即通知我国政府,这一情况可能使联军的行动发生新的转折。因为迄今为止对其动向捉摸不定,军令往往自相矛盾,不可能确知任何决定了的计划。

俄国大军的第一路纵队于11月1日途经华沙,第二天康斯坦丁大公率领卫队经过。这一师有六千人,是通过普鲁士属波兰的第一批。

这时,我们时刻期待看到汉诺威军队还增加了数千英军在威悉河或易北河两岸登陆,他们的意图很明显,不是袭击荷兰便是对我大军的后背采取行动。

奥斯特里茨会战之前的一个时期,法军在德意志和意大利纵横驰骋,从四面八方朝向维也纳这个中心。约在11月初,贝尔纳多特指挥的部队抵达萨尔斯堡,正值皇帝把大本营推进到布劳瑙。波拿巴急切盼望这次会师,认为非常重要,所以要贝尔纳多特取最近路径兼程赶来,这项命令使得贝尔纳多特不得不通过两个侯国的领土。

这时我国同那不勒斯之间是和平的。九月间皇帝同斐迪南四世缔结了中立条约。这项条约使占领那不勒斯的卡拉·圣西尔得以撤出该城，到上意大利会合马塞纳，两支部队都于11月28日同大军会师。不料圣西尔指挥的部队刚刚撤离那不勒斯领土，国王就在各大臣、尤其是卡罗琳王后影响下破坏中立条约，下令准备对法作战，向皇帝的敌人开放各个港口，在各邦接纳了一万两千名俄军和八千名英军。

拿破仑获知这些事情后，他在一项言辞激烈的公告中把那不勒斯王后斥之为当代的弗来台共德①；随后的奥斯特里茨大捷决定了那不勒斯的命运，不久约瑟夫登上了那不勒斯王位。

那伟大日子终于来到了，用拿破仑的话来说，"奥斯特里茨的太阳升起来了"。我们的各路部队都到维也纳以外约四十里格处集结。那里只剩下奥军的残部；卡尔亲王的那个师被拿破仑的神机妙算调遣到远处。在敌军营垒中充满了异想天开的幻觉。会战前夕，亚历山大皇帝派他的一名副官道耳格洛夫斯基亲王作为休战旗手去见拿破仑。这位亲王在皇帝面前举止傲慢，打发他离开时皇帝对他说："假如你是在蒙马特尔高地上，我就会用炮弹回答你这种倨傲的态度。"这句话可谓恰如其分，因为随后发生的一切证实了这一预言。

至于会战本身，我能如身临其境一样正确叙述出来，因为不久以后我在汉堡高兴地见到我的朋友拉普，他身负使命来到普鲁士。他详述了战役的始末：

"我们到达奥斯特里茨后，俄军不知道皇帝通过巧妙部署已将他们吸引到指定的地点，又看到我军前锋在他们队伍面前退却，以为已经获胜，按照他们的想法，只先头部队就足以轻易取胜。但是战斗一开始他们才明白打仗是怎么回事，他们在每个据点都被击退。一点钟时胜负还未见分晓；因为俄军作战英勇。他们决意最后再努力一次，指挥密集队形猛攻我军中央。俄皇禁卫军全部展开：炮兵、骑兵、步兵都开赴俄军进攻的一座桥梁。这番行动由于地面起伏不平而躲过了皇帝，没被我们观察到。这时我站在他近旁等待命令。我们听到连续不断的毛瑟枪开火声，俄军正在击退我们的一个旅。皇帝听到这种声音就命令我带上马木留克骑兵、两营轻装步兵、禁卫军中的一队掷弹兵监视战局。我骑马全速出发，还不及进抵炮弹射程那么远就看出形势很危急。俄军骑兵突

---

① 6世纪法兰克王国阴险毒辣的王后。

破了我军方阵，正在砍杀我们的士兵。远处还可看到大群的俄军后备骑兵和步兵。在此关头，敌人推进了，四门大炮飞速运到，架设在阵地上瞄准我军。我左边是英勇的摩兰，右边是达耳曼将军。'拿出勇气来，勇敢的战友们！'我向伙伴们大喊道，'不要眼看你们的弟兄、你们的朋友被屠杀，我们要替他们报仇，为我们的军旗报仇！前进吧！'这几句话鼓舞了我的士兵，我们以全速冲向大炮、夺了过来。等待我们进攻的敌军骑兵也被这次冲锋击溃，四散奔逃，同我们一样在我军残破的方阵上疾驰。这时俄军又集合起来，但是一营掷弹骑兵前来增援我们，使我得以稍停，等待俄方禁卫军的后备队。我们又冲锋了，这次冲锋是可怕的。英勇的摩兰在我身旁倒下。这是纯粹的屠杀。我们人同人对打，混战在一起，双方的步兵都不敢开火，唯恐射杀己方人员。我方部队英勇无畏终于使我们克服了一切抵抗取得胜利。敌军从在高地上设座观战的奥皇和俄皇眼前溃逃。这该使他们心满意足了，因为我向你保证，他们目睹的不是儿戏。至于我自己，我的好朋友，我从未度过这么高兴的一天。我来到皇帝跟前报告他胜利属于我方时，皇帝以最和蔼的态度接待我；我还紧紧握住半截子马刀，头上被马刀划开处血流如注，所以遍身是血。他委派我为师长。俄军没有再次回过头来冲锋，他们已经够受了。我军缴获了一切，他们的大炮，他们的辎重，一句话，他们的一切。俘虏中有雷辛那亲王。"

第二十五章 《普莱斯堡条约》

会战的次日，皇帝在奥斯特里茨城堡接见来谒的列支敦士登亲王，就是在乌尔姆城下时麦克派来谈判的那个人。这回亲王是皇帝弗朗茨二世派来请求同拿破仑会晤的。这项请求立即予以同意，会晤的仪式也当时商定了。12月4日拿破仑骑马到约定地点，距奥斯特里茨约三里格的一座磨坊。奥地利皇帝乘坐有篷轻便马车来到。拿破仑一见到他就下马前去迎接，他的副官随行。拿破仑同弗朗茨二世会面时拥抱了他。会晤时拿破仑只有贝尔蒂埃在身边，奥皇则由列支敦士登亲王陪同。对于查理五世的继承人①说来，这是怎样一种场面！两位皇帝相处约两小时，分别时再度拥抱。

这次会晤回来后，时刻不忘自己政策的拿破仑似从深思中醒转来，他派出一名副官去见奥皇。使命托付给萨瓦里，要他通知弗朗茨皇帝，他奉拿破仑之命，在离开奥皇以后就去俄罗斯皇帝的大本营，就法皇同奥皇会谈所同意的条款中有关俄方的部分取得其首肯。亚历山大同意一切，并说既然罗马人的国王②满意，他没有资格要求什么，因为他的参战只是为了帮助他的盟国。

法国和奥国的大法官在普莱斯堡会面，双方中一方有权要求一切，另一方一点不敢拒绝，所以谈判历时甚短。12月25日，即拿破仑离开巴黎后三个月，一切都已谈妥③。俄罗斯参与了战争，可是没参与谈判。俄法之间停止了交战，

---

① 16世纪上半叶的神圣罗马帝国皇帝查理五世拥有广大领土，包括奥地利在内，故奥皇可称其嗣。
② 指奥皇。
③ 根据《普莱斯堡条约》，奥地利将威尼斯各领地割让给意大利王国；其旧有领地提罗耳和伏拉堡转让给巴伐利亚作为巴伐利亚选帝侯参战的报酬；加入法国一方的符腾堡也从奥国得到领土补偿，这两名选帝侯都晋位国王之尊。巴伐利亚得到普鲁士的安斯巴赫和巴洛特，又让出贝格作为交换，贝格建成一个大公国，主权移交给拿破仑的妹夫缪拉。最后，根据26日在维也纳签订的条约，普鲁士将汉诺威收入版图作为让出安斯巴赫和巴洛特以及默认上述各项规定的补偿。
约瑟芬的儿子、意大利总督欧仁·博阿尔内接纳了巴伐利亚新国王的长女为婚，这是拿破仑首次公开表示愿意他的家族同欧洲原有各王室联姻。同时还宣布，皇帝身后如无男嗣，意大利王位将传给欧仁。

但是没有缔结任何和约。奥斯特里茨会战以后，拿破仑在布尔诺逗留数日，以监督执行自己关于部队安营的命令。他在此地查明了他的损失，派他的副官到医院慰问，以他的名义赏赐每个伤兵一枚拿破仑币（16先令8便士）。对受伤的军官，他按其级别发给从五百到三千法郎不等的慰劳金。

然后皇帝启程赴肖恩布鲁恩，夜间路过维也纳也没有停留。抵达肖恩布鲁恩的次日，他首次接见豪格维茨先生。豪格维茨已在维也纳同塔列朗谈判多时。必须承认，他正处于一个外交官最难堪的境地。他受到极为恶劣的待遇是可想而知的。他在维也纳等候结果，但事情并未变得有利于普鲁士。已被胜利捧到不可一世的地位上的拿破仑对待这位使节异常高傲和严厉。拿破仑说："你以为你的主子对我守信用了吗？他公开向我宣战倒还体面一些，即使他不存心这样。那样他就可以为他的各个新盟国效劳，因为我在作战前就得顾到两头。你们希望同各方都做朋友，但那是办不到的，你们必须在他们和我之间作一选择。如果你们愿意随他们走我不反对，但是如果你们留在我这里就必须是真心实意。我宁要公开的敌人而不要虚假的朋友。你们自称是我的盟国，竟然允许多达三万的俄国军队经过你们各邦同大军联系，这是什么意思？没有任何理由可以为这种行为辩解，这是公然的敌对行动。如果授给你的权力不允许你处理所有这些问题，你可以扩大。至于我自己，哪里发现敌人我就向哪里进军。"我听洛里斯顿说，皇帝在这次谈话时非常生气，隔壁房间的人都听得清清楚楚。

豪格维茨先生的处境一定特别难堪，尤其是因为拿破仑对普鲁士的怨诉都并非毫无根据。其实，豪格维茨从柏林前来仅仅是观察使身份，所受训令是有限的。若是皇帝被联军击败，柏林内阁已训示其代表公开宣布普鲁士同俄罗斯和奥地利结盟。可是会战结局十分悲惨，他不得不隐瞒其使命的目的。豪格维茨看到无法可以防止行将袭击普鲁士的风暴，未经君主授权就擅自签署了一项条约，据此用巴洛特和安斯巴赫两侯国交换了汉诺威。

这一切在维也纳进行时，我接到柏林的官报，告知我丰·哈登堡"奉其主上之命"最近同英国签署了另一项条约，使得普鲁士在同两个盟国的关系方面处境极端困难和复杂。目前的处境保持不下去了，因为对拿破仑再不能以中立做幌子掩盖自己。于是普鲁士逃避不开战争，只能选择对法国或是对英国开战。普鲁士根据同英国签订的条约得到一百五十万镑津贴。法国大本营还不知道这第二个谈判，也毫不怀疑豪格维茨签订条约的法律效力，这时俄将布克斯赫弗登率领三万人在华沙渡过维斯都拉河,取道布累斯劳直扑波希米亚。这是亚历山大皇帝访问柏林的成果之一,他诱使普鲁士国王与俄国、奥国和英国同心协力,从未料到法国竟能战胜所有这四国。但是拿破仑的命运已注定了另一回事。

拿破仑在维也纳接到特拉法加海战惨败的讯息。在法国,只有通过当时被查禁的外国报纸才能知道这件事。拿破仑严密封锁那次惨剧的消息,所以直到复辟以前法国绝少有人知道。但在汉堡却无人不知,那是商人传来的。海战结果对于我们不啻是整个舰队的毁灭,我方损失舰只十八艘,另有十三艘受了重创回到加的斯。参加特拉法加海战的三名海军司令先后丧命。纳尔逊阵亡,格拉维纳受伤致死,维尔纳夫被俘,回到法国后也死去了。

拿破仑对于此事深感悲痛,但当时并未表现悔恨,因为他从不使自己在同一时候关注两个同等重要的主题。他得知他离开后巴黎发生金融危机的消息时也表现了同样的自制。

纸币的贬值和普遍的焦虑不安源出当时欧洲最大的资本家乌弗拉尔先生的广泛投机活动。他对我说,雾月18日之前他拥有资产六千万,而不欠人一个法郎。我从汉堡巴黎间的商业通信中获知了乌弗拉尔先生策划的那笔投机买卖,他可从中以远远低于真正价值的价格从西班牙属美洲弄到大量皮亚斯特[①],又知道他不得不挪用他和同伙原先用于供应军粮的资金来支持这桩冒险事业。因此军粮供应尤其需要一笔新的投资,由于规模甚大而需要广泛垫支,而那一时期国库偿付之迟缓是尽人皆知的。

这位著名的金融家是众所注目的巨大目标。他经历的惊人命运变幻,他生平的活动,他从事的大规模投机买卖,他干冒险事业的范围之广和胆识之大,使得在评判乌弗拉尔先生时不得不以应有的细心与慎重来考察他的行为。一个造纸商的儿子,仅靠自己的智谋就成为这么举足轻重的一个角色,绝非等闲人物。用博马舍的话来说:他的一生真是一场战斗。我认识他多年,从他同约瑟芬关系的各个方面看出了他。他对于世事知识渊博,另外,可敬的德行和高度的慷慨也为他的精明和谨慎增值不小。人的权力、酬劳,甚至那些受惠于他的人的忘恩负义都没能让他透露自己在督政府时期遭受的牺牲,那时可以说国库岁入总是听凭出价最高的人处置,买卖谈不妥时,全靠他出面用金钱收拾。乌

---

① 西属美洲货币单位。

弗拉尔先生以这种可靠性打动了所有为他效劳的官员，他因此得以随心所欲地指挥他所从事的大量冒险事业，给他的命运带来许多变化。乌弗拉尔先生的这种谨慎很不合第一执政的意，因为无法从他那里得到所需要的情报。他费尽心机也没有弄到乌弗拉尔先生付给津贴，即俗话所说的贿赂和女士们称之为零花钱的那些人的名单。我时常看到波拿巴绞尽脑汁千方百计要达到目的。他有时对乌弗拉尔先生百般威胁恐吓，有时又满口许愿以讨好他，但都未能奏效。

我们还在卢森堡宫时，我记得是1800年1月25日，早餐时波拿巴对我说："布里昂，我已经决定了。我要逮捕乌弗拉尔。""将军，您有针对他的证据吗？""证据，当然有！他是个放款商、垄断商，我们必须让他吐出来。所有的承包商，所有那些粮秣代理商，全是些恶棍。他们的财产是怎么得来的？肯定是侵吞了国家的。我不能容忍这样的行为。他们拥有百万家财，他们身处傲视一切的奢侈之中，而我的士兵却既无面包又缺靴鞋！我要制止这种情况。我打算今天在国务会议上讲这件事并考虑一下该怎么办。"

我好不容易才等到他从国务会议回来，以便获悉情况如何，"怎么样了，将军？"我问。"命令已经颁发。"听到这话，我为乌弗拉尔先生的命运担心。他受到这种对待，倒像他是土耳其大君的臣民而不是共和国的公民。但我很快得知命令无法执行，因为他躲开了。

第二天我听说，有个出席会议的人，我不提他的姓名，可能受过乌弗拉尔之惠，用铅笔给他写了张便条，通知他第一执政已经赞成逮捕他的投票。此人走出去了一会儿，打发仆人把条子送给乌弗拉尔，乌弗拉尔这才逃脱了拘票。几天之后他再度出现，投案做囚犯。波拿巴起先听说他逃走了，怒不可遏，但是听到乌弗拉尔投案后对我说："这个傻瓜！他还不知道等着他的是什么。他想使公众相信他无所畏惧，他的双手是干净的。可是他的把戏玩得很拙劣，同我来那一手是捞不到什么的。一切谈论都是废话。你可以确信，布里昂，一个人有这么多钱，绝不会是好来的，而且所有那些有家财的家伙都是危险的。革命的时代，谁也不该拥有三百万以上，那实在是太多了。"

被投入监狱之前，乌弗拉尔注意不让警察搜查到一点可能牵连到同他有生意往来的人的文件。我相信有些人同警察本身有关系，警方对于乌弗拉尔先生趁机采取的预防措施决不会引为憾事。然而他的文件都盖上了印戳，审阅中没有发现波拿巴急于要弄到的那些情报。无论如何，有一点使他的好奇心得到了满足，查看这批卷宗时，他发现波拿巴夫人曾向乌弗拉尔借钱。

我不记得他是因为什么获释的，但是确知他的监禁为期不长。不久以后他就出狱。波拿巴向他索取一千二百万，乌弗拉尔先生回绝了。

波拿巴升任执政以后，发现乌弗拉尔先生是为海军司令马沙勒多指挥的西班牙舰队供应物资的承包商。这笔买卖使得他同和平亲王打交道。合同为期三年，乌弗拉尔净赚一千五百万。

1802年法国苦于可怕的饥荒，迫切需要救灾。乌弗拉尔先生会同万勒伯格担负起输入外国谷物的任务以防止可能发生的变乱，输入谷物的外国商行从乌弗拉尔和万勒伯格处预支了两千六百万法郎的财政证券，根据同政府的协议，这些证券是要兑现的。但外国商行的证券到期时财政部没有现款，拒绝支付。过了六个月才提出偿付，条件是政府扣除佣金利润之半。乌弗拉尔和万勒伯格拒绝了，财政部认为最经济的还是一钱不付，这笔债务迟迟不得解决。虽然这笔买卖还没结果，乌弗拉尔和万勒伯格又从事供应海军粮食达六年三个月。这几项业务完毕时，欠他们的债务数达六千八百万法郎。

财政部多年拖延偿付的结果，使供应谷物该付之款最后达到四千多万法郎。由此引起的种种困难对同供应商打交道的主要商人的信用产生了严重的后果。不守信用的情况蔓延开了，逐渐达到财政部，普遍的纷扰不安增添了财政困难。乌弗拉尔、万勒伯格和塞圭三人凭其资本和信用最有力量援救财政部。他们同意为此垫付一亿零两百万法郎，酬报是允许付他们数额达一亿五千万法郎的收款总监债券。德普累先生担任中间人，一亿零两百万法郎由他经手交付财政部，三人的债券转交给他。

西班牙与法国缔结条约，规定付出七千二百万法郎津贴法国。

三千二百万已经到期而分文没有偿付。派乌弗拉尔去马德里解决此事是适当的。他乘此时机投入了同西班牙属美洲贸易的大规模投机活动。

西班牙愿意尽速偿付亏欠法国的三千二百万法郎，但是其国库空空如也，心有余而力不足，况且除政府的拮据之外西班牙又爆发了可怖的饥馑。在此情况下，乌弗拉尔向西班牙政府提出代付亏欠法国的债务，输入谷物供应所需，并垫支资金援救西班牙财政部。为此他提出两个条件：独占同美洲贸易之权；独家从美洲运回属于国王的一切金银硬币之权，外加发放由西班牙国库担保和偿付的贷款的权利。

约在1805年7月末，前一时期开始感到的欧洲现金短缺状况严重到惊人程度。在此情势下，尽快偿还他为西班牙垫付给法国财政部的三千二百万显然是乌弗拉尔的利益所在。他因此加倍努力使他的谈判得出有利结果，终于签署了他和查理四世的结伙合同，其中包括下述规定："乌弗拉尔公司受权将新大陆各港口需要消费的各种货物及制品输入当地，并在对英战争期间从各处西班牙殖民地输出其一切产品和一切金银硬币。"这项条约仅在对英战争期间有效，并规定公司在这几项买卖中所获利润由查理四世和公司其他一方均分，即半数归国王，另外半数归国王的伙伴。

这种国王和私人特殊结伙关系的后果还须进一步说明。合同签字时，乌弗拉尔收到马德里财政部数额达五千二百五十万皮亚斯特的支票，合两亿六千二百五十万法郎。可是皮亚斯特得从美洲运来，是条约的条款要求立即供给西班牙政府的紧急需求，首先是制止饥馑蔓延。为达到这个目标须有巨额新的垫款；因为得先由乌弗拉尔先生以26法郎一昆特耳的价格供给两百万昆特耳谷物。除此之外，他须把皮亚斯特从美洲运到欧洲，才能获得利润和收回他对巴黎财政部的垫款。几经周折后，英国政府同意提供四艘快速舰运送皮亚斯特，以便利买卖的执行。

不待乌弗拉尔完成他特殊冒险事业的轮廓，皇帝已突然拔除在布伦的兵营而向德国进军了。不难想到，那时乌弗拉尔的利益迫切要求他在马德里；他是被想要同他结算账目的财政大臣召回巴黎的。皇帝为进入战争而需要金钱，为给财政部筹款，派乌弗拉尔赴阿姆斯特丹同贺普商行接洽。他办成了，戴维·派立许成为公司的代理商。

结束这项事务后，乌弗拉尔急忙赶回马德里。不料心怀最大的希望和身处规模最大的冒险事业之中的他，突然发现自己遇到了最可怕的危机。德普累先生经财政部同意，获准承担履行条约的一切风险。根据条约，要为1804年垫支一千五百万法郎，为1805年垫支四千万。在此情况下，财政大臣认为有权要求乌弗拉尔将得自西班牙的一千万皮亚斯特归他支配。大臣同时还告知他，已为这笔垫支担保做出安排，想来在这么紧迫的关头他当不会拒绝。

财政部处于困境，财政大臣巴贝—马波阿先生又以清廉闻名，使得乌弗拉尔汇出了这一千万皮亚斯特。不料他汇出这笔款项之后没有几天，一位财政部专员到达马德里，带来大臣的公文，要求乌弗拉尔把他能动用的一切资财交付给专员,火速返回巴黎。

当时财政部处于最大的困境,各方面无不感到惊恐。这次严重的财政危机是由下述情况引起的。财政部在一项通告中通知收款总监,德普累持有他们的债券。他们也受权把他们所能处置的全部基金转交给他,记入往来账中贷方名下。授给这项权利或许是个大错,但虽然这样,德普累因财政部的有求必应而壮了胆,想要收款总监把他们所能收到的利率在八厘以下的现款全部转交给他,答应付给较高的利率。德普累商行的信用既然很高,不难想象,在这样的条件下,收款总监自当急切地参加他所提出的这项计划,因为他另有财政部的职权从旁担保。总而言之,收款总监很快转交了巨额款项。法国各地的钱款每天解到。德普累为他的成功而飘飘然,参加了投机活动,这从他所处的地位看是极不审慎的行为。他贷给巴黎商人的款项达五千多万,使他手头没有现款。他不得不筹措现款,把收款总监托付的债券存放到银行,这批债券已经扣除了记入往来账中贷方名下的数额。银行想要收回预付给德普累的钱款,向收款总监提出申请,后者的债券已由银行安然掌握。这在银行方面是必要的举动,因为德普累偿还的不是现金而是期票。银行的几位经理经营企业是极为廉洁和谨慎的,他们感到惊恐了,要求德普累说明他的营业状况。众经理的疑惑日益增长,不久公众也起了怀疑。最后银行不得不停止支付,而其票据很快就打八折八扣。

皇帝离开期间发生这等情事,财政大臣的惊惶失措可想而知。他召集国务会议,由约瑟夫·波拿巴主持,把德普累和万勒伯格召唤到会上。乌弗拉尔获悉这次财政变乱后,从马德里匆忙赶回,到达巴黎后向阿姆斯特丹求援。贺普商行提出以3法郎75生丁的兑价认购一千五百万皮亚斯特。乌弗拉尔答应付给西班牙政府的兑价只有3法郎,很想以前一兑价脱手,但是他匆匆离开马德里以及巴黎的财政事件影响了他同西班牙财政部的关系,使他不可能给法国财政部任何支持,于是惊恐继续下去,直到奥斯特里茨会战的消息和随后的和平希望才平息了公众情绪。德普累的破产是可怕的,继之有许多原先信用无可怀疑的商号倒闭。

财政部和银行濒于绝境的消息于奥斯特里茨会战的次日传到皇帝那里,冲淡了胜仗所能激起的狂喜。他获悉这种惊人的事态促使他兼程赶回法国,他抵达巴黎的当晚,登上杜伊勒里宫楼梯时即宣布将巴贝—马波阿先生撤职。这就是维也纳战役期间发生的财政惨祸。但是乌弗拉尔的事情还未了,在这么严重的混乱事态中可预料到，皇帝的御手并不老是正义女神之手，是应在某些场合显示威力的。

1806年2月中，皇帝发布两道敕令，宣布1804年军务的承包商乌弗拉尔、万勒伯格和米歇耳以及他们的代理商德普累欠债数达八千七百万法郎，这笔款项他们"为了个人的利益"挪用于私人投机和同西班牙的贸易上去了。从这种话看来，谁能认为在西班牙和南美洲之间的巨大财政投机中没有拿破仑的份？他是熟知此情的，而且真同他切身利益攸关的。但任何冒险事业一旦失败，他总要否认同自己有牵连。皇帝握有自己签发即自己的法令署名的产权证件，就没收了全部皮亚斯特和公司的其他资产，从这件买卖中攫取了巨大的现金利益，不过一位君主绝不会认为这种利益抵偿得了国家信用曾陷入的可怕状态。

第二十六章　福克斯首相

我叙说乌弗拉尔先生的冒险事业和维也纳战役期间财政上的悲惨境况时，有点把话扯远了，可是现在我要回到全权公使的办公室，叙述我所知道的一些情况。我的叙述不一定连贯，因为其间往往没有特殊联系，犹如法庭上相继发言的律师的答辩词那样互不联系。

1805年1月5日瑞典国王驾临汉堡城门前。四面八方为英国、瑞典和俄国部队包围的参议会决定派代表团去见瑞典国君，然而国王却久久踌躇是否接受这种敬意。汉堡方面唯恐他的拒绝将有侵略行动随之而来。他最后还是允准两名代表前去，这两人回来后对于接待十分满意。

他对汉堡参议会的抱怨，是因为平日悬挂在奥国新兵接待站大门上的旗帜由于我的要求除下了。可怜的参议院对这么危险的邻邦经常感到恐惧。他把大本营设在易北河北岸的波岑堡，为了取乐，他召来了正在汉堡讲述其体系的高耳博士。我有幸结识高耳博士，有一次他前往瑞典国王大本营时我对他说："我亲爱的博士，你准能发现虚荣心的本源。"意思是说，那个时期他如果获准诊察欧洲各国君主的头部，当可找到稀奇的颅相学研究材料。使得汉堡感到不安的不仅有瑞典国王，普鲁士国王也威胁说要占领汉堡，把它置于自己的财政管理之下，其结果将是毁灭这个城市的商业繁荣。

已没有法国部队占领的汉诺威被英国人用作某种募兵站，谁到那里都可入伍，以募足当时将要征召的汉诺威团。英国人在这次军役中使用了一百五十辆马车，每辆六匹马，使我更加确信我以前的看法，即英军会合俄军行将远征荷兰。这个意图的征兆一出现我就派专差把情报急送皇帝。英俄军队还不知道《普莱斯堡条约》已经缔结，其目的是要使德国境内的各路法军转换行动方向。俄军先头部队很快到达距不莱梅四里格的阿弗堡，整个联军部队已途经奥斯纳堡主教区。因此重新集结我方能够调动的一切部队来保卫荷兰已刻不容缓，但此刻我还不打算谈论这次远征，我只想提供我方在汉堡的处境：各个方面都为瑞典、英国和俄国的部队所包围。我屡次收到海军部长的函件和包裹，要我转递到法兰西岛①去。皇帝对该地的保持显得相当着急，寻找能够负责带去部长文件的驶往那处殖民地的船只在我很不容易。庇特去世和福克斯先生任内阁首相打开了美妙的和平前景。谁都知道，这后一位政治家继任庇特的官职，可没有继承其对法国和法国皇帝的狂暴憎恨；双方彼此尊敬，福克斯先生已经表示他对和平的声明是真心诚意的。和平可以实现是他反对庇特先生时一直坚持的；而波拿巴本人出于对福克斯先生的高度敬重，也可能在某几点上让步，若对手是别人他会愤然拒绝的。但是有两重障碍（我不妨说几乎是不可克服的障碍）妨碍和议。首先是英国方面确信这种和平不外乎是一时的休战，波拿巴仍将继续推行其统治世界的计划。另一重是大家坚决相信拿破仑在考虑入侵英国。这一着如能实现，其目的主要还不在给予英国商业以致命打击并摧毁英国对法国的海上优势，而是在废除新闻自由，这是他在英吉利海峡的这一边已经全部消灭了的。在他看来，一个自由民族同法国人只相距二十一英里海面，这种情景对法国人是有诱惑力的，对本国勉强顺从的那部分人更是强有力的刺激。

大约就在福克斯先生的内阁开始执政之初，一个法国人向他建议刺杀皇帝。这位首相立即致函塔列朗先生告知此事。他向塔列朗表示，虽然英国法律禁止在实际定罪以前拘捕任何人，然而这次他决意不让这样一个坏蛋逍遥法外，直到法国政府首脑能够加强其禁卫军以对付这种人的企图为止。福克斯先生还说，他起先还把这人"误认为间谍"，这话充分流露了英国首相对此人的气愤和蔑视。

他如此高尚地传递过来的这一则情报成了打开新的谈判之门的钥匙。塔列朗先生奉谕向福克斯先生表示：这是英国内阁执政原则的明证，皇帝深为感动。拿破仑并不只是出于这番外交礼貌，他认为这是一个大好时机来表示他的和平愿望是真诚的这样一个印象。他把亚尔默斯勋爵召到巴黎。《亚眠和约》破裂时有些英国人被极不公正地当作囚犯拘禁在凡尔登，亚尔默斯是其中最显赫的一个。他委托勋爵向英国政府提议进入谈判，提出他这方面承认英国占有好望

---

① 即巴黎。

角和马耳他。有些人颂扬波拿巴的这种让步是他的克制，另一些人则责难他不该甘愿做出这么大的牺牲，似乎放弃好望角和马耳他竟比得上承认他的帝号。建立意大利王国，弄到热那亚和威尼斯所有的小邦，废黜那不勒斯国王并把该王国赐给约瑟夫，以及最后，德国的重新分割。所有这些事件都是《亚眠和约》以后次第发生的，波拿巴甚至不屑一提，显然是他无意放弃的利益。我接到的巴黎来函不断说到和平在望，这种情绪我是不敢苟同的。我深知皇帝的个性，不能信赖他的诚意，特别是在维也纳会战的胜利为他的野心打开了更加广阔的前景之后，每次野心得到满足他的狂热就似乎相应地有增无减。每天确实都有新的证据向我表明，他的野心永无餍足。事实就是拿破仑急于占领汉萨各城市。然而我最初奉到的训令仅仅是向这三个市的参议会建议，使他们懂得以预付六百万的微不足道牺牲换取拿破仑的保护所能得到的好处。对这个问题我同几位市长会谈过数次，他们起先反对这个数额，认为太高，同时向我解释城市不像以前那么富足了，因为战争给商业造成许多障碍。参议会最后以最委婉的态度向我表示，他们的处境不允许他们接受皇帝的"慷慨建议"。对此我不能过于责怪他们。在我自己，我只能说我不得不提出的建议是极度荒谬的，因为事实上我向汉萨各城市提供不出什么真正的利益作为他们出钱的代价。他提出保护他们有什么针对性呢？普鲁士、瑞典、俄国和英国可能是而且大概想要占有这三个城市，但是这几个强国都有这种愿望倒证明了三市的真正安全，因为四国之中谁若一试，其余三方肯定会立即插手制止。事实真相是，拿破仑当时就想公然侵占三地，然而直到四年后他才找到借口。

1806年1月末皇帝驾返巴黎。他既已在德国封了许多国王，便认为这时是设置一些新的王公来围绕自己帝位的有利时机。因而他在这个时期册立缪拉为克累弗和贝格的大公；贝尔纳多特为本特科尔诺公爵；塔列朗为贝涅维特公爵，还有他以前的两位同事，康巴塞雷斯为巴马公爵，勒布伦为皮亚琴察公爵。他妹妹波利娜不久前改嫁博尔盖泽亲王，他同样赐给瓜斯塔拉女公爵的封号。事态进程有多么奇怪！当时谁能料到康巴塞雷斯公国竟会成为一位奥地利公主、拿破仑的寡后去世前的避难所？

波旁王族各王孙公子的命运现在日益呈现不妙光景，他们的财源枯竭到只能通知不伦瑞克的逃亡分子，王位觊觎人无力继续支付他们的年金了。这使他们感到最大的恐慌，因为这剥夺了许多人唯一的生计，他们固然忠于王事，怛绝非不在乎由年金来增强忠诚的。这些逃亡分子中有一个人是应该留名史册的。我指的是以前说到过的杜梅里埃，现在他忙于散发小册子的和平职业。当时他在斯特拉松，一般人以为瑞典国王或将授予他指挥官之职。这位将军生活漂泊不定，各处流浪，乞求受雇来反对祖国而没有着落，后来成为大家取笑的对象。事实上他到处遭人白眼。

为结束关于荷兰的争端——那是杜梅里埃梦想凭一支只存在于他自己想象中的军队去攻占的地方——尤其因为对荷兰人没有循拿破仑的要求在各个港口严厉取缔英国船舶感到不满，皇帝把各个小邦组成一个国家，赐给弟弟路易。

我连同其他公事通知下萨克森范围内各邦，路易登上王位和红衣主教费什被任命为德意志帝国宰相的助理和继任人选，同时注意到只有梅克伦堡——斯威林公爵没有答复我，后来知道，他向彼得堡朝廷请示"应否回复及如何回复"。他同时把他女儿夏洛特·弗里特里卡公主同丹麦王子克里西安·弗里得里克成婚的消息报知皇帝。

这时还难以预料这次联姻会有怎样一个结局。王子年轻，外貌英俊，性情可爱，各方面都似在预示他将是个好丈夫。至于公主，容貌美丽出众，头脑却是空虚而轻浮至极。总之，她完全是个宠坏了的孩子。她挚爱丈夫，最初几年他们的结合是美满幸福的；他们怎能想到后来会永远分离。这时公主正当美貌绝顶之际，易北河畔经常为她举办节庆，而王子总是同特·布里昂夫人率先起舞。夏洛特公主虽然可爱，却得不到丹麦朝廷的欢心，朝中反对她的阴谋已经形成。我不知道她的行为有何值得责备的真正理由，但是朝中那些道貌岸然的贵妇人厌恶她一贯举止轻浮，不问有无理由。她丈夫认为不得不同她分居，因此她于1809年初被送往阿顿纳，侍女和伴娘各一人随行。到达该地后，她绝望之极，然而她藏不住自己的忧愁，逢人便诉说她的经历。这位不幸的夫人为她命定了永远不能见到年方三岁的儿子而垂泪饮泣时，真的博得了同情。但是没多久她天生的轻浮不羁又抬头了。她不再遵守同她身份相称的礼仪，几个月之后又被送往日德兰，我相信她在那里至今仍健在。

第二十七章 普鲁士的政策

　　1806年9月，只要法国同普鲁士一开战，不久俄国就会同普鲁士结为联盟，这已是相当明显的事了。然而，拿破仑同亚历山大之间由于刚在巴黎签订了一项条约而重建了和平。俄国根据条约应该撤出卡塔洛河口，却迟迟不愿履约。我还收到一期圣彼得堡的《朝报》，载有俄国皇帝的一项谕旨，指明再次威胁欧洲的种种危险；表示必须注视全面和平和他自己帝国的安全，因此宣布他的意图不仅要补足他的军队，而且要加以扩充。于是下令从每五百居民中征召四人入伍。战事开始以前，迪罗克奉派前往普鲁士国王那里去探询是否还有可能重新谈判，但是事态已经糟到不可收拾，他的一切努力也没有效果。或许普鲁士国王的权力也无法避免同法国一战；但即使那样，他也有正当理由抱怨自己的皇帝。因为皇帝虽然如我们已经看到那样，以汉诺威交换两个侯国，却又提出把那地方归还英国作为同福克斯先生缔约的条件之一。这些秘密交涉柏林政府并非不知，于是迪罗克的使命因拿破仑的欺骗行为而归于失败。

　　这时普鲁士国王正在魏玛。战争恐怖在德国重新出现的时期临近了，和平的希望越是减少，普鲁士的威胁越是增加。普鲁士为追念腓特烈大王的感情所激发，断然反对和平。普鲁士的措施迄今为止都是相当温和的，一听说英王的首相向议会宣布法国业已同意归还汉诺威时，态度马上变得咄咄逼人。法国公使向普鲁士说明，这是朝向全面和平的先决步骤，普鲁士将得到优厚补偿。但是普鲁士国王深知汉诺威王室①对其故土的依恋之情有多么强烈，这将使英国在德国占有确定不移的优势地位，因此认为受到愚弄，决意诉诸战争。他还雄心勃勃，以解放德国的角色自居，拒绝一切补偿的建议。在这种情势下，劳德

---

① 即英国王室。

代耳勋爵被英国政府从巴黎召回，对英战争继续下去，对普战争也将开始。柏林政府发出最后通牒，措辞迹近挑衅。我们素知拿破仑的个性，不难想见他对这份最后通牒的恼怒；他在巴黎待了八个月，谈判还未见成果，就在9月25日出发赴莱因地区。1806年10月10日法国同普鲁士开战，我要求参议会制止普鲁士的征兵。10月14日皇帝大胜普鲁士军的消息于19日被一批逃兵传到汉堡，他们对法军遭到的损失的说法矛盾百出而且十分夸大，直至10月28日官报到达，我们方知对于耶拿大捷该悲还是该喜。

布伦瑞克公爵在奥尔施泰特会战中受了重伤，于10月29日来到阿顿纳。他进入该城的情形可说是命运盛衰变幻的惊人例证。他是一个主子，军事才能很高，只是近来在自己的首都和平享用权力，现在战败而且受了伤；是在一副破烂担架上由十个人抬进阿顿纳的，没有军官或者随从在侧，只有一群由于好奇聚集起来的孩子和地痞流氓跟随。他住入一家简陋的客店，由于眼神显出的疲劳和痛苦而濒于衰竭，到达的次日就盛传他死去了。当即把翁彻医生请来减轻这位不幸的公爵的痛苦；他在负伤后苟活的短短几天里除了妻子以外谁都没见，而她是11月1日赶到他这里的。来客不准他会面，11月10日他辞世了。这时贝尔纳多特回到汉堡，我问他我当如何解释他在达武那里的行为，达武从瑙姆堡出击普鲁士军；又问他是否不肯同达武一同进军，以后达武在魏玛大道上攻击普军时他又不去协助。"我从函件中得知，"我责备道，"你没有参加奥尔施泰特会战。我不信这种说法，但是你无疑见过我在那次会战后不久收到的公报，其中转述了波拿巴在瑙姆堡当一批军官之面说的话，'我要是把他提交军法审判他会被枪决。我不对他说这些，但是他不至于不明白我对他的行为是怎么想的。他有很强的荣誉感，自己不会不知道他的行事是可耻的。'"贝尔纳多特回答道："我想他很可能这样批评。他恨我，因为他知道我对他不甚爱戴；可是让他当面对我说这事吧，他会听到回答的。我固然是加斯科尼人，他可是比我伟大的人。我不否认对听命于达武感到有失尊严，但我还是尽到了我的责任。"约于11月初，瑞典军进入了卢卑克，但是11月8日该城被突袭夺取了，瑞典军以及耶拿之战逃脱的其余部队都成了俘虏。

第二十八章　布吕歇尔论拿破仑

　　法军处处捷报频传。指挥普鲁士军一个师的霍亨洛厄亲王被迫在普伦茨劳投降。他投降后布吕歇尔将军指挥其残部。布吕歇尔把不在普伦茨劳投降范围以内的部队重新并入该部。这批部队连同布吕歇尔在奥尔施泰特的部队几乎成了当时普鲁士君主国仅有的壁垒。苏尔特和贝尔纳多特奉缪拉的命令紧紧追击布吕歇尔，而布吕歇尔方面则正在竭尽全力把这两位将领的部队引开柏林。布吕歇尔向卢卑克进发，占领该城。缪拉元帅追击从萨克森经过马德堡逃脱的普军残部，布吕歇尔被逐回卢卑克。对在柏林的军队来说，消灭这个军团至关重要，因为这支军队在一名英勇善战的将领指挥下，他从军事行动的中心抽出大批部队，可以撤往汉诺威，或者黑森甚至荷兰，会合英军不断侵袭大军的后方。贝格大公向我解说了他的计划和预期结果，不久以后宣告完成。他的来函除了其他情况外，还告诉我卢卑克的占领。缪拉或许是上了某些阴谋分子的当，在两封这类函件中告知我莫罗于10月28日途经巴黎，已经到达汉堡。他对此事的唯一证据是他截获的福舍—波勒的一封信。我记起一件奇怪的事多少可以说明这件事，并且表明，往往有些想当然的情报提供给权威人士，对这些必须存疑。我收到缪拉的第一函之前大约半个月，有个人来告诉我莫罗将军在汉堡。我虽然不相信这个讯息，还是用力所能及的一切办法去寻找这样的报道的根据，但是没能找到。两天后别人肯定地对我说有个人遇见过莫罗将军，同他说过话，因为曾在他手下服役而很熟悉他，还有其他一些情况，似乎相当可信。我于是立即找来所说的那人，他同样对我说他认识莫罗——他最近遇见过莫罗——那位将军问他去女郎小径（汉堡的一处公共散步场所）的途径——他给莫罗指明了，后来又说："我能荣幸地称呼莫罗将军吗？"对这话莫罗答道，"是的，但是别说见过我，我是乔装来到这里的。"这些话在我看来非常荒谬，我装作不认识莫罗，要那人给我描述莫罗的模样。他说那人身穿条纹法国式上衣，帽上佩有本国帽徽，完全不像莫罗。我立即识破这全是诈骗，目的在于骗点钱，迅即把那家伙撵走了。约一刻钟后，歇瓦迪埃先生来访，介绍给我驻什切青的法国领事白朗先生。这位先生身穿条纹法国式上衣，帽上有本国帽徽。他才是我刚才那个告密人所讲故事的主角。事实是，驻什切青领事和莫罗将军有一点相像，有些人把两人误此为彼了。

普鲁士战役期间整个德国无不谈论拿破仑对于哈茨费尔德亲王的宽大行为。我获知关于此事的许多趣闻，并且有幸得到一份皇帝与约瑟芬谈论此事信函的抄件，即将呈献给读者。我得断言，作为皇帝政府特点的侦察制度已经推行到所有在他军事占领下的国家，根据这项制度，每进一城第一要事就是占领邮政局——于是，天知道通信秘密受到怎样的尊重！柏林也未能免于这项制度，由此截获而转呈拿破仑的信件中，有一封是哈茨费尔德亲王寄呈普鲁士国王的，他不知谨慎，胆敢留在这普鲁士的首都。亲王在此函中把国王被迫离开柏林以来发生的一切重要事情报知自己的君主，还附有法军各师的实力和位置。皇帝过目此函后，下令逮捕亲王，当作间谍交付军法审判。法庭业已开庭，判决是毫无疑义的事，这时哈茨费尔德夫人去向迪罗克求助了，迪罗克遇到这类事情总是乐意为面谒皇帝提供方便的。那天拿破仑巡视市郊。迪罗克认识哈茨费尔德夫人，他几度造访柏林屡次见到她。拿破仑巡视回来，看到这么晚了迪罗克还在宫中，有点吃惊，问他带来什么消息。迪罗克回答说有，跟随皇帝进入私室，突然引进了哈茨费尔德夫人。此事的下文在前面提到的拿破仑的信函中叙及。这信显然是回复约瑟芬的一封来信的，约瑟芬在信中责备他说到妇女的态度，很可能是指美貌而不幸的普鲁士王后，他在一次公报中提到时用语有失敬之处。拿破仑的去信如下：

我收到你的来信，你似乎在信中责备我说女人的坏话。事情是这样，我最讨厌的是女阴谋家。我看得惯仁慈、文雅、温柔的女性，我喜爱她们，如果说她们娇纵了我，那不是我的过错，而是你的。不过，你会看到我已经宽大对待了一位通情达理的值得尊重的女性。我说的是特·哈茨费尔德夫人。我把她丈夫的信拿给她看时她哭起来了，以万分痛心的悲伤和诚实的口吻喊道:"这的确是他的笔迹!"这就足够了,打动了我的心,我说:"好吧,夫人,把信投到火里,我就没有证据可以针对您丈夫了。"她烧掉了信件,转悲为喜。现在她丈夫得救了;如果迟两个小时,他已被处死了。所以,你看,我喜欢娇柔、纯洁、善良的女性。因为只有她们才像你。

1806年11月6日,晚九时。

贝尔纳多特元帅迫使布吕歇尔退入卢卑克、并使他当了俘虏以后,把此事的消息通知了我,我万没想到这个俘虏竟要交付我看管。然而事情正是这样。他投降以后被送来汉堡,把全城当作牢狱。整个被俘期间布吕歇尔在汉堡是处于我的监视之下。我不仅没有增添他俘虏生活的严厉性,反而竭力免除严格执行给我的训令使他产生的烦恼。我奇怪的是能够结识这位非凡人物,朝夕见到他。我发现他是热情的普鲁士爱国者,毫无疑问是个勇敢、大胆到莽撞的人,但是缺少教育,极端爱好享乐,这点他在汉堡期间是全力以赴的。他惯于数小时用一餐饭,他虽抱狭隘爱国主义,对待法国名酒的态度却十分公正。对于低级趣味的娱乐他也同样狂热地耽溺其中,在赌桌上消磨大量时间,他生性乐观,仅当作一个玩乐伙伴是够讨人喜欢的。他谈话的风格与众不同,我听来非常有趣。普鲁士军虽然迭遭惨败,他对德国必将解放的信心一点没有动摇。他时常对我说:"我对于德国公众的精神和充满莱因各大学的热忱寄予很大的信赖。战争的胜负没有一定,即使败仗也能激发一个民族的荣誉感和对民族光荣的关切。你尽可相信,整个民族一旦决心要挣脱屈辱的枷锁时,定会成功的。毫无疑义,我国的后备兵制度将要产生的后果同精神疲惫的法国人的征募兵制大不相同。英国必定一直以海军和津贴援助我们,我们要重新同奥地利和俄罗斯结盟,就我所确知的,有一件事我能保证其为真实的,你尽可相信,就是投入这次战争的各个盟国没有一个怀有侵占领土的意图。各国一致的愿望是结束你们皇帝建立的扩张制度,他推行的速度是非常惊人的。你们革命之初我国同法国的第一战中,我们是为关于各国国王的权利问题而作战,我可向你保证,对那个问题我是漠不关心的。现在事情全然不同了,普鲁士全民支持政府。人民为保卫家园而作战,败仗毁灭了我们的军队,却没能改变民族精神。我对于结局是安心的,因为我预见到命运决不会永远偏爱你们皇帝。整个欧洲对于他的敌诈勒索忍气吞声，再不甘忍受他的侵犯，一致奋起反抗他的时候必将到来。被他戴上锁链的民族越多，他们粉碎锁链的反应越是可怕。无可否认，他攫取新领土的欲望永无餍足，目前这场战争几乎紧接 1805 年对奥地利和俄罗斯的战争而来。我们战败了，普鲁士已被占领，但是俄国还没能攻取。战争事态如何发展，非我的力量所能预料，但是如果承认结局有利你方，那只有新的战争来得更快完事。我们只要坚忍不拔，无论怎么说，法国虽然战无不胜，也还是筋疲力尽，最后必定失败。你向往和平吗？提出和平主张吧，这是你爱你们国家最强有力的证明。"

布吕歇尔经常以这种态度同我谈话，由于我一向认为不必把我的官方身份带到客厅里，我总是坦率地回答他的见解，只保持我的地位所要求的保留态度。我没告诉他我的预料同他的预见往往是多么相符，但是我从不犹豫向他承认我多么愿意看到缔结一项合理的和约。布吕歇尔来到汉堡以前有符腾堡的保罗王子来访，他是拿破仑所立的两个国王之一的次子，那两位国王王冠戴了还不到一年。这位年轻的王子满脑子都是激动了德国的自由和独立的观念，采取了一个轻率的行动。他未经父王允许就离开斯图加特到普军的战役中效力，这个欠考虑的步骤可使符腾堡国王招致拿破仑的愤恨。普鲁士国王把保罗王子晋升为将官，可是他在开战之初就被俘了。符腾堡的王子并没有如误传的那样由一名宪兵上尉押送到斯图加特。他来到汉堡，曾几次拜访我。那时他似乎没有什么确定不移的意向，因为他被俘后曾向我表示真诚希望为法方服军役，不时要求我代他恳请晋谒皇帝。这件事他办到了，还在巴黎留居多年，我知道复辟以后他也曾数度居留巴黎。

普鲁士国王看到自己屡次败北，他的各邦在比去年奥地利陷落还要短的时间里落入拿破仑之手，便后悔发动这场战争。他致书皇帝请求休战。拿破仑收到普鲁士国王来书时拉普在场。"太晚了，"他说，"但是不要紧，我希望停止继续流血，准备听取不至于损害这个国家的荣誉和利益的任何条件。"然后他召来迪罗克，命令他去探望伤兵，检查他们生活有何困难。他又说："代表我看望每一个伤兵，发给他们需要的一切慰问品，然后去找普鲁士国王，如果他提出合理的建议就报告我。"于是谈判开始，但是普方认为拿破仑的全部条件都是无法答应的。普鲁士仍然盼望得到俄国部队的援助；此外皇帝的要求还涉及英国，英国当时不肯同意法国的要求。皇帝要求英国把开战以来攻占的所有殖民地归还法国；俄国应把当时占据的摩尔达维亚和瓦拉几亚交还土耳其政府；总之，他采纳某个悲剧中国王的忠告，那个国王对他的大使说："万事都提出要求，你便可能一无所得。"皇帝的要求事实上完全不合情理，想来他本人也未必以为会有人听从。

谈判时续时断，双方都很冷淡，一直进行到英国说服了俄国帮助普鲁士对付法国的时候才完全停止，仅仅为了装作愿意根据仍然有利于法国的条款恢复谈判的目的，才派迪罗克去普鲁士国王所在地。他在多瑙河彼岸的奥斯特拉德找到普王。他从那位君主处得到的答复只是："时间已过。"此话几乎与拿破仑收到国王陛下来书时所说的"太晚了"相同。迪罗克向普鲁士国王执行使命时，我本人也在汉堡谈判。波拿巴极想把瑞典拉出联盟，单独订约结束同瑞典的战争。如果普鲁士、俄国和英国在北欧集结大量兵力，瑞典对他确实就很有用处了。丹麦已同我们一起，如果我们还能赢得瑞典，这两国的联合就能扭转局势，行将被迫集中主力抵御大军进攻波兰的联盟将严重告急。瑞典驻汉堡公使裴隆先生的意见也是全然反对他的君主参与对法国的战争。他对这种意见并不保守秘密。我非常遗憾的是，正当我接奉皇帝关于刚才提及的这件事的谕旨时，这位先生告假离开汉堡一年。裴隆先生的继任是奈采耳先生，我不久便满意地发现，他的意见同他前任没有什么不同。奈采耳先生到任不久便要求同我会晤，商讨在特拉弗河被俘的瑞典官兵的问题。他请求允许军官宣誓后遣返瑞典。我急于在这方面满足奈采耳先生，利用这极为有利的时机把他逐步引向我任务的主题。我有充分理由对我初步建议的成功感到满意，他自己也颇为信服我对他倾吐的意见是真实的。我看出他懂得他的君主将因同法国和解而得到一切好处，他告诉我瑞典全国都要求和平。初步尝试成功壮了我的胆，我坦率告诉他我是受权同他交涉的。为报答我这边的信任，他明确告诉我，瑞典国王的机要秘书特·维特斯太先生是他的亲密朋友，见解与他相同。他向我出示维特斯太的几封来信。他还说，他获准同国王通信联系，他应允连夜上书国王并致函特·维特斯太先生，报告同我的谈话。从上文看来，在这样的吉兆下开始的谈判还不曾有过；可是谁能料到瑞典国王的头脑竟是这般难以捉摸？那位不幸的君王竟认为奈采耳先生的来函不怀好意，特·维特斯太先生自己也接到了最不礼貌的命令，被要求通知奈采耳先生：他的君主对他擅自拜会一位法国公使，更同对方做了政治性谈话——虽然除了谈话别无其他，很不高兴。国王还不止于申斥。

奈采耳先生怀着极大的痛苦前来告诉我，他奉命立即离开汉堡，甚至不必等待继任到达。在他看来自己是丢尽了脸。我高兴的是 1809 年我在汉堡重逢身负查理十三世使命的奈采耳先生。

第二十九章 《柏林敕令》

"拿破仑在为时一周的战局中把普鲁士君主国打得威信扫地。然而他的军队虽然艰苦奋战,他的胜利虽然是辉煌的,而时序推移,现在季节已过,下一阶段还不能停顿下来休整;皇帝本人在柏林也不过停留数日。

"这次短暂留驻却是以发布著名的《柏林敕令》闻名于世的,拿破仑希望凭此一纸不同寻常的禁令削弱英国威力的基础——英国是他显然不可抗拒的武力无法突袭的唯一强国。

"拿破仑宣布英国各岛处于封锁状态:此后同英国的任何交往都是犯罪;同法国结盟的任何国家发现英国公民都予囚禁;英国出产或制造的任何物品,不论何处发现都予没收。一句话,今后法国势力所及之处,同英国稍有交往都是对拿破仑尊严的背叛;欧洲的每一处海岸都要排列上税务司和宪兵这两种新军种,目的是执行他所称的大陆封锁体制。"

这里我要对著名的大陆封锁体制略志数语,因为我或许比其他任何人都更有机会目睹其欺诈性质和估计其毁灭性后果。这个体制始自 1806 年的战争,是根据在柏林发布的一道敕令于那年 11 月 21 日付诸实施的。这个计划是那帮低能的顾问设想出来的,他们看出皇帝对英国的欺诈行为,对英国厌烦同他开始认真的谈判,对英国不断竭力武装大陆来反对他而感到的愤怒,奉劝他发布这道敕令,这在我看来只是暴虐和疯狂的行为,除非有少不了的舰队,这就不成其为敕令。没有海军而宣布英国各岛处于封锁状态岂非可笑,而英国舰队倒实际上封锁了法国所有的港口。然而这项宣言是拿破仑在《柏林敕令》中发布的,这就是所谓的大陆封锁体制!一个欺诈、侵略和掠夺的体制。现在很难想象欧洲怎能受得了那种财政方面的暴政,对三百年来贫富都已用惯的不可缺少的物品勒索高价。这个体制，其目的绝不是仅仅在于禁止销售英国货品而已，也不是谁人富有，出得起高价就能发给特许证。法国出口货品的数量和质量被夸大到荒唐的程度。为迎合皇帝的愿望，必须输出一定数量的货品，但是只能抛入海中。谁也没有诚实到胆敢报告皇帝，英国在大陆上找到其货品的市场，可是几乎不采购大陆上的东西。特许证的投机达到了丑声四布的地步，仅仅得宠的少数人发了财而满足了昏聩的出谋划策人目光短浅的企图。这个体制证实了人类历史上记载的，一方面是贪得无厌，而另一方面是一错再错，不可救药。对此我可以举例说明，这是在这个可恨的制度颁行以后一段时期发生的。1811年，在汉堡达武政府统治下，一个穷人因携带一小块食糖到易北河地区供给家用几乎被枪杀，与此同时，拿破仑却在签署特许证进口一百万糖块。走私些许就可以判处死刑，而政府却在大规模地贩运。虽然同一法律，结果使国库充满钱财，而监狱却挤满了牺牲者。

这个时期的税务法对大黄进行灭绝战，大陆上遍设海岸警备队以查禁旃那的输入，也无法阻止大陆体制的毁灭。可恨的宪兵法庭的设置闹了不少笑话。在汉堡，一个宪兵法庭的庭长是个法国人，他在一篇演说中力图证明，托勒密时代设置了特别法庭来移风易俗，埃及的繁荣有赖于此。于是，恐吓之外又加上侮辱性的挖苦和最荒唐不过的蠢举。以前在汉堡十分遭人痛恨的普通税务吏，真正看出，他们不久就要感到后悔，大家很快就会感觉到他们同宪兵法庭的区别，波拿巴的顾问们竟使他干出这么严重的悖理事情：规定每一艘持特许证的船舶必须运出与凭特许证进口的殖民地产品同等数量的货品。结果如何？旧藏的丝织品，因式样过时而全部卖不出去，以低价结算，被英国禁售就抛入大海。这方面的区区损失自有丰厚的投机所得来补偿。

只适用于黑暗和野蛮时代的大陆封锁体制，即使理论上讲得通，在实施中也是完全不可行的，这点永远得不到充分的揭露。能向皇帝推荐这样一种体制的，决非他真正的友人；果然不出所料，这种体制准将激起欧洲的愤慨，最后产生可怕的反应，对人类实行暴虐统治，同时又指望他们全体一致崇敬和驯服，显然是不可能的。看来命运之神虽然还有一些辉煌的胜利已给拿破仑准备好，却也同时备妥那些缘由以便在转眼间剥夺他的战功，并把他投入比促使他平步青云的好运更大的惨祸中。禁止贸易，经常严厉执行这项令人憎恨的体制，无非是等于向大陆征税。

对此我可以举出例证，我叙说的都是亲身观察所得。海关条例在汉堡和库克斯港及特拉文蒙特两条路线是严格执行的。这个部门的长官欧代耳先生履行职责热心而又公正无私，我很荣幸能够为他提供这样当之无愧的证词。大量英国货物和殖民地产品聚集到荷尔斯坦，几乎全是经由基尔和胡苏姆运到的，凭百分之三十三到四十的佣钱越过那条路线。我有千般证据令我相信此事，又对封锁体制的烦人之处感到厌倦，决意把对这个问题的意见呈交皇帝。他曾准许我对于我认为替他效劳至关重要的事项不经过中间人直接上奏。我派出特遣信使到他当时所在的枫丹白露，在奏章中报告他，虽有查禁警卫队，违禁货品还是走私运入，因有路进入德国、波兰、意大利甚至法国，销售利润之优厚使人不顾任何风险去弄到手。我在他即将把汉萨各城市并入法兰西帝国的当口建议，这类货品应以大致相当于保险率的百分之三十三的税率公开输入。皇帝立即采纳了我的建议，1811年这个办法仅在汉堡的收入就达六千多万法郎。这种体制使我国同瑞典和俄国发生冲突，因为两国不甘忍受要求它们严格封锁而拿破仑自己却任意颁发特许证。1810年10月，贝尔纳多特在去瑞典途中路经汉堡。他同我相处三天，除我自己外难得见到任何人。他就他对大陆封锁体制该怎么办征询我的意见。我不假思索地对他说：不仅以法国公使的当然身份，而且作为他个人的朋友，在他的地位，即一个只有靠其天然出产同英国交换才能生存的穷国的首脑，我当开放我国各港口，免费发给瑞典人那种波拿巴零星地出售给阴谋家和贪婪者的通用特许证。《柏林敕令》这种错误主意只能把各国都变成皇帝的敌人，对他的命运产生致命的反应。把二十个国王拖下宝座所能激起的憎恨也比不上这种无视百姓的需求所能激起的愤恨。对于政治经济学原理的一无所知是普遍的贫困和苦难的根源，反转来产生了普遍的敌意。这个体制只有欧洲各国都忠实地同心协力付诸实施才能奏效，然而这是不可能的事。只要有一个自由港就能坏事。要确保其完全成功，必须攻克并占领每一个国家并且永不撤出。把这当作毁灭英国的办法是非常可笑的，因为禁止同英国的一切交往必然损害其他各国的利益。还必须以武力逼迫整个欧洲参加他荒谬的联盟，那支武力还得经常留驻以便维持联盟。这办得到吗？这个体制被称为专制政治的集中体现，这一用语说得再恰当不过了。一个军事法庭的上尉判决记录员核准开释一个贫苦农民，他是因为在海关范围以外购买了一块糖而定罪的。过了些日子这位军官出席达武元帅摆设的盛宴，席间元帅对他说："你的良心非常仁慈，先生。"上尉正要解释时，达武打断他说："到总部去，有命令在等候你。"这道命令派他到距汉堡八十里格处。必须像我这样目睹这项可悲体制造成的数不胜数的磨难和苦恼，对其炮制者给予欧洲的危害，以及引起的憎恨和报复对拿破仑的失败起了多大作用，才能具有确切的概念。

第三十章 埃劳之战

"拿破仑在柏林接见了他的参议院从巴黎派来庆贺他旗开得胜的一个代表团。他对他们宣布了下述著名的法令：他要他们带回他最近几次胜仗的战利品，他还要求他们立即征召八万人，这是1808年度的第一次征募——1807年度的已经预征了。恭顺的参议院记下并答应他们主子乐意吩咐的一切；但是拿破仑的野心要求以性命做代价此时已开始在法国认真地感觉到了。他同时也准备迅即扑灭还在奥得河以东的一些普鲁士君主国驻军中延续的微弱的星星抵抗之火；并在其能达到德国土地以前迎击俄国军团，俄军正在前进以援助腓特烈·威廉，但已嫌过迟。那位不幸的君王派遣卢格西尼去柏林，试图同占领他首都和宫殿的战胜者开始谈判；但是波拿巴索要但泽和别的两个要塞镇市作为最短暂休战的代价；这位意大利籍使者回来报告国王，他除了等候俄军到达之外不存其他希望。

"在拿破仑的敌人卷入一连串新的、或许是无穷无尽的困难中的情况下，他手中握有对普鲁士各盟国展开战斗的手段。瓜分波兰——参与这个重大政治罪行的国家都因此受到严厉但还不足的惩罚——使得这个一度强大有力的王国的全民处于不满和动乱状态。只要拿破仑情愿充分利用这种状态，其后果对于沙皇可能比对付任何外敌的任何战役都更危险。只要法国皇帝明确宣告他的目的是恢复波兰成为独立国家，一个英勇善战的民族就会立即响应他的号召而奋起。但是波拿巴出于多方面的考虑没有采取这项最有效的激恼手段，其中主要的是：首先，解放波兰就剥夺了奥地利一个富庶而重要的省区，因而将驱使奥国重上战场；其次，他预见到对俄国皇帝如果以毁灭波兰领土和权力相威胁，对方将不惜以完全不同的态度做殊死战，与仅仅作为普鲁士的盟国行事时的态度大不相同。

"重新展开大战以前，波拿巴接受了萨克森选帝侯的归顺和解释，他真心地诉说，是普鲁士强迫他参战的。辩解被接受了，从这时起这位选帝侯依附莱因同盟，成为拿破仑的忠实盟友。"

波拿巴不仅是举世无双的当代最伟大的统帅，还可以说是整个改变了战争艺术。从前，哪怕最干练的将领也要根据历书选择适当季节打仗；欧洲的固定习惯是只有从春季最初的佳日到秋季最末的佳日才发出战斗号角。雨雪冰冻的几个月是在所谓冬令营房度过的。皮格鲁在荷兰树立了无视气候的先例。波拿巴在奥斯特里茨也敢蔑视严寒季节；他大获全胜，因此他决心在1806年冬季开始时采取同样的行动过程。他的军事天才和难以置信的活动能力似乎增加了。他信任他的部队，决意在以往作战中从未经历过的严酷气候下发起一场冬季战役。同他共命运的人员现在要面临北国的疾风，犹如他们从前面对埃及的灼热骄阳那样。他选择战场的精明赛过任何其他将领，不愿静待正向德国推进的俄国军队来到已被攻占的普鲁士平原上同他较量实力；他决定出发迎击，在俄军渡过维斯都拉河之前与之相遇。但是他在离开柏林以战胜者身份探测波兰领土和俄国界之前，向部队发表了宣言，列举他们过去的战功，宣布他今后的意图。现在向前开拔已不可避免；因为他若坐待俄军渡过维斯都拉河，或将没有所谓冬季战役，他必须或者在维斯都拉河与奥得河之间找到简陋的冬令营房，或者回师重渡奥得河在普鲁士鏖战敌军。当此关头，他的军事天才和不知疲劳的活动能力对他做出了不起的贡献，他前往夏洛顿堡之前在柏林发布的前述宣言证明，他不是如有时那样凭一时冲动行事，而是经过周密算计的。由一个人的意志加诸广大人群的迅速而大规模的冲击会发出刹那间的光彩，如同电光一闪那样一时弄得大众眼花缭乱；但在离光荣的现场稍远处，我们看到的唯有悲惨的结局，战无不胜的天才只能视为毁灭的天才。我的眼界里时常呈现多么悲伤的景象——我不时听到大众对苦难怨声载道，而又不得不执行要加重汉堡本已做出的巨大牺牲的命令！举例来说，皇帝要我供给他五万件斗篷，我立即照办。我感到在冬季临近，我们的士兵将要身处以前不曾经历的严寒气候之时，这种要求非常重要。我也奉命在卢卑克（我已说过，这是布吕歇尔和贝尔纳多特之间多次易手之地）没收四十万拉斯特[①]谷物运往马德堡。这批谷物属于俄国。

---

① 重量单位，约合四千磅。

莫蒂埃元帅也没收了同属俄国的一批建筑木材，估计价值一百四十万法郎。这时我们的部队继续迅速挺进，11月底以前，不愧为战争热心分子的缪拉已经率领他所指挥大军的前锋部队到达华沙。当时皇帝的大本营驻在波森①，四面八方都派代表团来恳求他重建独立的波兰王国。拉普告诉我，接见华沙来的代表团以后皇帝对他说："我喜欢波兰人，他们的热忱性格令我高兴。我愿意使他们成为独立的民族，但那是谈何容易的事。这蛋糕分到手的人太多了，奥地利、俄罗斯、普鲁士各得一块，而且，火头一经点燃，谁知道大火烧到何处为止？我首要的责任是对法国的，我不能为了波兰而牺牲法国的利益。总之，我们得把这事交给宇宙的主宰——时间，不久时间会示知我们该怎么办。"如具苏耳科夫斯基健在，拿破仑无疑会想起在埃及对他说过的话，大有可能建立起一个上世纪末叶解体的国家，开始打破《威斯特伐利亚条约》以来欧洲存在的政治均势。皇帝于1月1日进入华沙。他以前接到的报告说他的部队已在道路崎岖、天气恶劣和各种必需品奇缺的状况中挣扎了好一些时候，因而感到不满，大部分是如实的。将领们向他报告，部队不像往常那样热情高涨，而是口出怨言、意气沮丧，波拿巴询问道："难道他们到了敌军在望的地方反而丧胆落魄了吗？"

"不是的，陛下。""我看准是这样，我的部队是始终如一的。"于是他转向拉普说："我必须鼓起他们的劲头。"不久就向士兵朗读了一篇最能激励人心的宣言。波拿巴朗读宣言的当时，天知道我记录下来的有多少，他似乎灵感涌至，显出意大利即兴诗人的那种兴奋状态。我必须振笔疾书才跟得上他。我把他口授的读回给他听时，我往往看到他为想到某一段落行将产生的效果而得意地微笑。他的宣言可以大致归结为清楚明白的三点：赞扬他的士兵以往的功绩，给他们指出今后的任务，诋毁敌人。这篇宣言在整个德国广泛流传，若非亲眼看到，简直无法想象它对全军产生的效果。后方驻守部队振奋起来，要以强行军通过他们同大本营之间的地带，而贴近皇帝的部队忘记了他们的疲劳、苦难和匮乏，渴望对敌人一战。他们也往往理解不了拿破仑这些宣言的用意，但那并不碍事，那是皇帝的宣言，他们不顾饥饿和赤脚，毫无怨言地向前挺进，互相细叙各自曾经流血战斗的历次战役。这就是拿破仑认为有必要时，即他说

---

① 今波兹南。

"要激他们"时所能激起自己士兵的热忱，或者不如说是狂热情绪。我不敢自诩在这里描述 1806 年末欧洲的情景。我只是把当时我掌握的以及翻阅那个时期我的通信时找出的若干事实汇集起来而已。

皇帝于 1 月 1 日到达华沙已如上述。他在波森驻留期间因为同萨克森选帝侯缔结了一项条约而建立了一个新的王国，由于把新建的萨克森王国并入莱因同盟而扩展了他在德国的势力。条约有一款规定，以骑兵闻名的萨克森要向皇帝提供一支两万人马的部队。这个联盟显得非常有利，不在于其人员而在于萨克森大量供应法军的马匹。

德国的王公全都习惯于古老的礼仪习俗，眼看一个新兴君主拿他们当臣属，甚至凭其豪勇强使他们甘居臣属。那些曾使查理大帝颤抖的著名的萨克森人投身求皇帝保护；看到萨克森王室的首脑寻求同他结盟，在波拿巴也不是等闲事情；新封的国王因其年龄、趣味和性格，要比其他任何德国王公都更受到恭敬。

从皇帝到达华沙时起直至对俄军的战斗开始，接连不断地有人恳求他重设波兰王位，恢复古代雅盖隆王朝富有骑士精神的独立，当时在华沙的一个人对我说，皇帝在如何处置波兰方面完全拿不定主意。情愿重建那个古老而英雄的王国的人包围了他；但是他不做决定，宁愿如他习惯的那样听任事态发展，而后显得更能控制事态。事实上拿破仑在华沙的大部分时间消磨在宴乐和客厅里，可也照样以他敏锐的目光注视内政外交任何一个政府部门的缺陷。他本身固然是在波兰首都，但他的强大影响却无所不在。我同迪罗克谈到提尔西特战役时听他说，拿破仑的行动和言谈都表现得奇妙之至。皇帝把一月份用于即将出击俄军的军事准备工作，但同时没有忽视政府事务；他从不拖欠任何工作。我在战场上见他的次数太多，对他当机立断的发号施令不以为奇了，他在华沙的处境虽然危险，但我知道他在阿克和马伦哥胜利前夕的处境更危险。说实在的，拿破仑在华沙时手头的事务不止是即将来临的战斗，事情比维也纳战役期间复杂得多。必须一面监视已占领的普鲁士，另一面提防俄军，俄军的全部行动显示他们的意图是要先行出击。

拿下维也纳以前的战役中，只有奥地利参加。现在事情完全不同了：奥地利只有士兵，而普鲁士，如布吕歇尔对我说的，已开始拥有市民了。从维也纳回师并不困难，万一失败要从华沙撤回可就困难重重了。虽然建立了萨克森王国，在普鲁士和其他攻占了的德意志邦国中设立了临时政府也无济于事。这些该虑及的事没有一样逃得过拿破仑的目光；我收到的各方文件、信函和官方通报中谈到了这一切。我从自己的通信联系中获知德国发生的一切事情最详细的消息，但我转呈政府的情报常常是政府转发给我的，似乎没想到我已知道了。例如，我以为已将奥国正在武装一事报知政府，几天后从大本营接到同一则消息。

普鲁士战役期间，奥地利玩的正是普鲁士在奥地利战役期间玩的那套把戏。前一回是普方犹豫不决，这一回是奥方犹豫不决。正如普鲁士在奥斯特里茨会战之前坐待法军的胜败来决定是保持中立还是向法国宣战；奥地利无疑认为俄国作为普鲁士的盟国要比做奥国的盟国幸运些，因此在波希米亚结集了一支四万人的军队。那个军团称作观望军，但这些观望军的性质是无人不知的。他们属于武装中立一类，属于防御线一类的巧妙发明。事实上，结集在波希米亚的军队预定要在俄军得胜时支持和援助他们；谁有理由责怪奥地利政府渴望复仇的机会以雪《普莱斯堡条约》之耻？在这种情势下，拿破仑不能坐失时机，但是他头脑的活动无须再加激发，同他加速奥斯特里茨会战以抢先普鲁士一着一样，现在他认为抢先俄罗斯一着有利于使奥地利保持犹豫不决状态。

因此，皇帝约于1月末离开华沙，随即于2月初下令攻击俄罗斯军队。但是他虽想先发制人，却让敌方领了先。俄军方面在2月8日早晨7时在雪片大如鹅毛的暴风雪中发动进攻。俄军迫近皇帝所在的普略西什——埃劳，御林禁卫军煞住了俄军纵队的推进。法军几乎全部投入会战，那是欧洲最惨烈的战争之一。贝尔纳多特指挥的军团没有参加战斗，它驻守在左侧的莫龙根以威胁但泽。如果贝尔纳多特军团所辖的四个步兵师和两个骑兵师能及时赶到，会战结局当大不相同；但是不巧，传令贝尔纳多特火速向普略西什——埃劳进发的军官被一支哥萨克部队俘去，因此他没能前来。事情未能如愿以偿时总是想方设法怪罪他人的波拿巴，把那天的胜负不决归咎于贝尔纳多特没能赶到：这事本身诚然是原因，但以未能赶到一事责怪那位元帅，却是最忍心的不公。贝尔纳多特被控：道保将军虽已通知他必须有他相助（这是确认无疑的），还是不愿开赴普略西什——埃劳。但是道保将军既已阵亡，那事如何证验？那些了解波拿巴的人，知道他的狡黠和他如何有时利用他对死者的赞词的，都不难猜透这个疑团。

埃劳会战是可怕的：法军一直挺住以待贝尔纳多特来临，但是没有等到；

遭到惨重损失之后夜幕降临，法军得在战场上度过那凄惨的时光，最后贝尔纳多特赶到，但已太迟，遇到敌军悄然撤往普鲁士最末一个首府哥尼斯堡。

埃劳会战以后双方按兵不动，几天之内没有什么要事，皇帝提出和议，虽然真的没有几分诚意，却被轻蔑地拒绝了，似乎已把同拿破仑有争议的胜利看作凯旋。总之，看来埃劳会战已改变了当时高唱上帝颂歌的俄国人的头脑。但是皇帝正为再次前进做准备时，他的外交在一个遥远的角落取得成功，为俄国树立了一个固有的劲敌。土耳其对俄国宣战了。这是个强有力的转折，迫使俄国暴露西部战线以组成南部防线。过些时候加尔达内将军的著名使团出发赴波斯了。我的朋友阿默德·若贝尔出使成功已为这个使团铺平了道路。这个使团不仅是查理大帝、路易十四和路易十六先后接待过的爱仑妮皇后、暹罗国王和蒂普·萨义勃派来的那一类盛大豪华的使团之一，而且可以联系到波拿巴得势之初便怀有的理想。确实是来自东方的光芒使他初次瞥见他未来的伟大；那光芒一直使他向往并迷乱他的想象力。我有理由知道，加尔达内的使团起先设想的规模要比后来实现的宏大得多。拿破仑决定给波斯的沙阿①派去由精选的富有经验的军官指挥的四千名步兵，一万支毛瑟枪和五十门大炮；我也知道执行此一计划的命令已经颁发。皇帝内心的目标，在其计划趋于成熟以前迟迟不愿宣布的是，让波斯沙阿能在俄国东部各省区造成重要转折；但是另有一个存心已久、固定不变的目标，在他思想中一直是至高无上的，即在英国亚洲领地的中心打击英国这样一个愿望。这是加尔达内使团的主要动机；但是情况不允许皇帝赋予这个使团他所企望的全部重要意义。他只能止于派出少数工程和炮兵军官去波斯。他们到达波斯后，发现那里有众多的英国人，不免吃惊。

---

① 国王

第三十一章 《提尔西特和约》

埃劳会战以后,我收到特·塔列朗先生的一件公文,附有对那次可纪念的战役的记述,那一战对于战胜者比战败者更加悲惨。说到俄国军队,我凭良心不能称为败军,特别是回想起法国抢在俄国之先在全德国公布的说法。皇帝当然认为人人对那天的事件看法都应与他自己一致这点具有重大意义。但是如果说埃劳会战可疑,那么弗里德兰会战是不成问题的,因为不久整个欧洲都已看到其结局。"亚历山大皇帝请求休战,得到同意并于6月23日批准。6月25日法俄两国皇帝各带少数扈从在提尔西特镇附近涅曼河上系着的一排木筏上亲身会晤。两位君主互相拥抱,退到帐篷下屏退左右举行长谈。会谈结束时彼此都显出互相亲善和信任的表情,紧接着提尔西特镇中立化了,两国皇帝在那里设立了行宫,在新近还敌对的两军中间比邻而居,倒像是在游乐会上相逢的老朋友,而不是试图以外交手腕排解多年来把欧洲沉浸在血泊中的敌人和对手。"

提尔西特会晤是现代史的顶点之一,涅曼河水映出的是拿破仑在其荣华顶峰时的形象。那次闻名于世的盛会我虽不在场,却也和他人一样知道了在提尔西特场面上的一些事情。两国皇帝的会晤以及普鲁士国王的不幸地位,都是大家知道的事实,但是我还获知这些事情的若干秘密内幕。① 拉普奉派去但泽了,

---

① 萨瓦里对于这次会晤的有趣记述如下:
拿破仑皇帝的恭谦有礼表现在一切行动上,他下令把一排大木筏浮在河中心,木筏上构筑了一座房屋,遮盖严密,陈设优雅,两边各有一门通前室。屋顶上高踞两只风信鸡,其一代表俄罗斯之鹰,另一为法兰西之鹰。
木筏浮在河的正中央。
两国君主出现在河岸,同时上船。但是拿破仑皇帝先到木筏,进入房间打开另一面的门,然后站在木筏边沿迎接亚历山大皇帝。
两位皇帝以最友善的方式会面。他们聚首很长时间,然后在同会面时一样的友好气氛中分手。次日俄国皇帝率领一营禁卫军进驻提尔西特,下令百姓撤出他和禁卫军驻留的镇区。
亚历山大皇帝进入提尔西特之日,全军严阵以待,御林禁卫军从登陆处到拿破仑皇帝的行宫,又从那里到俄国皇帝的行宫排列成各有三列的两行。亚历山大皇帝在拿破仑皇帝迎候他的地点登岸时,一百门炮鸣放致敬。
这次会晤吸引了周围一百里格以内的来客。特·塔列朗先生来到了,按常规行礼如仪后,开始讨论政务。
——《罗维戈公爵回忆录》

是他最直率无忌地把皇帝的一切言行和他周围的大小事情都转告我。我知道的事有一件值得记述，是皇帝首次在他提尔西特的行宫中接待普鲁士国王来访时发生的。那位不幸的君王同他的王后威海明娜暂时栖居在镇外不远的一座磨坊里。这是他唯一的住所，而两国皇帝则在涅曼河两岸各占一个镇区。我要叙说的事情是那时在拿破仑行宫值勤的一位御林禁卫军军官、此事的目击者告知一个我信得过的人的。亚历山大皇帝拜会拿破仑时，他们在阳台上交谈许久，下面有大批群众热情欢呼他们的会晤。谈话开始时拿破仑说到战争的命运是胜负互见的，去年他对奥地利皇帝也说过这话。他们谈话的中间宣告普鲁士国王来到。不难想见，他显然万分感伤，因为战斗已暂停，他的国土为法军占有，他唯一的希望在于战胜者的宽宏大度。据说，拿破仑本人也似乎很为普王的处境所感动，邀请他和王后进餐。席上坐定后，拿破仑豪爽地向美貌的王后表示要把西里西亚归还给她，她很想在将要很快商定的新安排中保留这个省区。法国同俄国于7月7日在提尔西特签订两天后批准的和约大大改变了欧洲的地理，其惊人程度不亚于去年的《普莱斯堡条约》。然而这项条约没有包含有损俄国荣誉的条文，俄国领土保持不遭侵犯；但是不幸的普鲁士啊，受到了怎样的对待？然而还有这样一些史家，为了空洞的溢美之乐而在拿破仑身后赞扬他装模作样的克制，只是责备他留存了腓特烈大王王国的若干残余。① 然而拿破仑受到非难，有一点我认为是不公允的，至少在涉及1807年战役上，有人硬说，他应当在那个时期重建波兰王国；从我这方面来说，为了法国和欧洲的利益，我肯定将永远追悔没有重建波兰。但是某一愿望，不论本身是多么合理，没有实现时，我们有权利认为应当不顾任何障碍付诸实现吗？而当时，即提尔西特

---

① 根据《提尔西特和约》，"拿破仑把古普鲁士和上萨克森的法国占领地归还腓特烈·威廉——而那位国王同意采纳'大陆封锁体制'；换言之，此后甘为战胜国的藩属。普鲁士所辖各波兰省区则建立独立公国称为'华沙大公国'，赐给萨克森选帝侯，但其中部分领土划分给俄国，但泽则宣布为自由市，由法军驻防到海上和约批准时为止。下萨克森和莱因地区的普鲁士领土连同汉诺威、黑森——戈塞尔以及其他几个小邦组成新的威斯特伐利亚王国，拿破仑最小的弟弟热罗姆·波拿巴被承认为国王。萨克森选帝侯则被承认为拿破仑册立的另一个国王；约瑟夫·波拿巴任那不勒斯国王；路易·波拿巴为荷兰国王。最后，俄国接受法国的调停同土耳其缔和，而法国接受俄国调停同英国缔和。

"以上为《提尔西特和约》的公开条款，但是和约还包含秘密条款，英国政府有幸获知其含义。——即俄国皇帝斡旋和平失败的话，不仅同意与《柏林敕令》的规定一样缔结同英国的贸易，而且要带头组成北欧滨海各国的总同盟，以反对英国的海上优势——换言之，把他的俄国舰队连同丹麦的舰队都提供出来为拿破仑效劳。作为对这项义务的酬劳，法国皇帝欣然同意允许沙皇从瑞典夺取芬兰——以此大大增进圣彼得堡的安全。"

战役期间，确有许多难以逾越的障碍存在。在稍后一个时期，拿破仑由于他的一些头目和下属的阴谋野心而没能实现他考虑已久的心愿：把勇敢的波尼亚托夫斯基安置为他英雄国家的首脑。然而，《提尔西特和约》没有恢复波兰王位作为古老的欧洲同沙皇帝国之间的屏障，拿破仑却建立了威斯特伐利亚王国，赐给了他嗤之为学童的那个年轻少尉，如今被他立为国王了，他就又多了一个听命于他的加冕的总督。

威斯特伐利亚王国最初由下列各邦组成：黑森——戈塞尔是其核心，由皇帝的克制而割自普鲁士省区中的一部分，巴得朋、孚耳德、不伦瑞克诸邦和汉诺威选侯国的一部分。拿破仑虽不喜欢权宜处置，当时却还避免触及俄属和奥属的古波兰省区，而在维斯都拉河畔设置了华沙大公国，赐给萨克森国王，自己保留扩大其领土或者予以整个毁灭的方便行事的自由。他以这种政策使波兰人瞻望未来时怀抱希望，自己又在战争的机会需要他北征时在北欧确保有个伙伴。亚历山大比他父皇更加深深地为拿破仑这套政治媚术所迷惑，同意这一切安排，立即承认了所有从皇帝手中接受王冠的国王；他接受了原属他被掠夺的盟国的若干省区，无疑是作为未能索回更多领土的自我安慰。两国皇帝告别时已结为世间最亲密的朋友；然而大陆封锁体制继续存在。

大约与此同时，丹麦领事转告我丹麦政府的一则官方报道。他宣称，8月3日星期一，由海军司令甘比尔指挥的一支分舰队，包括战列舰和快速舰各十二艘，已经驶过波罗的海海峡，分舰队的其余舰只也在卡特加特海峡发现。同一时候吕根岛上的英军也回到舰上。我们起先想不出为何事情要派这么大的兵力来。但是不久我们的疑团就冰释了。8月12日晚九时，法国驻哥本哈根大使狄德罗先生来到汉堡。他运气好，通过大海峡瞥见英军而不曾受阻。我派特遣信使把他的报告发往巴黎。英国人已派卡斯卡特勋爵指挥的两万人和二十七艘船舰进入波罗的海。九十艘船舰封锁了西兰岛海岸。英国担心法军侵入丹麦，派杰克逊先生去同丹麦交涉，他奉命提出的要求因有强大的武力做后盾而口气强硬了。杰克逊先生的提议不外乎要求丹麦国王将全部船舰和海军物资交付英国监管。船舰物资诚然是保管起来，但条文中出现"直至"字样，日后的归还就没有保证，要扣留到这种预防处置不再必要时为止。几乎紧接这种盛气凌人的要求而来的是威胁及其实行。哥本哈根进行了抵抗，但是无效，在可怕的炮轰之后投降，丹麦舰队被摧毁。历史上还难找到比这更加罪恶昭彰、令人憎恶的对于弱国滥施武力的事例。我已叙说过《提尔西特和约》的主要后果为何;如果炮轰哥本哈根发生在缔约之前,皇帝大有可能更严厉地对待普鲁士。他可能从王国名单上勾销普鲁士,他没有这样做是看在亚历山大皇帝分上。不过消灭普鲁士并非拿破仑新的计划。我还记得我们住入马尔梅松之初他同勒默西埃先生关于这个问题的一次谈话。勒默西埃先生向第一执政朗读几首提到腓特烈大王的诗。"你似乎非常崇拜他,"波拿巴对勒默西埃先生说,"你看出他有何惊人之处?他还比不上都仑①。""将军,"勒默西埃先生答道,"腓特烈虽然是一个军人,但是一个人虽在王位上而又是一个哲学家,不能不令人佩服。"第一执政以不太高兴的口气回答这话道:"是的,是的,勒默西埃,但是他的全部哲学也阻挡不住我把他的王国从欧洲地图上抹掉。"然而腓特烈大王的王国并未从地图上抹掉,因为俄国皇帝不愿卑劣地抛弃一个曾经同他一起引来幸运机会的忠实盟国。于是普鲁士有充分理由悔恨使其在奥斯特里茨战役期间没有对法国宣战的借口。

拿破仑于七月末回到巴黎。阔别十个月,这是他身任法国政府首脑以来,不论是执政或皇帝地位,最长久的一次。提尔西特会晤,同亚历山大皇帝的友谊,到处都以最夸张的语言谈论的,以及大陆和平的建立,使拿破仑对于公众舆论产生了道义影响,这是他加冕以来未曾有过的。拿破仑对于议事集会的嫌恶是根深蒂固的,我时常听到他称之为饶舌者、碎嘴子和恶讼师的杂烩,所以回到巴黎后就废除了保民院。从他高升的第一天起这个机构就已成为他的累赘。皇帝比谁都更精于揣测舆论的有利倾向,在这个时机利用了涅曼会晤产生的热情。主要政府机构中残留的一点民众性质的最后一丝踪影就此消失。波拿巴愿意维持一个参议院,目的只是为了投票人;一个默不作声的立法院来通过款项收支——其中一个院没有反对意见,另一个院不予讨论;对他不加任何控制;立法权力要服从他的专横意志,随他的高兴;最后,一个俯首听命的新闻界:这是拿破仑需要的,也是他得到了的;但是1814年3月解决了专制权力的问题。同俄国媾和了,必须选择一位大使,不仅维持拿破仑和亚历山大之间新的友好关系,还要促成俄国所应允的同英国调解,目的是实现巴黎和伦敦两个政府之间的和解与和平。皇帝把这项使命托付给科兰古,拿破仑对他有一种毫无根据的偏见,是关于当甘公爵处死以前的某些情况的。这种意见,既属不幸也是不

---

① 1611—1675 年,法国元帅。

公，已先于科兰古而传到圣彼得堡；因此担心圣彼得堡朝廷对他的接待式将同他法国大使的身份以及他个人的品德不相称。幸而我从当时的可靠消息中获知，对亚历山大稍做解释之后，那位君王消除了对我国大使不利的怀疑，对他抱有并保持了更大的友谊和尊敬。科兰古的使命并非全都是容易完成的，因为英国坚决反对并多次拒绝通过俄国居间同法国谈判，这是我所说的这个时期引人注目的情况之一。我完全知道英国决心不让拿破仑统治整个大陆，这个计划是拿破仑公开推行的，谁也不怀疑他有此意图。有两年他的确加速了这个方面的步伐；但是英国并未气馁。英国的打算是基于各国君王的恼怒和百姓的不满；英国也很知道，只要愿意，自己的黄金棒可以再度举起来武装大陆反对拿破仑的侵略。他这方面，觉察到一切努力全是白费，他的提议英国一项也不听从，便着手设想新的计谋来给英国树立几个新的敌人。

也许还没有忘记，1801年法国曾强迫葡萄牙共同反对英国。1807年，皇帝又做了以前第一执政做过的事。由于不可解释的命运摆弄，朱诺获得向葡萄牙进军部队的司令之职。我说向葡萄牙进军，因为这是事实，虽然法国是以把葡萄牙从英国势力下解救出来的保护人自命的。即使那样，皇帝挑选了这样一位司令官也使人人感到惊异。委托朱诺这样一个虚荣和无知的可笑人物去指挥在一个遥远国度里的军队是合适的吗？对这支军队来说，政治才能和军事才能缺一不可。在我来说，我知道朱诺的无能，我承认对于任命他一事是大为惊异的。我记得，一天同贝尔纳多特谈起这事，他给我看一封刚从巴黎寄到的信函，说皇帝派朱诺去葡萄牙是剥夺后者巴黎政府职务的借口。朱诺已因他的恶劣行为、愚蠢和穷奢极欲而为拿破仑所讨厌，他这人完全缺乏个人尊严和高尚的情操。于是葡萄牙两次成为执政和皇帝的任性所选定的放逐之地；一次是第一执政要摆脱拉纳的熟不拘礼，后来做了皇帝，又厌恶一个宠信人物的奢侈和恶劣行为。侵入葡萄牙并不困难，只不过像一次武装行军而不像战争；但是占领那个国家惹起了多少事情！葡萄牙摄政王同英国有条约关系，对英国不愿做可耻的事，又无力对抗拿破仑的威力，便宣称一切抵抗都不起作用，自己乘船去巴西了。他同时又主张以友好态度接待法国部队，把这次并非他处事不当所惹来的入侵的后果委之于上帝的意志。

1807年11月，众多深湛的法学家从执政府时期开始孜孜不倦地编纂的法国法典以《拿破仑法典》的名称被确立为国家法律。这一法学上的丰功伟绩无疑将作为拿破仑的荣誉载入史册；但是，难道可以认为，同一立法体系在法兰西帝国当时所包括的广阔范围内都同样适用吗？设想同一部法律能同样适用于狡黠的热那亚人和坦率纯真的汉堡人岂非荒谬；然而《拿破仑法典》一公布我就奉命要在汉萨各城镇推行！我时常就这个问题同许多参议员和当地最干练的律师做长谈，很快就相信我会遇到不少困难，突然改变多年以来根深蒂固的风俗习惯是危险的。陪审制度还可勉强接受；但是居民不习惯法典对于某些罪行的严厉刑罚，极不愿意主张惩办。因此常有胡乱释放的事：有些人的罪行明明陪审团已足可处置，却宁可宣告他们无罪而不愿处以他们认为过于严厉的刑罚。他们宽大为怀的另一原因是，百姓尚未完全熟悉新的法律，意识不到某些罪行是要遭到处罚的。我记得一个被控偷窃斗篷的人在汉堡陪审团面前提出的辩解理由是他这罪行是醉酒时犯下的。陪审团会商时，陪审官丰·艾宁根先生宣称这人无罪，因为，据他说，有一天道尔曼董事同他一起进餐时饮酒过量，拿走了他的斗篷。这样的辩护词只值得到巴克斯①的法庭上提出，却完全获得成功。根据那位董事和那被告事件的类似性质提出的辩解不能不取胜；否则，前者小小的罪过就要在后者身上判罪。此案的审讯结束得如此可笑，却无论如何足以证明，再好的和最庄严的制度突然间引入一个其习惯还没准备接受的国家，也能变成嘲笑的对象。以为能靠粗暴地破坏他们早已形成的观念和习俗来赢得人民的热情，那确是愚不可及了。罗马人在他们创建帝国宏图中的行事要聪明得多；他们在朱庇特神殿中为他们征服的各个民族的神祇留下位置。他们唯一的愿望是把各省区和各王国并入他们的帝国。拿破仑却相反，很想以他的国家吞并所有其他国家来建立不能实现的乌托邦，即把习俗和语言各不相同的十个不同民族合成一个王国。例如，把汉萨各城镇转变成法国省份以后如何正常实施保障人权的司法制度？在这些新省份中委派的许多法官德文一字不识，对法律也毫无所知。卢卑克、斯太德、勃来默勒克和明登的法庭庭长完全不懂德语，必须把全部诉状都给他们解释一番。建立这样一种司法制度，尤其是在汉堡和汉萨各市镇那样对于法国极为重要的地方任命这样的人物岂非荒谬？此外再加上从巴黎派往各省区的那帮见习官和见习法官，这些年轻宠儿傲慢无礼，百姓对于拿破仑大帝还能有多少感情也就可想而知了。

---

① 罗马饮酒作乐之神。

第三十二章 入侵西班牙

　　1807年末西班牙开始动乱了,那个国家很快出现了最复杂的面貌。我虽然距那里很远,仍从个人和官方获得当时伊比利亚半岛发生的那些离奇事件的最正确消息。不过,由于这一段历史是大家都详细知道的,我要从我的札记和备忘录中省略掉许多对于见闻广博的读者只不过是无用重复的东西。然而我不妨说一件我知道的事实,即波拿巴的目光虽然依次扫过欧洲所有的国家,当他的伟大宏图仅仅限于计划之时,从未把注意力集中在西班牙。他同我谈到他未来的命运时,总是提到意大利、德国、东方和消灭英国势力,而从未提到西班牙。所以当他最初听说那个国家发生动乱时,并未注意,直到许久以后才积极插手那些后来对他的命运产生十分重大影响的事件。让我们对那时的情况略加考察。戈多伊以低能的查理四世的名义统治西班牙。这个宠臣是除了他自己那伙走卒以外人人痛恨的对象,甚至那些与他共命运的人也都深深蔑视他。人民的憎恶就是对那帮宠臣的公正回报,他们的性格表现在情操的低劣和卑鄙的奴颜婢膝。如果说一般宠臣是这样,那么,在西班牙人人皆知的那个人,由于受到王后的宠爱而得宠于国王,他激起的情绪又当是怎样的呢?戈多伊对王室占有无比优势,他的权力是无限的;美洲的财宝任他处置,他花费在最可耻的用途上。总之,他把马德里朝廷变成了愤慨的讽刺诗神朱文纳耳引来不列颠女神的母亲的场所之一。戈多伊无疑是西班牙遭受许多祸害的主要缘由之一。西班牙人对这位和平亲王的憎恨是普遍的。阿斯图里亚斯王子也恨他,公然宣称自己是戈多伊的敌人。戈多伊同法国结成联盟,希望获得强有力的援助来对付他众多的仇敌。可是这样的联盟却是西班牙极不情愿的,使得西班牙对法国白眼相看。阿斯图里亚斯王子得到西班牙人民的鼓励和支持,他们希望推翻戈多伊。查理四世则认为凡是反对和平亲王的企图都是针对他自己的，于 1807 年 11 月指控他的儿子想要废黜他①。法国大使特·博阿尔内先生是约瑟芬前夫的本家，一个非常仔细慎重的人。那个时期他在马德里的处境是再微妙和困难不过的了；我一心想要对他崇高的个人品德给予充分公正的评价，只能认为他同他所处的境地是不相称的。不过，他虽然不是什么奇才，他的机敏还是能够使他的观察十分正确。西班牙国王同阿斯图里亚斯王子失和的消息就是他头一个报告政府的。我确知他把此事报知皇帝之前早已屡次凭他的权威插手干预了，但是现在事情已经恶化，再要保持沉默就极不恰当了。所以他报知皇帝，国王于针对其子的盛怒之下公开宣布他要废除授权阿斯图里亚斯王子继承查理五世的一处王位的法律；西班牙国王还不限于口出怨言；他，或不如说是和平亲王假借他的名义行事，下令逮捕了阿斯图里亚斯王子最狂热的党羽。王子深知父王的情绪，上书拿破仑请求支持。于是父子两人在公开的斗争中都吁请他的支持以对付另一方，而他只想把两个都去掉，将他兄弟中的一个安插在他们的王位上，以便在欧洲国王的学院中他又可以多一名新生；但是如我在上文已说过的，这项新的野心计策并不是早有预谋的，如果说他把西班牙王位给了他哥哥约瑟夫，那只是因为他弟弟路易拒绝了。

皇帝允诺支持查理四世对付其子，为了不愿置身家庭纠纷中，他没有回复阿斯图里亚斯王子的头几封来信。但是眼看马德里的阴谋活动性质渐趋严重，他的第一个步骤就是把部队开入西班牙。这事激怒了西班牙人，他们没有参与戈多伊的阴谋或者国王同王子之间的不和，对法国的干涉是不能容忍的。法国部队途经各省都受到质问：这次入侵借口何在？有些人归咎和平亲王，另一些人责怪阿斯图里亚斯王子，但都激起了同样的愤慨，马德里发生了骚动，随之

---

① 这一指控由查理四世以下述函件通知拿破仑：
情同兄弟的陛下：
正当我考虑怎样协力消灭我们的共同敌人的时候，也就是我相信已故的那不勒斯王后的一切阴谋诡计已随同其公主埋葬的时候，我怀着使我战栗的恐惧察觉到，最可怕的阴谋精神居然渗入到我宫廷的中心了。啊！提起这么可怕的罪恶勾当我就万分心痛。我的长子，王位的推定继承人，参与了一个要废黜我的可怖阴谋，他甚至丧尽天良地企图谋害他母后。这样骇人听闻的罪行理应依法严惩以儆效尤，规定由他继位的法律应予废除；由他兄弟中的一人取代他在我心中的地位和王位更为恰当。我此刻正在搜索他的同党，以便彻底查清这个恶毒已极的计谋；我当把情况随时报知陛下，并恳求惠赐您的消息和旨意。

是所至祈，
查理。
1807 年 11 月 29 日　圣洛仑佐

而来的是西班牙人的狂怒暴行。在这些告警情况下，戈多伊向查理四世提议迁移到塞维尔，他在该地有更大力量惩处乱党。戈多伊对其君上的提议不像建议而不啻是命令。国王因之决意移驾；但从那时起百姓都把戈多伊看作卖国贼。叛乱发生了；王宫被包围，和平亲王躲避在楼上一间房里险些被杀，亏得一个起事人为庇护他而说出了阿斯图里亚斯亲王之名，才起了救他一命的作用，不然准定被杀。

查理四世没有保住王冠；他很容易被吓倒，趁告警之机要求他退位，他不敢拒绝。他把各项权利移交给王子，于是结束了和平亲王的专横权力。和平亲王被囚禁了，西班牙人同所有其他无知的民族一样易于激动，对此以野蛮的热情表现他们的喜悦。不幸的国王由于极度懦弱才逃脱了毕竟是想象的而非现实的危险，他起先似对以王冠交换了生存特权感到满意，一看到自己已安全就改变了主意。他致书皇帝抗议自己的退位，吁请皇帝作为他未来命运的仲裁者。

在这些内部的激烈纷争中法军继续向比利牛斯山脉进发，不久便越过了这重重大山，缪拉于1808年4月初进入马德里。

收到政府公文以前，我获悉缪拉来到马德里不仅没有产生好的效果，反而增添了祸事。这消息是卢卑克的一个商人收到他在马德里的往来行商的通信后转告我的。此函把西班牙说成是缪拉极想自己攫取到手的猎物；从后来收到的消息看来，我认为写信人说对了。缪拉满以为他为自己攻占西班牙是千真万确的，马德里居民都知道他的意图也是不足为奇的，因为他轻率到了公开表示要做西班牙国王的心愿。皇帝很快得知此事，就以直率的言词要他明白，西班牙和西印度群岛的王位没有他的份，但是不会忘记他的。

不料拿破仑的诤言并未收到使缪拉收敛其轻率言行的效果；缪拉虽然没为自己取得西班牙王冠，却为查理四世失去王冠出了大力。这位君王久已习惯于和平亲王不离左右，恳求皇帝开释他这个宠臣，宣称只要戈多伊同他们在一起，他和他一家只要有个安全地方可住就心满意足了。不幸的查理似已完全厌弃了尊位。

国王和王后请求开释戈多伊的态度十分恳切，王者的恳求又大大高抬了缪拉的虚荣心，他把和平亲王保护起来，并且宣布，虽然查理四世已退位，他还是只承认那位君王为西班牙国王，除非接奉皇帝相反的旨意。这样的宣告使得缪拉正式处于同西班牙人民对立的地位；西班牙人恨死了和平亲王，采纳了太子继位的目标，查理四世退位原是要传给太子。

据说拿破仑在国王和王子的争端中处于左右为难的境地。事实并非如此。虽然查理宣称他是在暴力和威胁相逼下退位的，但他的确同意过。因此斐迪南继位为王；可是查理硬说这是违反他意愿的，要取消前言。皇帝尚未承认，认可与否完全听他的处置。

在这种情势下，拿破仑来到巴荣纳，以调解父子间存在的分歧为借口邀请斐迪南前来会晤。斐迪南过了些时日才决定赴会；那是最后他那些受了骗的顾问的意见说服了他，他出发去巴荣纳了。他抵达维多利亚时，想到他若进入巴荣纳或将不许离开，就迟疑是否前行。但是他收到皇帝一封满纸骗人谎言和一口肯定保证的函件，说什么西班牙的王冠一定要加在他头上，巴荣纳已为此目的安排了一切，便受引诱继续登程了。不久以后他的父王带了形影不离的朋友和平亲王来此，他们后来怎样是大家都知道的。答应充任仲裁人的拿破仑随即解决了这事，把有争议的王位给了他哥哥约瑟夫。

5月2日马德里的革命加速了斐迪南的命运，他被控为策动者；至少怀疑到他的朋友和支持者身上。也有说查理四世不愿回西班牙，已请求在法国避难的。不论怎样，他签字放弃他对西班牙王位的权利，太子也签了字。

这个时期在汉堡的瑞典王太子以及欧洲各国的公使都响亮地谴责拿破仑对待西班牙的行为。我拿不准特·塔列朗先生是否劝说拿破仑不要试图推翻波旁王室的一个旁支；塔列朗的良知和高瞻远瞩的见解可能使他提出这样的建议；但舆论普遍认为，他若留任外交大臣一职，西班牙革命便会圆满结束。拿破仑个性的声誉也要好些。

下文是英国干涉伊比利亚半岛事务以前西班牙和葡萄牙行动的简述，这些行动使得两国被法军占领。

"法国朝廷同西班牙敌对两派之间1807年阴谋的秘史尚未揭示清楚。据拿破仑说，由法国和西班牙联军攻占葡萄牙，把那个王国分为三份奖赏，一份由法国支配，再一份归西班牙国王，第三份作为戈多伊个人功绩的酬劳，首先提出这个主张的不是他，而是那位西班牙首相。可每一个西班牙权威人士都说这一建议是皇帝提出的；事实就是如此，不容置疑。把那个不道德的图谋化为完整形式的条约是1807年10月29日在枫丹白露批准的，还附加一份公约，规定由听命于朱诺的二万八千名法军和二万七千名西班牙军队组成的一支部队立即侵入葡萄牙；另有四万名法军后备兵力集结在巴荣纳，如果英军登陆防卫葡萄牙，或者那个注定要遭殃的国家的人民胆敢以全民起事迎击朱诺的话，准备于十一月末开赴战地。

"朱诺立即开始取道向西班牙进军；法军在西班牙各处都遭到冷淡和怀疑，可是百姓全无敌对行动。他本想在萨拉曼卡暂驻以整顿军队，可是巴黎发来紧急军令，于是马上向葡萄牙进发，于十一月下半月到达。戈多伊的西班牙军分队也出现在葡萄牙，置于朱诺指挥下。人数之众吓坏了居民，军队向首都进发途中未遇抵抗。怯弱的政府这时对法国的吩咐可耻地百依百顺，最后才相信，不论怎样卑躬屈膝也扭转不了拿破仑喝令下的命运。宣称"布拉干萨王室已中止其统治"的一期《箴言报》运到了里斯本。摄政王在塔霍河外重新同英国海军司令（悉尼·斯密士爵士）和新近被逐的英国大使（斯特兰福勋爵）联系，二人保证给予保护，于11月27日上船，29日驶往巴西，过不了几小时朱诺就出现在里斯本城门之旁。

"于是拿破仑看到葡萄牙在他掌握之中了：但他一直认为这是次要之点，因此他不待葡萄牙人起事或者英军在葡萄牙登陆就把《枫丹白露条约》规定的让步利用到最大限度。他的后备军，人数远远超出条约载明的四万人，已经分成两支在杜邦和蒙塞指挥下越过比利牛斯山脉，缓慢然而稳步地向西班牙心脏地带推进。还不止此，杜赫默率领的一支一万二千人的法军，连条约提到的借口都没有就穿过东部比利牛斯山脉，被未加怀疑的驻军作为友军接待，玩弄文明国家历史上不见先例的一连串奸诈狡计占领了巴塞罗那、潘普洛纳、圣塞瓦斯提安和西班牙北部其他设防地点。

"如此蛮横的行动竟没有唤起马德里最阴沉的怀疑，似乎是不可能的；然而王室居然无视行将推翻他们和他们国家的两重危险，在多事的三个月中继续把他们的全部精力耗费在琐碎的密谋、家庭争吵以及后文将见分晓的难以置信的事情——串通法国朝廷的最卑劣的外交阴谋上。最后国王或者他的首相还是突然感到惊慌，当时在阿兰胡埃斯的朝廷打算撤往塞维尔，并且按照布拉干萨王室的先例从塞维尔驶往美洲去寻求安全。阿斯图里亚斯王子的仆人察觉到这趟逃亡的准备工作，开始了骚乱，阿兰胡埃斯的平民毫不犹豫地参加了，直到王室宣告并不打算逃亡才暂时平息。次日，1808年3月8日，同样的暴乱场面在首都发生了。戈多伊在马德里的宅邸遭到抢劫。19日这位宠臣本人在阿兰胡埃斯受到袭击；王室卫队的干预救了他的性命，随后把他监禁起来。在阿兰胡埃斯目睹的和从马德里听到的情况让查理四世惊吓得退位；20 日其子斐迪南在马德里于群众乱糟糟的欢呼声中宣告为王。贝格大公缪拉在此之前本已担任驻西班牙全部法国军队总司令；听说宫廷派分子走向这样的极端，就迅速向马德里开动，以三万人包围那座京城，并于 3 月 23 日亲自率领一万人占领该地。

"皇帝听说他的副手如此急躁地占领了马德里，感到不胜悔恨，因为他清醒的头脑本已预见到过分横暴地践踏西班牙人的自豪时，危险就迫在眉睫，所以他派萨瓦里去担任马德里事务的总指挥，希望凭萨瓦里老练的狡猾和欺诈手段来补救缪拉在军事上的莽撞；谣言还盛传皇帝不久就要亲自出现在马德里。

"马德里被四万名武装的外国人占领和包围。斐迪南的尊号未获缪拉承认，他薄弱的理解力和纷乱的激情不断受到萨瓦里恶意奸诈手腕的刺激。斐迪南最后听从了劝说，相信自己获得拿破仑帮助和保护的大好良机在于到拿破仑前来首都的路上去会晤他，抢在戈多伊的使者提出他们的要求之前向他进言。萨瓦里讨好地提出陪同他，这次致命的旅程开始于 4 月 10 日。变得昏头昏脑的斐迪南听人说，他可在布尔戈斯见到波拿巴；在布尔戈斯没会到，他又被劝说继续赶到维多利亚；在维多利亚虽有比他们君主聪明的平民割断马车的缰索，他还是为那种欺骗性说法诱使一程接一程地前行，终于越过边界到了巴荣纳，而他命运的仲裁人已在那里迫不及待地等候，他完成那几乎难以令人置信的愚蠢行为。他到达巴荣纳是 4 月 20 日，受到拿破仑彬彬有礼的接待，并设晚宴款待。当晚萨瓦里通知他，他的命运已经决定——波旁王朝停止统治西班牙，而他个人的安全一定要看他是否顺从地把他的一切权力移交到波拿巴之手。

"拿破仑一得知斐迪南确已从马德里启程，就同时命令缪拉设法使老王、王后和戈多伊也前往巴荣纳；看来他的副手已使这些人物相信这样的行动符合他们的利益。他们于 5 月 4 日到达巴荣纳，拿破仑于 5 日面对这一对父母和儿子时，目击了他们家庭纠纷寡廉鲜耻的深仇大恨达到了最放荡的想象力也难以想到的极端境地。

"查理四世放弃了他本人和子孙的西班牙王冠，从拿破仑手里接受了在意大利的一处退隐之地和巨额年金作为酬劳。戈多伊曾参与命运攸关的枫丹白露谈判，希望并且也得到从葡萄牙领土割出一个独立王国，也以同样的方式付给年金打发了，并且奉命随同他主子流放意大利。几天以后，斐迪南七世终于情愿在服从和死亡两者中做一选择，追随他父王的先例，采取了同样的放弃王位行动。

"斐迪南离开马德里之前把君主权力交给以他叔父唐·安东尼奥为议长的摄政会议，缪拉也是会议成员之一。缪拉权力的授予、斐迪南的去国、遭人痛恨的戈多伊的开释和离国，以及老王的出走——这些事情自然而然地在民众头脑里产生了影响。法国想要毁灭民族独立这样一种深沉的疑虑开始传布了。5月2日，又在为唐·安东尼奥启程做准备的消息透露出来，群情激愤终于爆发了。他们认为，一群人集合在车驾周围就是要把最后一名王室成员运出西班牙；缰索被割断了；对法国兵的咒骂是凶猛的，缪拉的副官拉格朗热上校恰巧在那里露面，受到了残酷虐待，顷刻间整个首都动乱起来了：到处袭击法军士兵——杀害了约七百名。暴民袭击各医院——病人和陪伴人员冲出来护卫。法军骑兵听到骚乱后从阿耳卡拉门入城——一队三千名的步兵从另一面经过伯纳多大街进城。一些西班牙官员身处暴民的前列，在马拉伐耳的各条街道向士兵开火，随后是血腥屠杀，捉住了几百人，部队逐街扫荡，释放他们的伙伴；看来天黑以前可恢复平静。不料附近乡间武装起来的农民趁黑夜蜂拥而至；他们在各个城门遭遇激怒了的士兵，又有不少人被杀、受伤和被捉住。缪拉下令由一个军事委员会审讯所有的囚犯；委员会判决他们就地处死。

"这场骚乱之前，4月23日在托莱多发生过短暂的暴动，没费事就镇压下去了，这事似乎很快便已被人忘却。首都的事件比较具有决定意义，流血本已很多，在野火般传遍伊比利亚半岛的报道中又被大大夸张了。几乎每个西班牙城镇差不多同时都以可怖的暗示方式点燃了爱国义愤的烈焰。法国侨民遭到无情残杀；涉及拿破仑和戈多伊同党嫌疑的人在群情激愤的动乱爆发之初就成了牺牲者。在加的斯、塞维尔、卡塔里纳、尤其是在巴伦西亚，街道全被鲜血染红了。

"拿破仑得到这个消息很是吃惊；但是他已经走得太远，就此缩回也不能不影响他的声誉。他还自诩地认为，这些事件只有西班牙的下层民众积极参加；而他估计到其堕落的贵族阶层则是对他唯命是从的。一句话，他以为除了朱诺在葡萄牙的军队，尚有八万部队在西班牙，他能在初起时的激奋消失之后镇压暴乱。所以，他还是若无其事似的行事。马德里恢复了平静，召集了卡斯蒂耳议会，吩咐议会选举一位新的君主；议会的遴选当然是事先决定了的：它临到了那不勒斯国王约瑟夫·波拿巴身上；在它公布以前那位人物已在前往巴荣纳的路途上了。九十三名西班牙知名人士在巴荣纳拜见了他，宣誓效忠于他和一部新宪法。

"西班牙全国这样表现出来的爱国情绪受到海岸上英军将领的鼓励；他们不待本国的训令就公然支持起事群众的壮举。

"7月4日英王就此事向国会致词说：'西班牙民族这样崇高地同法国的篡夺和暴政搏斗，再不能看作大不列颠的敌人，而应被我承认为一位天然的朋友和盟国。'西班牙战俘立即被放出来，给以衣着和装备，送回他们本国。武器和金钱供应源源运往西班牙；葡萄牙也同时爆发了普遍的动乱，所以不久就缔结了英国同伊比利亚半岛两王国的正式攻守同盟条约。

"这场暴乱给大不列颠提供了以帝国的全部实力同拿破仑的武力较量的有利舞台，是战争中前所未有的；这个良机被起劲地抓住，不过一段时间里在利用方式上并未表现出多少技巧。暴乱发生时，两万名西班牙军队在葡萄牙听命于朱诺；还有罗曼纳侯爵手下的一万五千人在荷尔斯泰因为拿破仑服役。还剩下四万名西班牙正规军、一万一千名瑞士兵和三万名民兵；但其中最精锐的部队，其训练和风纪较之法军或英军都是不足挂齿的。主要的军官出身的贵族阶层情绪不一致——也许多数倾向约瑟夫的利益。更加严重的是，军队分成小股散布在全国各地，正规军任何一部分都不可能聚集起足够强大的兵力来抵抗已经驻扎在全国的法军哪怕一小支部队的进击。西班牙舰队已在同英国的战争中毁灭。商业和税收因同法国的联盟和戈多伊的失政而受到致命伤。国家的全部力量可望集合在其周围的当然领袖或首脑一个也没有。西班牙人民就在这样的不利状况下因受不了痛苦而在各处举义，反抗一支已有八万多人、占有全国半数以上堡垒、同拿破仑的雄厚实力有密切关系的法国军队。

"西班牙部队最初多次败北；他们征集的兵员是乌合之众，他们的行动是各自为战；而法军将领经验丰富，又人多势众，不难利用西班牙军的弱点获得丰富的战果。在多次小遭遇战中，阿拉贡的起义军被勒费弗·得努埃击败，纳瓦尔和比斯开的起义军被贝西埃尔击败，7月14日贝西埃尔又在里欧赛科突袭古埃斯达和勃来克两将指挥的卡斯蒂耳、来昂和加里西亚的联军，在殊死战斗中击败了联军，西班牙军阵亡不下两万人。

"但是在里欧赛科的重大战役以后，战争的优势在各处都转到了爱国者一方，用欺诈手段获取巴塞罗那和费古拉斯的迪埃斯梅被卡塔隆尼亚山民包围了，几经较量，双方都流血不少，他被迫退入巴塞罗那再不出战了。蒙塞元帅率领另一支法国大军向巴伦西亚进发，并要迪埃斯梅派出部分军队增援。卡塔隆尼亚的事态进程使迪埃斯梅拨不出这样一支援军；巴伦西亚的居民不分男女一致奋起，由教士带头以坚定不移的决心布防城头，终于迫使那位法国元帅撤退了。

"另一异常严重的灾难临到杜邦将军率领的一个强大的军团，这个军团从马德里向南进发，目的在于镇压南部一切暴乱，尤其要确保一支法国分舰队停驻的重要军港加的斯。杜邦的兵力在前进中增加了，最后达到两万人；他据以攻占安达卢西亚的拜兰和拉卡罗林纳，并突袭占领了哈恩。但是在他取得这几处以前，加的斯的市民已经全体一致参加爱国力量一方；法国舰队司令被迫投降了他们；那地方已与英国舰队取得联系，摆出了决心抵抗的架势。那个省区的西班牙军司令卡斯塔尼奥斯将军原先避免战斗，以赢得时间训练他新凑合的部队，这时也开始威胁法军阵势了。哈恩受到他的猛袭，杜邦不得不撤出，退往拜兰，他的部队不久就在那里感到严重缺粮，四周都是武装的农民，粮食供应一天比一天困难。7月16日杜邦在拜兰受到卡斯坦尼奥斯的袭击，他是从截获的文件获知敌人的困顿状况的；法军被击败，并被远远逐往门吉瓦尔。他们于18日返回，企图夺回拜兰；但是经过持久激战，法军阵亡三千人，杜邦眼看西班牙军从四面八方聚拢，人数众多，无法抵抗，就提出投降。实际上，他和两万士兵在拜兰放下武器的条件是把他们安全运回法国。西班牙人违反条约，扣留他们作为俘虏——仿效拿破仑自己对西班牙不讲信义的行为。西班牙最富庶的部分整个从入侵者手中解放出来了；卡斯塔尼奥斯的轻装部队继续推进，横扫各地；不及十天，国王约瑟夫便感到必须撤出马德里，把他的大本营迁移到维多利亚。

"这时，上文提及的曾在阿拉贡战胜的勒费弗·得努埃正在围攻萨拉戈萨——该城的居民在动乱爆发之初就已奋起，准备死守他们的城墙到底。从巴荣纳逃出的青年贵族唐·霍赛·巴拉福斯担任指挥。此战若成功，其重要意义非同小可，特别是当蒙塞在巴伦西亚失败之后。拿破仑本人早已看到，如果巴伦西亚人能同萨拉戈萨的阿拉贡人联合，一方面卡塔卢尼亚起事军的地位将大大如强;另一方面,莱昂和加利西亚(其海岸可供与英国交通之用)两支军队将在马德里和巴荣纳之间唯一还能通行的大路——经过布尔戈斯的那条——的近旁作战。他因此已指示萨瓦里把萨拉戈萨视为头等重要的目标:但是勒费弗的军团在围攻萨拉戈萨之前却没有增强到皇帝所希望的程度。围攻竭尽全力进行;但是市民千古长存的英雄气概挫败了法军的万般勇略。没有值得一顾的正规工事:只有摩尔人的古老城垣,不到八英尺或十英尺高,还有城郊若干占地甚广的修道院建筑,由成群下定决心的男子驻守,他们的妻子和女儿也来观战,毫不畏惧地投身于防卫战——攻城的人一周又一周地被紧追不舍,眼看其部队在接二连三没能获得足够战果的连续突击中日益减员。队伍中发生了饥馑和疫病,增加了市民的痛苦;但是他们除了开始守卫时具有的高昂精神之外不听任何意见。最后法军占领了圣昂格雷夏大修道院,在城里有了立足点,于是法军将领把简短的招降书致送帕拉福斯:'总部在圣昂格雷夏修道院——投降';但他得到的答复是:'总部在萨拉戈萨——血战到底'。战斗真可以说是逐街、逐屋、逐房地进行。男女肩并肩战斗在烈焰和屠杀之中;直到勒费弗接获拜兰传来的消息突然间放弃攻城的时候,他在攻城中耗费了两个月,而若非撤离,他将因法军总撤退而陷于孤立。这是萨拉戈萨两次著名围攻战中的第一次。

"这时,英国政府已开始为有效地干涉伊比利亚半岛事务做准备。他们前已派出一支部队去支援安达卢西亚的卡斯塔尼奥斯;但是不等他们抵达西班牙南部,杜邦已在拜兰投降,无须他们的援助了。数达一万人的更大一支部队于6月初自科克启航赴拉科鲁尼亚,其司令官阿瑟·韦尔斯利爵士阁下获准在伊比利亚半岛上他认为对全局最有利的任何地点登陆,他当即确定葡萄牙应作为他第一个战场,所以同占领了波尔图的爱国部队迅速取得联系。原定援助卡斯塔尼奥斯的部队在波尔图同他会合。阿瑟爵士由此增强了兵力,又充分了解到在西班牙的法军状况,决定实行登陆,趁贝西埃尔似乎没有机会增援之时攻击朱诺。

"1808年8月8日——英国历史上可纪念的一天——阿瑟·韦尔斯利爵士在蒙得戈湾登陆成功。他立即开始向里斯本进军,于17日同坚强布防在罗里萨附近一处高地上的拉博德将军手下的敌军遭遇。法军英勇顽强地据守阵地,但是经过刺刀肉搏后被迫退却。英军将领缺少骑兵,无法紧追,使得拉博德能够把他溃败的队伍汇合到在葡萄牙的其余法军部队中去。现在朱诺(新近受封为阿布朗泰斯公爵）亲自担任指挥；他拥有整整两万四千名军人，而英军人数要少得多，又没有什么骑兵和炮兵，他毫不犹豫地采取了攻势。8月21日他在维米耶罗攻击阿瑟爵士。用这位英军将领在其报告中的话来说：'随之是一场你死我活的搏斗'；结局是'惨重的失败'。朱诺损失了十三门炮和两千多人，立即撤往里斯本，他在里斯本的阵地有托里什·韦德拉什坚固峡谷的保护。

"可惜的是，在战胜的时候阿瑟爵士被刚到的军阶比他高的军官接替了，后者认为趁胜穷追并不妥当。几天后朱诺派克勒曼来请求休战，并提议签订协议让他指挥的部队撤出葡萄牙。接替阿瑟·韦尔斯利爵士担任司令官的休·达尔林普尔爵士将军应允了休战请求，朱诺提出，只要英军把他的士兵随带武器运到罗什福尔和洛里昂之间的任何法国口岸，并允许带走他们个人财物，则他愿意交出弹药、粮秣和战舰。达尔林普尔欣然同意这些条款，虽然谈判进行期间，约翰·穆尔爵士已经率领一万名援军到达海岸附近的海面，著名的《辛特拉协定》因之于8月30日签字；法军按规定方式全部撤出葡萄牙。葡萄牙就此从敌军压境下解放出来；英国则在伊比利亚半岛获得了永久的立足点。英国陆军的声誉不仅在国外，就在国内也提高了；这两个举义的国家本应当利用他们伟大的盟国所获得的物资，并且有目的地以团结和实力来处理各自的事务，如能那样，整个伊比利亚半岛的解放可能提前数年就实现了。"

第三十三章 法军榨取汉堡

我不愿详述许多二流阴谋分子的大量可耻行为，他们希望参与大陆的瓜分，捞到自己的一份。叙述他们干出的所有阴谋勾当和背叛行为是令人厌烦的事，他们这样做或是为了增添财产，或是为了讨他们主子的欢心，他们的主子要把各国国王作为臣属。德国各王公争相加入莱因同盟以求置身拿破仑保护之下的迫切劲头真是难以设想的。我不断收到他们的来信，表明了拿破仑怎样利用对德国的影响，以及人们多么容易屈身在一个新权威的桎梏之下。

贝尔纳多特已经前往丹麦去指挥西班牙和法国的部队，那时丹麦受到英国威胁，两国部队是从汉萨各城镇开去占领这个王国的。他的离去对我是重大的损失，因为我们对于应采取何种措施意见总是一致的，把他和继任的人相比较时我更加感到惋惜。叙述那些在不幸的德国损害法国名声的人的错误行为，我感到痛心，但是在从事我已着手的工作时，我决心严格遵循事实真相。

1808年4月，杜巴将军到达汉堡任总督，但要听命于保留驻汉萨各城镇法国部队总司令一职的贝尔纳多特。皇帝任用杜巴将军一事使下萨克森居民的心愿和希望落了空。那位将军是汉堡人民的祸患，他时常这样说到汉堡人："我只要看到那些乘坐马车前行的人，就要向他们收钱。"但须公正地说，他的敲诈勒索并非供自己享用；他的一切无理的行为都是为另一个人的利益而干的，他的官爵得自这个人，他的生存也在某种程度上是献身于这个人的。

这里我要叙说对指挥驻汉堡法国部队各将领的供奉方式。汉堡参议会每天付给每位元帅三十弗里特里希，每位师长二十弗里特里希作为餐费，城市供给他们居住的旅馆费用在外。杜巴将军想要获得元帅待遇。参议会颇有理由地拒绝了这种要求。杜巴极为恼怒，强要每天给他开三十客早餐和正餐作为报复。

这是最为奢侈和令人受不了的开销,杜巴加诸这个城市的负担超过了几位前任。

杜巴对参议会的报复落到了居民身上。在种种困扰中有一项是百姓不能轻易忍受的。汉堡以前虽是设防城市,如今早已扩展得更像一座英国式的花园了,可是还保持了黄昏关闭城门的旧俗。逢星期日迟关四十五分钟,以免打断市民的娱乐。

杜巴乖戾行为造成的一次事件大大激怒了公众,可能还要产生更加严重的后果。这位将军出于某种莫名其妙的念头下令每晚七时关闭各城门,而在仲春季节,这时天色还明亮得很。这条规定连星期日也不能例外;到了那天,一大群和平居民从郊外回来,要从阿顿纳门入城。最初来到的一批人看到城门已关闭,大为吃惊,因为这个通道比汉堡其他城门都要大。关在城外的人不断增多,不久城门前面就聚集了一大堆人。市民向城门守吏恳求无效,决意把城防司令请来索取钥匙。城防司令来了,将军也一同来到。他们一出现,大家以为是来下令开城的,人人喊出"呼拉"的欢呼声以表示敬意,这在几乎整个北欧都是大众表示高兴的呼喊声。杜巴将军却不问其用意而以为这种呼唤声是暴动的讯号,不仅不开城门,反而命令士兵向只想快些回家的和平市民开火。打死数人,还有一些受了程度不等的重伤。幸而在头一次射击之后杜巴的兽性狂怒平息下去了,但是他坚持把城门关闭到早晨;到早晨全城贴遍命令禁止"呼拉"的欢呼声,违者严惩。街上还禁止三人以上成群结队。某些人就以这种方式把法国的桎梏强加给迄今为止都是满足和快乐的城镇和省区。杜巴在汉萨各城镇之受人痛恨正如克拉克之在柏林。1807年战役期间克拉克是那个首都的总督。克拉克对柏林居民的多方压迫和榨取是无所不用其极;上帝才知道每个普鲁士人提到他的姓名时会带个怎样的绰号!

这次暴行的第二天,我唯恐其致命后果还将继续下去,就致函蓬特—科伏亲王告知他发生的事件,同时请求他撤销杜巴将军设置的特别法庭;他几乎马上给以答复,同意了我的请求。

贝尔纳多特回汉堡后把杜巴派往卢卑克。那个城市远不及汉堡富饶,它受到这么一位贵客的苛刻对待。杜巴的一切勒索都要交付实物,对任何人提出以现金偿付装出不胜愤慨的样子,他说金钱同他的感情是格格不入的。但是他的要求不知餍足,卢卑克市实在满足不了他。他的餐桌要以汉堡那种穷极奢欲的方式供奉,此外他还要求供给餐具、亚麻布、木料和蜡烛——总之,最琐碎的家庭日用品都要。

参议会委派诺丁先生为代表去这位所谓清廉无私的将军处，这位可敬的老人委婉地告诉他各处用他的名义干下的坏事，并请求他屈尊接受每天二十路易作为膳食开销。杜巴将军对这建议大发脾气，答应给他金钱——给他——这是不能容忍的侮辱。他以狂暴万分的态度把这位吓坏了的参议员赶出屋子，并且当即命令副官巴拉将参议员监禁起来。特·巴拉先生天生的人道精神比他的将军要多一些，表示了异议，但是无效；也只得服从。因此副官到这位年迈参议员的家，但是参议员灰白的头发总能激发起年轻人内心必然具有的尊敬之情，他非但没有逮捕老人，反而要求老人不要离家，让他去劝说将军收回成命。第二天特·巴拉先生才使逮捕令撤销，即把诺丁先生释出监狱；因为杜巴听说那位参议员至少已经因为他变幻无常的狂怒受到处罚，才停止报复。

杜巴先生虽然这样漂亮地表白了他的清廉，还是让步到接受每天二十路易作为膳食费用，这是诺丁先生代表卢卑克参议会方面孝敬他的；但他对于做出这样宽宏大量的让步不是没有嘟囔、抱怨和恐吓的，他不止一次骂道："那帮坏蛋限制了我的生存。"1809年3月，这位将军奉召到皇帝对奥地利的新战役中去担任师长，卢卑克方才从他的控制下解脱出来。看似奇怪，但却千真万确的是，他在卢卑克固然暴虐，汉萨各城镇不久就有理由惋惜他了。

1808这一年不同寻常的大事可谓甚多。我虽忙于公务，还是设法把仅有的一点余暇用于观察波拿巴那重大行动的过程以自娱，波拿巴毕生无日不以这些行动炫耀自己。1808年初，我收到奉皇帝谕旨于1月1日颁行的商法，这是第一批印本中的一份。这部法典在我看来纯属笑柄；其他所有的皇帝法令都意在毁灭商业，而偏偏公布一部商法，至少是令人奇怪的。在残酷的大陆封锁体制和海关的严厉压制之下，试想还有什么行业能够繁荣？界线已经延伸得够长了，而参议院法令又使之伸展得更加广阔。皇帝在大陆上是全能的，要把克尔、曼茨附近的卡塞尔、威赛耳和弗卢辛诸城镇及其附属领土并入帝国，除了他的法令和参议院决议之外也别无其他手续可依，法令和决议至少具有得之无须流血的好处。所有这些事情的消息都由同我有通信关系的各国公使传达给我；因为我在汉堡的地位非常重要，什么事都必须通知我。

获得关于法国以南和欧洲南部的时事通信仅仅给我以逸闻的趣味。但是北欧的消息就不是这样的了。我在汉堡就像前哨的哨兵，随时警戒着。我不止一次在事情发生之前就把情报送交政府。俄国对瑞典的计划，我是第一批获得情报的。我派往巴黎的信使必定在俄国对瑞典宣战的时候到达。俄国部队约在2月末开入属于瑞典的芬兰，占领芬兰省的首府，那是俄国政府垂涎已久之地。后来据说波拿巴在爱尔福特会晤中同意亚历山大强占芬兰，以回报亚历山大承认约瑟夫为西班牙和西印度群岛国王的厚意。约瑟夫在那不勒斯的王位由缪拉继承，拿破仑的这位妹夫登上波旁王室的一座王位，使他在其国王行列中又多了一名下属，如果命运还对他有利的话，毫无疑义他是至高的上级。波拿巴的额头环绕了双重冠冕之时，册立了许多王公，他终于实现了久已怀有的心愿，即成为一个享有世袭权的新贵族阶层的奠基人。1808年3月初他完成了这项引人注目的计划；我在《箴言报》读到一长串帝国的亲王、公爵、伯爵、男爵和武士的名单，名单上唯独没有子爵和侯爵。

拿破仑创建一个新贵族阶层的时候，决定重建古老的大学建筑，不过是建在新的基础之上。教育青年一直是他的主要念头之一，我在汉堡收到大学的新模型，同他以前任将军和执政时经常表白的关于青年教育的见解相比较，就有机会指出君主权力的运用使他发生了多大的改变。波拿巴虽然是像自由之类种种事物的天生敌人，他最初设想的教育制度还是规模宏大广泛的，诸如学习历史和地质学、天文学一类的实验科学，为人类智力的发展提供了最大限度的范围。然而做了君主就从原先天才的想法上后退了，他的大学托付给态度优雅而又卑躬屈膝的特·丰丹先生，它只是一所学校，的确能够教育出见闻广博然而并不高尚开通的人才。

这个时期罗马被米奥利斯将军指挥的法军占领，这是一连串麻烦的开端，庇护七世找这些麻烦是为了补偿他在去巴黎为拿破仑加冕一事上表现的屈尊。

现在罗马成为帝国的第二大城：但到这时为止波拿巴所夸耀的克制还只限于把教皇所属的安科纳、乌必诺、马赛拉塔和卡麦林诺等地撤出教皇属邦，分为三个省区并入意大利王国。对于这一横暴行动，教廷的忍耐和多年苦恼再也遏止不住了，加冕典礼后一直留在巴黎的卡普拉拉红衣主教终于离开了法国首都。不久巴马和皮亚琴察两个大公国也合并到法兰西帝国，划归南阿尔卑斯各省的政府。这些事情与前述西班牙和巴荣纳的各事几乎是同时发生的。

皇帝在巴荣纳的可耻行为之后，于8月14日他诞辰的前夕回到巴黎。他刚到达首都就又考虑由于俄国的行为而引起的新的令人不安的问题，如前所述，俄国已公然向瑞典宣战，再不掩饰其攫取芬兰的意图了。然而皇帝却要以全副力量继续在西班牙的战争，觉得必须把他的部队从普鲁士撤往比利牛斯山脉。于是他提前了法俄两国皇帝约定的爱尔福特会晤，他希望这次会晤导致大陆上的平静，以便他替约瑟夫完成对西班牙的征服。那位君王已于6月8日宣告为王，21日进入马德里；可是十天之后他获悉拜兰惨祸的消息，被迫离开西班牙首都。

爱尔福特会晤业已决定，皇帝又于9月末离开巴黎，除了为检阅沿途遇到的开往西班牙的各个团队之外，到达麦茨途中不曾停留。这次拿破仑毕生难忘的预定会晤，我事先已得到消息；会晤在德国引起极大兴趣，各王公纷纷前往爱尔福特参与盛会，车驾为之塞途。皇帝比亚历山大早到会晤地点，就到三里格外去接他。皇帝骑在马上，亚历山大在马车里。据说他们的拥抱十足表现了万般诚挚的友情。我不再多谈这次会晤的其他细节，德国大部分有主权的王公都参加了，唯独普鲁士国王和奥地利皇帝未到。奥皇致书拿破仑，在我看来是含糊其词的绝妙范文，不过它未必骗得过拿破仑。但他这时还不曾怀疑不久便明朗化的奥地利的敌对意图：他这时的重大目标是西班牙事务；我前已指出，拿破仑天才的秘密之一在于，他每个时期只把注意力集中到一件事上。

波拿巴在爱尔福特会晤中得到了他心中的主要目标，即亚历山大承认他哥哥约瑟夫作为西班牙和西印度群岛国王这一新的身份。据说拿破仑对此项承认所出的代价是同意亚历山大占有瑞典属国芬兰；这话是否属实我不敢确保，因为这事尚无肯定的证据。但是我记得，爱尔福特会晤之后，亚历山大训令他派往查理四世的大使在国王约瑟夫下面继续供职，驻汉堡的瑞典临时代办对我说，他收到爱尔福特发出的机密通信，知道亚历山大皇帝已将他对芬兰的图谋通知拿破仑，拿破仑同意占有芬兰。不论如何，拿破仑于会晤后返回巴黎，以盛大仪式主持了立法院的开幕，于11月间再次出发去西班牙。

第三十四章 同路易的分歧

爱尔福特会晤之前发生了一件事，不仅汉堡，甚至全欧洲也为之轰动；这件事的策划和执行的保密程度是想象不到的。我说的是特·拉·罗曼纳侯爵的叛离，这件事我至今尚未说过，是为了不把事实及其背景分开叙述。

特·拉·罗曼纳侯爵率领一万八千人来到汉萨各城镇，这是皇帝在上次战役中根据以前同西班牙政府签订的各项条约而要求的。这种对人力的需求是悲惨的埃劳之战的结果。西班牙部队起先受到汉萨各城镇居民的良好接待，但因语言不通不久就引起两方面的种种纠纷。特·拉·罗曼纳侯爵身材短小，肤色黝黑，外表给人印象不佳，甚至有几分鄙俗，但是才能卓越，见闻广博。欧洲各处他几乎全到过，是个精细的观察家，谈吐既富教养又讨人喜欢。罗曼纳将军在汉堡期间差不多每晚都在我家度过，在惠斯特牌桌上时常在游戏之间就睡着了。特·布里昂夫人经常同他一方，我记得他不断为他无心的失礼道歉，而第二天晚上又准定重犯前罪。我不久就要解释他经常小睡的原因。

特·拉·罗曼纳侯爵在西班牙国王诞辰日举行盛大招待会；客厅里布置了战争用具和好战装饰。侯爵仪态万方地尽主人之谊，对法军各将领格外彬彬有礼。他以最恭敬的言词说到皇帝，又一点不带做作的恭顺相，所以谁也不大可能怀疑他私下有什么企图。总之，他以不露破绽的举止把他的角色扮演到底。我们在汉堡已经听说莫仑那山战役的致命结局和杜邦的投降，杜邦蒙受这番耻辱之际，全军正瞩望他为最适合的法兰西元帅人选。

这时特·拉·罗曼纳侯爵遵照贝尔纳多特元帅转达的命令前往丹麦的菲英岛。西班牙军在那里也同在汉堡一样颇受欢迎；因为他们的将军强制他们接受严格无比的纪律。其时汉堡正在为圣拿破仑节的来临做盛大准备，这个节日当时凡有法国代表的镇市都是十分隆重地庆祝的。蓬特—科伏亲王当时在卢卑克附近的小海口特拉凡蒙特洗温泉浴，也同样为 8 月 15 日的节庆发出指令。特·拉·罗曼纳侯爵首先要骗过元帅，派遣一名信使去元帅那里请求准许在节庆那天来到汉堡与法国人同声祈祷，并趁此机会从亲王手中领取荣誉勋章的大绶带，那是他请求而拿破仑已经答应他的。三天以后元帅接获所发生的事件的消息。侯爵在海岸上聚集大量英国船舰，带上全军逃脱，只在阿顿纳留下一个有六百人的报到站。后来确知，他的通行未受阻拦，他连同部队在拉科鲁尼亚登陆。我现在可以说特·拉·罗曼纳侯爵坐下来打惠斯特牌时何以总是不胜困倦。事实是，他往往通宵不寐为久已考虑的脱逃做准备，白天照常在各处露面，以免他的意图引起些许怀疑。

西班牙部队叛离后，我接到政府的函件要我提高警觉并且察访那些被认为受到特·拉·罗曼纳侯爵信任的人。我也获悉，遍布荷尔斯泰因和汉萨同盟领土的英国间谍同样竭力在荷兰国王的部队中散布不和与不满。

这些计策都同西班牙军的背叛和达尼干到达丹麦相关联。叛乱业已爆发，但是迅即被镇压下去。两名荷兰士兵因殴打军官而枪决；但是虽有严刑峻法，部队中开小差的人数增加到惊人程度。英国政府补贴的间谍不辞辛苦，依然不断致力于劝诱路易国王的士兵脱离职守。有些间谍被人向我告发了，几乎当场被捕，他们的罪行证据确凿，被判处死刑。

这些必不可少的严刑峻法的事例并未制止英国的计谋，只是煞住了英国间谍的劲头。我千方百计协助蓬特—科伏亲王查找英国雇用的人员。他们主要是从赫尔果兰这个小岛溜进大陆的。由于有众多船只散布在沿岸密布的小岛上，这种交通更加方便。五六块金币就够支付往来赫尔果兰的费用。于是在伦敦刊印而且往往是在伦敦编造的西班牙新闻在德国北部大量流传。

拿破仑深知他的莅临所产生的效果，所以每次战胜后总爱到他刚并入帝国的领土上，在人民中间露面。对拿破仑本人，这些都是一种愉快的旅程，他享用他冒险事业的成果，同时他的来临对每一行动都给予最大的活力。除了另有任务以外总是侍奉左右的迪罗克给我讲了皇帝 1807 年的威尼斯和其他意大利省区之行的趣事，这些地方是按照《普莱斯堡条约》并入意大利王国的。

拿破仑此行具有许多非常重要的动机。他正在筹划大规模的联盟；他给欧仁许多甜头以便探听他的意思，并尽可能使欧仁对他同母亲离婚有所准备。

毫无疑义，这时拿破仑已在认真思索他同约瑟芬的仳离。这事如果没有其他证据，那么，我因为经常留意而学会从拿破仑的行动中看出他的思想，可从《米兰敕令》中找到充分证据。敕令规定，由于缺少法定男嗣，他把欧仁收养为己子并作为意大利王位的继承人。拿破仑此行还把托斯卡纳并入帝国。

波拿巴担任法兰西共和国首脑时，不反对法国以北一个巴达维亚共和国的存在，也同样容忍南方的内阿尔卑斯共和国。但是加冕典礼以后，像卫星一样围绕大共和国旋转的所有这些共和国都转变成为王国，如果没有言明，至少事实上隶属于帝国。在这方面巴达维亚和内阿尔卑斯两共和国并无差别。内阿尔卑斯共和国转化为意大利王国，还须找个借口把前者改变为荷兰王国。巴达维亚共和国政府成为一个影子政府已有些时日；但是它即使顺从法国也还保存着国内的各种自由形式，聊以安抚一个丧失独立的民族。在这种状况下，皇帝在荷兰拥有大批走卒，不难凑出一个代表团，其目标是请求他替巴达维亚共和国选拔一位国王。这个俯首听命的代表团于1806年5月间来到巴黎，恳请皇帝恩准路易亲王登上荷兰王位。代表团的请愿词连同拿破仑的仁慈答词，以及路易于此际的演说词都载在这个时期的政府档案中。

路易就这样成为荷兰国王，这是大大违反他的意愿的；他举出所有敢于提出的理由来反对，就他的健康状况而言，荷兰的气候当然是不适合的；但是波拿巴做了这样不顾兄弟之情的严厉答复："做国王而死去，也比做亲王而活着强。"他于是别无选择，只好接受王冠。他带了奥坦丝去荷兰，奥坦丝可没有久住。新国王想让自己受到臣民爱戴，鉴于荷兰人完全是个商业民族，要受人爱戴最有效的办法莫过于不采用拿破仑取缔同英国商务联系的严厉法律。兄弟间最初的冷淡就此产生，后来导致路易的退位和从他哥哥威胁的报复中脱身。

我不知道拿破仑是否记得路易起先举出的拒绝荷兰王冠的动机，即荷兰的气候，也不知他是否指靠其他的弟兄较为顺从；但这点是确实的，即将约瑟夫从那不勒斯王位上召回，又安置到西班牙王位上是在路易拒绝之后。我手头有拿破仑为这事写给路易的信函的抄件，未载明时间或地点，但其内容可以不成问题地断定为1808年3月或4月的。信函全文如下：

弟弟：
  西班牙国王查理四世新近退位。西班牙人民向我高声请愿。我确信不在大陆上采取重大行动便不能获致同英国的持久和平，我决意把一个法国籍国王安置到西班牙王位上。荷兰的气候对你不适宜；而且，荷兰也不可能从废墟上复兴起来。我们无论得到和平与否都不可能在政治事件的旋风中保住荷兰。在这种状况下我想到把西班牙王位给你。明确告我你对这样处置的意见。如果我提名你为西班牙国王，你接受这提议吗？我能指望你吗？只须答复我这两点。说："我收到您某日来函，我回答：好的。"那么我将指望你按照我的意愿去做；如果你拒绝我的建议，就说不。慎勿信赖第三者，勿对他人说起此函的目的。事情必须在我们承认想到它以前办妥。

拿破仑

在最后占有荷兰之前，拿破仑想出了使布拉班特和西兰两省脱离荷兰以交换其他各省的计划，其他各省能否占有还是颇成问题的；但是路易坚决反对这第一步篡夺行为，并获得成功。波拿巴全神贯注西班牙的重大事务，不愿在北方惹起乱子，而且我上文说过，俄国对瑞典宣战已经使他不胜繁忙了。因此他不敢坚持此事，甚至对于扩充帝国版图的建议也不甚在意。

然而，12月20日拿破仑写给路易一封非常出奇的信，信中不加掩饰的措词表明他想把专横态度施加于整个家族，以便把他们变为他自己野心的工具。他在信中责备路易的行事违反他的政策体制，说路易已忘记身为法国人，而想在各方面都变成荷兰人。

约于1809年末，皇帝把臣属于自己帝国的各位君主召集到巴黎，其中也有路易，但他表示不大愿意离开他的各邦。他召开大臣会议，他们的意见是，为了荷兰的利益他必须做此新的牺牲。他忍气吞声地听从了。的确，在王位上度过的每一天对于路易都是一种牺牲。

他在警察经常的监视下非常孤单地住在巴黎；因为他既然不情愿来，就不会逗留得如拿破仑所希望的那么久。这方面他们没有太上当，但是他每次设法脱身都未能成功。这种监视和强制的结果倒是在他身上表现出以前不曾料到的个性力量。在会聚到巴黎的帝国高等仆从甚至国王和亲王的普遍沉默中，只有他敢说："我上了从不想兑现的诺言的当了。荷兰已经厌烦被法国当作玩物。"皇帝何曾听到过这样的话，对此大发雷霆。从那时起路易便别无选择——他若不听任拿破仑无休止的榨取,就得眼看荷兰并入法国。他为拿破仑给他臣民的利益竭尽全部微弱力量之后,选择了后者;但是拿破仑决意把这些臣民变成其憎恨英国的牺牲者,但路易不愿成为皇帝的同谋人。

路易终于获准回到他的各省去考察大陆封锁引起的疾苦,封锁的铁腕压制了本来非常繁荣的荷兰各省贸易和工业部门。最后他善感的心灵再也受不了坐视他无力解脱的种种祸害,他力图以谨慎而恭敬的进谏使荷兰免遭整个毁灭的威胁。

1810年3月23日他致函拿破仑如下:

> 如果您希望巩固法国的现状,获致海上和平,或者出击英国成功,倚靠封锁体制之类的手段是达不到这些目标的——靠了毁灭你亲自创建的王国,削弱你各个盟国,蔑视各国最神圣的各项权利以及国际公法首要的各原则也是达不到的。相反,你应使他们成为法国的朋友,巩固和增强你的各个盟国直至能像亲兄弟般地倚靠它们。毁灭荷兰远不是袭击英国的办法,反倒会因为工业和财富全都逃避到英国而更加增强其力量。袭击英国的实际方法有三个,即:使爱尔兰脱离英国,占领东印度群岛,或者实地进犯。后两种方式最为有效,但没有海军是实行不了的。使我吃惊的是第一种方式竟那么轻易地放弃了。按照优惠条件获致和平是比损害本国和友邦以图造成敌国更大的伤害要可靠的方式。
>
> 路易

书面进谏也同口头劝谏一样不合拿破仑的口味,因为据我的那些有幸同他的命运拴在一起的友人告诉我,这个时期除了回答他问话之外,谁也不敢对他说句话。只有康巴塞雷斯作为他在执政府的老同僚,保留了在公开场合进言的特权,但到拿破仑同奥地利诸帝的后裔结婚后也丧失了这种特权。兄弟的来函使他不快已极。收到此函之后两个月,他在北国的旅途中在奥斯坦德致函路易,这真是高傲侮慢的范例,确实证明了最神圣的血缘关系和永无餍足的野心相比是多么脆弱,读后痛心之情不能不油然而生。信函全文如下:

弟弟:

在我们的地位，坦率是最好的方针。我知道你内心的情绪和你对于相反意志所能说的一切。荷兰毫无疑义是处于悲惨境地。我相信你急于要使荷兰摆脱困境，这是你，也只有你，才能办到的。你的所作所为如能引导荷兰人民相信你是在我的影响下行事——你的一切处置和全部情绪都同我一致——那你才能受到拥戴，受到恭敬，才能得到重建荷兰所必需的权力。在你的朝廷上，以我的朋友和法国的朋友来推荐一个人的头衔时，荷兰才处在其天然地位上。你从巴黎回去后不曾为实现这个目标做任何事。你的行为会产生什么后果？你的臣民在法国和英国之间摇摆不定，他们宁愿投入法国怀抱并要求同法国联合也不愿留在这种动荡不定的状态。如果我的个性，即朝向我的目标勇往直前，你知道了还不够——那你说还要我怎么办？我没有荷兰也行，但是荷兰少不了我的保护。如果在我一个兄弟统治下却仅仅指望我维护其福利，荷兰在其君主身上看不出我的影响，对你的政府的一切信任都将完结；你亲手毁坏了你的王笏。爱护法国，爱护我的荣耀——这是为荷兰效劳的唯一途径。如果你做到该做的，荷兰成为我的帝国的一部分；看到我给了一位几乎视为己子的君主，我将格外珍视荷兰。我把你安置在荷兰王位上是认为安置了一名法国公民；你采取的措施恰恰同我的期望完全相反。我迫不得已禁止你前来法国，并占领了你的一部分领土。你已表明是个不相称的法国人，在荷兰人看来，你也不如奥仑治亲王，他们在奥仑治朝获得了国家的地位以及多年的繁荣和荣耀。对于荷兰人，这是很明显的：你被逐出法国，他们就丧失了在一个舒默潘涅克或者奥仑治亲王治下不至于损失的东西。你应当表现为一个法国人和皇帝的兄弟，要相信那样你才能增进荷兰的利益。但是你的命运似已确定，你是不可救药了，你会驱走还在左右的几个法国人。热情和忠告对你已不起作用——你必须用威胁和强迫来对付。你下令举行的祈祷和神秘的斋戒是何用意？路易，你统治不了多久。你的行动比你的密启信函更能揭露你灵魂的情绪。从你一意孤行的途径上回转来吧。做个诚心诚意的法国人，否则你的百姓将摈弃你；你将成为他们嘲笑的对象离开荷兰。国家须以理性和政策来治理而不是凭幻想的计划，那是低下和毒辣手段的产物。

拿破仑

此函尚未送达路易时，拿破仑已得悉阿姆斯特丹发生了一次小规模斗殴，而罗歇福考伯爵知道最能讨好他主子的就是给他以发怒的借口，所以设法使这次斗殴具有外交上的重要性。伯爵的马车夫因受到一名阿姆斯特丹市民的侮辱而有损其名誉。身穿号衣的马车夫的敏感情绪深受伤害，便发生争吵，若非王宫卫队出面干预，行将产生极其严重的后果，因为事情具有法国人与荷兰人之间的民族纠纷性质。罗歇福考先生发出自己的马车夫争吵事件的报告给当时正在里尔的皇帝。这位著名的"格言"的作者叙述此事的热忱不下于他讨伐王权的文字。因此拿破仑当即发出一封最粗暴的信函给路易，同时宣称这是写给他的最后一函。

于是在亲手粉碎荷兰或是把这差使留给皇帝之间形成一种选择，路易毫不犹豫地放下了不许他为了他百姓的幸福而使用的王权。他下定决心后，向荷兰王国立法机构致送咨文，解释他退位的动机。他的领地是由于以前称作家族联盟的关系而同帝国联合的，他看到一支武装部队占有他的领地，的确，哪有更加合理的步骤可以采取？但在那时，似乎没有任何措施能够制止拿破仑的专制行为，法国部队在特·勒佐公爵指挥下开入荷兰，那位元帅比国王本人更像国王，威胁说要占领阿姆斯特丹。于是路易退下王位，四年以后则轮到拿破仑被迫退下帝位了。

路易向立法机构致送咨文后，发表了退位诏令，其中提到他王国的不幸状态，归咎于他哥哥对他本人没有好感。他宣称他已畏缩而不做努力或牺牲，因为已经表明这对于结束万分痛苦的状态是不起作用的；最后，他认为他本人是法兰西帝国与荷兰之间继续误解的不幸原因。值得指出的是：路易以为他的退位可以把王冠传给他儿子，正如四年后拿破仑希望退位后可以把皇冠传给罗马王。在拿破仑的经历中这样的巧合何其多也！他在逆境的深渊中时常遭到的猛烈打击，正是他在幸运的顶峰时无情地施与他人的！

路易发表一项宣言向荷兰人民告别，然后退居托普立茨矿泉。他住在那里过宁静的退休生活，听说他哥哥毫不遵守他的退位条件，反把荷兰并入帝国。他对这种专制行为发表抗议书，而警察严禁其流传。

这样，个性和气质截然相反两弟兄间的一切交往似已断绝。但是拿破仑对于路易胆敢以强硬措词抗议他的王国同帝国的合并感到气愤，命令他返回法国，他是以皇室高官和法国亲王的身份被召回的。然而路易认为不该服从这次传召，拿破仑于盛怒之下虽然还信守永不写信给他的诺言，却命令皇帝和玛丽·路易莎新近成婚后法国派驻维也纳的大使奥托先生发给他下述函件：

陛下：

皇帝指令我致书陛下如下：

每个法国亲王和皇室成员都有义务留居法国，非经皇帝准许不得离境。荷兰同帝国联合之前，皇帝许可国王居住在波希米亚的托普立茨。他的健康似乎需要使用矿泉水；但是现在皇帝要求路易亲王不得迟于12月1日回国，否则将以违反帝国宪法和不服从皇族首脑论处。

陛下，我逐字完成托付给我的任务，并派出大使馆的重要秘书以保证此函郑重送达。乞求陛下接受我深切的致意。

奥托

一个臣属怎能写这样的信函给一位刚刚不做国王的亲王！后来我在巴黎遇见奥托先生时，他知道我一直对路易怀有敬意，对我谈起此事，告诉我他对必须写这样一封信给皇帝的兄弟感到多么懊恼。可是他说明，他使用的完全是拿破仑在其意愿受到些许反对时便遏制不住的恼怒下口授的词句。

第三十五章 进入维也纳

皇帝对于他的军队首次遭到耻辱感到恼怒,预见到除非在西班牙爱国分子组成正规政府和军队之前平息叛乱,否则英国的援助和德国正在增长的不满情绪将给事业增添无法克服的困难,因此他决定亲自率领一支足以扫清整个伊比利亚半岛的部队越过比利牛斯山脉。迄今为止,西班牙的种种不幸事件都没在他政府的任何公报上提到过,任何法国报刊也未获准披露。现在必须打破这种高傲的沉默了。皇帝宣布,西班牙的农民对他们的国王造反;他的军队有一个军团由于叛变而被消灭,另一个军团为英军所迫撤出葡萄牙。因此需要征召每批为八万人的两批新兵——当然毫不迟疑地照办了。他以这些新兵补充德国方面和意大利的各个军营,现在他下令把数达二十万的老兵部队,包括大量的优秀骑兵和大批御林禁卫军,从上述边境抽调出来穿过法国向西班牙进发。

10月14日爱尔福特会谈结束后拿破仑回国,于24日在巴黎亲自主持立法院会议开幕;两天后他离开首都去指挥在西班牙的各军,于11月3日抵达巴荣纳。他在该地停留数日,指挥他正在挺进的大军的几支殿后纵队,于8日到达维多利亚。他立即得到了关于法国和西班牙两军阵势的详尽报告,马上起草了继续作战的计划;几小时之内整个战争机器就运转起来了。拿破仑的亲临使各处的法兰西军队都重新获胜,不到两个月他就扫清了伊比利亚半岛上的一切敌对势力,并且迫使约翰·穆尔爵士统率的英军仓皇撤往拉科鲁尼亚。拿破仑得意地看到一支英国军队全面撤退,认为已不需要他亲自指挥,而把全部消灭的任务交给苏尔特;立刻以全速前去巴黎。他突然转变目的并特别加速驰返是有充分原因的,这原因不久便揭露了。

在西班牙战争各次战役期间,拿破仑获知奥地利首次征召后备兵。我得到确凿无误的消息,说奥地利在准备战争,已向四面八方发布命令,搜集并动用那个强大君主国的全部资财。我把这些详情都转报法国政府,并且竭力主张必须提高警惕和采取预防措施。以前的侵略行为,特别是 1805 年的,不可忘记。其他各方大概也提供了同样的情报。虽然如此,皇帝还是把在西班牙的军事行动交给各将领,启程回巴黎,于 1809 年 1 月末到达。拿破仑是 11 月初以后才到西班牙的,虽然反叛部队被击败了,居民还是没有平服,对于约瑟夫的在位越来越表示反对,看来他不大可能太平地坐稳马德里的宝座。

着手叙述我所知道的即将开始的德国战役之前,必须允许我回叙在此以前一件最重要的事情。当可记得,说到爱尔福特会晤时我提到奥皇弗朗茨有一含糊其词的信函致送拿破仑。对此函的复函我有意在其本来位置上略去,以便作为 1809 年各事的前言。复函似乎是以预言精神写出的,明白地指出了那年实际发生的事情。全文如下:

陛下,我的兄弟,

  我感谢陛下经文森男爵转交的来函。我从不怀疑陛下的正直意图,但我目前也同样担心我们两国之间战端重启。维也纳有一派人故作惊恐以便驱使您的政府采取粗暴措施,那必定酿成比以往更严重的不幸。我的威力足以肢解陛下的君主国,不然至少也是削减其力量。但我没有这样做。由于我的同意您的国家还存在。这充分证明我们的事情已经解决,而我无意伤害您。我随时准备保证您的君主国的领土完整,我决不做有损您的国家重要利益的事。但是陛下不应再使人讨论十五年的战争解决了什么。您应避免任何意在引起敌对的言词或行动。新近的大量征兵就具有这种效果,如果按我所了解征兵和准备工作都是同俄国联合进行的话。我刚解散同盟的军营。我调派十万人去布伦恢复反对英国的计划。我有理由相信,我荣幸地会晤陛下并缔结《普莱斯堡条约》后,我们的争端已永远结束,我进行海上战争可以不受干扰了。我恳请您不要相信那些说君主国处境危险的人,他们这样说就破坏了您的幸福和您的家族以及百姓的幸福。只有那些人才是危险的,他们造成了他们装作害怕的那些危险。陛下采取正直、平易而聪明的行动,就能使您的百姓幸福;您本人也可以安享历经众多烦恼之后必定需要的太平;也可放心我将永远不愿做损害您最大利益的事。让您的行为来表示信任,你要鼓励信任。当前最好的政策就是质朴和真实。把困扰您的苦恼都交给我吧,我会顿时把它们驱除掉。请陛下允许我再进一言——听从您自己的判断和您自己的感受,要比那帮顾问的判断和感受正确得多。我恳请陛下以我写此信的精神读此信,并看到其中无处不以欧洲和陛下的福利和安宁为目的。

我根据拿破仑此函,再不怀疑法国和奥地利之间新的战争即将随之而来。拿破仑使用的傲慢口吻,似乎他在写信给属于莱因同盟的某一王公,确实其性质足以激起恺撒后裔①的高傲情绪。维也纳的政府也受到攻击,其方式是有意刺激全体政府成员反对拿破仑。幻想,这个不幸的最后手段,正以诱人的姿态出现在奥地利眼前。不错,奥地利战败过一次,但并不见得还将再次战败。奥地利或能恢复以前丧失的东西,拿破仑被迫以大量的人力和金钱维持在伊比利亚半岛的战争,给了奥国取胜的机会,这是以前不曾有过的,那时只有英国单独同法国作战,首先是英国不像现在这样在欧洲有个地方可以动用其陆地部队来对付拿破仑的势力。拿破仑不知是无意中还是就要这样,看来显然在即将爆发的新战争中,他不是侵略者,他让别人占先一着。

然而,弗朗茨皇帝虽有众顾问的怂恿,还是迟疑不愿跨出第一步,最后才向英国的公开要求和俄国的暗中示意让了步,而更重要的是为英国的津贴所诱使,首先不是向法国而是向其盟国莱因同盟宣战了。4月9日,担任奥地利部队总司令的卡尔亲王向巴伐利亚法军总司令致送照会如下:

"我遵照奥地利皇帝陛下向拿破仑皇帝发表的宣言,特此通知法军总司令,我奉命率领部队前进,凡是同我敌对的人都以敌人对待。"

一名信使把这份宣言的抄件以全速送往斯特拉斯堡,再从该地以快讯传往巴黎。皇帝于4月11日在圣克卢接到这个消息,感到吃惊而并不慌乱,两小时后他已登程去德国。当时要处理的事务的复杂性似乎再次激发了他的活动能力。他抵达军中时,部队或他的卫队都没能跟上他,他率领的是巴伐利亚各团队,好像使用了马克西米利安的士卒。他离开巴黎后六天,已渡过因河的卡尔亲王军队就受到了威胁。皇帝的大本营设在多瑙沃尔特,他在该地向士兵们发

---

① 奥皇和后来的德皇均以恺撒为称号。

表了一篇最有力的简短宣言，鼓励他们干出许多奇迹。不论结局如何。事态的这种复杂情况对于欧洲和法国都是致命的，但却是皇帝发挥其天才的大好良机。他爱读的诗人奥西安最喜欢向暴风雨的呼啸声拨弄竖琴，拿破仑也一样需要政治风暴和敌对因素来表现他非凡的能力。

1809 年的战役，尤其当开战之初，拿破仑的进程要比 1805 年战役更加迅速。到达汉堡的每一名信使都给我们带来了更多的奇迹的新闻。皇帝一经得知奥地利军向巴伐利亚进攻就给所有带兵的将领下达命令，要他们火速驰往战争现场。蓬特—科伏亲王也率领他指挥的萨克森部队被派往大军团，并且暂时移交了汉萨各城镇政府的职责。

我对第二次维也纳战役将不做比第一次维也纳战役和提尔西特战役更详尽的叙述。我同上文一样只限于叙述在汉堡得到的消息，每当德国发生新的行动时，我在汉堡的职责就变得更加困难。我可以宣告，1809 年正需要皇帝果断敏捷地向维也纳进军，以挫败针对他的政府而形成的种种阴谋；因为，万一他的武力不能成功，就要遭到打击。英国已经拟订了远征德国北部的计划，其部队数量已达万人上下。卡尔大公也已制订了计划在德国中部集中大量部队，包括阿姆·欧特将军、拉迪兹华维兹将军的部队以及英军，同时预期英军来临时就要起事的人民也将参加英军。但是英国对大陆的一切努力和计谋都毫无结果，因为皇帝采用了向首都冲击的新作战体系，很快就获得了和平谈判。甚至不待英国组织我刚才说到的远征，他已成为维也纳的主人。他于 4 月 11 日离开巴黎，17 日到多瑙沃尔特，23 日已是累根斯堡的主人。拿破仑在攻入累根斯堡以前的战斗中脚后跟受伤。然而伤势轻微，不足以使他片刻脱离战场。在多瑙沃尔特到累根斯堡之间还实现了那一大胆而巧妙的调遣行动，达武由此获得当之无愧的艾克米耳亲王称号。

这个时期命运女神似乎同拿破仑的武力结合得这么紧密，她甚至以实现他吹嘘性的预言为乐。因为，他宣告了进攻奥地利之后不到一个月，法国部队果真进入了奥地利首都。

拉普在维也纳战役期间恢复了自己的副官职责，告诉我拿破仑的一则惊人评语，他的话同日后的许多事实一比较，几乎如同说明了他对未来命运的预见。皇帝在距维也纳只有几天行程时，找了个向导给他解说沿途出现的无论多么微不足道的每个村落或废墟的名称。向导指向一处高地，上面古代设防堡垒的遗迹依稀可见。向导说："那是迪恩斯坦城堡的废墟。"拿破仑骤然止步，停留一些时候默默地注视那废墟，然后转向侍奉在侧的拉纳元帅说："看！那就是狮心王理查①的囚牢。他像我们一样，也去过叙利亚和巴勒斯坦。但是我勇敢的拉纳，狮心王可不及你勇敢。他比我在圣让得阿克要幸运些。奥地利的一位公爵把他出卖给一位德国皇帝，皇帝把他囚禁在那座城堡里。那时是野蛮时代。我们当代的文明有多么不同！世人都眼见我如何对待奥地利皇帝，我本可以囚禁他的——我这回还是要好好对待他。我不把这点归功自己。在这个时代戴冠冕的君王必须受到尊敬。一个战胜者哪能囚禁起来！"

几天后皇帝就来到维也纳城下了，但这回他进入奥地利都城可不像1805年靠了拉纳的机智勇略那么容易了。关闭在都城里的马克西米利安大公不顾法军已经占领主要的郊区，还想保卫该城。休战旗一次次送往大公处都无济于事，不仅对旗帜不加理睬地送回，使者还受到虐待，其中一人险些被群众杀害。于是都城遭到炮轰，迅即为烈焰所吞没，直到皇帝听说有位女大公因健康欠佳而留在城里，才下令停止炮火。拿破仑命中各事竟有这般奇怪变幻——这位女大公并非他人，而是玛丽·路易莎！维也纳终于向拿破仑敞开了城门，他在肖恩布鲁恩宫驻驾若干时日，赶紧向部队发表宣言如下：

士兵们：

　　敌军渡过因河后一个月，在同一天、同一时刻，我们已经进入维也纳！维也纳的后备军，成群征召的士兵，洛林王室诸王公所建立的城防工事，都因你们的到临而消失了。洛林王室诸王公抛弃他们的都城不像光荣的战士迫于战争情势那样退出，而是像一群悔恨无及的立假誓的家伙。逃离维也纳时，他们留给居民的是屠杀和大火。他们像美狄亚②那样亲手屠杀了他们的子女。

谁能相信，拿破仑在这篇宣言中以这种态度说到奥地利皇帝，竟以向奥皇的女儿求婚来结束战役？我一直认为，波拿巴这种在公开文告中侮辱他敌人的脾气，至少说来是失策的，也增添不了他的声誉。如果留意到，我尽量把拿破

---

① 1157—1199年，参加十字军东征的英王。
② 希腊神话中通巫术的公主，因丈夫伊阿宋另有新欢而杀死三个儿子。

仑的宣言呈献给读者而绝口不提他的告示，则理由就在于——他的宣言根据的是真实情况，几乎接近预言，但也并非老是像他进入维也纳的预言那样实现了。宣言向全军发布，其根据是全军眼前发生的那些重大历史性事件。而他的布告则意在强加给法国国内和外国的百姓，用来证明"像布告那样撒谎"的格言确是绰绰有余。

第三十六章 《肖恩布鲁恩条约》

　　炮轰维也纳五天之后，即5月17日，皇帝发表敕令，教皇国并入法兰西帝国，罗马宣布为帝国城市。教会国家已因扩大三个意大利省区而被肢解；但是现在教廷已从世俗政权名单上整个抹去。我现在将不停止探究这样一种措施是否妥当；但在拿破仑方面确实是卑劣的僭夺，因为一个尤利乌斯二世放下圣彼得的钥匙而举起圣保罗利剑的时代久已过去了。况且这是欠公正的事，在教皇向拿破仑屈尊之后更是最黑暗的忘恩负义行为。合并的敕令并未剥夺教皇的居处，但他如今不过是基督教世界的首席主教而已，岁入两百万。然而这位老人的德行是举世尊敬的，连新教徒也高声责难拿破仑对庇护七世的可耻行为。

　　拿破仑在维也纳时听到塔拉韦拉·特·拉雷纳的事情。我从大本营的来函得知他为这一消息深深打动，并不掩饰他的懊丧。我真的相信，他决心攻占西班牙正是为了此事造成的困难。有个人从塔拉韦拉开始在欧洲崭露头角，即便没有那么尽力去为这个人树立名望，大概也少不了几分光荣吧。那一战开始了阿瑟·韦尔斯利爵士的历程，此后他的多次胜利无不具有极其重要的后果。我们在西班牙受到这一挫折时，英国人正试图出征荷兰，他们已在荷兰占领了瓦尔赫仑岛。他们诚然在不久以后被迫撤出这个岛，但因那时法奥两军根据在摩拉维亚的兹奈姆缔结的休战协定而处于停顿状态，对拿破仑不利的消息唤起了奥地利谈判代表的希望，他们退缩不前，只盼对方新的失败能给他们较好的机会。皇帝对这一再耽误很不耐烦，他切盼能有机会把他的全部力量指向西班牙和英国，那是同奥地利缔和以后仅剩的两个敌国。

　　谈判的结局似乎一天比一天远，在此过程中，拿破仑遇到了比他在累根斯堡受的伤更为真实的危险。德国处于难以形容的苦难状态；大批法国部队的来到又加深了这种痛苦，不论法军首领如何以军纪严加约束，部队的供应还是难以忍受的沉重负担。启灵主义也有很大进展，使一些青年人满怀热情，这种热情抵得上曾使亨利四世为之牺牲的那种宗教狂热。一个姓斯塔普斯的青年人想出了刺杀拿破仑的计划，以便使德国摆脱他所认为的一个灾星。这名刺客被逮捕时，拉普和贝尔蒂埃都在皇帝左右。我逐字重述他们对我说的话时，感到确有把握的是，我丝毫不爽地记述了关于那件事的一切情况。"我们都在肖恩布鲁恩宫，"拉普说，"皇帝刚刚检阅了部队。我先已望见一个青年人在一个纵队的末端，队伍刚要成单行前进时，我看到他向皇帝走来，那时皇帝正在贝尔蒂埃和我中间。纳夏泰尔公爵以为他有什么请愿书要呈交，前去告诉他，我是值日副官，应由我接取。那个年轻人答道，他想同拿破仑本人谈话，贝尔蒂埃对他说他必须向我请求。于是他稍稍退后，仍说他要同拿破仑谈话，又向前进，到了非常接近拿破仑的地方。我命令他后退，用德语对他说，等阅兵式过后，如果他要请愿，可以陪他前去。我仔细打量他，因为他一再的要求引起我的怀疑。我注意到他的右手一直插在外衣的上口袋里，袋口露出一卷纸的一端。我不知道那是什么，但正当那一刻同他的目光相遇了，我吃惊的是他的眼色和气度中有种特别的表情，似乎表示某种确定和不可动摇的决心。我看到当场有个宪兵军官，便要他逮捕那个青年人，没有采取什么不必要的严厉手段就把他带到堡垒里，直至阅兵式结束。这一切经过还没有我这会儿讲述的时间长，那时候大家都专心致志地注视阅兵式，谁也不曾注意到这一幕。没多久我得知从那青年人身上搜出一把藏着的大餐刀；我立刻找到迪罗克一同去关押斯塔普斯的房间。我们看到他坐在床上，似乎深思，但没有显出丝毫惊惶的样子。他的近旁有张青年妇女画像、他的小本子和钱包，里面有两枚金币，如果我没记错，是法国古代的金路易。我问他的姓名，他说除了拿破仑谁也不告诉；我又问他身上带的刀想干什么用的。他的答话同前面一样——'除了拿破仑我对谁也不讲。''你企图谋害他的性命吗？''是的。''为什么？''我只能对拿破仑讲。'"

"这一切情况在我看来是非常奇怪，我认为应当报告皇帝。我报告了他所发生的事情之后，他似乎有些不安，因为你知道，"拉普说，"他被行刺的念头困扰不已。他要把那个青年人带到他房里，可是他下这道命令的声气是你我都从来不曾听到过的；他把右手几次放在额上，细细端详在场的每一个人。两名宪兵把斯塔普斯押解到拿破仑面前。那个不幸的青年人虽然怀有罪恶目的，他的面貌却非常讨人喜欢，使人不能不对他的命运感到关切。我希望他否认有此企图，但是怎么救得了一个决心牺牲自己的人呢？皇帝问那个囚犯会不会讲法语。他答道只懂得一点儿。你知道的，"拉普继续说，"拿破仑朝廷里除了你就数我是最能行的德语专家了，我奉命担任译员。我还得说明，拿破仑迫不及待地要知道囚犯的答话，所以在下述对话中没有我的份，我只充当皇帝的传声筒，译出他的问话和答语。

"皇帝开始问道——'你是哪里人？''纽伦堡。''你父亲是干什么的？''新教牧师。''你几岁了？''十八岁。''你带了刀子打算干什么？''杀死你。''你发疯了，青年人；你是个启灵主义分子。''我没有发疯，我也不知道什么叫启灵主义分子。''那么你是病了？''我没有病，我身体很好。''你为什么要杀害我？''因为你毁灭了我的国家。''我伤害了你吗？''同对所有德国人的伤害一样。''你是第一次见到我吗？''我在爱尔福特看到过你，你同俄国皇帝会晤的时候。''那时候你想杀害我吗？''不，我以为你不会再对德国进行战争。我曾对你万分崇拜。一星期以前我来到肖恩布鲁恩，目的是杀死你，但我到达时阅兵式刚刚结束。所以我推迟到今天来实行我的意图。''我告诉你，青年人，你不是疯了就是病了。'

"审问到这里时，皇帝下令传召科维扎尔。斯塔普斯问科维扎尔是谁。我告诉他是个医生。他答道：'我不需要他。'医生来到之前谈话没有继续，这期间斯塔普斯表现得毫不在意。科维扎尔一到，拿破仑就指令他为这个青年人按脉，科维扎尔当即照办，斯塔普斯十分冷淡地说：'先生，我很好，不是吗？''这位先生十分健康。'科维扎尔对皇帝说。'我是这样对你说的嘛。'斯塔普斯有点得意地说这几个字。

"我对斯塔普斯的冷漠和准备忍受一切的态度感到吃惊，皇帝本人一时间也似乎为这个青年人的态度弄得不知所措。最后他下令带走囚犯，带走后他叹道：'把青年人变成刺客，这就是那些动听理论的效果。'

"这事虽然力图保守秘密，还是成为肖恩布鲁恩城堡谈话的主题。一天晚上皇帝召我去说道：'拉普，我总没能把这个可怜的斯塔普斯赶出我的头脑。我越想这事越感到困惑。我从没想到他那年龄的青年人，一个德国人，受过优良的教育，还是个新教徒，竟能起意并且干出这样的罪行。据说意大利人是个

多刺客的民族,可是从没有意大利人想要谋害我性命。这事真使我难以理解。查问一下他以什么态度面对他的命运,来告诉我。'

"我从劳尔将军处得到皇帝所要的消息。我获知,斯塔普斯的莽撞企图是在10月23日,于27日早晨七时处决,他从24日起就拒绝饮食。给他送饭来时他回绝,说:'我还很强健,能够走向绞架。'听说已经缔和,他表现得万分烦恼,全身颤抖。他在刑场高呼:'自由万岁!德意志万岁!杀死暴君!'这些就是他的遗言。"

大家知道,瓦格拉姆会战以后在拉勃召开了多次会议。虽然两国都迫切需要和平,两国皇帝似乎同样急于缔和,和约还是没有签订。奥地利委派的大员已经同意了所有最重要的条款,但值得指出的是,波拿巴仍然一再拖延。事实上,他存心不要缔结一项条约来确定他攻占的界限或扩大他权力的界限,所以谈判搁置了。斯塔普斯事件发生时,特·香巴尼先生已有多日不见列支敦士登亲王。拿破仑审问了那个青年狂热分子以后,立即传召特·香巴尼先生。"谈判进行得怎样了?"他问道。大臣报告以后,皇帝又说,"我希望马上恢复谈判,我希望,为了和平不要为向奥地利索取的赔款相差几百万而犹豫不决。在那点上让步;我希望有个结局。我完全交给你办了。"这回皇帝命令之迅速执行,使他没有机会收回成命。大臣随即致函列支敦士登亲王;当晚双方谈判代表在拉勃会晤,马上讨论搁置起来的和约条文,予以同意并签字。次日早晨特·香巴尼先生带了取得协议的和约出席皇帝的早朝。拿破仑匆匆过目,表示对一切细节都同意,大大赞扬他的大臣这么快就实现了他的心愿,条约就此缔结。根据这个以肖恩布鲁恩条约之名为人所知的条例,古老的德意志帝国这座大厦被推翻了,弗朗茨二世改称奥地利皇帝弗朗茨一世,然而他可不能像法国国王弗朗茨那样说:"除了荣誉,一切皆已丧失",因为荣誉多少已为避免丧失一切而受到损害了。但奥地利还是被迫做出惨重的牺牲。割让给法国的领土立即联合起来设置一个新的政府,合称伊利里亚诸省。拿破仑因此在法国皇帝和意大利国王的双重头衔下成为亚得里亚海两岸的主人。奥地利的对外商业受到严重损害,再不能同海洋直接交通了。阜姆、的里亚斯特和海岸的丧失看来是极其重大的损失,所以我对这么高昂的代价换取的和平能否持久不抱信心。大概是斯塔普斯的同胞可能起而效尤的念头促使拿破仑匆匆离开肖恩布鲁恩的吧,因为他还不及批准和约的序约就出发了,宣称他将在慕尼黑批准条约。他非常匆促地驰往宁芬堡，巴伐利亚朝廷已在那里恭候他的驾临。他下一步访问了他宣告为欧洲最能干君主的符腾堡国王；10月末他抵达枫丹白露，从枫丹白露骑马前去巴黎，他骑得飞快，扈从人员中只有一名猎兵跟得上他，他在这一名卫兵陪同下进入了杜伊勒里宫的庭园。

第三十七章　同约瑟芬离婚

拿破仑回巴黎前在枫丹白露逗留时，约瑟芬头一回听到说要同她离婚的事，皇帝是在肖恩布鲁恩产生这个念头的。拿破仑在枫丹白露任命特·蒙塔利韦先生为内政大臣——对此人选各方面都感到满意。这个时期我们收到的巴黎来函不断述及1809年冬季首都的辉煌盛况，尤其是帝国朝廷的富丽堂皇，皇帝更有萨克森、巴伐利亚和符腾堡的国王随侍在侧；他们无不争先恐后地向提拔他们到君主行列的英雄谢恩。

拿破仑打算同玛丽·路易莎女大公结婚的消息在汉堡我是头一个得到的。这条新闻是两名信使从维也纳带给我的。这个人的命运有多么神奇！那天我陪波拿巴去我兄弟处，他留下表作为一小块银币的抵押时，谁能想到他命定要同奥地利女大公成婚？盼望这件喜事在德国北部产生的效果真是难以想象的。商人奉到各方的命令购进奥地利股票，奥地利股票顿时猛涨。婚事受到最热烈的欢呼，被看作是持久和平的保证，大家还希望大陆的休养生息再不致被法国和奥国的敌对行为破坏。广泛的通信使我相信，这些情绪是法国国内和欧洲各国的人民所共有的。我本人虽然一直怀有波旁王室要重临法国的预感，现在我开始承认这事是成问题的，至少是非常遥远的。

约于1810年初开始的拿破仑同他弟弟路易之间的分歧，如读者在上文看到的，以完全破裂告终。荷兰离开商业不能生存，而拿破仑禁止贸易。他的目标是使自己成为斯海尔德河航运的主人，而路易希望保持这条河流自由航行，因而随之发生荷兰同法兰西帝国的联合。荷兰是拿破仑带了新的皇后第一个巡视的帝国省份。他们的行程几乎是紧接大婚典礼完成以后开始的。拿破仑先去贡比涅，停留一星期。他再去圣康坦，视察了运河。这时玛丽·路易莎皇后同他会合，帝后联袂重访比利时。皇帝在安特卫普视察了他下令构筑的所有工事，对那项命令的执行情况他表示十分焦虑。他们在整个旅程中都受到公众狂喜的、节日般的庆祝以及各种形式的欢迎。造访荷兰的几个地方后，皇帝取道奥斯坦德、里尔和诺曼底，于 1810 年 6 月 1 日回到圣克卢。

然后他从我的通信中得知汉萨各城镇拒绝垫款支付法国驻军费用，法军陷于贫困交加的境地，既无现钱又无物资。我说明亟须结束这种状态。过去十分富庶的汉萨各城镇，已被捐税和敲诈勒索弄得困苦不堪，完全满足不了现在加到头上的苛求。

这年年底，拿破仑一时发疯，发布了一道法令，一道恶魔的法令，因为我再找不出客气的词语来形容它了。法令规定，法国、荷兰、贝格大公国、汉萨各城镇，总之，拿破仑创伤深重的版图所辖一切地方的英国货物都要焚毁。我没有隐瞒这个毁灭性措施激起的不满，最后皇帝本人也因下述情况而相信了这是蠢举：丹麦政府虽然诚心实施大陆封锁体制，荷尔斯坦因还有大量殖民地产品，不顾最严厉的措置也必须在某处给这些商品找个市场。走私贩子往往能把这些货物输入德国，几个月内无疑就能全部通过海关。多方考虑这种情况后，我认为最得当的还是利用一下这种避免不了的弊端。所以我提议，当时在荷尔斯坦因的殖民地产品是在禁令日期之前输入的，应准予缴纳 30% 或者某些物品 40% 的税款进入汉堡。这笔税款要在海关征收，以在德国消费的货品为限。阿顿纳、格鲁克斯塔、胡苏姆以及荷尔斯坦因的其他城镇的殖民地产品估计约值三千万法郎，而税款约达一千万或一千二百万。采用这项计划，走私贩子的买卖会马上完蛋；因为商人当然宁愿付出 30% 或者 33% 来取得合法贸易权而不愿付给私贩 40% 还冒被没收的危险。

皇帝很快采纳了我的意见，因为我是在 9 月 18 日把我对此事的意见转致外交大臣的，而 10 月 4 日就发布了同我建议的计划相符合的法令。法令公布不到六星期，海关税务司就收到荷尔斯坦因握有殖民地产品的人一千三百份呈报单。现在估计税款约达四千万法郎，即比我推算的多两千八百万到三千万。事实上，有几家商行各付四千万法郎；但是这笔超额税收并未使我吃惊，因为我知道在我对此事的建议中没有夸大的说法。

12 月初我收到特·香巴尼先生一封信，说皇帝想要见我，以便同我商议有关汉堡的各种事项。我到巴黎后却没有见到皇帝；但是我读到的第一份《箴言报》上却载有参议院敕令的官报：提到根据恃强凌弱的权利已把汉萨各城镇和劳恩堡等城并入法兰西帝国。我回到巴黎后有一次会到特·香巴尼先生，他通知我皇帝不愿接见我。现在我在巴黎的处境是极为微妙的了。

  皇帝拒绝见我倒是个为难的情况，我起先迟疑是否设法拜访约瑟芬。可是迪罗克向我确保拿破仑并不反对此事，于是我写信请求允许我拜访她。当天我就接到复函，第二关早晨我便去马尔梅松了。我被引入一间帐篷形状的小客厅，看到约瑟芬与奥坦丝。我进入时，约瑟芬向我伸出手，唤了声："啊！我的朋友。"——这几个词她是满怀深情地说出来的，泪珠滚滚使她再也说不下去了。她向火炉左边的软凳上一坐，招手要我坐到她近旁。奥坦丝站在炉火旁边，竭力忍住眼泪。约瑟芬接过我的手，用她的双手紧紧握着。好些时候她才控制住感情，眼泪还是不住地流着说："我亲爱的布里昂，我已尝尽了不幸，他抛掉了我！遗弃了我——他封我一个空洞的皇后头衔，只是使我的废黜更加显眼。啊！我们对他的判断是对的。关于等待我的命运是什么，我没有哄骗自己，他为了自己的野心还有什么不舍得牺牲的？"这时奥坦丝王后的一位女嫔进来给女主人报个讯，奥坦丝显然为了平息情绪而多留了一两分钟，然后出去了。这样只留下我同约瑟芬单独相处，这机会对我们两人并非不乐意的。她似乎想吐露忧伤以求安慰，我也同样想听她亲口讲述；女性阐述其烦恼自有娇媚动人之处。

  约瑟芬告诉我的事，很多我早已从我的朋友迪罗克处听过；然后讲到波拿巴向她宣布必须分离的时候，她说，"我亲爱的布里昂，在你同我们在一块的所有日子里，你知道你享有我的全部信任——我时常向你倾吐我悲伤的预感。残酷的是，现在竟然不幸地言中了：我作为妻子的身份已告结束——我什么都遭遇到了——我被休掉了！"稍停之后，她继续往下说："近来，我虽然已不是他的妻子，还不得不在世人眼中装成仍然是他的妻子，这需要怎样的毅力！那些朝臣以怎样的目光投向一个被休弃的妻子！他终于向我说穿我久已从他眼光中看出的事情，直到那个命定的日子之前，我一直处在比死还难过的心神不定状态中。那是 1809 年 11 月 30 日：我清楚记得那天他眉宇间的不祥表情，我们一如往常地一同进餐，在那次烦恼的正餐中我一语未发，他只有向仆人问话时才打破沉默。波拿巴一喝完咖啡就屏退左右，只有我同他在一块。他的面貌已经显露出他心里所想的，我知道我那时辰已经到来。他走近我，拿起我的手按在他心上，默默地凝视我片刻，然后说出这些致命的话：'约瑟芬，我亲爱的约瑟芬！你知道我爱过你，我在人世尝到的仅有的幸福时刻都是你一人赐给的。但是，约瑟芬，我的命运要高过我的意志；我最珍贵的爱情必须让位给法国的利益。''不必说了！'我喊道，'我了解你；我预料到这一着，但这打击仍是严厉的。'我再没力气说下去了，"约瑟芬又往下说，"后来我就不省人事了；力量和理性一下子都离开了我，我醒过来时，发现我已在自己的卧室里。你的朋友科维扎尔和我可怜的女儿陪着我。晚上波拿巴来看我，呵！布里昂，我怎么能让你体会我当时的感觉！连他表示对我处境的关切也显得是附加的残酷举动。啊呀！我有充分的理由害怕当皇后。"

我不知怎样安慰约瑟芬才好；我素知她天性乐观，看到相隔一年她的哀伤已这么深重未免感到吃惊，可是我还不知道妇女心中还有那种弦线，只要触动了，要许久才停止振动。离婚不妨忍受，但是无可原谅，受了创伤的自我怜爱是一种持久的热情。我衷心怜悯约瑟芬，说了许多话来排解她的忧伤，其中有一点看来使她感到莫大的安慰，就是说公众舆论坚决反对波拿巴的离婚。这点我说的是实情，因为约瑟芬是万众爱戴的。我向她提起我以前的预言，那时我比现在幸福，就是她到在鲁埃耳的小小屋子来看望我们那天我伴送她回到大路上时所说的。"我记得，我的朋友，"她答道，"我时常想到你当时说的每句话，至于我自己，我知道从他称帝之日起一切都丧失了。再见吧，布里昂。不久再来看我吧，要常来。我们有许多要谈的，你知道看到你我总是那么高兴。"这就是我所记得的，我从汉堡回国后第一次拜访约瑟芬的情形。

我在巴黎逗留期间，同西班牙和葡萄牙的战争吸引了公众大部分的注意力。事实证明了这是一件冒险事业，对此约瑟芬具有清醒的洞察力。一般说来她不大干预政治；首先是因为拿破仑不愿她插手；其次是因为她生性轻快，喜欢追求舒适愉快的事情。然而我也不能不观察到，她具有天赋的完善本能，所以有关她丈夫命运的任何好坏趋向绝少骗得过她；我记得她对我说过，听到说皇帝有意把西班牙王位赏赐给约瑟夫时，她产生了一种不可名状的惊异之感。我不知道如何解释那种对于未来的预感；但可以肯定，约瑟芬天赋的这种能力，要超过我所知道的任何其他人。对于她，这确实是个致命的天赋，因为这在她目前的不幸状态之外更添上了对于未来的不幸预兆。

虽然离婚已经十二个月有余，在约瑟芬心中这仍是一个新的伤心事情。她时常对我说："我的朋友，你绝想不到从那命中注定的一天起我忍受的一切磨难——我想不出我怎么能活下来。看到各处都在叙说节庆盛况，你难以想象这对我是多么痛苦。他婚后第一次来看望我时，呵！那是一次怎样的会面啊！我淌了多少眼泪！他每次来访的日子在我都是折磨的日子，因为他缺少那种纤细感情。他对我说到盼望中的小继承者，这是多么忍心！你不妨想想，布里昂，这一切对我是多么伤心。流放到千里之外也要比在这里好！不过，"约瑟芬添了一句，"有几个友人还是对我忠诚，现在这是我偶尔能够认可的唯一安慰。"真的，她的确非常抑郁不乐，她的友人能够给她的唯一安慰就是与她共洒同情之泪。约瑟芬对于服饰仍然保持极大的热忱，以致哭了十来分钟后，又会忘记眼泪而去接见女帽商和珠宝商了。只要看到一顶新帽子，她依然不失为一个女性。我记得有一天，她摆弄大量珠光玉器、华而不实的小玩意儿，这收到了暂时安宁的效果，我趁此机会祝贺她这些东西能使她精神快乐，而她答道："怎么，我亲爱的朋友，现在我诚然该对所有这类玩意儿淡然置之了，不过这已成了习惯。"约瑟芬何妨再加一句，这也是件正事，因为可以毫不夸大地说，如果把花在垂泪和梳妆上的时间从她生命中减去，她的寿命就大大缩短了。

第三十八章 准备征战

1811年初对于在西班牙的法国武力颇为有利，但到3月初命运转向了。贝仑诺公爵的部队虽然英勇，还是在奇克朗纳战败，从那天起法军在英国和葡萄牙的联军面前再也扼守不住了。马塞纳虽然于前次战役中在维也纳城下荣获埃斯林亲王称号，也不再像他在苏黎世时那样是命运的宠儿了。说到马塞纳，他又能把葡萄牙的英军怎么样呢？英国和葡萄牙的联军日益增多，而我军还在减员。英国不惜任何牺牲以求在它所投入的重要斗争中取胜；英国的金钱大量耗费，所以英国部队不论到何处薪饷都是从优，军火和粮秣的供应也非常充足。另一方面，法军远没有那么丰富的物力，但为了不让当地百姓偏向英军，我方也迫不得已效法英方挥金如土的开销。但即使那样也防止不了许多地方风起云涌的亲英起事，使得同法国的交通极为困难。小股武装不断架走分散的我军士兵，英国部队凭他们的金钱做后盾，煽动居民反对我军；如果没有英国的援助，葡萄牙休想对法国支撑片刻。但是一次次战役、恶劣的天气，以及各种供应俱缺的状况已大大削弱了法军，万分需要休整；同时法军的企图又是没有结果的。在这种状况下马塞纳被召回了，因为他的健康严重受损，不可能发挥充分的活动能力使法军恢复可靠的立足点。

在这种情况下，拿破仑派贝特朗去伊利里亚替换马尔蒙，又命令马尔蒙去取代葡萄牙的马塞纳。马尔蒙继任司令以后，发现部队处于悲惨的境地，粮秣极难弄到，他被迫采用的筹粮办法又加重了困难；与此同时，不服从命令和军纪败坏已达到严重程度，以致要描述我军在这个时期的境地是既困难又痛心。马尔蒙凭他的坚毅和品格，幸而扭转了局势，很快就率领了一支组织严整的军队，包括三万名步兵和四十门大炮；但他只搜集到极小的一支骑兵，而且还尽是些劣马。

1811年初西班牙的情况同葡萄牙极为类似。起先是接连不断的胜利，但正因为这些胜利代价昂贵，所以很容易预料到斗争的最后结局。因为，当一个民族是为他们的自由和家园而战的时候，进犯他们的军队必定逐渐减少；而与此同时，武装的人民为胜利所鼓舞，以更为迅速的进度增加。一个团被截断退路无法立即补充，而在勇敢的人民一方，被焚毁一个村落就会激发整个省区武装起来。何况，现在西班牙人把起事看作神圣的职责，最近在莱昂岛集会的议会赋予起事以近似合法的性质，因为西班牙在追忆其古老的特权时，再度发现了至少是一个政府的形象——保卫伊比利亚半岛战士可以聚集的中心。

1811年初我离开巴黎时，我再不以执政府时期展现给我的光辉前程自欺了。我看得明明白白，既然波拿巴没像我预期的那样接见我，反而拒绝见我，那么我那些敌人的谰言已经达到目的。我对一个专制的主子再也不必抱什么希望了，他过去的不公正只能使他更加不公正。现在他有了多年来热切地盼望的——他亲生的儿子，他的名字、他的权力和他的帝位的继承人。我必须在此说明真相，即外界流传的关于罗马王降生的下流恶毒报道是毫无根据的。我的朋友科维扎尔在玛丽·路易莎拖延许久的难产期间一刻不曾离开，消除了我心中对此事的任何怀疑。奥地利皇帝在施洗时保证这位婴儿太子确实是拿破仑同玛丽·路易莎女大公之子，正如拿破仑的确不是奥坦丝长子的父亲一样，拿破仑子嗣的降生引起万众欢腾；从没有一个婴儿来到世上就为这样的荣冠所环绕。的确，从他儿子降生到莫斯科初次受挫，是拿破仑权势鼎盛的时期。包括皇族成员据有的各国在内的帝国，拥有将近五千七百万居民；但是如今这种显赫的权势即将为其自身的分量所压碎而没落。

1811年夏季西班牙没有发生重大战斗；互有胜负，血流成河，但是并未取得决定性的成果。有些辉煌的事件确实证明了我们部队的勇敢和将领的才干：例如阿布弗拉战役，威灵顿被迫解除巴达霍斯之围时絮歇攻占了塔拉戈纳。这几次告捷虽然除了光荣之外一无所获，却仍维持了拿破仑在伊比利亚半岛取胜的希望，并让他欢度在巴黎为庆祝罗马王诞生而举行的豪华壮丽节庆。

10月末巡视荷兰回转时，拿破仑清清楚楚地察觉到同俄国的即将决裂在所难免。他派洛里斯顿为驻圣彼得堡大使，接替不愿在那里待下去的科兰古；最干练的外交家碰上一个已经下定决心的强有力政府也将一事无成。现在欧洲各国政府一致希望推翻拿破仑的政权，人民也同样迫切要求一个使他们的贸易和工业少受损害的社会秩序。欧洲处于这种状况，谁也打消不了俄国及其盟国对法国开战的意愿——洛里斯顿不比科兰古更能干。

拿破仑现在不得不为迫在眉睫的战争做准备，这迫使他忽视西班牙，任凭西班牙的事务处于真正危险的状态。事实上，拿破仑占领西班牙和想在西班牙站住脚的愿望不过是促使欧洲各国进入战争，这个战争得要分散他的兵力。意大利和德国北部的部队同时向俄罗斯帝国边境开拔。1811年3月，几乎欧洲的全部军事力量都在皇帝掌握之中。现在回想起来不能不吃惊的是，这样一个各国的联盟，其习俗、语言、宗教和利益各不相同，全都准备好为一个人而对一个从来不曾伤害过自己的国家作战。普鲁士本身虽然永远不会原谅他对普鲁士犯下的过失，却还是参加了联盟，虽然意在时机一到就与之破裂。最初谈到同俄国的战争时，我常与罗维戈公爵谈起此事。我把从国外得到的关于那个冒险事业的情报传达给他。公爵的不祥预感同我完全一样，如果听从了他和想法同他一样的那些人的意见，那次战争大有可能永远不会发生。我从他那里得悉竭力主张侵略的是哪些人。他们的野心只有靠战争才能实现；他们梦想总督管区、公国和养老金的同时，却忽视了看到哥萨克骑兵进入巴黎的可能性。

现在这项巨大的冒险事业已经决定，准备工作的规模就像要征服全世界那样。拿破仑在去国以前想带上他全部可以动用的部队，发布了一道参议院敕令征召国民自卫军，分编成三个军团。他也安排了外交事务，于1812年2月同普鲁士缔结了攻守同盟条约，两个缔约国根据条约相互保证各自领土和奥斯曼帝国政府欧洲部分领土的完整，因为土耳其苏丹当时正同俄国作战。3月初同奥地利缔结了类似的条约，3月末前后拿破仑又签订了法国同瑞士的协定。

拿破仑终于决定扩展他的帝国的疆界，或者毋宁说是报复俄国对他的大陆封锁体制的损害，并且按照他的习惯把一切事务布置就绪；在这种时刻，他的敏捷和远见近乎奇迹。然而，当他去德国以前教皇不愿谈判，而且决心不可动摇，使他颇为焦急。他认为萨伏那并不是那样一位囚徒的可靠住地。他唯恐他的全部兵力向涅曼河开动之时，英国人会试图架走教皇，或者意大利人在心怀不满的教士煽动下会激起那种致命和难以平息的宗教性骚乱。他为了把教皇继续归自己控制而指定教皇住到枫丹白露去，甚至一度想把教皇弄到巴黎。

皇帝指令德农先生陪伴那位圣父住在枫丹白露，给他名声赫赫的囚徒找来一个可以交往的人，因为这个人的举止风度和教养都配得上教皇的地位，由此表现了某种程度的体贴和关怀。庇护七世不久就同德农先生建立了深厚的友情。德农对我谈到他与教皇共居的情形时，说了这么一则趣闻——他说："教皇以最亲切的态度同我谈话。他总是称呼我为'我的孩子'，看似很高兴同我谈话，特别是关于我们远征埃及这个题材是他时常问起的。一天他向我索取我的著作《埃及古物》，你知道，这书在某几点上是不甚正统的，同《创世记》中所载的世界的创建不完全相同。我起先踌躇，可是教皇一定要我给他，最后我依从了他的愿望。圣父对我说，他熟读后对那书很感兴趣，我提到某些微妙之点时，他说：'没关系，没关系，我的孩子；那些全是稀奇不过的，对于我肯定是颇为新鲜的。'""于是，"德农先生继续说，"我向教皇陛下解释我为什么迟疑不借他那部书，因为我知道这书已被他查禁，连其作者也革出教门。'革除你的教籍，我的孩子！'教皇以最热情关切的声调惊呼，'那真是太过意不去了，我向你保证我完全不知情的。'"德农先生对我叙述这则趣闻时还说，他有充分的理由钦佩圣父的德行和忍从精神，可是他又说，无论如何，在恢复他对罗马的世俗君权之前，劝说他在这一点上让步比让他成为殉道者还难，因为他以罗马的经管人自居，也不甘心受到甘愿牺牲罗马的责难。

第三十九章　困难重重

拿破仑给教皇安置住地以后，出发赴德累斯登，玛丽·路易莎随行，她表示想看望父皇。

预期中的对俄战争，或许是亚历山大大王征服印度以来人类所设想的最宏大的冒险事业，现在吸引了举世的注意，而置理性的考虑于不顾。曼萨纳雷斯河①已忘在脑后了，除了涅曼河以外什么也不想了，而涅曼河早已因提尔西特的木筏而闻名于世。兵员和战马，车辆和粮草，还有各种辎重都向那里移动，好似指向共同中心。现在，各将领的野心以及智者的忧虑，全都为了指向俄国。西班牙的战事越来越不幸，却只能引起淡薄的兴趣，而我军最优秀的军官认为在伊比利亚半岛服役简直是耻辱。总之，无须怎样的远见就能断言法军被迫重新翻越比利牛斯山脉的时候已经不远。部队分散为许多隔开的师，没有布置全面的战斗计划，约瑟夫虽已回到马德里，听命于他的将领几乎一个都没有。虽然许多方面的真情还瞒着皇帝，关于1812年春季西班牙的局势他必不至于受骗。2月间拉古萨公爵坦率地报告他，没有大量人力和金钱的增援就不必指望有什么重大进展，因为罗得利戈和巴达霍斯两城已经落入英军之手。不久以后，法军在萨拉曼卡战役中败北，威灵顿进入马德里。

在他还希望表现得反对战争时，拿破仑同亚历山大举行的谈判极似那种并不妨碍我们取得所求结果的冗长对话。两国皇帝同样想要战争：一位目的在于巩固他的权力，另一位则希望从已经成为一种臣属身份的桎梏下解脱自己；因为要求俄国这样一个强国仅仅为了迎合法国的利益而对英国关闭其港口就几乎等于臣属了。这个时期只有两个欧洲国家不曾束缚在拿破仑的命运上——瑞典

---

① 指西班牙战场。

和土耳其。两国是紧贴俄国的近邻，拿破仑切望与之结盟。对于瑞典，他的努力是白费了；土耳其当时虽然事实上同俄国打仗，然而土耳其大君现在可不像塞巴斯蒂亚尼使团时那样处于法国影响之下。

俄国和土耳其不久便在布加勒斯特缔和，这使拿破仑甚为窘迫，他绝未料到这么一个结局。俄军左翼有土耳其的中立为之保障，又得到摩尔达维亚开来的巴格拉吉昂军团的增援。这个军团随即占据了别列津纳河右侧，而挽救当时已减少一半的法军免遭毁灭的最后一线希望就此破灭。难以想到的是，法国正以广大兵力进攻俄国的时候，土耳其怎么会因念及法国过去的伤害而结束对俄国的战争。土耳其人再没有比这更有利的时机来报复俄国，而竟坐失良机，这是拿破仑的不幸。

拿破仑对那个北欧国家也没有取得成功。他向那位王储提出的建议没有结果，虽然后者的命运是他造成的——又同他的家族有联姻关系——但他与其从未达到真正的谅解。亚历山大皇帝派了大军驻在芬兰，用于保护芬兰防御瑞典人——拿破仑同意占领芬兰，为的是换取亚历山大暂时同意入侵西班牙。拿破仑在同俄国作战，而想要瑞典脱离同亚历山大的同盟，他采取的是什么路线？他通知贝尔纳多特，有万无一失的机会可以收复芬兰——这次攻占芬兰是贝尔纳多特本人的光荣，能使其臣民满意，又是赢得他们归顺的可靠办法。拿破仑指望倚仗这个同盟迫使亚历山大把部队保持在帝国北部，甚至增加人数以掩护芬兰和圣彼得堡。拿破仑就是这样竭力把这位王储拉进他的联盟。拿破仑关心的不是贝尔纳多特能否继位。亚历山大皇帝不得不增加他在芬兰的部队，这就是拿破仑的全部愿望。法国同俄国即将进行的大规模搏斗中，微不足道的同盟都不容忽视。但是1812年1月，达武已经侵入瑞典所属的波美拉尼亚，未经宣战，也没有任何明显动机。这种意想不到的蹂躏领土难道就能使瑞典王储愿意参加向他提议的联盟，即使那个联盟并不违反他的国家的利益？那是不可能的，贝尔纳多特参加的一方是各方预料到的。他拒绝了拿破仑的建议，准备应付日后的事态发展。

亚历山大这方面很想把他的部队撤出芬兰，以便更有效地抵抗威胁他邦国的大军。他又不愿芬兰受到瑞典方面的进攻，便于1812年8月28日在阿博同王储会晤，目的是妥善安排并协调利益。我知道俄国皇帝答应贝尔纳多特，无论发生什么事也决不卷入同新朝廷命运攸关的纠纷中去；他保证后者的王位以及得到挪威作为失去芬兰的补偿。他甚至进而暗示，到头来后者不妨取代拿破仑。这些诺言产生了预期的效果。贝尔纳多特采纳了亚历山大的全部主张，从那时起瑞典支持反对拿破仑。

第四十章 征俄败归

　　一个经常热烈讨论的问题是：波拿巴着手他最后的战役之前是否已决定恢复波兰的独立。各种事实只能证明，波拿巴称帝后从未形成重建古老的波兰王国的明确意图，虽然称帝之前他完全相信这是必需的。他尽管说他要这么办，但是很抱歉，我认为也不能相信这是他的真正意图。

　　拿破仑来到波兰时，华沙议会因为相信皇帝的意见，便宣布王国的自由和独立。各项瓜分条约宣告为无效，议会倚仗拿破仑的支持，毫无问题是有权这样做的。但是议会上递皇帝的呈文，内中宣布了上述原则的，却没有被接受。他的复文含糊而无决断，他的动机也无可厚非。为确保同奥国联盟对付俄国，他刚向他岳父保证其领土完整。因此拿破仑宣布不参与任何妨碍奥地利领有的波兰各省区的运动或决议，他说，这些省区是帝国组成部分，不这样做就是使他脱离与奥国的同盟而把奥国推入俄国怀抱。至于俄属各波兰省区，拿破仑宣布他将考虑该怎么办，只要上帝保佑它们。

　　波拿巴的性格表现出许多绝对无法解释的不一致情形。虽然他也许是古今最实际的人，然而也再没有旁人更加屈服于幻想的魅力。在许多场合愿望和现实对于他是同一样东西。但是他从未有像莫斯科战役开始时那样耽迷于更大的幻想。俄国人焚烧他们的村镇似已足够证明他们想要引诱我军深入帝国的腹地。甚至在史册载明的最惨撤退造成的那些惨祸开始之前，凡是有见识的人都认为皇帝应在波兰度过1812—1813年的严冬，而到春季再开始他巨大的冒险事业。但是天生的急性子不知不觉地驱策他前进，他似乎处于一个比他自己的意志还要强的无形魔鬼的影响下；这个魔鬼就是野心。他深知时间的价值，却从未充分理解其威力以及推迟一步往往获得多大好处。然而他也该从他爱读的恺撒的

《回忆录》中得知，恺撒并非一战而攻占高卢的。莫斯科战役期间使拿破仑上当的另一错觉是，亚历山大皇帝看到他亲率大军深入俄国领土当会求和，这从过去的经验看来是多少可以谅解的。但是莫斯科的焚烧很快令他确信这是一场斩尽杀绝的战争。这位征服者久已惯于接受被击败的敌人的建议，这次却因为自己的建议第一次遭到拒绝而大大地讨了个没趣。波拿巴在莫斯科多留了些时日只能解释为他以为俄国政府会改变主意，同意议和。无论是否如此，拿破仑在逗留莫斯科许久而一无所获之后离开了那个已成废墟的城市，打算在波兰安营过冬，但是现在命运之神宣告反对他了，在那次可怖的撤退中，连天气也好像同俄军结伙来毁灭一个领袖所能指挥的最强大军队。若要在历史上找到能同别列津纳之战相比的大惨祸，我们只有回溯到瓦卢斯①的军团被消灭的情形。

巴黎虽然愁雾弥漫，有人忧伤，有人预兆不祥，可是那个帝都仍然保持平静，而由于机会凑巧，拿破仑撤出焚烧不息的莫斯科城那天，马莱发动了他不同寻常的冒险尝试。这位将军一贯标榜共和原则，是个精力充沛的人，他被拘禁一个时期以后，得到政府准许居住在巴黎一所医院的房舍里，位于宝座街垒附近。这个轻率的冒险家想出了推翻拿破仑帝国，建立一个大众形式政府的主意。但是，马莱有何势力，他怎样实现这个念头？如果他的政府维持三天，他将得到超出他预期的有利机会。他一口咬定说皇帝已在俄国阵亡，但是只要有信差从俄国到来就会揭穿马莱和他的说法。总之，他的冒险尝试是疯子的冒险。国家已被搅动得疲惫不堪，再不愿投入马莱和他的同伙、在莫罗审讯案中表现得十分卑鄙的拉奥列的怀抱。然而，虽然明明不可能成功，但必须承认，在这项愚蠢的阴谋开始时，还使用了相当机敏和灵巧的手法。

10月22日马莱逃出医院房舍，召请国民自卫军第十大队长苏立厄上校，他们的营房就在医院后面。至此一切顺利。马莱伪造了一大堆命令，全是他自己起草和签署的。他向苏立厄称自己名叫拉摩特将军，是马莱将军派来的。

苏立厄上校听到皇帝的死讯就落下眼泪，立即指令副官集合全大队并服从拉摩特将军的命令，他为自己健康欠佳不得不卧床而向拉摩特致歉。这时是凌晨二时，关于皇帝死讯和新的政府形式的伪造文件在灯光下向部队宣读。马莱然后带领一千二百人匆匆赶往拉福斯监狱去释出关押在其中的基达和拉奥列两

---

① 古罗马将领，奉派为日耳曼总督，公元9年率领三个军团渡过莱茵河东征，被日耳曼将领阿米尼斯全歼，为罗马人的重大损失。

位先生。马莱通知两人皇帝的死讯和政府已改组；对他们做了一些指示，指定他们在市政府同他会合。根据他的指令，警务大臣和巴黎警察总监在他们的宅邸被捕。

当时我在古贝伏阿，那天早上同往常一样去巴黎同警务大臣共进早餐。当我听门房说罗维戈公爵已经被捕并且解送拉福斯监狱时，我的惊骇是可想而知的。我还是进了屋子，听到说那个短命的大臣正在量他的新官服，不免大吃一惊，这种行为完全是阴谋分子特有的，我当即看透了事情的真相。

陆军大臣也被捕了，马莱亲自去警卫巴黎的于兰将军处。马莱对于兰说自己奉警务大臣之命来逮捕他，并封存了他的文件。于兰要求看看命令，而后进入他的办公室，马莱跟了进去；于兰刚要转身同他讲话时，马莱用手枪朝他脸上打了一枪。于兰倒下了。子弹打穿面颊，但创伤不是致命的。非常奇怪的是，马莱命令陪伴他到于兰处的上尉却没有参与这个行动，他似乎视此为当然之事，马莱又丝毫不动声色地前去杜塞副将处。恰巧一个警务督察在场，认出马莱是他自己监视下的人，就告诉马莱他无权擅离医院，命令立即逮捕马莱。马莱看出一切全完了，想从衣袋里掏出手枪，但这个举动被察觉，他同三名随从都被抓住并解除武装。这一非同寻常的阴谋就此告终，为此死去的达十四人，但马莱、基达和拉奥列不在内，其余的不过是些奉命行事的人，亦即受骗的人。

这个事件在巴黎没有发生什么轰动，因为冒险尝试及其结果几乎当时就为大家知道了。但是目击者一想到警务大臣和警察总监竟然会被前一天还是他们囚徒的那帮人囚禁就觉得太可笑了。第二天我去看萨瓦里，发现他被这非同寻常的冒险弄得精神恍惚，还没有恢复过来。他知道他虽然只被囚禁了半小时，却已成了巴黎人取笑的话题。

我已说过，皇帝离开莫斯科正是马莱发动大胆冒险那天，他听到这消息是在斯摩棱斯克。拿破仑接到包括巴黎发生的事情的文件时拉普在场。他告诉我拿破仑细读以后大为激动，把怒气发泄在警察的无能和玩忽职守上。他说："那么，难道已经到了这个地步了吗？我的政权就那么不牢靠，一个人就能造成危害，而他还是个囚犯？如果说在我自己的首都，三个冒险分子大胆一击就能动摇我的皇冠；那么我的皇冠在我头上就没戴稳。拉普，祸不单行；这是这里发生的事的最好终结。我不能到处分身。我必须回巴黎去，我到巴黎是重新发动公众舆论。我必须得到人员和金钱；几次重大的成功和胜利就能恢复一切；我必须出发了。"这些就是促使皇帝突然匆忙离开他的军队的动机。有人把他的离去归之于胆怯和畏惧，我听了不免气愤。拿破仑怎会是个懦夫！说这话的人一点不知道他的个性。他在危急之中镇定自若，再没有比在战场上更快乐的了。离开莫斯科时，拿破仑把他的残余军队托付给有经验的两名将帅照管——给缪拉和内伊。缪拉曾高明地指挥过骑兵，可是他却抛弃了军队回那不勒斯去了；而内伊与其封为莫斯科亲王，还不如称为莫斯科英雄，他的英名将在光荣史册上永垂不朽，正如他的死也将在派系斗争史上永存一样。在混乱中，欧仁要比其他头领更能在意大利籍士兵中维持纪律；引人注目的是，参与致命的莫斯科战役的南欧部队竟比很少见到阳光和煦天气的当地人更能忍受酷寒。

　　拿破仑从莫斯科归来也不像他从维也纳和提尔西特两战役归来那样头戴凯旋的荣冠，带回和平作为屡战屡胜的酬劳。从这时起，他在政府的各项措施上连合法性的外表都抛开了：他独揽专制权力，把他所处的危急状态作为充分的借口。但是不论皇帝用来获取人力物力的手段怎样无法解释，还须公正地承认，那是他政府体制的自然结果，他表现了几乎难以想象的活动精力来补偿他的损失，以使自己处于能够抵抗各方敌人、又能旗开得胜的地位。他的诏令还是全体遵行，可是谁能描述这些诏令在他广大的帝国造成的种种惨状？以巨大的牺牲获得补充兵员之后还要厉行征兵。举例而言，为了保护拿破仑一人而征召的荣誉卫队，每退役一人就要支出不下一万五千法郎。

　　可是，拿破仑虽然竭尽全力，俄罗斯战役的惨祸还是日益显现出来。普鲁士国王不敢公开宣布他拥护俄国的亦即他自己的目标，反而加入了法国一方，他的行为就暴露了他的怯弱。随后发生了拿破仑军中麦克唐纳元帅所辖普鲁士分队司令官约克将军的叛离。普鲁士国王无疑暗地里赞许约克将军的行为，表面上还是把他交付审判并判了刑，然而不久以后那位君王就亲自指挥叛离我军的部队了。普鲁士军的叛离产生了极为有害的后果。这无疑是我们德国各盟邦的意向讯号，也不难看出这次叛离还会有人起而效尤。拿破仑立即预见到这事是未来的致命征兆，因此召集了御前会议，出席的有各国务大臣和他家族中的一些高官。特·塔列朗先生、康巴塞雷斯以及参议院议长也到会。拿破仑征询道，在我国局势错综复杂的困难之中，最得当的是谈判和平还是准备新的战争？康巴塞雷斯和塔列朗的意见是赞成和平，这话拿破仑在败仗之后是绝对不肯听从的，但是特·费耳特公爵知道如何挑动拿破仑善感的心弦，说他认为皇帝如果同意放弃根据参议院法令并入帝国的哪怕最小的一个村落也是耻辱。这个意见得到采纳,战争继续下去。

同波拿巴最亲密地结盟的一些国家都脱离了他,这是他预料中的,奥地利效法普鲁士树立的先例,也没有落在最后。

在这些困难情况下,皇帝派路易·特·纳博纳伯爵去维也纳替换奥托先生,他对伯爵的才能和谈吐已经注意一个时期了;可是特·纳博纳先生的和平建议却没有被听从,奥地利哪肯放过这样一个安全报复的良机。

现在拿破仑看清了,既然奥地利也抛弃了他,不久全欧洲都将武装起来反对他。但连这也没能吓倒他。莱因同盟的有些王公依然忠于他;他的准备工作已完成,他提出再度亲自指挥奇迹般地重建起来的军队。出发之前,拿破仑指派玛丽·路易莎皇后为摄政,并设置一个摄政会议来协助她。

第四十一章　德国境内的战事

拿破仑的军队大部分在萨克森,他离开巴黎前去指挥军队以前,局部叛乱已在许多地方发生。他虽然已在旺代省建立了一座新城,命名为拿破仑市,还是有人提到旺代省的动乱。诚然,这些不过是含混其词的谣传,不能引起多大的注意,古老法国的内地仍然处于平静状态。在用武力并入帝国的各省区就远非如此,特别在北部和汉萨各镇市,由于我住在汉堡,我对汉萨各镇市总是感到最大的兴趣。俄罗斯和普鲁士部队沿易北河向下游进军的消息使威斯特伐利亚、汉诺威、梅克伦堡和波美拉尼亚普遍感到震动,到处都在趁我军的一再败北而行动起来,因此驻扎在柏林汉堡之间的法军,包括那些占领波罗的海沿岸的,全部退缩到汉堡。根据夸大到荒唐地步的报道,一个俄国军团已经迫近。于是立即下令撤退,于3月12日执行。卡拉·圣西尔将军无钱供养部队,就从市府财库自行解决。他率领他从海关服役中带出的部队和人员撤离汉堡。他由市卫队护送,市卫队保护他不受民众的侮辱。汉堡市民为摆脱了他们的贵客而由衷地高兴。这次撤退使得拿破仑生气,他在《箴言报》上刊登的一篇文章中谴责圣西尔将军胆小和经不起恐吓,后来他命令所有报刊转载此文。在公正的观察家看来,确实难于为圣西尔开脱,因为他如果消息灵通一些,不那么容易惊慌,他当可守住汉堡不让敌军占领,而如今必须两个月以后围攻汉堡才能逐出敌军。对这事的全部责难落在圣西尔将军身上,他实际上是被他那些不讲信义而又胆怯的幕僚出卖了。

到8月间,同奥地利的一切谈判均已破裂,不过奥国出自其一贯的虚伪政策,直到准备完竣、做出决定的一刻为止还是声言忠实于拿破仑的。但是如果说维也纳在施行其欺骗伎俩,杜伊勒里宫的政府又何尝不是愚蠢而昏聩呢?我们有理由指靠奥地利吗？奥国眼看俄军渡过维斯都拉河而远远进至萨勒河，一声抗议也没有。那个时刻，只要奥国一调动部队，有一个声明，本来可以防止这一切情况的。可是既然又牢靠又安全的干涉奥方都不愿干，那么目睹这种行为而不能理解的我国政府，我重复一遍，岂非已经愚蠢和昏聩到了万分离奇的程度了吗？

我又要转而叙述德国北部，特别是汉堡仍在遭受种种灾祸。汉堡以东十五里格有一个还在其区划以内的村落，叫作伯格道夫。在这个村落头一次见到哥萨克骑兵。太顿朋上校指挥的一千二百或者一千五百名哥萨克兵离开了相距约三十里格的俄军主力而来到此地，如果不是因为除了海关服役人员以外数达三千名的法军撤退，他们不至于试图进占汉堡；但是人人都一定记得很清楚，哥萨克兵这个名称会引起一阵恐怖之感。

3月17日下午四时，只有四十名的小股哥萨克兵占领了一个不久前还拥有十二万人口而繁盛兴旺的镇市，现在却由于同法兰西帝国联合而被毁坏，居民也减少到八万人。第二天即18日，太顿朋上校率领一千名哥萨克正规军开入汉堡。

直到三四天之后才注意到联军部队人数之少，甚至人数还在逐渐减少。哥萨克兵到达那天就有一个分队派往卢卑克，他们受到的欢迎同在汉堡一样。还有别的分队派往其余各地，占领四天之后，3月18日进入的包括二百名非正规军在内的一千二百名哥萨克兵，在汉堡只剩下了七十名。他们的司令官首先注意的是占领邮局和各公共机关的金库。所有法国政府及其代理人的动产都被没收和拍卖；军官们一接触私人财产就抓住不放，这是真正的哥萨克作风。

汉堡参议会恢复后存在的时间很短。不久就发现人民对法国政府表示憎恨的时机尚未成熟。汉萨各城镇的人民听了大为吃惊的是，皇帝正在准备大规模进攻德国，他在德国的对手不会不对推翻他的权威实行残酷报复。4月15日拿破仑离开巴黎之前，已在他的军旗下征召了十八万人，荣誉禁卫军还不在内，他凭这样一支部队和高超的指挥能力，就敢从事一场重大的赌博——还可能赢得这一局。

法军远远推进到哈堡，占据了他们在施瓦岑贝格河的阵地，控制了施瓦岑贝格小镇和河流，以及哈堡和汉堡之间河流上的许多岛屿。他们既是这个制高点的主人，就开始威胁汉堡，进攻哈堡。这几次攻击由旺达姆指挥，他是被攻占各国最害怕的一位我军将领。他是弗兰德斯的卡塞人,以不折不扣的严厉闻名。他进攻汉堡的时候,拿破仑在德累斯顿说到他:"如果我失掉旺达姆,只要能把他弄回来,我不惜任何代价;但是如果我有两个旺达姆,我会不得不枪毙一个。"千真万确,一个已经很够了。

哈堡同意投降时,达武正率领四万人在当地;法军于5月30日傍晚开入哈堡,好像仅仅换了岗那样悄悄地占领了各个岗哨。

6月18日公布了皇帝6月8日签署的诏令。为了赎叛乱之罪,向汉堡强征四千八百万法郎特别贡赋,也要求卢卑克捐献六百万法郎。向已经毁坏了的汉堡征收的这笔巨款,要在一个月的短期间分六股以现金或票据向巴黎各商行付清。如果不付或者拖延偿付,就将居民的全部动产和不动产拍卖。除此之外,汉堡的新任长官还索要谷物和各类食物、酒类、帆布、桅杆、松脂、大麻、铁、铜、钢——总之是陆军和海军补给方面一切有用的东西。但是在汉堡向个人强征这些财物时——在德累斯顿还侵犯了市民的自由甚至性命。6月15日拿破仑无疑是为虚妄的报告所蒙蔽,下令把汉堡居民中所有离城的人造出名册。他限令他们在两周以内返回家园,似乎这个短时期已够他们从避难地点回来。结果许多人过了期限还没有到。但是好像缺少牺牲者,而这个措施就是蓄意制造一些,同时又对每个家庭造成恐怖。但是,想出拘捕人质以惩罚离城那些人的恶毒念头可不是波拿巴想出来的。关于这点我完全可以证实。不论怎样,人质被拘捕了,宣布他们也要对四千八百万法郎贡赋的偿付负责。他们是从汉堡城里名望最高又最富裕的人士中挑选的,有的已届八十高龄。他们被解送到易北河左岸的哈堡古堡;这些过惯舒适生活的人在那里连生活必需品都被剥夺了,他们只能躺在草秸上。嗨,真该让朱文纳耳来痛斥这些滔天罪孽才是!卢卑克的人质则解送汉堡,抛在港口停泊的一艘旧船的甲板夹层中——完全模仿英国的囚犯船。7月24日公布了一道法令,发表在7月27日的《汉堡通讯》上。这道法令仅仅包括一张褫夺公权的人的名单,汉萨各镇市、汉诺威和威斯特伐利亚一些最富裕的人都在内,据说都犯了背叛法兰西的罪。

5月2日拿破仑打赢了卢岑战役。一星期后他到了德累斯顿,只停留了十天就去追击俄军,于19日在包岑追上。这一战连同随后两天的武岑之战和奥许克青之战,可以说是延续三天之久,足以证明是经过了剧烈搏斗。最后以拿破仑取胜告终,不过他和法国都为这个优胜付出了昂贵代价。克许纳将军正同迪罗克说话时，被一发炮弹击毙，迪罗克腹部也受了致命重伤。

现在已到了奥地利表明是否有意背叛拿破仑的目标的时候。奥国的全部友好表示只限于提出干预同俄国的公开谈判。因此6月4日于普列斯维兹缔结了休战协定。协定规定休战到7月8日为止，后来又延长到8月10日。

《普列斯维兹休战协定》缔结以后的第一批建议决定在布拉格召集大会。当时报道，联军方面要求恢复1805年以后亦即乌尔姆战役以后丧失的一切领土。这个要求包括了已经成为法国省区的荷兰及汉萨各城镇。但即使那时，我国也还能保留莱因地区、比利时、皮蒙特、尼斯和萨伏依。这项建议看似合理，却是不切实际的，因为这取决于一个永远不同意回到这种状态的人。维多利亚之战使整个西班牙落入英军手中，絮歇退向埃布罗河，以及担心看到在西班牙的军队被歼灭，这一切已足够使那些顾问改变主意，他们从不敢身历战场的险境，却还主张继续战争。正当此时莫罗将军来到了，据说是应贝尔纳多特之请来的。但这话不确实，也不大可能。莫罗被报复拿破仑的心愿驱使，他在这里没求到荣耀，却找到了死地。

第四十二章 莱比锡战败

　　7月末布拉格会议的议程比集会之初仍无任何进展。皇帝远没能为法兰西国家保持和平的前景，却往美因兹去了；皇后也去美因兹会见他，于皇帝离去后随即返回巴黎。休战状态没有延长，于规定的期限8月17日那天自动告终。会议破裂后立即发生了一件致命的事。当天奥地利宣告把部队加入联军，奥国想从战争中获利，正如从前想从结盟中获利一样。这一悲惨的战役揭开之初，若米尼投奔了敌军。若米尼属于不幸的内伊元帅的幕僚，内伊刚开始以他具备的能力执行接奉的命令。公众舆论已经宣告若米尼的行为，他于危急的关头脱离我军，这完全是为了谋取他个人的利益。

　　第一次交锋是德累斯顿之战，发生在停战破裂后七天，旺达姆战败，德累斯顿的胜利化为乌有。莫罗也在德累斯顿战死。巴伐利亚在没有法国部队驻扎的时候也揭开了假面具，投向我国的敌人。10月间打响了莱比锡之战，其失败决定了法国的命运。唯一忠实于我方的萨克森军也在战斗期间倒向敌军。在这一战中，波尼亚托夫斯基亲王于试图渡过埃耳斯特河时阵亡，这是我方不幸的前兆。

　　我将趁此机会叙述我所知道的两个值得深切惋惜的人——迪罗克和波尼亚托夫斯基——战死的情况。拿破仑哀悼迪罗克，并非出于真实感情，而是因为意识到他对自己大有用处。皇帝家室以及其他帝国机关令人钦佩的秩序井然完全归功于他。仅次于迪罗克的波尼亚托夫斯基之死，在1813年战役中激起公众最大的同情。约瑟夫·波尼亚托夫斯基是波兰国王斯坦尼斯劳斯·奥古斯都的外甥，1763年5月7日生于华沙，参加过莱比锡之战。他原已晋升至法国元帅的等级。

五十万人鏖战在三平方里格地面上的莱比锡战役之后，撤退已必不可免。因此拿破仑在莱比锡同他从德累斯顿带来的萨克森国王及其家族告别。然后皇帝向麇集在萨克森国王下榻的市场上的群众高声呼喊："再见了，萨克森人。"他几经周折，绕过许多弯路才抵达仑斯达特郊区，从通向埃耳斯特河桥和林德瑙的仑斯达特城门离开莱比锡。桥梁在他经过后当即炸毁，完全切断了还在埃耳斯特河左岸的部分军队的退路，使他们落入敌军之手。有人指控拿破仑下令在自己过桥后立即炸毁桥梁，以确保自身的撤退，因为他受到敌军尾追甚急的威胁。这并非事实。通过埃耳斯特河桥之前，拿破仑已指令波尼亚托夫斯基会同麦克唐纳元帅掩护撤退，并保卫距波纳大路最近的莱比锡郊区。他只有两千波兰籍步兵来执行这些命令。他处于这种绝境：眼看法军各路纵队全面撤退，桥梁已被他们的大炮和车辆完全阻塞，再也无法通过了。于是他抽出佩剑转向近旁的军官高呼："就在这里，我的朋友们，我们必须光荣地倒下！"他率领一小队胸甲骑兵和波兰军官冲向联军队伍。这次战斗中他左臂中了一弹；他已在14日和16日受过伤。他还是不顾一切向前冲，但是发现郊区充满了联军部队；他在敌军中间杀开一条路，又一处负伤。于是他跳入埃耳斯特河前面的普赖塞河，在他的军官的帮助下达到对岸，战马却落在河中了。他虽已筋疲力尽，还是跨上另一匹马，通过位于岸边的赖歇巴哈先生的花园而到达埃耳斯特河。时机紧迫——他的部队大部分沉溺在普赖塞河与埃耳斯特河中。亲王不顾埃耳斯特河那一段河岸之陡峭和身负重伤，涌身入河，连人带马以及效法他的几名军官都被河流吞没；麦克唐纳元帅侥幸逃脱。五天后一个渔人从水中捞起亲王的尸体。10月26日以与死者级别相称的荣典把遗体暂时寄放在莱比锡公墓。一块朴素的石碑标示出亲王尸体从河里捞出的地点。亲王遗体做了防腐处理后，于次年运往华沙；1816年经亚历山大皇帝批准安葬在大教堂里，与波兰历代国王和伟人相邻。著名的托瓦耳生①受委托为他的墓制作墓碑。波尼亚托夫斯基没有留下后嗣，只有一个1790年出世的私生子。因此，那个王族只剩下一位1754年出生的斯坦尼斯劳斯国王的旁系子孙了。

　　莱比锡惨祸以后，战争恢复，联盟各国决定只有在拿破仑本人的都城才与他谈判，正如他两年以前除了在维也纳拒绝同奥地利皇帝谈判那样。现在奥皇

---

① 1768—1844年，丹麦雕塑家。

完全抛弃了假面具，向皇帝宣告将与俄罗斯和普鲁士同心协力对付他。奥皇在宣言里为此事举出的理由是够奇怪的，说是反对他的敌人越多，迫使他接受恢复欧洲迫切需要的平静的机会越大。这个宣言对奥地利方面是件非同小可的事情，因为这时奥国已征集起一支二十五万人的军队；莱因同盟有十五万人；总之，包括瑞典人与荷兰人、西班牙与荷兰的英国部队、抛弃了我国的丹麦人，以及因我军的一再败北恢复了勇气与希望的西班牙人和葡萄牙人——拿破仑已树立了上百万的敌人来反对他。敌人之中还有缪拉带头的那不勒斯兵！

  1813年11月对拿破仑的命运是悲惨的。各处的法军都被击退，逐回莱因河，而四面八方的联军部队也都向莱因河挺进。我久已看准帝国的崩溃已成定局，并非因为各外国君主已决意要毁灭帝国，而是由于我看出拿破仑不可能面对整个欧洲防卫自身；也因为我知道无论他的命运怎样绝望，什么力量也不能劝说他同意他认为是耻辱的条件。这个时期天天都发生新的叛离。连法国的天然盟友巴伐利亚——皇帝于第二次维也纳战役开始时将他们引导到胜利的，他们可说是他在战场上收留的——现在也反对我国了，而且表现为我国敌人中怨仇最深的一个。

  莱比锡之战给拿破仑造成灾难深重的后果，在那一战之前他已感到必须要求法国再次征召队伍——好像法国人是无穷无尽似的。他指令摄政皇后提出这项要求，皇后因而兴冲冲地前往参议院，但是如今帝国的荣耀已趋衰落。玛丽·路易莎征集到二十八万人，他们刚一入伍就在激烈的战争中牺牲了。巴伐利亚军的背叛给在莱比锡战役后残余的部队增加了困难。他们赶在我们之前去到距法兰克福四里格的哈瑙镇布防，目的是要切断我军退路；但是法军鼓起勇气，很快攻下了这个小镇，巴伐利亚军被击退，损失重大。法军这才到达美因兹，但已溃不成军，丧胆落魄，由于疲劳和饥饿而筋疲力尽——一句话，由于过分悲惨而可说是变得禽兽一般了。他们抵达美因兹时，没有为接待他们做任何准备，没有食物和补给，更不幸的是，士兵中间发生了传染病。我接到他们司令官的几封来信，不约而同地说他们的处境是再可怕没有了。

  不过，不算逃脱了莱比锡惨祸和病魔为虐的四散残兵败卒，也不包括10月间参议院应玛丽·路易莎的要求而同意征召的二十八万人，皇帝仍然拥有精锐部队十二万人；但是他们在敌后，散布在易北河沿岸，或者封闭在诸如但泽、汉堡、托尔高和斯盘道那样的要塞内。所以，我军处境之恐怖就在于此，一方面我们下不了决心抛弃他们，另一方面又无法援助他们。在法国，普遍的呼声是要和平，不惜任何代价求得和平。10月份征兵以后不到一个月，又征召了三十万人，到此时法国才充分理解它遭受的创伤有多么深切和严重。在这种情况下，甚至可以肯定说，1813年对于拿破仑是比1812年更加致命的一年。他自身的活动和法国的牺牲能够补偿莫斯科的惨祸，而莱比锡的惨祸是无法补偿的。

莱比锡战役使法国第二次丧失了一支劲旅，这次战役之后，结盟反对拿破仑的所有国家于11月9日在法兰克福宣布，他们永不破坏把他们联合起来的盟约；此后要坚持的不仅是大陆上的和平而且是普遍和平。不以普遍和平为目标的任何谈判都予拒绝。联盟各国还宣告，法国应以下列天然边界为满足：莱因河、阿尔卑斯山脉和比利牛斯山脉。

这些提议中有，德国、意大利和西班牙须完全退出法国版图。英国承认贸易和航海自由并宣称愿意做出极大牺牲以促成联盟各国达到所提出的目标，看来其诚意是没有理由怀疑的。但是这些提议中附加了一个致命的条件，即各国大会要在莱因河右岸一个宣布中立的市镇召集，交战各国的全权代表在那里会集——但是"这些谈判不得妨碍战争的进程"。

仍任外交大臣的特·巴萨诺公爵奉拿破仑之命答复联盟各国提出的召开全体大会的建议，声称皇帝同意他们的意见，希望选定曼海姆为中立镇市。现在我们要察看最初几次谈判没有结果的原因。10月间联盟各国推翻了称为法兰西帝国的庞然巨厦。他们乘胜进抵莱因河畔时，宣称他们不想攻城略地，说明了他们的意图，并且宣布了他们不可动摇的决心。联盟各国的宣言使得法国政府表示了和平意图。拿破仑希望他的臣民表示明显的和平愿望，用我的话来说是：有必要再做出新的牺牲。按照他所宣告的，他要求新的牺牲是使他能够以尽可能体面的条件求得和平。但真相是这样，他甚至决心不去理会在法兰克福提出的建议。他一再表示莱因河界限只是瓜分波兰和英国在亚洲扩充领地的补偿。但他的真正目标是赢得时间，可能的话把联军遏止在莱因河右岸。

全国已经厌倦战争；一次又一次的征兵已把征召制度转变为一种压榨。乡间的劳力和城镇的工匠同样被迫离开他们的职业。百姓大胆地表示了对政府措施的不满。然而，只要皇帝以后能把他的意向局限于法国，他们还是情愿做最后一次努力。拿破仑派科兰古去联军总部，但那仅是为了赢得时间，使人相信他是倾向和平。

联盟各国已经得知拿破仑正在大量征召部队，也深悉法国的民情状态，遂发表了著名的《致法国人民宣言》。宣言流传极广，可以看作是使百姓信任各国政府种种诺言的重要一课。

信守这些诺言的诚意可从《巴黎条约》来判断。与此同时，对于那些仍然忠于拿破仑的人，宣言促使他们脱离他，因为他们相信了联盟各国的宣言，把拿破仑看作是法国热切盼望的和平的唯一障碍。征集部队也是徒然——军队所必需的一切全都没有。皇帝从杜伊勒里宫马香楼阁的地窖和陈列室聚积的无数财宝中，抽取三千万法郎来支付最紧急的需求。这三千万法郎在拿破仑方面是个慷慨的牺牲，不久就耗尽了。

现在我已叙及拿破仑经历中最危急的关头。如果他曾把兴起过程中的荣耀同他命运衰落期间的阴暗画面做一对比，当作何感想！我们把波拿巴带给督政府的焕发出青春和胜利红光的意大利方面军军旗，同那些低垂的鹰旗相比较，那对比是多么令人信服：现在被迫保卫其老巢的兀鹰曾屡次飞出老巢在全欧洲上空伸展其凯旋之翅！自由同专制权力的区别在此表现得多么触目惊心！拿破仑本是自由的产儿，他的一切全得自自由，却已不认他的母亲，如今即将倒台了。意大利人民于战败后自我安慰，并且顺从共和国军到来后的威力时，那种光荣的胜利是一去不复返了。现在恰恰相反，为了从暴君的枷锁中解放自己，欧洲各国都已武装起来准备侵入法兰西的神圣国土。

我已多次叙及不幸的城市汉堡的苦难，但那些仅仅是汉堡还将遭受的灾难的前奏。1813年战役中，联军把法军逐出萨克森并迫使他们向莱茵河退却之后就围攻汉堡，而达武带领三万守军被关闭在城内，下定决心变汉堡为第二个萨拉戈萨。从9月起已在易北河左岸迅速推进的联军部队，人数每天都在增加。达武以十分广泛的规模努力在汉堡设防，根据经验最丰富的军人的见解，这就需要六万守军才能在旷日持久的围攻中守住城市。围攻开始的时候，达武丧失了旺达姆。他在率领一个人数众多的军团出击时阵亡，军团被消灭了，大部分人做了俘虏。说句公道话，达武在其错误而不起作用的防御计划中表现了很大的活动能力；他开始时贮存了大量补给物资，并且雇用一万五千多人修筑城防工事。贝特朗将军奉命构筑一座桥梁，把易北河中的两岛同陆地连接起来，成为汉堡和哈堡之间的通道，总长约达二里格。这座桥梁要用木材建造，达武没收了所有的贮木场来供应建筑材料。桥梁在八十三天后竣工，是一座非常壮观的建筑；两岛上的连接线除外全长2529英寻。

居民受到各式各样的压榨，但是法军为守住这个地方而采用的一切残酷手段都无济于事。联军大举推进，占领了威斯特伐利亚，迫使达武把散布在汉堡附近的各个分队撤回汉堡。12月份粮食开始缺少而且不可能恢复供应。穷人首先被迫离城，随后是所有闲散的人。由此流亡的人数估计为五万左右。在12月末的一个寒夜，寒暑表在—8℃到—11℃之间，百姓不分男女老幼都被拖下床来送出城外，残酷到极点的是，还强迫他们的同乡护送。已经证实，有若干老人在这次迁移中死去。幸存的人被丢弃在阿顿纳城门外；他们在阿顿纳倒是全部得到庇护和帮助。以上便是对多年来处在痛苦和残酷的压迫下的这个不幸城市的简述。

第四十三章　缪拉叛离

　　意大利的事态以及欧仁副王的主要事件现在需要加以注意，所以我要稍稍变动时间顺序，而把得自真实来源的关于欧仁的某些详情呈奉给读者。

　　1812年战役以后，欧仁重返意大利，当即听说奥地利对法国的态度相当可疑。因此他赶紧组织一支受皇帝委托足以保卫这个国家的军队。拿破仑深知意大利北部边境驻扎一支强大军队的好处，万一奥地利扯下覆盖在其政策上的透明幕罩就可用这支军队来骚扰奥国。欧仁为实现皇帝的意图而做了所有工作，但是他虽然尽了一切努力，若把实有人数同名册上的人数做比较，就知道意大利方面军毕竟只是一支徒有虚名的军队。1813年7月间，副王得知在布拉格召集的会议上进行的谈判时断时续，他再不怀疑战事即将复起，并预见到意大利将遭到攻击，便决定尽速开赴奥地利边境。他竭尽全力也只召集到一支约有四万五千名步兵和五千名骑兵的军队，其中有法国人和意大利人。战事复起时，副王的总部正在乌迪讷。直到1814年4月，他都能维持凛然不可侵犯的架势，并以出色的军事才干保卫住他王国的大门。这种才干正是在拿破仑的伟大学校里教育出来的，他是全军最出色的将领之一。

　　在1813年发生许多重大的不幸事件期间，公众全神贯注于德国和莱因河，对意大利的事态很少感兴趣，直到缪拉叛变，注意力才转向意大利。最初，这个事实谁都难以置信，拿破仑尤其愤怒到极点。约在同一时期另一叛变事件使欧仁深为懊恼，因为他虽然晋升到亲王等级，几乎是个君主，但还是个人，而且是个杰出的人。他同巴伐利亚的阿米利亚公主成婚，公主的和蔼可亲与受人爱戴不亚于他本人。所以他对于把岳父的子民当作敌人并可能与之作战深感遗憾。欧仁生怕在提罗耳方面受到巴伐利亚军的袭击，于1813年秋开始了后撤行动。他第一步退到塔利亚曼托河，继而退至阿迪杰河。欧仁虽然悉心照料部队，意大利方面军退到阿迪杰河时还是大大减员。约于 11 月末，欧仁得悉一个那不勒斯军团正向上意大利推进，一部分朝向罗马，另一部朝向安科纳。那不勒斯国王的目的是利用欧洲的局势获利，事实上，对他叛变酬劳的许诺欺骗了他。缪拉似乎奉行了奥地利的欺骗政策，因为他不仅决定参加联盟，而且实际上在他向拿破仑表示忠诚的同时又同英国和奥地利勾结。

皇帝首次由副王获知缪拉叛变时，拒不相信；他向左右的人嚷道："不，这不可能。缪拉——我把妹妹嫁给他的！缪拉——我把王位赐给他的。欧仁必定是报错了。缪拉不可能宣布反对我的。"然而这不仅可能，而且是确实的。缪拉逐渐把隐藏他真实意图的假面具抛在一边，他似乎倾向于恢复意大利在 15 世纪和 16 世纪的政策，当时意大利各邦政府认为欺骗伎俩是至上的天才。他不经宣战就指派一名将领带领五千人占领罗马，并担任罗马各邦的最高司令官。指挥在罗马法国部队的米奥立斯将军只能带领他那点兵力投入圣安吉罗古堡，那就是著名的哈德良城堡，内中多年保存西克斯达斯五世的珍宝；这位法国将军马上就被那不勒斯部队封锁，同时被封锁的还有契维达·维几亚和安科纳。

缪拉同奥地利缔结的条约于 1814 年 1 月 11 日签字。副王一听说此事就肯定不久即将同那不勒斯军交战，被迫放弃阿迪杰河防线，因为那不勒斯军队在他右翼的后背。他因此下令驻扎在明乔河对岸的军队实行后撤行动。2 月 8 日欧仁亲王就在这个阵地上同赶上他的奥地利军交战；明乔河之捷把奥军的入侵及其同那不勒斯军的会合阻挡了若干时日。八天以后缪拉才正式向皇帝宣战，若干将领和高级军官以及大量法国部队立即抛弃他的军役而回到副王的总部。缪拉千方百计留住他们；可是他们向他表示，他既已向法国宣战，爱国的法国人谁也不愿继续为他服役。副王接奉拿破仑陆军大臣的正式通知以及所附的皇帝诏令，召回在若阿基姆·缪拉手下服役的所有法国人，宣称凡是手执武器被俘的都将作为叛国分子受到军法审判。2 月 1 日欧仁发表宣言号召所有真正的法国人脱离缪拉的军役，多数法国人确已脱离了。开始时缪拉取得优胜，这是无可争辩的。他的部队几乎立即占领了里窝那和安科纳卫城，法军被迫撤出托斯卡纳。

我再转到 1813 年末法国的事态，前景并不比阿尔卑斯山另一面更令人高兴。缪拉的叛变毁灭了波拿巴一个宏大的计划，那就是缪拉和欧仁让他们的联合部队向联军后方进军，而他则在法国国土上抵抗入侵军队，多方设置障碍来阻挠他们推进。那不勒斯国王和意大利副王要向维也纳进军，在奥地利的盟国五十万之众加紧步伐趋向巴黎的时候，在他们玷污法国首都之前先使奥地利在其首都的心脏颤抖。我听到这个不过是一时梦想的宏大计划时，立即认出了那锐利的目光，那在重大灾难之中发现重大措施的力量，那是稀世天才的真正标志，这在拿破仑是显而易见、超群出众的。

但是现在他的一切资源都已耗尽，哪怕是以昂贵代价换取的胜利，也必定已经表明对他是致命的；而在法国，执政府政权产生的辉煌幻想已被新的希望所取代。现在他方才能够充分玩味约瑟芬对他的忠告所包含的智慧了——"波拿巴，我恳求你不要自立为王！"诚然，拿破仑现在还是皇帝，但是他虽曾把和平条约强加给全欧洲，造成的祸患不比缔和之前的战争为轻，现在却连休战都得不到，科兰古被派往联军军营去商谈休战，在吕内维尔白白等候了二十天才获准通过入侵军的前哨岗位。

1814年1月过半，法国已有三分之一国土被侵入，有人建议组成新的各国大会，在塞纳河上的夏蒂荣举行。拿破仑的处境日益恶化。有人劝他在帝国内部寻求资源，让他回想大革命之初十四个军像魔术那样奋起保卫法国的往事。

这个时候，雅各宾党人愿意尽一切努力挽救他；但是要求以他们自己的方式，允许他们激发一种革命情绪而不受阻挠。在可恨和无可容忍的审查制度控制之下的新闻界，要全部归他们掌握。我叙说的这些事实并非出于谣传，在我偶得机会参加的两个会议上提出了雅各宾党人的一些计划，这些计划受到相当广泛的支持，因为被认为是会成功的。可是皇帝那帮不祥的顾问深知他痛恨新闻自由和蔑视人民的威力！我离开汉堡以后虽然不曾见过拿破仑，然而我确知他对雅各宾党人的感情，深信他很快就将嫌恶厌弃而甩开他们。我没有想错。他对他们的效劳所索要的代价感到气愤，嚷道："这太过分了！靠打仗我还有机会得救；可是同这些狂妄的蠢汉就没有这种机会：九三年的那些煽动原则同君主政体之间，疯子的俱乐部同正规的内阁之间，革命法庭同确立的法律之间毫无共同之处。哪怕我命定要失败，我也不能把我从革命党人手中解放出来的法国再传给他们。"

这些真是金玉之言；拿破仑想出一个崇高的真正本国的方式来避免正在威

胁他的危险。他下令征集委托蒙塞元帅指挥的巴黎国民自卫军入伍。皇帝别无更好的选择了；但是国民自卫军军部是隐蔽的密谋的中心，考虑的不是保卫巴黎而是想利用拿破仑被推翻从中获利。我被授予自卫军的上尉，于1月21日随同其他军官奉召前去杜伊勒里宫，皇帝将于次日出发去同侵入他帝国的军队战斗，在此之前同他们告别。我们被带到宫廷一座堂皇的大厅，当年我是这里的常客。拿破仑偕同皇后进入；他以庄严的气派由他未满三岁的儿子用手引着前进。我多年没有就近看到他了。他变得肥胖臃肿，我注意到他苍白的脸色上有种忧郁烦躁的表情。他颈部肌肉习惯性的抽搐更容易看出，也比从前更频繁了。我即使绞尽脑汁也形容不出我在这个仪式上的感触；我在这种情况下重又见到我青年时代的朋友，他原已成了欧洲的主子，而现在在他众多敌人的威力之下正面临灭顶之灾。在这庄严感人的仪式上有种忧郁的气氛。在人数这么多的集会上我绝少目睹这么深沉的沉默。最后，拿破仑以他在意大利或埃及向部队发表长篇热情讲话时惯用的坚定洪亮声调向我们发表演说，但当年使他容光焕发的自信气度已经不见了，演说中有一段是："诸位先生，国民自卫军的各位军官！看到你们在我周围，我很高兴。今晚我要出发前去指挥军队。我离开首都时，放心地留下我的妻子和各种希望所寄托的我的儿子。我把珍爱仅次于法国的一切全留给你们忠诚守卫。托付给你们照料了。"我留神倾听拿破仑的演说，他虽然说得很坚决，可又像真的又像装作动了感情。不论在他这感情真挚与否，在场的许多人都感动了；至于我自己，我承认我被他讲的这话深深打动了："我留下我的妻子和我的儿子。"当时我两眼盯着那孩子，他引起我的兴趣不是因为他的豪华和即将受到的种种不幸。我在这个有趣的孩童身上看到的不是罗马国王，而是我老朋友的儿子。我不免把我这时的情绪同十四年前我们迁入杜伊勒里宫时的感觉做一对比。这中间过往的是一个个怎样的时代啊！那些惯于比较日期的人当会感到奇怪，继承路易十六的拿破仑，由于同玛丽·安托瓦内特的外甥女结婚而成为那位君王的外甥女婿，二十五年来历经恐怖、耻辱、希望、荣耀和不幸，辞别巴黎国民自卫军的那天，正是1月21日，路易十六在二十五年前受刑的日子。

第四十四章 联军进入巴黎

这时，一个大会在塞纳河上的夏蒂荣开幕了，到会的有法国方面的特·维琴察公爵；英国代表阿伯丁、卡斯卡特和斯图亚特三位勋爵；俄国方面的拉佐莫夫斯基伯爵；代表奥地利的施塔迪翁伯爵；还有代表普鲁士的洪堡伯爵。大会开幕以前，特·维琴察公爵遵照皇帝诏令要求休战，这在谈判和平时几乎总是准许的；但现在已嫌太迟，联盟各国早已决定不去理会任何这类要求。过去的情况教训他们决心在谈判进行期间继续军事行动，他们还要求和平，提议立即签字。但这些不是法兰克福会议的主张。联盟各国确立旧日法兰西君主国的界限作为基础。他们认为凭他们的成功和地位有权提出这点。

为了公正估价拿破仑在这几次谈判过程中的行为，特别需要记住他天赐的躯体以及那个躯体在他一生早期产生的各种观念。如果以适当的注意和公正态度考察一下他在位的末期最后几次谈判，则他倒台的原因在于他的个性就很明显了。我不能置身于那些佞臣之列，他们归咎于他左右的人士经常劝说他反对和平，他是自欺和无限嗜好名声的牺牲者，至少在这个时期，他谁也不能怪，只能责怪他自己。

联盟各国的全权代表确信，拿破仑方面再次造成的困难和提出的要求目的无非是争取时间，宣称联盟各国忠实于他们的原则，并遵守他们前此各项宣言，认为夏蒂荣的谈判已被法国政府中止。会议这次破裂是在 3 月 19 日，即联盟各国递交最后通牒六天以后，最后通牒起先只限二十四小时以内签字。于是这些旷日持久讨论的结果只有留待战争去决定了，而这对于被全欧洲的武装列队对付的人是不甚有利的。联军在夏蒂荣会议期间的一再胜利为他们打开了通往巴黎的道路，而拿破仑这时不顾亟须，拒绝签署他自己的耻辱文件。他的毁灭只能归咎于这情绪,而他可以说:"丧失一切而保住了荣誉!"他的荣耀是不朽的。

法兰西战役迫使拿破仑采用一种对于他是新奇的作战制度。他习惯于攻击,现在却被迫依靠防御,所以不能执行事先制订的计划,像他在杜伊勒里宫的办公室里向我指出马伦哥战场那样,如今他的行动全得根据他众多的敌人的行动而定。皇帝抵达马纳河畔夏龙时,普鲁士军正沿洛林大道推进,被他在圣迪济埃以东击退。这时奥地利——俄罗斯大军已在蒙特罗渡过塞纳河及荣纳河;甚至派出一个军团远远进抵枫丹白露。这时拿破仑向右行动,以便击退有向巴黎挺进之虞的部队;十分凑巧的是,他赶上部队的地点就是他度过少年时期,耽溺于荒诞无稽未来的那些狂热梦幻的旧地。他看到自己以皇帝兼国王的身份率领一支仍然强大的军队来到他屡次参拜的特·布里恩伯爵的别墅时,心里会涌现怎样的思绪和回忆啊。三十四年前他正是在布里恩对我说:"我一定要尽我所能来危害你们这个法兰西国家。"从那时以来他的想法必定已经改变;但是不妨说,命运之神一定要强使这个人不由自主地实现那个孩童的目的。拿破仑作为战胜者重访布里恩之后不久就被击退,匆匆走向每时每刻都在临近他的覆灭。

我认为必须简短地描述从拿破仑离开巴黎时起到联军进入首都为止他的非凡活动。但是我军将领和法国军队在这命运的重大逆转中所争得的那种无上光荣,是那些成功的战役也未必能够与之相比的。因为战胜和光荣地倒下都是可能的,而荣誉本身却失去了。战争的机遇已不容置疑,但是人数众多的联军必定料想不到如此持久而辉煌的抵抗。不久军事行动的现场已经非常迫近巴黎,大家便不难得到军事消息,皇帝这方面一有什么新的胜利消息,他那一派人就看成敌军已被逐出法国领土。我深知联盟各国君主的决心和实力,因此一刻也没有上这种妄想的当。此外,在这个灭绝性战争中事态是那么迅速多变,以至荣誉军人院的炮声宣告一次胜仗以后,往往立刻有标示敌军迫近首都的远方大炮轰鸣声随之而来。

皇帝于1月25日离开巴黎,这时俄奥两国皇帝和普鲁士国王正会聚在朗格勒。拿破仑重新会合他的禁卫军是在维特里——勒——法兰西。他离开的第二天逐出了面前的普鲁士军,迫使他们撤出圣迪济埃。在此以后两天打了布里恩战役,到2月1日,七万至八万法军同联军部队正面交锋。这一次双方司令官都招致了重大的人身危险，因为拿破仑的一匹坐骑被击毙，而一个哥萨克兵在布吕歇尔元帅身旁倒下死去。

这次重要战斗之后不久，拿破仑进入特卢瓦，在那里停留很短时候就前往尚波贝尔，在这里打了尚波贝尔之战。俄军战败，阿耳苏菲耶夫将军被俘，两千名士兵和三十门大炮落入战胜者之手。俘虏被押送到巴黎去作为皇帝战胜的证明。这一战发生在2月10日，这个时期可以毫不夸张地说，法国军队每天都要打一仗，往往是在不同地点。尚波贝尔战役之后，皇帝对他的处境抱有这样的妄想，以致同贝尔蒂埃、马尔蒙和他的俘虏阿耳苏菲耶夫将军以及其他数人共进晚餐时，他说："诸位先生，再一个这样的胜仗，我将在维斯都拉河上了。"看到没有人作答，又从各元帅的脸色上察觉他们不抱他那种希望，他又说："我知道怎么回事了。人人都已厌倦了战争；一点热情也没有了。圣火已经熄灭。"然后他从桌旁起身，走到德鲁埃将军身旁，目的显然是要夸奖他一番，这不啻是同时表示对其他元帅的谴责。"将军，"他拍拍德鲁埃的肩头说，"我们难道不是只要有百来个像你这样的人就能保证胜利了吗？"德鲁埃以同样的镇定和谦逊答道："不如说是十万个，陛下。"这则趣闻很能说明拿破仑的特色，是当时在座的两个主要人物告诉我的。

但是这时拿破仑除了战争的命运以外开始另有焦虑的事情了。他不是不知道，2月初以来，昂古莱姆伯爵已经抵达圣尚特卢兹，他在那里以他叔父路易十八的名义发表了对法国各军的宣言；他也很快听说阿图瓦伯爵已于2月21日抵达维索耳，直到3月16日才离开。

这时战事正在广阔的战线上持续进行。我军士兵可算在这些战斗中争得了光荣，可是有什么用！但是密集成群的敌军不顾这种奇迹般的勇敢，依然向一个中心地点接近，因此这种战争大可比之为阿尔卑斯山间兀鹰同大乌鸦群的搏斗。兀鹰杀死了成百的大乌鸦，鹰喙每一啄都制敌于死命，可是大乌鸦仍然回头冲锋，猛攻兀鹰，直至兀鹰被进攻乌鸦的数量优势压倒为止。

2月末，联军在几个地点后撤——但他们的后撤并非溃退。遭到几次挫折后，他们井然有序地撤退，退到奥布河后面集合，获得每天来到的大量增援，不久便能恢复攻势。

拿破仑还要继续使欧洲震惊，欧洲实际上已结成联盟来反对他。3月7日在克拉纳，他在一次剧烈的战斗中消灭了布吕歇尔的军团，但是战胜者也遭受重大伤亡才获得胜利。维克托元帅以及格鲁希和费里埃两将军都受了重伤。

3月下旬对于拿破仑不过是相继而来的不幸而已。3月23日法军后卫遭受重大损失。后卫遭到攻击在拿破仑听来确实是刺耳的,他的前锋曾屡次把他的大军引导到胜利。施瓦岑贝格亲王不久就渡过奥布河向维特里和夏龙进发。拿破仑为能保卫巴黎,以雄鹰般的敏捷经过杜勒旺和奥布河岸巴尔扑向施瓦岑贝格的后方,他把前锋推进到肖蒙,在那里看到奥军采取行动,他以为是撤退——但并非如此。军事行动是朝向巴黎的,而再次占领马纳河上夏龙的布吕歇尔则前来会合施瓦岑贝格亲王;拿破仑想要切断他们的退路,自己反被截断而不得回师巴黎。于是一切都取决于巴黎保卫战了,或者正确点说,只有牺牲首都才能把现在即将消失的帝国的影子延长数日。26日打了费尔·尚佩努瓦兹之战,勇敢斗不过人数众多,马尔蒙和莫蒂埃两元帅遭受惨重伤亡后,不得不退往塞赞纳。

3月26日,我请求读者注意这个日期,拿破仑遭到了一次可说是无法补偿的损失。联军在费尔·尚佩努瓦兹战役中俘获了一支护送辎重队,包括我们剩余的几乎全部军火和粮秣,大量武器、弹药车辆以及各种各样的装备,全部成了联军的战利品,他们发表公告宣布这次重要的缴获。就在那天皇后离开巴黎。

在此之前曾召开过一次特别摄政会议,由玛丽·路易莎主持。讨论的问题是,皇后应该留在巴黎还是前往布卢瓦。约瑟夫·波拿巴根据皇帝来函所指示的——如果巴黎吃紧,皇后摄政以及摄政会议全体都应撤往布卢瓦——竭力要求皇后撤离。首席大臣以及摄政会议的多数都是这个意见,但是摄政会议中最有势力的一个成员,一个以判断力和见识著称的人向约瑟夫进言,皇帝来函是在与目前情势完全不同的情况下写的,如今皇后留在巴黎对于皇室的利益至关重要,对谁都毫无疑义的是,她在巴黎要比距巴黎五十里格处更能得到她父皇以及联盟各国君主的优惠对待。那人甚至建议,玛丽·路易莎应效法她祖先玛丽·德丽莎女皇的榜样,把儿子抢在怀里请求百姓保护。他认为这样的步骤会把民族热情激发到最高程度,促使公民武装起来保卫首都。采纳这个意见只能把已经不可避免的情况推迟数日而已,还可能引起种种严重的困难,但对于拿破仑的利益来说却肯定是所能提出的最明智的意见。然而,多数人还是赞成皇帝在其来函中宣布的意志;他们最初的意见照办了。因此皇后前往布卢瓦,而约瑟夫以帝国陆军中将的头衔迁入杜伊勒里宫。

皇后离去后，许多人期望发动一个赞成改换政府的人民运动，但是巴黎市民保持平静，好像他们只是某一个剧院的最后几幕场景的观众。的确，许多居民起初想到防卫不是为了保存拿破仑的政府，而仅仅是出于我国民族性格的那种敏锐感觉。他们一想到要看到外国人成为巴黎的主人就感到气愤，这种情况从查理七世时期以来未有先例。这时危急关头临近了。3月29日马尔蒙和莫蒂埃两元帅退而防守巴黎的各通道。夜间各关卡移交给国民自卫军把守，外国人，哪怕他们的代理人，谁也不准进入首都。

3月30日拂晓巴黎全体市民都被隆隆的大炮声惊醒，圣丹尼斯广场不久就布满了从各个据点拥入的联军部队。我方部队的英雄气概现在已敌不住人数上的压倒优势了。但联军部队进入首都也付出了昂贵代价。蒙塞元帅指挥的国民自卫军以及综合技术学校的学生成了炮手，表现的气概不亚于老兵部队。马尔蒙仅仅那一天的行为就足够使他成为不朽的将领了。他指挥的军团减少到七八个步兵和八百名骑兵，他就凭这点兵力面对五万五千敌军坚守地面达十二小时，据说敌人死、伤、被俘共达一万四千人。战斗最激烈的地方处处都可见到这位元帅，他有十二名手持刺刀的士兵护卫在侧，他的军帽被子弹击穿。可是对于压倒的数量优势又有什么办法呢？在这种情况下，特·拉古萨公爵把他的处境报告了约瑟夫，波拿巴·约瑟夫授权他谈判。约瑟夫的答复对于随后各事至为重要，所以我认为必须全文照录如下：

如果拉古萨和特列维索两公爵支持不住，兹授权两位同面前的施瓦岑贝格公爵和俄国皇帝谈判。他们可退往卢瓦尔河。

约瑟夫

1814年3月30日蒙马特尔　十二点一刻

这项正式授权以后许久马尔蒙和莫蒂埃元帅才停止对联军的顽强抵抗，因为休战到下午四时才获准，而约瑟夫可没等到那时候。在十二点一刻，也就是说紧接授权马尔蒙之后，约瑟夫去到布仑森林，重上凡尔赛大道前去朗布依埃。约瑟夫的突然出奔只有那些不了解他的人才会惊讶。有人确实对我说过，属于他总部的几名军官对于这么突如其来的撤退也不高兴。的确，他们起先还以为是向纽利桥行进以阻挡联军过桥，但立刻省悟了：全体人马一到外面的关卡就朝左转向布仑森林。

  在这种状态下，除了挽救哪怕两小时都守不住的巴黎之外还能干些什么？马尔蒙签署了休战协定，随后于次日晚上巴黎城投降，都值得授予他救护市民的槲叶环而不该群起对他做不公正的责备。我还眼见他于3月30日夜从战地回到他在巴拉迪路的官邸，我和其他大约二十个人在等候他，其中有佩雷高和拉菲特两先生。他进入时，简直认不出了；胡须已八天未刮，军服外的大衣已经撕成碎片，从头到脚都被火药熏黑了。我们正在考虑怎么办最妥当，全都坚决认为必须签署降书。那么元帅想必记得他四周的普遍呼声是："法兰西必须得救。"佩雷高和拉菲特两先生表示得最坚决，不难想象身居金融界之首的这两个人的意见有多大的分量。他们证实了巴黎市民的普遍愿望是坚决反对战斗拖延下去，法国已对波拿巴的枷锁感到厌倦。这一点扩大了正在考虑的问题的讨论范围。讨论不再限于巴黎投降事宜，而是考虑到改变政府，波旁王室之名第一次被提了出来。我不记得我们当中是谁听到说可能召回前朝时，指出实现复辟而不倒退到过去是困难的。但我十分肯定是拉菲特先生答道："各位先生，只要我们有一部好的宪法足以保证大家的各项权利，什么也别怕。"到会的多数人同意这一贤明的意见，它对于马尔蒙元帅也不会没有影响的。

  但这次会议上也发生了一件意想不到的事。正当我们讨论时，皇帝的一名副官抵达马尔蒙的官邸。拿破仑听说联军向巴黎推进后，以最高速度从马纳河岸奔上枫丹白露大道。傍晚他只身抵达弗洛得曼都，派出使者到马尔蒙元帅处。从副官的话中不难察觉皇帝大本营的意见同巴黎市民的意见大不相同。那位副官对于投降的念头表示愤慨，并以想象不到的信心宣告拿破仑即将到达巴黎，他还希望拯救巴黎免遭敌军占领。副官以十二分热忱向我们保证，拿破仑指靠人民不愿投降而起事，他们将掘起马路上的石头抛向进入的联军。他还说了哪些话我已记不起，但是我敢于反对进行防卫这个荒谬意见，指出认为巴黎抵抗得了预定明天入城的人数众多的部队是发疯。到会的人大部分同意我的意见，会议的决议是一致通过的。

  以上是某些派系为增添拿破仑的荣耀而颠倒了的事实的正确阐述。我知道另有一些说法在许多点上与我的不同：对于这些，我只有一言可以奉告，即我在这里叙述的是我的所见和所闻。

  巴黎投降的次日，马尔蒙于夜间去枫丹白露谒见皇帝。他同拿破仑共进晚餐，拿破仑大大赞扬他对巴黎的崇高保卫。晚餐后元帅在埃松重新会合他的军团，六小时后皇帝也来到当地视察战线。马尔蒙离开巴黎时，留下法维埃上校和丹尼上校监督投降条款的执行。这两名军官沿埃松河岸上溯时会合了皇帝和元帅。他们没有隐瞒联军的进入在巴黎产生的影响。皇帝看来对这消息深感耻辱，立即返回枫丹白露而把元帅留在埃松。

  3月31日清晨，巴黎出现前所未有的奇怪景象。法军部队刚一撤离首都，上流社会的那些市区就响彻"打倒波拿巴！""不许征兵！""反对一揽子捐税！"的呼声，其中还夹杂有"波旁王室万世不绝！"的口号，不过不像其余的那样反复呼喊。总的说来我注意到人民观望的神情都相当冷淡。由于我积极参加了前几天发生的所有事情，我特别好奇地研究了所谓巴黎的面貌。这是我做这种研究的第二次机会，现在我看到人民欢呼其倒台的那个人，就是雾月18日以后他们热情接受的同一个人。理由相同——那时他们盼望自由，1814年还是盼望自由。我清早就出去看聚集在街上的大量人群。我看到妇女们把手帕撕开，分发碎条作为百合花复活的标记。那天早上我在林荫道上，几小时后又在路易十五广场看到一群士绅在首都大街上游行，宣告波旁王朝复辟，高呼"国王万岁！"和"路易十八长在！"。我认出带头的有索丹纳斯·特·拉·罗歇福考先生、特·福洛阿沙伯爵、特·卢森堡公爵、特·克鲁索耳公爵、西穆等人。这行列一路分发白色帽徽，大批群众迅速加入，吵吵嚷嚷地赶到樊多姆广场。在广场发生的举动大家都已知道，尽管群众在狂欢也没能免除针对一个人的塑像的愤怒，而这个人遭到的不幸，无论是否应得，都本应保护他免遭这样的暴行的。

  3月31日晚，保王党人在特·莫封登伯爵公馆举行一次重要会议，莫封登伯爵担任主席，会上提议立即派出代表团去向亚历山大皇帝表示会议的愿望。动议迅即通过，提议人当选为代表团团长，团员还有弗朗先生和恺撒·特·肖瑟先生。这几位先生离开公馆时遇见特·夏多布里昂先生，他因发表令人钦佩的小册子《波拿巴和波旁王室》而在那天好像成了复辟的先导。代表团邀请他参加，他同意了，可是怎么也克服不了他的自谦，没有发言。代表团到达圣弗洛仑丁路的公馆时，被引见给奈塞罗特伯爵，索丹纳斯·特·拉·罗歇福考先生向伯爵简单说明来意，表达了会议的希望以及巴黎和法国的一致愿望。他指出，波旁王室的复辟是保障欧洲和平的唯一办法，最后说，一天的操劳想必使皇帝非常疲劳，代表团不敢请求陛见的荣幸，但是非常信赖皇帝陛下的恩德。"我刚告辞皇帝，"奈塞罗特先生答道，"能够担保他的意图。回到会议去向法国人民宣布，皇帝陛下应允他们热忱表示的愿望，将运用他的全部影响把王冠归还给合法君主；路易十八国王陛下将重新登上法国王位。"代表团带了这个振奋人心的讯息回到安茹路的会议。

联军开入巴黎时无疑表现了巨大的热情。无论赞许或反对，事实不容否认。我注意观察了许多事件，我只能承认这是久已期待的那种情绪的表现。

拿破仑倚仗宝剑成为法兰西的主人，宝剑既已入鞘，他再不能向王国要求其他权利；因为缺少深得民心的制度，就不能使全国支持他希望建立的新朝。全国钦佩而不是爱戴他，因为怕他就不可能爱戴他——况且拿破仑又没有做任何值得法兰西爱戴的事。

第四十五章 挣扎无效

我出席了亚历山大皇帝驻跸的塔列朗先生公馆里举行的所有集会和会议。出席这些集会的所有人士中，似以特·塔列朗先生最倾向于保存拿破仑政府而对其权力的实施加以某些限制。在目前状况下，只能从三种途径中选择其一：第一，同拿破仑媾和，以恰当的保证防范他；第二，建立摄政体制；第三，召回波旁王室。

3月31日联盟各国君主进入巴黎，亚历山大皇帝驾往特·塔列朗先生的公馆，我和别的一些人在迎候御驾。皇帝步入客厅后，多数人都集合于此，尤其是特·普拉特神父、特·孟德斯鸠神父和德索耳将军急切要求波旁王室复辟。皇帝没有马上做出决定，而是把我拉到一个临街的窗台边，他发表了一些意见，使我对他的最后决定大致有数了。他说："特·布里昂先生，你是拿破仑的朋友，我也是；我曾是他最诚挚的朋友，但是不可能同一个毫无信义的人维持和平。我们必须和他断绝关系。"最后数语打开了我的眼界，讨论各式各样的提议时，我明显地看出，波拿巴称帝就是替波旁王室的复辟铺平了道路。

讨论转入我上文说过的三个可能的办法，那是亚历山大本人提出的。在我看来，陛下是在（用普通词语来说）做戏：他假装怀疑他最希望的召回波旁王室是否可能，问特·塔列朗先生打算用什么办法达到那个目的。的确，我相信他提出问题的唯一动机是要听取他周围的人以更坚决态度表达他们的意见。除法国代表外，参加这个会议的有亚历山大皇帝、普鲁士国王、施瓦岑贝格亲王、奈谢尔罗杰先生、波佐—迪—博尔戈先生以及列支敦士登亲王。讨论期间亚历山大一直站着，不时带着激动的表情上下走动，最后提高声调向我们致词："诸位先生，你们知道发动战争的不是我；你们知道拿破仑在我的领土上袭击我。

但我们不是因嗜好征战或者希望复仇而来到这里的。你们看到我采取预防办法保存你们首都和那些艺术珍奇免遭掳掠，这是战争中常有的事。我的盟友或我自己都不是在从事以牙还牙的战争，如果对你们壮丽的都城施加任何暴行，我将于心不安。我再说一遍，各位先生，我们不是对法国作战，而是对拿破仑和其他一切不让法国自由的敌人作战。威廉，还有你，亲王（说到这里皇帝转向普鲁士国王和奥地利皇帝的代表施瓦岑贝格亲王），我所表示的情绪同你们不是一致的吗？"两人都对亚历山大这番言辞表示同意，陛下又用不同的词句重复过数次。他坚决主张法国应获得完全自由，一旦了解法国的愿望，他和他的盟友都会予以支持，而决不运用他们的影响去偏袒任何一个政府。

这时特·普拉特神父以颇有信心的口气宣称，我们全都是保王党人，巴黎和整个法国人民的心情同我们自己的心情是相同的。亚历山大皇帝的话题再次转向哪一个政府适应法国，说到维持波拿巴在帝位上，建立摄政制，选择贝尔纳多特和召回波旁王室等。然后特·塔列朗先生发言，我清楚记得他对俄国皇帝说的话："陛下，我们必须不是要波拿巴就是路易十八，只有这两者之一方才可能。如果您支持波拿巴的话，但是您不会支持他的，因为您不是单独的。除了他您还能提议谁？另一个军人不行；我们不要他。如果我们要一个军人，宁可保持我们已有的这个，他在世界上可数第一。除了他，提出任何人供我们选择都不会有十个人拥护的。我再说一遍，陛下，不是波拿巴就是路易十八。除此以外都是阴谋。"本尼凡托公爵这番具有卓识的话在亚历山大皇帝心中产生了预期的效果。这样问题就简化了，现在只有两人供选择。亚历山大显然不愿再同拿破仑及其家族打交道，就只剩下波旁王室返驾的唯一提议。在我们大家推动下，亚历山大终于宣布，他永远不再同拿破仑打交道。只有特·塔列朗先生例外，他还是希望留下波拿巴和路易十八两人中间择一的问题不做决定。向亚历山大说明这项宣言只用于拿破仑个人而不涉及他家族时，他加了一句"也不同他家族的任何成员"。于是，早在3月31日波旁王室就可说已返回法国王位。当时争辩的所有建议中，在我看来最不能赞同的是任命摄政的意见。在那种情况下一切仍将悬而未决。

讨论到下午三时才结束，亚历山大皇帝签署了下列宣言：

"如果和平的条件需要以限制波拿巴的野心为目的的坚强保证，那么一个贤明的政府回到法国，法国本身就能保证休养生息，岂非更加有利。各国君主宣告不再同波拿巴或他家族的任何成员打交道。他们尊重法国在合法君主政体下存在的领土完整；甚至还进一步，因为他们采纳法国必须伟大和强盛的原则。他们将承认并保证法兰西国家可能选用的任何宪法。因此他们要求参议院尽速任命一个临时政府处理国家事务，并准备符合人民愿望的宪法。这里表达的意见是联盟各国共同的。"

我在此不免注意到，由特·塔列朗先生任命为临时政府秘书的拉勃利一接到亚历山大皇帝的宣言就迅速冲出房间。他迅速付印，一小时之内就张贴在巴黎各处的墙垣上了。宣言产生的效果是巨大的——阴谋分子的各种希望顿时破灭了。而亚历山大的诚意又是不容置疑的。巴黎条约不可预测，但有理由相信法国有了新政府，接受的条件当比联盟各国同拿破仑打交道有利一些。但是这种幻想迅即消失了。

3月31日晚间我回到特·塔列朗先生处。当晚十一时左右我再次见到亚历山大皇帝，他走近我说："特·布里昂先生，您必须管理邮政部门。"我不能拒绝皇帝这种盛情邀请；况且，拉瓦莱特已于前一天离职，邮政局的业务行将搁置一个时期；这种情况对于我们愿意促成的复辟是极端不利的。因此我几经周折把邮件装上一列车辆，以便次晨信函可以逐站递送。

最重要之点是得到上述宣言。有了宣言，万事都可以照章办理。波拿巴分子现在完全知道把皇后和皇子迁出巴黎是多么失策。当然必须成立一个临时政府，特·塔列朗先生被任命为主席，其他成员是勃农维衣将军、弗朗斯瓦·特·约古伯爵、同玛丽·路易莎的一个伴娘结婚的达尔贝格公爵，还有特·孟德斯鸠神父。荣誉勋章团长一职授予了特·普拉特神父。这样，临时政府成员中就有了两名神父，这两人凑巧又主持过第一次联盟之日马斯广场上举行的弥撒。

3月30日早晨巴黎城下之战最激烈时，波拿巴还在特卢瓦。他于十时离开该镇，随行的只有贝特朗、科兰古、两名副官以及两名传令军官。他们不到两小时就驰过最初十里格——确实，他和他软弱的护卫驰完这一程没有换马，甚至一次也没有下马。皇帝和他不知道目的地的随从约在下午一时抵达桑城。一切都混乱不堪，不可能为皇帝准备适用的车驾。所以他和他的扈从都不得不在一辆外表粗陋的有篷马车中继续登程。这位不久以前还不可一世的君王就在这样的车马中于凌晨四时抵达距巴黎约四里格的弗洛得曼都。皇帝在该地从率领一队炮兵来到的贝亚将军处首次接获巴黎之战的消息。他聆听新闻时态度镇定自若，大概是为了不使左右的人沮丧而装作如此。他一面在大路上踱步大约一刻钟，一面同贝亚谈话，那次散步后他派科兰古去巴黎，这是我前已述及的。其后拿破仑去到邮政局长屋里，吩咐把他的地图取来，按照他的习惯用针标出我军和敌军部队的不同位置，针头点了各色的蜡。以这种方式过了一些时候，他重新登程，于早晨六时到达枫丹白露。

3月31日晚间皇帝传召特·拉古萨公爵，公爵刚率领部队到达埃松。公爵于4月1日凌晨三四点钟来到枫丹白露。这次会晤中拿破仑得到了30日事态的详细报告，我前已说过，他大大夸奖了马尔蒙在巴黎城下的英勇行为。

枫丹白露一切都显得阴暗凄惨，而皇帝仍然保持他的权威，我听说他思索了好些时候是退过卢瓦尔河还是立即对巴黎试行大胆一击，相比把自己交给捉摸不定的拖延所能提供的机会，这后一着更加符合他的个性。后一念头最使他高兴，正当他认真考虑出击计划的时候，31日的消息以及科兰古的使命未获成功结果使他明白，他的处境比迄今所想的更加绝望。

这时皇帝留在特卢瓦的各路队伍的头领经过空前的急行军来到枫丹白露，他们不到三天之内赶完了五十里格路程。4月2日拿破仑向左右将领传达了巴黎的事态，同时劝告他们隐瞒消息，免得使他仍要倚赖的部队丧胆落魄。那天他还在宫廷场地上检阅了部队。然后他竭力说服各将领支持他对巴黎的疯狂企图，要他们相信他已为缔和做了真诚的努力。他向他们保证自己已向亚历山大皇帝表示愿意付出巨大牺牲换取和平；他已同意连大革命期间攻占的地方都予以放弃，把他自己限于法国古老的疆界。

与皇帝共荣辱的老伙伴同声高呼："巴黎！巴黎！"但是幸而夜间各将领彼此商议，看到他们将要把国家投入的深渊。所以他们决定以婉转恭敬的言辞向皇帝表示他们不愿使巴黎遭到毁灭；这种持重精神甚至逐渐散布到队伍中间，4月3日比较谨慎的念头取代了前一天的鲁莽狂热。

会聚在枫丹白露的残军，是十五个月以内征集的百万部队的残余零头，只包括特·勒佐公爵、内伊、麦克唐纳和吉罗德将军的军团。合计不到两万四千人，加上禁卫军剩余的七千人，皇帝可以动用的部队不超过三万一千人。除非疯狂或者全然绝望才能想出这样的念头：用区区这点兵力就能对占领和包围巴黎的外国大军作战并且获胜。

4月2日参议院发布一项法令，宣称拿破仑已丧失帝位，废除过去确立的他家族的继承权。临时政府有了这项法令，不待次日立法院表示同意就发表了《告法国军队书》。这篇文告通知部队，他们不再是拿破仑的士兵，参议院解除他们的誓词。参议院文告遍发给各元帅，他们之中离首都最近的自然最先发到。这后一部分人中有马尔蒙，我们业已看到，他对皇帝的忠贞不贰仅次于对国家的神圣利益。施瓦岑贝格公爵致函马尔蒙，劝导他拥护现在已成为法兰西事业的一项事业。马尔蒙对公爵来函答道：既然参议院法令解除了军队和国家效忠于拿破仑的誓词，他的意思也是同意军队同人民联合，借以避免一切内战机会并停止法国人的流血；他打算在下述条件下率领自己的部队脱离拿破仑皇帝的军队，他要求保证如下：

第一，我，施瓦岑贝格公爵卡尔、元帅、联军总司令，向全体法国部队保证，他们可以遵照4月2日的参议院法令脱离拿破仑·波拿巴，自由撤往诺曼底，随带武器、辎重和弹药，享有的尊敬标记和军人荣誉同联军部队彼此互相遵守的一样。第二，如果由于此一行动而使战争的机运落入联盟各国之手，拿破仑·波拿巴的人格、他的生命和自由将在联盟各国和法国政府的一片领土上得到保证。

施瓦岑贝格公爵在其给马尔蒙的复函中对于元帅准备服从临时政府的号召表示满意，并说："我请求您相信，我完全体会您所要求并为我所接受的，关于拿破仑本人的条款中表达的体谅情绪。"

上述条件经施瓦岑贝格公爵方面同意，马尔蒙认为他对现在可以称为法兰西事业的事业负有义务。但是下文将可看到，他后来迫于情势，不得已而请求撤销他的诺言，施瓦岑贝格公爵宽大地予以取消了。

我偶尔听说麦克唐纳元帅获知巴黎被占领的方式。他已有两天没得到皇帝发来的任何消息了，这时他接奉贝尔蒂埃字迹的命令如下："皇帝要你接到此令时就地停驻。"贝尔蒂埃的签名后面有一行附言如下："您当然知道敌军已占领巴黎。"这行奇怪的附言以及命令的冷淡口吻使麦克唐纳既感到意外又感到吃惊。他当时指挥据有蒙特罗四周的大军后卫。接奉上述命令后六小时，麦克唐纳又接到第二道命令，指示他把部队投入行动，他这才知道皇帝的意图是要率他全部残余兵力向巴黎进军。

接奉皇帝第二道命令后麦克唐纳把军团留在蒙特罗，匆忙赶往枫丹白露去会合拿破仑。他到达时，皇帝已向会聚在当地的军团中各师师长表示了他向巴黎进军的意图。各将领对于这样的决定都感到吃惊，他们之中多数人有妻子、儿女和友人留在巴黎，纷纷聚集到麦克唐纳元帅周围，请求他同他们一齐去劝阻皇帝的意图。"各位先生，"元帅说，"在皇帝目前的处境中这种举动会使他不高兴。我们必须采用审慎和小心的办法。交给我吧，各位先生，我去宫堡。"

因此麦克唐纳元帅去到枫丹白露宫，同皇帝做了下述谈话，我请读者不要忽略这个事实，即谈话情形是元帅本人告诉我的。他一进入皇帝的房间，皇帝就迎上前来说："那么，事情怎样了？""非常糟糕，陛下。""怎么！糟糕！那么你的军队士气怎样？""我的军队，陛下，已经全然灰心丧气了——他们的精神为巴黎的事情而惊慌。""你的部队不能参加我向巴黎的进攻吗？""陛下，别想这样的事。如果我对部队下这样的命令，就有不服从之虞。""那么该怎么办？我不能像现在这样下去；我还有实力和拥护者。据说联军不再同我打交道。好吧，没关系。我要向巴黎挺进，我要报复巴黎人的变心和参议院的卑鄙。这些凑合起来等待波旁王室返回的政府人员都该死，因为他们的目标就是那个。可是明天我要率领我的禁卫军向杜伊勒里宫进发。"

拿破仑万般无奈只能以空言恫吓时，元帅只是静听，后来看到他多少平静下来才答道："那么看来您还不知道巴黎发生了什么事，临时政府的建立，以及——""我全知道，还有什么？""陛下，"元帅又说，并呈交他一封信函，"这信能比我向您报告更多的情况。"麦克唐纳呈交他的是一封博农维衣元帅的来函，谓参议院宣布废黜皇帝，并且联盟各国决定不同拿破仑或他家族的任何成员打交道。"元帅，"皇帝说道。"这信可以高声读出来吗？""当然可以，陛下。"于是信件交给巴尔去读了。当时在场的一个人后来向我描述读信时拿破仑的表情。他的面貌急剧地收缩了，在类似的严重时机我常看到他这样的。然而他并未失去自制，那倒是在需要策略或虚荣时他总能保持的。博农维衣的信件读完后，他还装作要坚持他向巴黎进军的意向。"陛下，"麦克唐纳惊呼道，"那种计划必须放弃。谁也不会拔剑出鞘来支持您这样的冒险事情的。"皇帝退位的问题现在开始认真考虑了。科兰古已向拿破仑暗示，只要他个人退位，联盟各国还有可能同意一个摄政会议。这个意见，以及各元帅反对他向巴黎进军的拼死计划，使拿破仑决定签署他亲自用下述词句起草的退位诏书：

> 联盟各国既已宣布拿破仑皇帝为重建欧洲和平的唯一障碍，忠于其誓词的皇帝拿破仑宣布他愿意退位，离开法国，甚至献出他的生命，这是

为了国家的福利,而国家的福利又是同他的儿子、摄政政体以及皇后的权利和帝国法律的维持不可分的。

    1814年4月2日,发布于我们的枫丹白露宫。

                 拿破仑

  皇帝写完这项诏令以后就交给各元帅说:"这里,各位先生,你们满意了吧?"

  拿破仑的这一退位诏令肯定是一无用处的,不过万一情势使其又具有任何重要作用的话,诏令可能表明为毫无效力的。在多数人看来,诏令的意义是毫不含糊的,但我却不这么看,因为我深知拿破仑只要能达到目的,从不顾惜采用狡猾手段。我请读者注意,拿破仑不是说"他退位"而是说:"他愿意退位。"这是狡计,如果联盟各国君主同意这项建议的话,他打算根据这点重新开始关于他儿子任摄政的形式和条件的谈判。这能使他争得时间,他迄今对他真正的处境还看不清,并未全部放弃希望。

  他在这种情绪下高兴地欢迎阿利克斯将军转告他的一则消息。将军说,他遇到弗朗茨二世派来施瓦岑贝格公爵处的一名奥地利军官,军官向他肯定地确保说,巴黎发生的一切全是违背奥地利皇帝的意愿的。这很可能是那个奥地利军官的意见,而后来的事态表明不过是这么回事。然而,当阿利克斯将军报告拿破仑这则他所谓的好消息,拿破仑就向周围的人嚷道:"我告诉过你们的,各位先生。弗朗茨二世总不能把他的敌意伸展到废黜他的女儿。维琴察,去请求各位元帅收回我的退位诏令。我要派信使去奥地利皇帝那里。"

  于是波拿巴在沉船之际四顾寻找救命跳板,靠自我哄骗保持希望。特·维琴察公爵去到内伊元帅和麦克唐纳元帅处,他们刚要跨上马车前往巴黎。两人都断然拒绝把诏令交回给科兰古,说:"我们确知奥地利皇帝是同意的,我们对自己负完全责任。"后来的事情充分证明他们的消息比阿利克斯的准确。

  皇帝同麦克唐纳元帅进行前述谈话时是坐着的。当他决定签字退位时,他突然站起来在房里匆促来回走了一两回。签署诏令后他说:"各位先生,我儿子的利益,军队的利益,以及高于一切的法兰西的利益,都是必须保卫的。因此我任命特·维琴察公爵、莫斯科亲王、特·拉古萨公爵为我派往联盟各国的专使——你们满意吗?"他停了一会又说:"我认为所有这几方面的利益都已托付给可靠的人了。"在场的人同声回答："是的，陛下。"但是回答一出口，皇帝就倒在靠近窗户的一张小沙发上，用手拍大腿，带着狂乱的动作呼喊道："不，各位先生，我不要摄政。我带上禁卫军和马尔蒙的军队，明天就可以打进巴黎。"内伊和麦克唐纳竭力使他从这种不切实际的图谋中省悟过来，可是徒然。他带着明显的怒意站起身来摩擦额头，这是他十分激动时的习惯动作，以响亮而权威的口气说："退下。"

各元帅退出去了，只剩拿破仑一人和科兰古。我后来听说，他对科兰古说，刚才发生的事情中使他最不高兴的是宣读博农维衣的信函。"陛下，"维琴察公爵说道，"信件是遵照您的命令宣读的。""是的，是这样，但这封信为什么不由麦克唐纳直接转给我呢？""陛下，信函起先是给麦克唐纳的，可是送信的副官奉命在途经埃松时把内容转告马尔蒙，因为博农维衣并不确知麦克唐纳的所在。"这一解释不到三分钟，皇帝看似满意了，对科兰古说："维琴察，把麦克唐纳叫回来。"

特·维琴察公爵追赶元帅去了，发现他在宫内回廊尽头同人谈话，就把他唤回皇帝处。他回来时，拿破仑已恢复了平时的自制，平静地招呼他："那么，特·塔朗托公爵，你认为摄政政体是唯一可行的事吗？""是的，陛下。""那么我想要你代替马尔蒙同内伊去亚历山大皇帝处；马尔蒙还是留在他的军团为好，军团少不了他。所以还是你同内伊去——我全靠你了。我确信你完全忘掉了造成我们分离这么长时间的一切原因。""是的，陛下，我从1809年以后再也没有想过了。""我很高兴，元帅，我得向你承认是我错了。"皇帝同元帅讲话时，表现了不同寻常的感情，他走向元帅，以最亲热的方式紧握他的手，只说出一个词："去吧。"

皇帝的三名专使，即麦克唐纳元帅和内伊元帅以及特·维琴察公爵，通知马尔蒙他们经过埃松时要在他那里用膳，并告诉他枫丹白露的一切事情。三名皇帝专使到达埃松后，向特·拉古萨公爵说明了他们使命的目的，劝说他随同他们去亚历山大皇帝处。元帅不得不告诉他们自己的处境。马尔蒙同施瓦岑贝格公爵的谈判本来将近结束，已因他参与的使命而变为无效了，他必须亲自去向奥军司令解释。三位元帅和特·维琴察公爵去施瓦岑贝格公爵总部的驻地佩蒂堡，公爵在那里取消了马尔蒙所许的诺言。

第四十六章　第一次退位

我担任邮政总局局长后，那个部门的业务同从前一样正常进行了。我于4月4日向《箴言报》送去一则广告，声明往返英国和其他各国的信函在邮局积压了三年多，即将按地址发送。这使邮局收入将近三十万法郎，这个款数可以使人对于扣留的信函为数之巨大和作为帝国政府特色的体制有个概念。

刊出我的广告之后一天晚间，我被临时政府的一名急差唤醒，要我尽快前去特·塔列朗先生的公馆。我连忙前去那里，皇帝专使已经早几分钟到达。我走上二楼的客厅，那是亚历山大皇帝占用的一套房间中的一间。各位元帅正在同那位君主商议，聚集在这间客厅中的临时政府成员和其他一些人的焦虑或者不妨说是惊恐简直难以形容。

各元帅同亚历山大会商的时间很长，我有机会获知他们先同特·塔列朗先生谈话的一些细节。公爵对他们说："各位先生，你们想干的是什么？如果你们的图谋成功，你们将要累及4月1日以来在这里聚会过的所有的人，人数是不少的。至于我，我愿意牵涉进去；不必考虑到我。"这天晚间我同特·塔列朗先生一起度过，他当我的面向亚历山大皇帝说："您支持波拿巴吗？不，您不能也不愿。我已经荣幸地向陛下进言过，除了在拿破仑和路易十八两人中择一以外别无可供挑选的；任何其他选择都不过是阴谋，而阴谋就没有足够的力量和持续性来支持其目标。贝尔纳多特、欧仁、摄政，所有这些都不过是阴谋。在目前状况下，只有某种确定的原则才有充足的力量来建立我们现在不得不进入的事物的新秩序。路易十八是一个原则。"我记得特·塔列朗先生屡次对我们使用这种说法——"路易十八是一个原则"。

各元帅和科兰古退下后，我们全都急于打听他们同俄国皇帝交涉的情形。

我听德索耳说，各元帅一致恳求亚历山大接受摄政政体。麦克唐纳格外热心地为这项建议辩护。各元帅强烈表示不愿舍弃一再引导他们走向胜利的那个人的家族；最后，他们胆敢提请亚历山大记起以他自己的和各盟国的名义发表的宣言，宣称他们来到法国的目的不是把任何特定的政府强加给法国。

于是自始便公开宣布赞成波旁王室的德索耳代替回答，他的热忱不下于拥护摄政派。他对亚历山大说，有多少人将仅仅为了在他诺言的盾牌后面行事或发表意见而受连累。亚历山大看似犹豫不决，他不愿回绝各元帅，便求助于狡计，既能执行他决不改变的计划，又不至于独自负起改变政府的责任。因此，最后他这样答复各元帅："各位先生，这么重大的事情我不能擅自决定，我必须同普鲁士国王商议，因为我答应过遇事必定同他商议的。几小时后你们就知道我的决定了。"

各元帅去巴黎后，拿破仑急于知道他的专员有没有通过各外国军队的前哨，决定如遇抵抗就向巴黎进军，因为他总不肯相信自己已丧失了一切机会。他派了一名副官去马尔蒙处，命令马尔蒙火速返回枫丹白露；但是他急不可待，等不及头一个回来就派去第二个，接着又为同一目的派出第三名军官。这么急速地连续派出使者惊动了马尔蒙在埃松的军团的各师师长。他们唯恐皇帝已知道当天早上同施瓦岑贝格公爵缔结的条约，而他把马尔蒙找去的目的是加以严厉责备。然而拿破仑对此事毫不知情，因为马尔蒙离开去巴黎时留下命令，只许说他去视察战线了。苏安姆、勒布仑、德赛撒和波得沙衣都已同意同施瓦岑贝格公爵订立的条约，于马尔蒙不在的情况下商议，也许不知道马尔蒙的诺言已经解除，又怕拿破仑报复，便决定向凡尔赛进军。部队到达凡尔赛后，没有看到元帅在他们前列，以为自己被出卖了，便流露出叛乱之心。马尔蒙留在埃松的一名副官，竭尽全力制止他的将军的军团开拔，但是发现自己的一切努力都归于无效，就赶往巴黎报知元帅出了事。马尔蒙听到消息时，正同麦克唐纳和科兰古在内伊那里进早餐，几乎陷于绝望。他对各元帅说："我必须立即回到我的军团去平息这场叛乱。"他随即下令准备马车，吩咐马车夫全速驰行。他派出一名副官通知部队他就要到达。来到距部队集结地点仅几百步的地方时，他看到手下的几名将领前来迎接他，他们恳请他万勿前行，因为士兵已公然叛变了。"我一定要到他们中间去，"马尔蒙说，"片刻之内他们若不杀死我就得承认我是他们的首领。"于是他派出另一名副官去把部队排成战斗序列，自已跨出马车，只身骑马前去，向士兵高声讲话如下："怎么样！这里难道有什么出卖的事情吗？你们能够不认我吗？我不是你们的战友吗？我难道不是在你们中间负伤二十次吗？我不是曾经同你们一样疲劳和挨饿，今后仍打算这样吗？"他的这些话被全场"元帅万岁！元帅万岁！"的呼声打断了。

各元帅衔命而来使得临时政府成员万分恐惧，而听到马尔蒙部队叛乱的消息也是同样的无比惊慌。那一整天我们都处于焦虑不安状态。怕的是叛乱心思蔓延到军队的其他军团，又将危及法兰西的事业。但是马尔蒙的英勇行为获得成功，挽救了一切，他在塔列朗公馆详述在凡尔赛的经过情形时，我们接待他的热情态度简直无法言传。

马尔蒙一离开巴黎赴凡尔赛，拿破仑的三名专使就赶往亚历山大皇帝处，以便在他获知马尔蒙部队的行动之前探听到他的决定。亚历山大已于早晨六时整外出，去波旁路的普鲁士国王驻地。后来两位君主一齐去特·塔列朗先生公馆，拿破仑的专使来到时他们正在那里。各元帅及科兰古介绍给两位君主后，亚历山大皇帝答复他们的建议说："摄政政体办不到——各位先生，这是我和我的各盟国得出的结论。四面八方纷纷对临时政府表示服从；如果军队的愿望相反，应该事先让我们知道有哪些愿望。""陛下，"麦克唐纳说，"那是不可能的，因为各元帅没有一个在巴黎；何况，谁能料到事情的变化？我们能够料到毫无根据的惊慌竟会使特·拉古萨公爵的军团离开埃松？他此刻已离开我们前去恢复他部队的秩序。"这番话并没能改变联盟各国君主的决心，他们仍然坚持要拿破仑无条件退位。各元帅辞别亚历山大皇帝以前，请求休战四十八小时，他们说这段时间是同拿破仑商议退位诏令所必需的。这个要求当即获准了。

麦克唐纳根据他接奉的训示商讨退位问题时对亚历山大皇帝说，拿破仑没有为自己提出什么要求。"向他保证，"亚历山大答道，"会为他提供同他占有的等级相称的生活待遇的。告诉他如果他愿意住在我的领土内，他将受到优待，虽然那些地方的荒芜是他造成的。我永远记得联结我们两人的友情。他可以占有厄尔巴岛或者其他什么地方。"4月5日拿破仑的专使辞别亚历山大皇帝后，回到枫丹白露报告他们履行使命的情况，那天我见到亚历山大，在我看来，摄政问题的明确解决在他心头如释重负。我得知他打算于数日之内离开巴黎，他任命波索·迪·波戈先生为驻临时政府的专使，授以全权。

在同一天，4月5日，拿破仑在枫丹白露宫的场院上视察部队。他观察到军官们有些冷淡，甚至亲兵中也是这样，而亲兵在4月2日的检阅中曾表现过那般热情的。他们态度的转变使他大为震惊，他在阅兵场上只停留片刻，马上回自己房里去了。他这才相信不满情绪是普遍的，甚至他的士兵都以沉默表示出来，便陷入最痛苦的沉思之中。

4月6日凌晨一时许，内伊、麦克唐纳和科兰古到达枫丹白露，向皇帝报告出使成果和他们辞别亚历山大时后者表示的情感。内伊元帅首先向拿破仑宣告联盟各国要求他完全而无条件地退位，除了保证他人身安全以外别无其他条款。然后麦克唐纳元帅和特·维琴察公爵说了同样意思的话，不过用语比内伊的婉转些，内伊原是不善宫廷词令的。麦克唐纳元帅说完后，拿破仑有些感动地说："元帅，我完全体会到你们为我所做的一切以及你们为我儿子请命的热情。他们要我完全而无条件地退位。很好，我再次授权你们代表我行事。你们去捍卫我的利益和我家族的利益。"然后他沉默几分钟，再对麦克唐纳说下去："元帅，我到何处去呢？"于是麦克唐纳把亚历山大假定他愿意住到俄国去的话转告皇帝。"陛下，"他又说，"俄国皇帝告诉我他给您指定了厄尔巴岛或者其他什么地方。""或者其他什么地方！"拿破仑赶紧跟着说，"究竟是什么地方？""陛下，我不知道。""啊，那无疑是科西嘉岛，他不说是为了免得惹麻烦。元帅，我把一切拜托给你了。"

拿破仑授给各元帅新的权力后，他们立即回转巴黎去；但是他们一到巴黎内伊就提出归顺临时政府，因此麦克唐纳回到枫丹白露把联盟各国的条约定本转交拿破仑时，内伊没有同来。科兰古留在皇帝身旁。麦克唐纳进入皇帝房间，发现他坐在炉前一张小扶手椅上。他身穿白色灯芯绒晨衣，赤脚蹬着拖鞋。他两肘搁在膝上，双手捧着头，一动也不动，似乎全神贯注于深邃的沉思中。只有两个人在他身旁，距皇帝稍远一些的特·巴萨诺公爵和离火炉很近的科兰古。拿破仑的冥想极为入神，所以不曾听到麦克唐纳进入，特·维琴察公爵不得不告诉他元帅来到。"陛下，特·塔朗托公爵带来条约请您签字，明天要批准的。"皇帝好似从过分劳累的酣睡中惊醒，转向麦克唐纳，只说了一句："啊，元帅，你在这里！"拿破仑的脸色大大改变了，以至元帅为这变化吓了一跳，不由自主地喊出："陛下，您不舒服吗？""是的，"拿破仑答道，"我昨晚睡得极不安稳。"

皇帝又坐了一会儿，然后起身接过条约，读过一遍未加评论，签字以后还给元帅，说道："现在我没有力量来酬报这最后的几次效劳了。""陛下，我的行为从不是唯利是图的。""我知道，现在我看到关于你我受了多大的骗。我也看穿了那些让我对你怀抱偏见的人的图谋。""陛下，我对您说过1809年以来我生死不渝地献身于您。""我知道，但是既然我心有余而力不足以酬劳你，我求你接受我一件纪念物，虽然是微不足道的，至少可用来向你保证我决不会忘记你对我的效劳。"然后拿破仑转向科兰古说："维琴察，把穆拉特巴依在埃及给我，我在塔波山之战佩用的那把马刀找来。"贡斯当把马刀找来了，皇帝从科兰古手里接过来，赠给元帅。"我忠诚的朋友，"他说，"这种酬谢我想可以使你满意。"麦克唐纳收下马刀时说："陛下，我若有了儿子，这就是给他的最宝贵的遗产，可是在我有生之日是绝不会让这把刀离身的。""一言为定，"皇帝说，"拥抱我吧。"说完这话拿破仑和麦克唐纳彼此感情冲动，冲上前来紧紧拥抱，含泪告别。

条约善款给予保证后，4月11日拿破仑在枫丹白露签署了他的退位诏令，词句如下：

> 联盟各国业已宣告，拿破仑皇帝是重建欧洲和平的唯一障碍，拿破仑皇帝忠于其誓词，宣布他和他的后嗣放弃法国和意大利的王位，为了法国的利益，他愿意牺牲个人的一切，甚至生命。

波拿巴写出并签署上述诏令之后，麦克唐纳元帅才向临时政府去函认可，表示的方式同样庄严而简洁。信函内容如下：

> 拿破仑皇帝的退位解除了我的誓词，我宣布服从参议院和临时政府的法令。

拿破仑的法定在位期就此告终，值得指出的是，他的退位诏令于4月12日刊登在《箴言报》上，正是这一天阿图瓦伯爵以路易十八授予的王国中将的头衔进入巴黎。4月12日也是帝国军队在图卢兹城下打最后一仗的日子，苏尔特指挥的法国部队使威灵顿付出惨重代价才得进入法国南部。

第四十七章　妻离子散

政局的变动通常是狂风暴雨式的,然而在我现在谈论的这个时期巴黎却是分外平静,这要感谢联盟各国军队的司令官维持严明的军纪和巴黎国民自卫军的服务,他们每晚巡逻街道。邮政总局局长的职责自然使我不得不辞去上尉军衔,但是我不能略去不提市民自卫军赋予社会的重大恩惠。

拿破仑派来同亚历山大商议摄政政体的三名专使离去时,最后决定联盟各国君主再不理会拿破仑或其家族提出的任何条款,临时政府认为,此时应该请求那位殿下到来时重新推动拥护波旁王室的一派人再做努力。特·孟德斯鸠神父致函那位亲王,由索丹纳斯·特·拉·罗歇福考子爵带去。

11日下午殿下抵达夏尔·特·达玛夫人的乡间宅第,在那里过夜。他到来的新闻以闪电般的速度传遍巴黎,人人都似乎迫切地要为他进入巴黎举行仪式。国民自卫军从潘庭门到圣母院排列成双行,因为按照近二十年来已经不常遵守的一项古代习俗,第一次进入要经过潘庭门。

特·塔列朗先生由临时政府成员、数名元帅和将官以及由塞纳区长率领的市府人员陪同,列队前往潘庭门外迎接殿下。他们于一点左右到达会合地点,特·塔列朗先生以临时政府名义向亲王致词,亲王在答词中说了那句名言:"法国的一切全无改变,只是增加了一名法国人。"这话许诺的可多了,迅速地在首都的每个角落传诵。然后阿图瓦伯爵骑马前往圣马丁门。

殿下进入巴黎与奥地利皇帝的抵达中间只相隔两天。那位君主不合巴黎人的心意。他的行为几乎受到普遍责难,即使那些最热烈地想要废黜他女儿以便摆脱波拿巴家族的人中,也有许多人谴责他对玛丽·路易莎的行为,他们本来希望,为了奥地利皇帝的荣誉,他哪怕不成功也要防止那个皇朝崩溃,1809

年他把同那个皇朝结盟看作一种保障。人民形成他们的意见是出于本能；他们以作为父亲的身份来评判奥地利皇帝，却偏偏无视他作为君主的身份所要求于他的；在法国，遭到不幸的人一向享有神圣的权利，得知玛丽·路易莎被废弃时对她倒要比她处于荣华绝顶时更为关切。弗朗茨二世从女儿离开维也纳去把她的命运同欧洲半数国家的主人和霸王相结合之日起就没见过她。

她经常向周围的人颇有把握地说她可以依靠父皇。如实地报道到我这里的下面一段话，是她对特·香巴尼先生出使时奉陪她的一位军官讲的："即便联盟各国君主有心废黜拿破仑皇帝，我父皇也不会允许的。他把我置于法国皇位上时，反反复复地说了多少次他决心把我维持在皇位上——我父皇是言而有信的人。"我也有理由获知，皇后在布卢瓦和奥尔良时，时常后悔她没有听从摄政会议中希望她留在巴黎的那部分成员的忠告。

玛丽·路易莎离开奥尔良后前去朗波叶，在这个多事时期，这也要算颇不寻常的现象，就是看到欧洲各国的君主，被废黜的法国帝后，以及那些回来恢复王权的一伙人齐集在距首都五十里格的范围内。一个波旁王族中人在杜伊勒里宫，波拿巴在枫丹白露，他的妻子和儿子在朗波叶，废弃的皇后在三里格之外，而俄奥两国皇帝和普鲁士国王在巴黎。

一切希望都告破灭之后，玛丽·路易莎带她儿子离开朗波叶回奥地利去了。她没有获准在离开之前去见拿破仑一面，虽然她一直表示想见见他。拿破仑本人意识到这样的告别可能引起的忧伤，不然他无疑会把同玛丽·路易莎的临别会晤列为巴黎和枫丹白露条约以及他退位诏令定本的条款之一。

事已至此，奥皇到朗波叶去看望女儿时，已不可能废除业已做出的决定。我当时认为亚历山大皇帝会陪他去访问是怪事；事实上，见到被认为是联盟的首脑和霸主的君主，连被废黜的皇后也不会愉快的。两国皇帝先后从巴黎出发的时间相距不久。奥地利皇帝先到，受到他女儿尊敬而热情的迎接。玛丽·路易莎见到他很高兴，可是泉水一般涌出的眼泪并非全是欢乐之泪。初见面时迸发出父女之爱之后，她怨诉自己落到这个地步。她父亲自己虽然深为感动，除了同情她之外也无能为力，因为她的不幸是无可挽回的。但是时间不等人，亚历山大顷刻就要到达；因此奥皇不得不告诉女儿，俄国君主已在路途上，愿意同她会晤。玛丽·路易莎起先坚决拒绝见他，这个决心还坚持了一段时间。她对父皇说："他难道打算在你眼前把我收作俘虏吗？如果他硬要闯进来，我就退回我房里去。我料想有你在场，他不敢跟到我房里。"现在时间紧迫，因为弗朗茨二世听到亚历山大皇帝的车驾已在朗波叶的庭院里隆隆作响，他向女儿求情也越来越紧迫了。最后她在他恳求之下让了步，奥皇亲自出去迎接盟友，把他引入玛丽·路易莎恭候她父皇的客厅。然而她没有竭诚欢迎他，她认为他是她一切苦难的祸首。她十分冷淡地聆听亚历山大的一切提议和宣言，仅仅答道，她唯一想望的是回家的自由。这次痛苦的会晤以后没几天，玛丽·路易莎就带了儿子启程去维也纳了。

　　现在我必须把读者的注意引向意大利，那是拿破仑荣耀的摇篮，也是他在枫丹白露宫的遐想中要去的地方。欧仁把他的防御措施维持到4月还岿然不动，但到4月7日得到法国因屡遭挫折已告战败的确凿消息，迫不得已而接受特·拜勒加德元帅的建议，谈判撤出意大利事宜；到10日缔结了一项条约，规定欧仁指挥下的法国部队退入法国原有边界以内。这项条约的条款于4月19日执行。格兰尼埃将军和他左右其他几名军官竭力劝说欧仁陪伴他们进入法国，亲自把他那支高尚军队的残余部分带给复位的国王，那可说是奇迹般地保存下来的。残部还有两万一千人和五千多名骑兵。但是欧仁以为在各省的划分中当不会忽略巴伐利亚国王的女婿，他拒绝回到法国，宣称他要在原先的意大利籍臣民中等候联盟各国的决定。

　　欧仁想到米兰参议会对他素有好感，就请求那个机构利用其影响使联盟各国同意他继续担任意大利政府首脑，但是参议会如今轻蔑地拒绝了拿破仑之子的这项建议。整个意大利的民情被大大挑动起来了，军队从曼图亚出发不到三日行程，米兰就爆发了叛乱。财政大臣普里纳被暗杀，他的宅邸被捣毁；副王如果留在他的首都，必定遭到同样的命运，谁也救不了他。在这群情愤激、意大利人渴望脱离法国版图之际，欧仁的友人认为，他若能够乔装改扮去到慕尼黑他岳父处是够幸运的。于是，拿破仑加在他头上的铁冠在九年后落地了，他说："上帝赐我此冠，慎勿触犯。"

第四十八章 流放厄尔巴岛

拿破仑同意按照他于 13 日批准的条约去厄尔巴岛,请求联盟国家各派一名专使陪送他到上船的地点。俄国指派了苏沃洛夫伯爵,英国派了尼耳·坎贝尔上校,奥国是科勒将军,普鲁士是华耳堡·特鲁契斯伯爵。16 日四名专使首次来到枫丹白露,皇帝在该地还是由德鲁埃将军和贝特朗将军陪伴,第二天个别接见了每一个人。

皇帝虽然很冷淡地接见四国专使,他对四人的态度还是有显著的差别。受到最好接待的是坎贝尔上校,他身上还露出斑斑伤痕。拿破仑问他在哪几次战斗中受的伤,佩戴的勋章都是什么时机授给的。他继而问他是哪里人。坎贝尔上校回答说他是苏格兰人,拿破仑祝贺他是奥西安的同乡,奥西安是他喜爱的诗人,他非常赞赏奥西安的诗歌。拿破仑在这第一次接见时对上校说:"我从心眼里痛恨英国人——我用尽一切可能的办法对你们作战——但是我很尊敬你们这个国家。我深信你们政府要比其他任何政府宽宏大量。我愿意乘英国快速舰从土伦去厄尔巴。"

奥国和俄国的专使受到冷淡接待,但还没有任何明显的不快表示。对普鲁士专使就不是这样了。对前两人拿破仑留住谈话约五分钟,但对后者只是枯燥地说:"护送我的人中间有普鲁士兵吗?""没有,陛下。""那么何必麻烦你来陪送我?""陛下,这不是麻烦,而是荣幸。""这不过是说说而已,这里没你的事。""陛下,我不能拒绝我的主上、普鲁士国王授给我的光荣使命。"拿破仑听了这些话便转身不再理睬特鲁契斯伯爵。

各国专使本来以为拿破仑已准备好立即启程的,事情却不是这样。他要求看看路线图后,想做某些改变。这就成了耽搁数日的借口,因为各国专使不愿违背他的愿望，并曾奉命要以同君主身份相称的尊敬礼仪对待他。因此他们暂缓启行，但因他们不敢擅自同意皇帝希望的改变，便请求科兰古等待各自君主新的训示。19日夜晚授权他们按照皇帝所乐意的任何路途旅行，于是最后确定20日启程。

因此，20日上午10时车驾准备停当，御林禁卫军在枫丹白露宫的名叫白马场院的大场院排列成行。镇上和附近村落的全体居民齐集在宫廷周围。拿破仑传召科勒将军，并为不准玛丽·路易莎陪伴他而口出怨言；但最后还是听从了对他所做的解释，说道："好吧，我还是忠实于我的诺言，可是万一我有任何新的抱怨理由，我就认为自己已解除了我的全部义务。"

11时，大元帅派皇帝的一名副官特·彪西伯爵去宣告，一切就绪，可以出发了。拿破仑说："那么，难道我得根据大元帅的表来调整我的行动吗？我要在我认为适当的时候走。也许我根本不去了。走开吧。"

帝王礼仪的一切程式都仍然遵守，以免伤害拿破仑的感情，他非常爱好这一切，当他最后认为该走出办公室进入各国专使等候的客厅时，各门像往常一样打开并且通报道："皇帝驾到。"但这句话刚说出口他又迅速转身回去了。不过他很快就重新出现，匆匆跨过回廊走下楼梯，十二时整他站到禁卫军的排头上，好似当他辉煌灿烂的执政府和帝国时期在杜伊勒里宫场院的检阅式上。随之出现了真正感人的景象——拿破仑告别他的士兵。对此我将不予详述，因为这是无处不知无人不晓的；不过我要附入皇帝对他战斗中的老伙伴的最后一次讲话，因为这是属于历史的。这次讲话声调之坚定洪亮一如他凯旋的当日，全文如下：

我旧日禁卫军的士兵们，我向你们告别。我经常随同你们在荣誉和光荣的大道上前进已有二十年之久。在最近一段时期如同我们全盛时期一样，你们仍不失为勇敢和忠诚的模范。有你们这样的士兵，我们的事业决不会失败，但是战争会没完没了；会变成内战，那要加给法国更加深重的灾难。我为国家的利益牺牲了自己的一切利益。我走了；可是你们，我的朋友们，要继续为法国效劳。法国的幸福是我唯一的念头，仍将是我所向往的目标。不必为我的命运惋惜；如果说我同意苟活下去，那是要为你们的光荣效劳。我打算写作我们共同创造的伟大成就的历史。再

见了，我的朋友们！我多想把你们都拥抱在我的心头。

拿破仑然后下令取来鹰旗，拥抱之后又说："我以你们的将军的资格拥抱你们全体。再见了，士兵们！要永远英勇而善良。"

拿破仑对他的士兵临别的几句话是；"再见吧，我的朋友们。我永远祝愿你们好。不要忘记我！"然后他跨入马车，由贝特朗陪同。

第一天，"皇上万岁！"的呼声不绝于途，拿破仑凭他惯常的弄虚作假，假惺惺地责备百姓不忠于他们的法定君主，但他掩饰不住那讥讽意味。禁卫军一直护送他到勃里阿，他在当地度夜。他在这里邀请坎贝尔上校共进早餐。他谈到上次西班牙战争，用钦佩的词句说到英国这个民族，赞扬威灵顿的军事才能。

21日晚间拿破仑宿在奈弗尔，他在此地仍然受到百姓的欢呼，这里的百姓同另外几个镇市一样，在为逊皇驾临而发出的热情呼声中夹杂了对各盟国专使的咒骂。他于22日晨六时离开奈弗尔。现在禁卫军不再是他的护送队伍的组成部分，拿破仑再也听不到"皇上万岁！"的呼声了，接替他们的是哥萨克兵，他伤心地听到取代的呼声是："联盟各国万岁！"

老共和派奥热罗，迄今还是个共和派，虽然他接受了拿破仑的特·斯蒂维耶雷公爵的头衔，却一直是不满分子之一。24日拿破仑在瓦朗斯附近遇见奥热罗，就停住马车立即下车，奥热罗也下了车，两人当着各国专使的面真挚地拥抱了。这则逸事我是听一名专使说的。据说，拿破仑脱帽敬礼，而奥热罗却是戴着帽子。"你去哪里，"皇帝说，"上朝吗？""不，我是去里昂。""你对我很不好。"奥热罗发现皇帝还是你呀你的称呼他，使用同样的熟人称呼，他们像当初都是驻意大利的将领时所习惯的那样攀谈起来了。"你有什么可抱怨的？"他说，"难道不是你永无餍足的野心把我们弄得这样的吗？你难道没有为那种野心牺牲一切，甚至牺牲了法国的一切吗？我对波旁王室不比对你更加关心，我关心的只有国家。"拿破仑听到这话迅即转身离开元帅，向他扬了扬帽就回马车去了。各国专使以及拿破仑扈从中所有的人都看到奥热罗站在路上，旅行帽还在头上，双手叉在背后，没有鞠躬，仅仅鄙夷地用手向拿破仑敬了个礼，无不感到气愤。这帮傲慢的共和派分子，如果言行一致的话，早该高居在杜伊勒里宫以这种方式行事，在去厄尔巴岛的路上这不过是缺乏教养的傲慢而已。

拿破仑在瓦朗斯首次看到法国士兵军帽上戴了白色帽徽。他们属于奥热罗的军团。在奥朗日,"国王万岁!"的呼声在空中回荡不已。拿破仑保持到这时的不知是真还是假的欢乐之情,在这里开始抛弃他了。

皇帝若是晚三小时抵达阿维尼翁,后果无疑将是他的死亡。他在凌晨四时经过阿维尼翁,没有换马,却于六时到达圣奥迪欧耳才换马。皇帝马车坐得累了,同坎贝尔上校和贝特朗将军下车走上第一座小山。他的侍仆也在他们前面不远处步行,遇到一名邮差问他道:"向这里驰来的那些马车是皇帝的吗?""不是的,那是联盟国家的车驾!""我说,那是皇帝的车驾。你大概不知道我是一名老兵。我在埃及战役中出过力,我要救我的将军一命。""我再对你说一遍,那不是皇帝的车驾。""别想骗我,我刚路过奥贡,那里把皇帝的俑像吊了起来,要是他被认出来,那他一切全完了。一帮卑鄙无耻之徒竖起了一座绞架,上面吊了一个满身是血、身穿法军军服的俑像,我的密告可能给我惹麻烦——但只要对你们有好处我就不在乎。"于是邮差疾驰而去。侍仆把德鲁埃将军拉到一边,告诉他刚才听到的话。德鲁埃把情况转告贝特朗将军,贝特朗亲自当着各国专使的面报告了皇帝。各专使不免吃了一惊,便在大道上开了个会,决定让皇帝脱离扈从前行。他们问侍仆在马车上有没有什么衣服。他拿出一件蓝色长斗篷和一顶圆帽。有人提出在帽上插一个白色帽徽,可是拿破仑对此不肯同意。他扮成信差模样,带上护送马车的两名骑马侍从之一阿芒特鲁前行,匆匆通过奥贡。联盟各国专使到达奥贡时,附近各处所有的居民都齐集在那里,高呼"打倒科西嘉佬!""打倒强盗!"的口号。

各专使不愿在奥贡进早餐,他们支付了为他们准备的早餐的费用,在路上随便吃了点东西。车驾到拉卡拉特才赶上皇帝,他同阿芒特鲁早一刻钟到了。他们发现他在小客店厨房里的灶火边同老板娘聊天。她问他,那个暴君是不是马上就要路过这里?"啊,老爷!"她说,"告诉我们已经摆脱了他是没有用的。我老是这么说,而且还要这么说,只有把他抛在井底压上石头,才能有把握地说已经看到他的下场了。我愿意看到他安安稳稳地躺在我们院子的井里。您看,老爷,督政府派他去埃及以便摆脱他,不料他又回来了。您可以肯定,老爷,他还会回来的,除非——"那位善心的妇女说到这里,撇完了罐上的泡沫,抬头一望,发觉了两人中脱下外衣和帽子的竟是她说到的那个人。她一时不知所措；但是她因向皇帝本人那样放肆地说皇帝的坏话而感到的窘迫，把她的满腔怒气转变成一种善心而宽宏的感情。她对拿破仑及其随从表现了最大的敬意和关注，当即派出一名信差去艾克斯采购丝带做白色帽徽。全部马车都赶入客店的院子里，把大门关上了。然后那善心的妇女对皇帝说：为小心起见，最好不要冒险通过艾克斯，那里有两万多人等着用石头抛掷他。

这时晚餐已摆设好，拿破仑在桌旁就座。他令人钦佩地克服了他无疑必定要遭到的纷扰。这次不平常的晚餐上在座的几个人告诉我，拿破仑从来不曾那样竭力设法使自己讨人喜欢。人人都被他谈笑风生逗乐了，他的谈话其实是因为无穷的回忆和想象而内容丰富的，快要结束时他带着多半是装出来的不大在乎的神情说："我相信法国的新政府要谋害我性命。"

各国专使听到说艾克斯发生的事，正在商议送一道命令给市长，指示他关闭各门并采取措施确保公众安宁的时候，五十来个面目不善的家伙聚集在客店四周。其中一人要求同各国专使谈话，提出愿意送信给艾克斯市长。他们接受了他的效劳，在信中对市长说，如果一小时以内不关闭各城门，他们将率领两团哥萨克兵和六门大炮前进，谁阻挡他们通过就向谁开火。这番恫吓收到了预期的效果，市长经过原信差回复道，各门一定关闭，发生任何事都由他负责。

这样皇帝就逃脱了他在艾克斯受到的那些危险；可是还得面临另一种危险。他在拉卡拉特度过的七八个小时期间，一大群人齐集到周围，如果客店的各门不是小心地闭紧，他们显然会干出最大的暴行。他们多数手中有五法郎铸币，为的是同钱币上的铸像对照以辨认出皇帝。拿破仑已经两晚没有睡觉，在厨房隔壁的一间小房里靠在一个侍仆的肩头上熟睡了。灰心丧气的时候他曾说过："现在我要永远告别政界。今后无论发生什么事我都不感兴趣——我在波多——费拉霍会快乐的——比我任何时候都快乐！不要！如果欧洲的皇冠现在献给我，我也不接受——我要献身于科学。我是对的，永远不要看得起人类！他们应该如此，我没有亏待过他们。但是法兰西——还有法国人民——多么忘恩负义——我已厌弃了野心，再不想统治了！"终于通报了，一切准备就绪，可以重新登程，但是认为这样办较为妥当：皇帝改穿戴科勒将军的大衣和皮帽，坐进奥国专使的马车。这样改扮以后，他离开拉卡拉特的客店，通过排成双行的观众，他们努力想认出他来，可是徒然。转过艾克斯城墙时，拿破仑再一次伤心地听到"打倒暴君！""打倒尼古拉斯！"的呼声，这些呼声在距镇子匹分之一里格的远处还引起回响。

拿破仑为这种种憎恨的表现而感到沮丧，用忧伤、蔑视兼有的声调说："这些地方的人都是一个样的——起哄闹事的和疯子。大革命初期这些普罗旺斯人犯过可怕的屠杀罪行。"在距艾克斯约一里格处，皇帝和他的扈从找到了马匹和一队护送的宪兵带领他们去卢克城堡。

那时波利娜·波格斯郡主在卢克城堡附近立法院议员夏尔先生的乡宅。听说她哥哥的厄运，对他那么坚忍不拔地忍受一切感到惊异，她决意陪伴他去厄尔巴岛，遂前往弗雷儒斯同他一齐上船。她的到来对他是极大的安慰。皇帝在弗雷儒斯又同坎贝尔上校会合，上校是在途中离开护送行列，去把派来载运皇帝的英国快速舰无畏号带到港口的。他虽然曾向坎贝尔上校表示过这个愿望，还是表现得很不情愿登舰。不过，4月28日他终于在那艘快速舰上驶往厄尔巴岛去了，当时还不能说该舰载运的是恺撒及其命运。

第四十九章 百日政权

时间产生的变化是一切威力之中最不可抗拒的力量。明智的政策就在于正确引导这种力量,为此目的必须了解时代的需求。由于这个原因,路易十八在能够做出正确判断的人的眼光看来,是特意为拿破仑倒台后我们所处的环境而设置的一位君王。

路易十八之继承波拿巴就像努玛继罗慕路斯①之后来到,只是努玛没有被一批毫无经验的谋士包围这种不幸。路易十八于4月24日在多佛尔登上王权舰,到加莱上陆。我不拟详述他踏上法国国土引起的热情;大家从当时新闻记者的报道中都已知道,他们只须把皇帝一词换成国王一词就能同样正确而热情洋溢地描述这种场面了。然而,确实无疑的是,一切有理性的人都满意地看到波旁王室的王孙公子重登他们祖先的王位,由于经验和祸患而趋于成熟了,正如几个古代哲学家所指出的,祸患是王者最高明的谋士。

路易十八从加莱前来巴黎的路线由伦敦的特·杜拉公爵来函向我指出。国王对此事的愿望分毫不差地实现了,我想起就高兴的是,我的努力得到在邮局服务的全体人员的热心支持。国王陛下在亚眠稍作停留后前往贡比涅,各大臣和元帅已先期到达该地向他致臣下的敬意并保证效忠。贝尔蒂埃以各元帅的名义向国王致词,其中有一句话说:"法兰西为压在身上的灾难的分量呻吟了二十五年,眼巴巴地盼望现在见其破晓的幸福日子。"贝尔蒂埃不妨说十年,但即使他这回说的是实话,出自一个皇帝不断赐恩的人之口也是对不上号的。亚历山大皇帝也去贡比涅迎接路易十八,两位君主在一起进餐。

陛下在圣乌恩发表了宪章前面的宣言,重申了国王二十年前在《卡耳玛宣

---

① 传说中的罗马开国君主。

言》中表达的情绪。参议院也在圣乌恩向国王进呈宪法计划，其中规定保留其收益和捐赠，这个机构真可说完全无愧于其保守的头衔。5 月 3 日路易十八庄严进入巴黎，首先前往圣母院。与陛下同一马车的是唐古勒默公爵夫人。来到九号桥时，他看到亨利四世铸像的模型，台基上的铭文是："路易归来，亨利复生。"这两句话是特·拉利—托仑达耳先生拟定的，要比铜像上镌刻的华而不实的冗长铭文意味深长得多。

国王进入巴黎时公众流露的情绪不如那位殿下进入之时。从 5 月 3 日我所到各处看来，惊异之情要胜过任何其他感觉。而不久之后，公众热情的低落变得格外明显，因为路易十八恢复了路易十六在大革命以前许久便已取缔的红色军团。

此外，把政务委托给一个对于法国毫无所知、也不可能了解的人去处理，也是大大的怪事。特·勃拉卡先生从开头起就承揽了行政全权。5 月 11 日我根据单独同君主处理业务的特权照常去向国王呈交公文时，特·勃拉卡先生竟想从我这里接过公文。这在我更是感到惊奇的，因为在这七天中我有幸接近路易十八，陛下高兴地用他最善于装出来的那种仁慈和赞许的态度招呼我。我最初声明我的特权，不肯交出公文，可是特·勃拉卡先生对我说，国王命令他接取的，于是我只好让步。可是不久我就发现自己成了一个朝臣报复的牺牲品。这事以后两天，即 5 月 13 日，我早早走进办公室，随手拿起放在我办公桌上的《箴言报》。谁知刚一浏览，就吃惊地发现特·弗朗伯爵已被任命为邮政总局局长以接替我。我立刻知道打击来自何处！特·勃拉卡先生就以这种奇特方式让我体会到王孙公子是如何感恩的。我这方面多方表明忠诚的结果，一年以后为我博得了一种显赫的荣誉：以相当独特的方式剥夺了我的法律权利，我当然有理由抱怨，我满可以如同维吉尔那样真心地说："你是徒劳了。"维吉尔说的是奥古斯都滥施在他那时候的麦维和巴维身上不值得的恩惠。

政府的种种措置现在成了众口抱怨的主题。旧日政权的习俗逐渐恢复了，笑料同比较严肃的考虑混杂不分，小册子和漫画很快充斥了巴黎。不过，平静还是保持到九月间特·塔列朗先生出发赴维也纳会议之时。这以后杜伊勒里宫一片混乱。人人都好似感到解除了约束，一心想做政治家，天知道教师不在干出了多少蠢事！

在一个懦弱的政府下面，从不满到暴乱仅仅一步之差；在像 1814 年的法国政府那样一个无能的政府下面,特·塔列朗先生走后阴谋就有了自由活动的天地。这样,1814年夏季就为到1815年3月20日完成的那些事件做了准备。当我回想到那时高居我国政府之首的那帮人物不可思议的无能,我几乎以为自己在做梦。那批逃亡分子正如别人公正地看出来的,既没有学到新的也没有忘却过去,带了科不伦茨所有的荒谬要求回国了。

1814年末,征兆已经十分明显,不容误解,使我察觉到一场巨大而重要的变化已迫在眉睫。我痛惜各大臣经常犯的种种错误;可是希望政府能逐步回到赖以争取舆情的那些原则上来。一次有个朋友来拜访我,他曾担任重要职务,名列褫夺公权分子名单上。他谈出他的见解说,如果政府坚持目前的方针,就可能支撑不住,而皇帝将要重返。我说:"那将是重大的灾祸,即使法国情愿,欧洲也会反对。你对法国忠心耿耿,如果波拿巴的来临将招致外国军队再来,对于威胁到法国的危险你不能漠然视之。想到我们的国家被肢解,你受得了吗?""他们永远不敢肢解。但是你我在皇帝和波旁王室的问题上永远不会一致。我们对那事的观点完全不同;你有抱怨波拿巴的原因,而我有充足的理由满意他。可是告诉我,如果他要回来,你将怎么办?""波拿巴回来?""是的!""天哪,我最好的办法是尽可能悄悄地脱身,我非离开不可。我坚决相信他绝不会饶恕我在复辟中所起的作用,我坦白承认,我一刻也不会迟疑要离开法国以保全性命。""那你就错了;因为我深信,你要是置身于他的朋友之列,你要什么都将如愿以偿——头衔、荣誉、财产。对于这点我可以向你保证。""我得告诉你,这一切都引诱不了我;我同你一样挚爱法兰西,可是在波拿巴治下法国永远不会幸福。他若回来,我将出走,侨居国外。"

这仅是谈话的一部分,足以说明当时的情绪。这些意见似乎是受权向我表示的,使我考虑波拿巴回转的设想,根据在那同时传给我的各种别的消息,我终于相信某种重大的阴谋正在进行。

我对于危机临近的信念越来越强烈,所以到一月间决意请求拜会特·勃拉卡先生,他当时享有君主的全部信任,只有经过他才能呈报任何消息。自不待说,我的目的仅仅是把我搜集到的那些事实提供给他而不透露我得自何人。特·勃拉卡先生还是不愿接见我,我只有同他的秘书,一个姓弗勒里耳的神父谈话的荣幸。这位人物是个傲慢和自大的特殊标本,摆出一副大臣的大秘书不可一世的架势,以不关痛痒的态度对我说伯爵不在——但是特·勃拉卡先生在家,我知道。

我出于对波旁王室事业的忠诚，认为我有责任在那天致函特·勃拉卡先生请求拜会，我没得到回复。两天后我再写一函告知特·勃拉卡先生，我有非常重要的消息奉告。这封信同样被置之不理。我对这种奇怪行为百思不得其解，再度赴万花阁请求弗勒里耳神父说明他上司默不作声的原因。"先生，"他说，"你的两封信我都已收到，进呈伯爵面前了，我不知道他何故没有作复。我对这事无能为力，而伯爵先生又是忙得不可开交。""伯爵先生，"我说，"也许将对此感到后悔的。早安。"

我就这样亲身体会了我时常听到的关于特·勃拉卡先生情况的真相。这位大臣接替的是阿伐来伯爵；他享有国王的全部信任，把君主的全部权力集中到他自己的办公室。我确信危险已在威胁法国，又打不破特·勃拉卡先生在国王身旁设置的封锁，便致函维也纳的特·塔列朗先生，告以我得到的情报，我知道他是直接同国王通音讯的。可惜这样转达的情报已嫌过迟，事态急转直下，危险已无可避免了。

有些人反对执行拿破仑退位时同他缔结的条约，他们犯了大错特错的罪，因为他们给了他离开厄尔巴岛最充足的借口。同那件非同寻常的冒险事业相关的种种情况是大家都详知的，无须我来重复。关于我自己，当听说波拿巴迅速向里昂挺进，而百姓和军队热情迎接他的时候，就打算去比利时等待这幕新戏收场。3月13日夜，我一切安排停当，即将启程时，接到杜伊勒里宫的特别通知，说是国王要见我。这道诏令使人有些吃惊，但我毫不犹豫地遵命。我直接去休先生处，探听什么事召见我。他占用了我度过生平最辛苦最操心的三年的那套房间。他察觉我因在那样的深夜被传召而不安，就立即通知我国王想任命我为巴黎警察局局长。他带领我去国王的房间，陛下十分和蔼地招呼我，他的声气把他的用意表达得一清二楚："特·布里昂先生。我们能借重你吗？我对你的热忱和忠诚抱有很大的期望。"我答道："陛下决不至于抱怨我辜负您的信任。""这很好，我即将重建巴黎警察局，我任命你为局长。去吧，特·布里昂先生，尽力干吧；我全靠你了。"也属巧合，我接受这项任命的日子是3月13日，当时在里昂的拿破仑签署了一项法令，把塔列朗、马尔蒙、我本人和其他十个人排除在大赦之外。这项法令证实了我一听到波拿巴登陆时就怀有的预感；但我为替国王事业效劳的愿望所驱使，我决定鼓起勇气克服可能出现的任何困难。

现在我回想起了3月13日夜间杜伊勒里宫举行的会议时,还是惊异不止。各大臣对于我们的真实状况茫然无知,他们相信自己针对拿破仑所采取的措施,超过了一切想法。谁能相信,那些大政治家,掌握了通信设备、邮局、警察局及其无数密探、金钱,总之是构成权力的一切手段,居然对拿破仑的前进一无所知,竟要我告诉他们关于此事的消息呢?我能对他们说什么呢?我只能重述一遍交易所流传的报道以及二十四小时内我搜集到的其他消息。我也不讳言他们的一切预防措置全是无用的。这引起讨论国王应取何种路程的问题。他不可能留在首都,那么他该去何处?有一个提出波尔多;另一个说旺代;第三个说诺曼底;第四个说国王应驾往麦仑。我心想,如果哪里会发生战争,大概就在麦仑附近。可是提议麦仑的那位大臣向我们确保说,国王在八匹马的敞篷马车上亲临将会在士兵心里产生神奇的效果。这个计划是荒唐的,其他的又是危险而不切实际的。我对会议说,鉴于情势,必须弃绝一切用武力抵抗的念头;士兵们谁也不许开枪,开枪的念头是疯狂的。我又说,部队的哗变是不可避免的,这几天来,他们用购买他们效忠的钱在取乐和酗酒。他们说:"路易十八是个很好的人;但是,小班长万岁!"

拿破仑刚一登陆,国王就发快讯给在夏蒂荣的马尔蒙,他是去为垂死的母亲送终的。我在他谒见国王的次日见到他,想来大约是3月6日或7日。他告诉我他对陛下说,他毫不怀疑波拿巴的意图是要来巴黎,而阻止他来的最好办法是陛下留在巴黎。他建议陛下应深居杜伊勒里宫,准备经受围攻;而另派昂古莱姆公爵去波尔多,特·拜里公爵去旺代,殿下去法朗许——孔代;他们应在光天化日之下出发,并宣告他们此去是为陛下募集勤王军的。我并不同意马尔蒙的意见,但是路易十八留在宫内有可能防止即将发生的兵变。同样毫无意义的是,波拿巴在试图围攻杜伊勒里宫之前当会考虑一下。我认为特·拉古萨公爵的建议是十分妥当的,可又认为他的意见不会照办,所以我反对。我也反对会上关于国王应去地点的其他建议。我自己建议里尔作为最近、最可靠,因而在目前状况下最安全的避难所。午夜过后杜伊勒里宫的会议才散会,没有做出任何决定;同意把各种意见提交国王,由陛下采纳他认为最可取的。我的意见被采纳了,但是直到五天以后才实行。

我被任命为警察局局长,已可看出,是临时想到的处置,几乎同拿破仑提议派我为驻瑞士特命全权公使一样晚。就职时我明知怎样卖力也阻挡不了迅速临近并带威胁性的事件的进展。被引入国王办公室时,陛下问我对局势有何想法。"我想,陛下,波拿巴在五六天里,就会到此。""你这么说吗?""是的,陛下。""可是已采取了适当处置,命令已经发出,各元帅都是效忠我的。""陛下,我不怀疑任何人的忠诚;可是我能向陛下保证,波拿巴既已登陆,八天之内就能到此。我了解他,而陛下对他不可能像我那么了解;可是我胆敢向陛下保证,他在这里待不到六个月;他会干出毁灭自己的暴行。""特·布里昂先生,我预言事情吉利;可是万一灾难再次迫使我离开法国,而你的第二则预测得以实现,你可信赖我。"国王在这次谈话中显得安详而听天由命。

第二天我又去杜伊勒里宫并奉命逮捕二十五个人。我冒昧进言,这样做是毫无用处的,在这紧急关头只能产生有害的效果。我提出的理由达不到所求的效果,可是减少到廿三个,而且仅仅置于监视下。富歇和达武则有命令立即逮捕。国王一再说:"我要你逮捕富歇。""陛下,我恳求您考虑这种措施是不起作用的。""我已决定要逮捕富歇;但是我肯定你会失败,因为安得烈成不了事。"

国王发出这道正式命令之后,我只能遵命,虽然我是十分反对的。我把命令转达给警察总监富特拉先生,他非常冷淡地说:"既然我们要逮捕他,您不用担心,明天他就足够安全了。"警察局的暗探到奥特朗托公爵的公馆,向他出示逮捕证,但是他拒不服从,因为逮捕证说是由警察局局长签发,而那时无此官长。我的意见,富歇是对的,因为我的任命并未依法宣布。他既然拒捕,便向国民自卫军总部求援。德索耳将军去杜伊勒里宫接受国王就此事的命令。这时富歇保持他的全副冷淡,同警察局暗探谈话,假装有某种要事而走到一旁,打开连接一条暗黑通道的门,从那里逃到街上,跨进一辆马车,驱车逃走了,留下的警察局暗探找来找去没见他。这就是著名的逮捕富歇的整个经过,至于达武,他是我个人的仇敌。所以我只下令监视他,以免别人说我对他的举动是出于个人报复。

发生上述事情的3月15日,我拜访了特·勃拉卡先生,重述了我对国王声言的波拿巴必定很快到达巴黎的话。然后我说,我认为必须把还在我们权力之中的短暂时间用于保障保王党人的安全,并把公共安全保持到王族离去之时。"您可相信,伯爵,"我说,"鉴于我身负重大利益,我不想把宝贵的时间用来逮捕各派人物,逮捕他们只能刺激公众情绪,此外一无所获。"于是我问起,关于波拿巴离开厄尔巴之事他事先得到过什么情报。"我们确知的唯一情况，"大臣答道，"得自一封截获的信件，下署厄尔巴，2月6日，致格勒诺布附近一个——先生的；我倒可以给你看看。"特·勃拉卡先生打开写字桌的抽屉拿出一封信给我。写信人为他已转往厄尔巴岛的家人的消息感谢收信人，继而叙说离开的一切准备均已就绪；一有有利机会就要赶紧出发，但是先要得到信中提出的几个问题的答案。这些问题是关于派往南方的几个团队及其宿营地的。还问道，各军官是否按照在巴黎商定的委派了，拉贝杜瓦耶是否还在他岗位上，信末请求对询问的各项做确切答复。把此信还给特·勃拉卡先生时，我指出，此信的内容要求迅即采取措施，问他做了些什么，他答道，他当即把此信的抄件发给特·安得烈先生，以便下令逮捕收信人。我曾有机会就近观察一个警觉而灵活的政府的机构，对于为挫败这一周密策划的阴谋而采取的措置如此不足，而国家高官全然玩忽和懦弱，我惊异不已。

  我在警察局就职时，坏事已经无可救药了。不知改过的逃亡分子需要再一次教训，而帝国的暂时复活在所难免——可是长不了。我一再声言波拿巴在法国待不到六个月。可是，如果他被召唤回来，并非由于对他个人有何爱戴；也不是因为法国的哪一部分忠实于对帝国的回忆而再次拥护他的事业。普遍的愿望是甩脱那批昏庸愚蠢的顾问谋士之流，他们以为他们可以为了逃亡分子的利益而像对待被征服的国家那样对待法兰西。在这种情况下有些人把波拿巴看作解放者，但是大部分人仅仅把他视为一种工具。以后一种身份看待他的有老共和派人和新的一代，这一代人迄今只在诺言中看到过自由，无知到相信拿破仑能恢复法兰西这座偶像。

  1815年2月，离开厄尔巴岛的一切安排都已完毕之时，缪拉向维也纳朝廷请求假道奥地利属上意大利各省区把一支军队开赴法国。2月26日拿破仑逃出厄尔巴岛。这两件事必定密切相关；因为缪拉的想法不论如何狂妄，他总不至于以为可以凭借武力逼迫法兰西国王承认他对那不勒斯王位的觊觎。路易十八回国以来，杜伊勒里宫政府把缪拉仅仅看作僭位者，不承认他具备任何其他资格；据我所知，法国派往维也纳会议的全权代表曾奉到特别训示，要坚决主张：支持两西西里王国的波旁王室恢复那不勒斯王位应是法国王政复辟的结果。我也知道奥地利方面强烈反对这个要求，奥地利政府每一念及欧洲有三个王位被波旁王室独家占有就无比嫉妒。所以缪拉深知他支持阴谋分子和拿破仑的利益可在法国充当什么角色。于是他大胆推进到波河两岸，不顾他的国家和首都的安危，而这一行动引起奥法两国的敌意。如果事先没有得到强有力的牵制和拿破仑支持他的保证，不能相信他会这样做。的确也有这样的可能，缪拉想趁欧洲各国重新对波拿巴作战之机确保自己在意大利的利益；但这两种假设得出同一结论——他是波拿巴冒险事业的同党。然而，缪拉这样行动像个冒险家而不像君主，于攻击奥基欧——拜罗桥失败后被迫退却，这次判断错误的出征毁坏了他打算与之合作的伟大事业。

根据我得到的可靠、权威的情报，拿破仑在厄尔巴岛构思的计划是这样的。他几乎一到法国就命令他可以信赖的那些元帅在围绕法国北境和东境的三道堡垒线以内调遣兵力，死守法国的大门和往巴黎的通道。达武留下保卫巴黎；他要武装郊区人口，还有两万名国民自卫军供他调派。拿破仑不明各同盟国的情势，从未料到各国能够这么迅速地集中兵力向他袭来。他希望出其不意地来一下子，让缪拉向米兰挺进，在意大利激起叛变，以挫败各盟国的计划。一旦渡过波河，缪拉逼近意大利首都，拿破仑就要率领絮歇、布律纳、格鲁希和马塞纳等人的军团，加上向里昂强行军的一支部队，跨越阿尔卑斯山脉发动皮蒙特的革命。在皮蒙特从起事军中征集军队并会合米兰的那不勒斯军后，他就要宣告意大利独立，把全国联合在一个首领之下，然后带领十万人翻过1797年他乘胜越过的汝拉阿尔卑斯山脉向维也纳进发。还不止此，散处波兰和匈牙利的大批密使要在那里制造事端，发出独立的呼声，以此惊吓俄罗斯和奥地利。必须承认，拿破仑因为没能奴役欧洲便以给欧洲自由作为报复，这是一种特殊的景象。

拿破仑靠了这些大胆的调动和广泛的联合，指望在军事行动上先发制人。拿破仑的天才也许从未像在这个广泛构想中那样得到全面发展，这种构想不是一日之间能够成熟的。这个意图，事实上囊括了他历来想要完成的一切企图的精髓——包括了他从初次上战场到帝位上的最后一刻所思考的一切重大冒险事业。只有最终目标改变了——从帝国变为自由；可是一旦成功，多半又会恢复他原先自私的野心计划。按照这项计划，他要在从奥斯坦德到维也纳、靠阿尔卑斯山和意大利的五百多里格长的战线上展开军事行动，这样他就能得到各种各样的广大资源，不仅能够防止奥地利皇帝把部队开向法国，或许还能迫使他结束一场只有祖传各邦遭殃的战争。这就是拿破仑踏上把他从厄尔巴载运到法国去的船只时向他展现的光辉前景。但是缪拉的疯狂突袭使得欧洲警觉起来，灿烂的幻景像梦幻似的烟消云散了。

我自己确知一切平静，王族也安全，绝无任何危险之后，便独自于3月20日凌晨四时出发，踏上去里尔的大路。于21日午夜时分到达，发现各城门已经关闭，只得满足于在市郊的简陋住房度夜。

23日路易十八到达里尔。陛下也发现城门关闭了，一个多小时以后才得到开城命令；因为陛下驾到时镇守当地的奥尔良公爵视察部队去了。国王受到十分周全的接待。出现了某些哗变的症候，因为必须承认，为了优先提升归国的逃亡分子，旧军队的军官完全被牺牲和忽略了，所以军队自然而然地要欢呼屡次率领他们走向胜利的那个人的返回。

路易十八的愿望是要尽可能久留在法国；但是部队的拿破仑热蔓延极快，里尔的守军靠不住了。莫蒂埃元帅向我表达了他颇有理由的担忧，劝我一定要国王迅速离开里尔以避免任何严重后果。最后国王极不情愿地同意去根特，我于陛下确定启行的前一天离开里尔。

1814年9月，国王曾提名我为法国驻汉堡临时代办，可是不曾接奉要我赴任的命令，所以我在上文没有说到。岂知路易十八即将离开法国时，想到我去汉堡将对他的利益有用。我毫不勉强地马上启程去一个我有把握可以找到许多朋友的地方。虽然就此离开了事件的现场，我继续获知所有的重要事件。

波拿巴于3月20日夜九时许进入巴黎。再没有比他进入巴黎更凄惨的场面了。浓雾加重了夜色，街道几乎空无一人，一种朦胧的恐怖之感弥漫在首都各处。在那个以百日政权之名载入史册的可纪念的时期，我没有机会观察巴黎的面貌；但是我当时收到的信函加上后来听说的一切，一致向我确言首都从来不曾像这个时期那样呈现阴郁的景象。对于拿破仑第二次在位历时的久暂谁也没有信心。有人毫不隐讳地说，为篡位效劳的富歇必定要出卖此事。全体社会成员中对未来的恐惧使人心激动，不满情绪无处不在。看到联邦党人在各郊区和林荫道上游行时高呼："共和国万岁"和"杀死保王党人！"他们杀气腾腾的歌曲——各剧场演奏的革命曲调——无不有助于使头脑因恐惧而麻木，大家都焦急地盼望行将来临的事件的结局。

百日政权之初，主要有一件事打开了至今还被拿破仑过去的光荣所迷惑的那些人的眼界，就是他实现不了把皇后和儿子立即归还他的诺言。他显然已不能指望任何盟友；虽然非凡的活动创建了一支新的军队，只有盲目的人才会设想他能战胜当时已武装起来对付他的整个欧洲。波拿巴的冒险举动无可避免地要酿成惨祸，我为此叹息；但是关于各同盟国意图以及影响维也纳的各国全权代表的精神，我握有确切情报，所以一刻也不怀疑这场较量的结局。

维也纳获知波拿巴企图的最初消息时，会议对于事情的最后安排还无甚进展；他们谨慎从事，因为他们想在搅动和动摇了这么多王位的狂风暴雨之后重建一个巩固而持久的秩序。路易十八指令他的全权代表捍卫和支持正义原则和国际法，以便确保各方的权利并防止新的战争。拿破仑在儒安湾登陆的消息传到时，会议正在仔细考虑和讨论这些重要问题。于是各国全权代表签署会议议定书，结束了会议。①

---

① 拿破仑的胆大行动的消息传到维也纳时，会议发表宣言如下："波拿巴破坏了把他安置在厄尔巴岛的条约，这就毁坏了他赖以生存的唯一法律权利。他怀着制造混乱和破坏秩序的计划再度出现在法国，就自行剥夺了法律保护，并向举世宣告了同他没有和平或休战可言。因此各国宣布，拿破仑·波拿巴已自行置身于文明和社会关系的范围之外，成为世界平静的敌人和破坏者，他使自己应该受到公众的报复。"——原注

第五十章 滑铁卢之战

我到达里尔时和后来在汉堡时,都收到家里来信,告诉我波拿巴回来后巴黎发生的种种事情。我离开巴黎以后两小时,特·布里昂夫人也带着孩子们前往距首都约七里格处为她备下的一处退隐地方,她把妹妹、两个兄弟和友人纽利伯爵夫人留在我巴黎的住宅,伯爵夫人从逃亡国外回来后就同我们住在一起。

我们离开的那天,即3月20日的上午,同我一向保持友谊关系而又一心效忠波拿巴的伯顿将军送信来请特·布里昂夫人去看望他,因为他有要事相告。我的小姨由一个朋友陪伴去拜访那位将军,将军劝她恳求我万万不可追随国王,他说路易十八的事业已全盘失败,我最好是去到勃艮第,因为我无疑会得到皇帝赦免。波拿巴抵达巴黎的当天也曾传令我的家属,保证全部赦免我的一切,并希望我留任警察局局长。我承认,我知道这么看重我非常高兴;但是我片刻也没有后悔我奉行的路线。我不能忘记1811年以来以我为目标的那些阴谋,以及那一年不断威胁说要逮捕我,使我时时不得安宁;直到1814年我才得知我遭到迫害的真正原因。那时我弄到下述信函,原件还在我手:

特·巴萨诺公爵先生:

  附上关于布里昂老爷的若干文件,请你给我一个关于此事的秘密报告。这些文件只能归你一人保存。此事要求绝密。我有理由相信布里昂勾结伦敦策划一连串阴谋。

1811年12月25日,巴黎
拿破仑那时我才豁然明白一直蒙在鼓里的事情，不过我还是不知道拿破仑信函中所说的文件；后来才知道是指我在汉堡同路易十八一派人中的德里森将军的某些交往。

不久后我听说要查封里昂诏令上列名诸人的财产，我的当然在内。我妻子一得到这个消息就从隐退的地方出来，去巴黎面对这场风暴。3月29日夜晚九时，警方暗探来到我家。特·布里昂夫人抗议这一措施以及选择此时刻执行之不恰当；但是一切无效，除了默不作声之外别无办法。事情还不止此，因为五月间派了七个人审查我的文件。他们的动作甚为粗鲁，执行任务之苛刻和严厉使我家属感到特别痛心。他们的搜索及于检查我旧衣服的口袋，甚至撕开贴边。所做的一切全是为了希望我在法国新主人的眼中信誉扫地；但那样是抓不住我任何把柄的，因为离家以前我预先处置了一切，所以完全放心。

我从汉堡函告特·塔列朗先生我已到达。我收到日期为1815年4月19日自维也纳的复函，告我联军正以全速临近法国边界。"军事措施方面，"他说，"到处都以最大的精力和活动在进行。在维斯都拉河上的俄军比预定日期早四天到达波希米亚，将与奥国部队同时抵达莱因河。预计战斗将于5月中旬开始，广大的实力已经合到一起，事情的结局是不容置疑的。"我在新的住地不愿增加不必要的通信，也无甚要事值得函告特·塔列朗先生，所以我不常同他通信。我收到那位大臣5月5日自维也纳来的第二函，他要我多写点信。他在那信中说："你收到我4月19日的书信以后，想必已知悉昂古莱姆公爵在南部各省已不能如我们所希望的那样支撑住。所以，法国暂时将全部落入波拿巴势力之下；但是对付他的战斗要过些时日方能开始，因为要以巨大兵力从所有据点同时出击。各国之间在军事措置方面完全协同一致。对付缪拉的战事正在进行，胜仗保证了战事不会旷日持久。他已两次要求休战，但遭拒绝。"

特·塔列朗先生在那个困难时期无疑已表明其为欧洲第一流外交家，关于维也纳的事态，我无法提供比上述他来函的摘录更好的概念了。在维也纳如同在提尔西特一样，他不能靠战胜国的权力支撑自己；如今他的任务是为战败国的权利辩护，然而他促使联盟各国作为一项原则承认那不勒斯王位给予一位波旁王族君主的合法性，同时又制止普鲁士并吞萨克森领土以后过分扩大。

拿破仑再次住入杜伊勒里宫以后，马上着手准备抗击为对付他而组成的庞大同盟。"卡尔诺又任陆军大臣；拿破仑和他共同重组军队能取得怎样的成效早已在执政府的初期表现无遗。波拿巴在卡纳登陆时法国驻扎的军队数达十七万五千人;骑兵大大减少了,1812年、1813年和1814年的惨祸可在军需物资和武器,特别是大炮的奇缺上看出。虽有无数各式各样需要操心和挂虑的事务的压力,以及民情的愤激使他不能再靠征召这个老办法——皇帝经过难以置信的努力,仍能于5月份之内集齐三十七万五千名武装士兵——包括由四万名精选老兵组成的御林禁卫军,装备精良,纪律严明,一支人马众多的优秀骑兵,以及一长列数量成比例而质地优良的大炮。"他还竭力用外交手段劝说联盟各国承认法国领土完整,可是毫无成功希望。因此他准备打仗。他无心在国内坐待各路敌军的出击;可是内政事务的状况又不允许他马上开始军事行动——他面临的各种困难若在往日是不至于使他迟疑不敢开战的。所以,6月1日在五月广场主持了一个盛大集会,三天后又为两院的会议揭幕之后,他于6月11日晚离开巴黎前去指挥军队。他抵达维万是12日,14日在布蒙会聚,并检阅只待他一声号令就立即行动的全部军队。他们是精心挑选后组成的精锐无比的部队,不过比他过去带上战场的军队人数要少得多。

  法国和欧洲都没有长久悬而不决,① 因为军事行动于6月15日上午开始,而滑铁卢大血战决定了战役和战争全局。② 现在我的预言即将实现;因为滑铁卢之战的结局使路易十八能够回到他的国土。我一听说国王离开根特就以全速从汉堡启行,希望能够及时赶到巴黎目睹陛下进入。我于7月7日到达圣丹尼;重新换上我的国民自卫军上尉军服后立即前往王宫。客厅中挤满了前来祝贺国王返驾的仕女。

  我在圣丹尼找到我的家人,她们不知我已离开汉堡,见到我惊喜过望。她们告诉我巴黎人都迫不及待地等国王回来,这个事实我可从反对自由表达舆情一点判别出来。巴黎宣布处于封锁状态,各门紧闭,未获准许谁也不得离开首都。获准出城固然很容易,可是必须遵守这种形式,就是为了阻止百姓成群结队前去圣丹尼在国王当众进入时瞻仰丰采。已然决定把富歇和三色帽徽强加给国王,那些可能劝说国王反对提出的措施的人,就竭力不让他们接近陛下。然而国王坚决拒绝批准采用三色帽徽,却在任命富歇为其警务大臣上让了步。有人确言,

---

  ① 读者当可记得,路易十八离开法国以前在里尔时,我对陛下说过,我坚信他将在六个月以内恢复王位——原注。

  ② 关于1815年战局军事行动的记述,见本章末所附的摘录。

特别是在威灵顿其人的影响下,富歇才成为国王的一名参赞大臣。在外国人赏赐我们的所有恩惠之外,富歇确实可称是送给法国和国王的值得欢迎的礼物!

我并非不知威灵顿公爵对于第二次复辟的影响,但是任命富歇为一位波旁君主的大臣是完全反常的事情,我很久都不相信威灵顿的影响居然能够超过反对此事的一切认真严肃的考虑。可是我上当了。法国和国王都亏了他才把富歇引入国务会议的,我得感谢他使我不能恢复自己的职位——我为了追随国王进入比利时而放弃的那个职位。国王不能授予我警察局局长的职位,在这样一个人的手下,因为不久之前我曾奉命去逮捕这个人,他却逃脱了我的暗探。那是不可能的。因此,我不指望对我做的保证是正确的;但是我承认,如果要我猜那原因,我绝想不到那是出自富歇被任命为法国国王的一位大臣。富歇担任警务大臣!我哪怕像唐·璜那样看到一座塑像走动,也不会比听到这则新闻更加惊慌失措了。若非几个人都对我这样说,我简直不能相信。的确,我怎能想到,在政局复旧之际,国王竟会把最重要的一个政府部门托付给一个一百天以前认为逮捕起来至为重要的人——何况这个人还是波拿巴在里昂授给同一官职的人。这是不可能的!这样,不到二十四小时同一个人就被委派去执行截然相反而且从某些利害关系来说是完全矛盾的措施。他今天是僭帝的大臣,明天又变为合法君主的大臣!

我纯粹因为富歇到部而退隐到私人生活,这是留给失意人的慰藉。我注视过往漫无节制和前后不一的言行,以及每天干出的新的愚蠢行为;必须承认,在我的观察中呈现了一幅千变万化的丰富画面。国王没让特·勃拉卡先生复职——他听从了慎重的进言,到达蒙斯时,他派这位不吉的大臣去任驻那不勒斯大使了。

已经有人谈论到复仇,是有些毫无头脑的人想趁外国军队压境之机来一个他们所谓的"了结大革命";他们哪里知道,除了老实采用大革命所产生的那些可取方面以外,别无其他办法足以实现那个目标!外国人高兴地旁观那些蠢人办事,以为可以转而有利于他们。事实真相是,第二次复辟时,我国的各个冒充盟国表明了他们是我们的敌国。

除了那些外国人,除了他们的恶劣行为——他们永不知足的敲诈勒索,除了目睹外国大炮安置在巴黎各街道和王宫的窗下所产生的屈辱之感以外,王室不妨认为7月8日以后的日子是欢乐的时期。百姓天天拥往杜伊勒里宫,在国王窗下载歌载舞表示他们的高兴。这种热情奔放或可视为荒唐的；但至少证明了波旁王室的返回所引起的欢欣。不料这种欢乐的表现却惹起富歇的不快，他决定予以制止，唯恐人家认为他的效劳是可有可无的。他雇用了一些流氓混在群众之中向女性衣饰上泼腐蚀性酸类并做出非礼举动，使体面人士因怕受辱或受伤而不敢参观杜伊勒里宫的园林。他以这种办法使人相信唯有他才能制止骚乱，其实那骚乱正是他本人唆使的。他把杜伊勒里宫的警察置于自己控制下，载歌载舞停止了，宫室呈现阴暗景象。

国王在圣丹尼时重新任命德索耳将军为国民自卫军司令官。将军下令立即拆除壁垒。国王驾到巴黎时，决定在御前设置枢密院，其成员包括各王公以及陛下今后一个时期任命的人士。然后他任命了新的内阁，其组成如下：

塔列朗亲王，法兰西贵族，大臣会议主席，外交国务大臣。

路易男爵，财政大臣。

奥特朗托公爵，警务大臣。

巴斯基男爵，司法和掌玺大臣。

古维翁，圣西尔元帅，陆军大臣。

特·若古伯爵，法兰西贵族，海军大臣。

特·黎希留伯爵，法兰西贵族，王室事务大臣。

内务大臣一时不及配备，其职责临时托付给司法大臣。各方对任命麦克唐纳元帅接替特·普拉特先生任荣誉勋章团长表示极为满意。特·夏勃洛先生重任赛纳省省长，特·摩勒先生任大道和桥梁总监；我的警察局局长一职由特·卡兹先生继任，弗朗先生任邮政局局长。

八月间国王决定召集新的代表院，我被任命为荣纳省选举团主席。我一得知我的任命就造访特·塔列朗先生接受指示，不料他对我说根据国王指令，我要听命于警务大臣。我指出，由于我和富歇彼此立场不同，我极不愿意拜访他。"去拜访他吧，去拜访他吧，"特·塔列朗先生说，"他保证不会在意的。"我去了，他对我的接待大大出我意外。他接待我就像对一个久别的亲密朋友。回想起来，我对他的行为就不觉得奇怪了，因为我深知富歇的仇恨可以让位给需求。他一字不提逮捕他的事，我向他请示荣纳省选举事宜时，他只要我能使自己得到提名，并使用我的影响排除德福瑙将军。"什么事对于我都是无关紧要的。"他说。"你反对他是为什么？""内阁不要他。"我要告辞时他叫我回来，同我长谈波旁王室第一次返回的事，在此无须赘述，只须知道他说起这些事的态度十分轻蔑；的确，他的用语再粗鄙也没有了。他说到王室时所用的鄙夷词语，使他活像一个鲁莽的阴谋家或者一个不讲信义的教唆分子而不是国王的大臣。我几乎以为他又想骗我背叛，约瑟夫·波拿巴已在富歇家里使我上过一次当了，或者，换句话说，他在充当间谍的角色；但是我知道他的卑鄙的原则，我感到他是在吐露真情实话。于是我中断了这次不同寻常的谈话。

我认为有责任让国王获悉我同他警务大臣的谈话，现在又没有特·勃拉卡伯爵阻挡真情和忠言进入陛下之耳，我一请求就获准单独谒见。国王感谢我的通风报信，我能察觉他已相信：富歇再留下去，他就将成为7月7日强加给他的这位大臣的牺牲者。奥特朗托公爵迅即被黜了，我为除掉威灵顿公爵加诸法国的一个祸害尽了力，感到满意。

我谒见国王后不久就出发去荣纳省履行职务，我荣幸地被选入代表院代表我的乡亲。我的同事朗多先生曾在万分困难的状况下证明他是依恋国王的政府的。

当选以后我回到巴黎，可是没有参与公共事务。我忧伤地眼看政府倚靠严厉手段惩处的那些过错，而高明的政策是应该归咎于时代的不幸环境。回想起内伊元帅①，我怎么也克制不了哀悼之情，他是牺牲于外国人的影响下的。布吕歇尔对我明说过，他们的目的就是要使法国长久不能从事新的战争；他们希望挑起政府和军队之间的不和来达到目的，而以为牺牲内伊就会造成不和。我对此事没有确凿证据，但是在我看来，富歇认为他必须把内伊的性命当作感恩的信物献给使他当上大臣的那种势力。

8月间我被国王提名为国务参赞，9月间又被任命为国务会议委员和枢密院成员。结束本卷之时，我想叙述一件有关我上述任命的事，在我是荣幸之至的。国王指令担任国务会议主席的特·塔列朗先生进呈他认为适宜担任枢密院成员人士的名单。国王读过名单之后对他这位大臣说："可是，特·塔列朗先生，我没见我们两位最优秀朋友的名字：布里昂和阿历克西·德·诺阿耶。""陛下，我窃以为他们的任命直接出自陛下之口看来是更加光彩的。"于是国王把我的名字和阿历克西·德·诺阿耶伯爵的名字添上了名单；因此我们两人的名

---

① 内伊于拿破仑败后回到巴黎，企图逃亡瑞士失败被捕，虽然路易十八和公众反对，还是被军事法庭判处死刑，于1815年12月7日被枪决。

字是路易十八亲笔写在法令原件上的。

或是作为演员或是作为旁观者,我所参与的不平凡的重大事件的叙述至此告终,这些事件目前也仅仅剩下回忆了。

关于1815年战局的摘录

摘自王家工兵约翰·W.普林格耳上尉的札记

下述记事不敢妄自以为会对一个业经多方探讨的题材增添什么新材料,不过还是讨论到了一些或许尚未充分或公正评价的事实和缘由。

众所周知,法国在同比利时交界处布满了堡垒。比利时则相反,现在是没有防务的。低地国家的众多堡垒,在我们以前的历次战争中那么闻名的,已在约瑟夫皇帝在位期间拆毁了;法国于1794年的弗略留斯战役中占领这个国家后又完全毁坏了那些堡垒,只有安特卫普、奥斯坦德和纽波特由于其对海防的重要性而破例保存下来了。这些情况使得两国在安全和准备并付诸实行攻或守的措置方面都处于极不相同的地位。

完全可以想到,在比利时一般人的印象是,波拿巴将赶紧竭力重占一个他认为几乎是法国一部分的国家,这个国家所能提供的资源对他是重要的,更要紧的或许还在于能够剥夺他的许多敌国可以用作准备进攻法国的、十分方便的战役基地。比利时和普鲁士的莱因地区各省以及在他军队服役的萨克森部队的不满情绪是众所周知的。萨克森部队的叛乱心思似乎随着法国部队在边界的调动而滋长了;所以被解除武装送往后方。在比利时,当作外籍人从法国军队中解职的大批法军官兵更加不满,他们几乎从大革命以来就在法军中服役,现在不去留神隐瞒他们真正的情绪和依恋。路易从里尔经过弗兰德斯的出亡增加了比利时的不满情绪——还似乎就是普遍流行的情绪。英国人用以制止不满并抵御入侵的兵力只有汤麦士·格雷厄姆所统率的六七千人,主要包括匆促凑合起来的次等营连,我国大部分精锐部队还没从美洲调回。在比利时还有德籍军团以及八千至一万新征集的汉诺威军。比利时部队刚刚开始组织,故而奥仑治亲王的兵力约达两万人。在莱因河及麦士河上任指挥的普鲁士将领克莱斯特有三万人,后来增至五万,则是包括萨克森军在内的。

拿破仑于3月1日在卡纳登陆的消息于9日传到布鲁塞尔。保卫比利时的准备工作迅即着手进行。克林顿将军麾下的英国部队随同盟军集中到艾特、豪斯和土奈附近;这几处和伊普累、根特以及欧登纳德等地奉命根据情势的紧急而进入防御状态。为实现这点，残存的旧日堡垒都尽量利用起来了。增加了新的工事，并且利用了比利时巨大的防务系统，防务系统一般是在几条运河的水面或者海平面以下，因此能被水淹。控制洪水的闸门都有强固的多面堡予以保护。

因国家需要招募来的约两万名劳工同部队提供的工兵一起每天修筑工事。所需的大炮和军需品从英国与荷兰供应。每天都有部队开到，马上转往边境去了。边境地带频繁的调动很可能有夸大了的情报转给敌方。这些有力而及时的措施恢复了信心——比利时人民的惊慌消除了——他们看出，他们的国家非经激烈的搏斗是不肯放手的；动摇分子稳定下来了，异己分子不敢作声了。一个月之内多数边境地方都经得起突袭了。

4月初威灵顿公爵从维也纳来到布鲁塞尔，立即视察了边境和各堡垒；之后他同意了与普鲁士军协同的一项作战计划，即把他们的部队沿索姆河和麦士河集结，占领夏勒罗、那慕尔和列日，以便同他的左翼取得联系。普鲁士军修复了科隆周围的工事，确保了他们同普鲁士的联络并使他们在莱因河上有了一个桥头堡。参看地图可以表明普鲁士军沿索姆河与麦士河驻扎能够与我军配合行动；保护他们往普鲁士的交通线；一旦敌军从麦茨前进又可迅速开赴摩塞尔河各省。

俄军要开到战线上的美因兹，可是他们直到6月才抵达莱因河，还只是第一军团；所以，目前从普鲁军左翼的狄南特到奥地利——巴伐利亚军右翼的曼海姆之间存在一个缺口。

重要的目标是保卫布鲁塞尔；因为这个城市可说位于从里斯河上的曼宁延伸到麦士河上的腓力维耳或基维，约七十英里长的大部分法比边界的中心，距离两个端点各约五十英里；必须靠土奈、蒙斯和夏勒罗等地防守从法国进入的通道；也要防止根特这个非常重要的地方受到来自里尔的攻击。波拿巴似乎认为占领布鲁塞尔事关重大，这是从缴获的他的辎重上已经印好的布告上看出来的。所以从任何观点看来，防止这个城市哪怕暂时被占领都是极为重要的，这只有不惜背城一战才能办到。

3月末前后，观察到里尔和伯古厄之间的法国边境上有些行动，似乎在准备攻势作战，那时候驻扎在曼宁附近的部队奉命在适当抵抗并毁坏里斯河上的桥梁之后退往集合地点古特来；然后再做不危及他们安全撤退的抵抗，努力确定敌军行动的目标，并使部队有时间集结。他们要退到欧登纳德和根特，打开各闸门放水漫灌。约在 5 月初又观察到类似的行动，但已不甚担忧了，因为我方当时凭借土奈工事的突出地位和欧登纳德及根特的桥头堡已控制了些耳德河，能够采取攻势了。

就隐蔽其行动的方式和集中其军队之迅速而言，拿破仑享有的盛誉无疑是当之无愧的。然而他迫不得已而为之的急行军使部队疲惫不堪，看似使他后来的行动不甚灵便了。他指挥的军队大部分是同一国籍，在一个首领下的老兵。联军则由各国士兵组成，大部分是年轻的应征新兵，又分隶两名将领，各自享有声名而不甚尊重对方。

6 月 14 日夜法国军队分三部分尽可能接近边界扎营并且不让普鲁士军察觉；其左翼在哈姆苏厄雷，中心在布蒙，是总部驻地，右翼在腓力维耳。

6 月 15 日凌晨三时法国军队分三路纵队越过边界，分别朝向马香纳、夏勒罗和夏提勒。普鲁士军前哨迅即被驱入；然而普军在三个据点顽强地据守地面到十一点，到齐特亨将军进入奇利和戈塞利斯的阵地足以遏止敌军推进时为止，然后遵照布吕歇尔元帅的命令缓缓退往弗略留斯，让他有时间集中军队。15 日夜法国军队组成三路纵队，左路在戈塞利斯，中路在奇利，右路在夏提勒。当晚普鲁士军的两个军团占领了松勃雷夫的阵地，在那里会合第一军团，占领圣阿芒、勃里和利尼。因此，尽管法军在时间极端重要的关头竭尽一切努力，也只能在昼长将近十五小时的白天推进约十五英里。齐特亨的军团损失很重，但是实现了他接奉的命令；因此布吕歇尔元帅得以在 15 日早把他军队中的三个军团计八万人聚集在阵地上，他的第四个军团正在行军途中，当晚可同他会合。

威灵顿公爵似乎预计到攻击来自蒙斯大道，最初接到敌军行动的消息时仅仅命令部队做好准备；这是 6 月 15 日傍晚六时。十一时许得到续讯，证实敌军真正的进攻是沿索姆河时，立即下令部队开赴加特——勃拉。

威灵顿公爵于 16 日很早的时候到达加特——勃拉，随即前去勃里同布吕歇尔元帅协调步骤，安排最有效的支撑计划。那时似乎法军的攻击要全部朝向普鲁士军，因为大量敌军向普军阵前移动。

敌军 16 日的目标，从拿破仑由苏尔特传达给内伊和格鲁希的命令看来，是要把英军逐出加特——勃拉，迂回普军右翼，而后沿大道直插勃里，切断英普两军。为此目的而分给内伊四万三千人。这个计划是高超的,如果内伊成功,将产生重要后果。占领加特——勃拉以后,他要分出部分兵力进攻圣阿芒背后的普军右翼,而波拿巴则主攻阵地中最坚强的圣阿芒村,同时又同普军全线交战。内伊的半数兵力在弗拉斯纳斯附近留作后备,准备好支援对加特——勃拉或者圣阿芒的进攻,如果两处都得手则直接向华格奈勒或勃里进发以迂回普军右翼。

圣阿芒村防卫得很好;这成了普军右翼实力所在,由于若干园林和树篱交相穿插,虽然突出普军其余阵地很多,还是非常利于防守。敌军连续攻击达两小时也只能夺得半个圣阿芒村,利尼遭到猛攻,反复易手数次。这时波拿巴调集内伊留在弗拉斯纳斯的后备军团;然而他们受阻于加特——勃拉,到不了圣阿芒就后退了,这种情况对于波拿巴和内伊都已无用。波拿巴观察到布吕歇尔把大批部队拉到圣阿芒村后面,似乎就改变了他正向圣阿芒村前进的后备兵力的配置,使之向右行动,攻击利尼的普军中央,强夺该村成功。这时已是九点,天色将黑,法军无法继续推进,便止于占领利尼。17日凌晨三点,普鲁士军撤出勃里。普军连夜退往提利和根布娄。普军的折损据他们自己统计达一万四千人和十五门大炮;《箴言报》上的法国官方统计说是一万五千人。法军承认死伤七千人。

威灵顿公爵离开加特——勃拉去同布吕歇尔取得联络时,敌军兵力似乎极弱,所以那时不用担心严重的进攻;但是他于三时许回到加特——勃拉阵地时,发现敌方已在弗拉斯纳斯聚集了一支很大的部队,正在准备进攻。进攻是三点半左右由两个步兵纵队和几乎全部骑兵发动的,炮兵以猛烈火力掩护。当时听命于他的兵力为一万七千名步兵和两千名骑兵,其中英国步兵约四千五百名,其余为汉诺威兵和比利时兵,还有拿骚部队。敌人最初取得一些进展,逐回了比利时和不伦瑞克骑兵;敌军骑兵不容我军步兵列成方阵就已突入,迫使部分步兵退入邻近的树林;不过,他们还是被击退了。在战斗的这个阶段,奥耳顿将军麾下的英军第三师约于战斗开始不久的四时许赶到,拥有六千三百多人,由英国兵、王家德国军团和汉诺威人组成。他们据守阵地有些困难,有一个团失去一面军旗。但他们终把敌军逐出了在日明古农庄和彼埃蒙村夺得的前哨据点。

但是内伊还据有波苏森林的一部分,从加特——勃拉沿通往弗拉斯纳斯的大道右侧伸展约一英里之遥。这有利于进攻我军阵地的右翼,所以敌军于左翼被击退后就进攻右翼。这时柯克将军的那个师（禁卫军）四千多人，从安亨赶到，大大有助于击退这次进攻，在尽力奋战后，敌军被逐向弗拉斯纳斯，混乱不堪。这场战斗经过严酷较量，敌军虽被击退，由于法军炮火占优势，双方死伤大略相等。法军的进攻纵队面对我方毛瑟枪的火力，伤亡很大，抵销了他们在炮火上的优势。在目前两军的相对位置下，需要极大的努力才能守住加特——勃拉这处重要阵地。如果内伊推进得如同波拿巴所说的那么迅速，将会达到他的目的。

但即使内伊早早占领加特——勃拉，他也分不出足够兵力对付普鲁士军，因为他想必看到，或者至少算计到英国军队正迅速开到以为被他占据的地点。英军仍能退往滑铁卢，而 17 日集中在滑铁卢阵地；也无法阻止普鲁士军如同他们后来那样退往华弗雷。波拿巴直到 17 日午前才占领加特——勃拉。他的部分军队遭到严重的阻击，另一部分军队打胜了没有决定意义的一仗！联军的损失没超过他那一方，而联军的优势在于可以从容撤向他们的资源和援军，而退却中又没有把现在的重要地方或阵地弃给追兵。16 日战斗的结局对法军并未产生重要后果。著名的工程师罗尼特将军毫不迟疑地称之为没有决定意义的战役。英军击退对加特——勃拉的进攻成功，使他们在滑铁卢面临敌军再次进攻时信心更高，而对于敌军则大概效果相反；蒂耳曼的普鲁士军团 18 日抵抗格鲁希优势兵力的态度，说明普军的信心绝未因利尼战役而动摇。

战役的概要以及拿破仑方面分隔两军的战略无疑设想得很高明，而且正如我们已看到的，几乎获得成功；然而即令他能成功，哪怕达到波拿巴所能希望或预期的程度，联军仍有安全的退避地点和充足的资源。从各方面看这都是以小时计的。不大可能知道一支铤而走险的敌军打算进攻的地点，特别是在这么广阔的战线上；这是进攻方面具有的优势。

联军各元帅执行他们事先商定的防务计划的勇猛态度，以及能够摆脱遭到突然猛攻所造成的和分别指挥所增加的困难，必然是值得钦佩的。

17 日上午英国部队仍然据守加特——勃拉，其余的军队到那里会合威灵顿公爵，如果普军据守利尼阵地以支持他的话，他打算守住那处阵地抵挡法军。

布吕歇尔元帅曾派一名副官通知公爵他的撤退，可是副官不幸阵亡，所以威灵顿勋爵直到 17 日七时才得知普军的去向。普军从容地退向华弗雷，其后卫据有勃里，到 17 日凌晨三时才撤出。普军的后撤行动使得英军也必须后撤，英军从容不迫地后撤了,公爵给士兵时间做完饭。十时许全军分三路纵队经过格那普和尼微耳斯撤向滑铁卢的一处阵地。

部队抵达圣让山前面的阵地后,进入他们所要据守的地面,于傍晚完成。这时气候变得异常恶劣。波拿巴统率的全部法军,除格鲁希指挥的两个军团(三万二千人,一百零八门炮)外,都进入了对面的阵地;炮轰一阵之后,两军在夜间处于对峙状态,大雨如注。公爵已同布吕歇尔元帅取得联系,布吕歇尔答应于18日晨以全军来援。随后决定固守圣让山阵地以掩护布鲁塞尔(无论从哪方面看,守住布鲁塞尔对于尼德兰国王都是至关重要的)。联军各首领的意图是,18日不遭到进攻则将于19日进攻敌军。

18日早晨和半个上午敌军不知何故处于毫无动静状态。大雨必定妨碍了他的行动,尤其使得大炮难以进入阵地;然而已经观察到这事早已完成。格鲁希提出一个理由说,拿破仑的弹药在前几次战役中几乎耗尽,只够军队作战八小时之用了。17日夜的大雨无疑对于敌军比对威灵顿勋爵的部队更加不利;后者已在阵地上,无须怎样行动;而敌军纵队,特别是骑兵,已因地面状况而疲惫不堪并受到妨碍,被踩倒的作物使他们的前进变得更加缓慢,延长了暴露在炮火下的时间。另一方面,同样的原因耽搁了普鲁士军前来会合,他们原来约定十一时赶到的,而迫使威灵顿勋爵孤军扼守阵地的时间比预计的延长将近八小时。

十二时许敌军数路纵队以大批轻装部队打头阵进攻胡戈蒙,开始了战斗。敌轻装部队经过激烈的短兵相接,把拿骚部队逐出了面前的树林,自己入林进驻。

那天早些时候,战斗几乎完全限于这部分战线,只有向中央射击的炮火令人恼火,我方枪炮即予有力回击。这阵炮火逐渐伸向左翼,敌军表现出骑兵攻击的征象。部队在山坡上列队时,遭到敌军炮火的猛烈射击。为补救计,威灵顿勋爵让他们后退约一百五十码或两百码到另一面山坡躲避炮火直接射击;因此我军的大炮留在前面以便俯视山谷。这个行动是公爵在一点钟到两点钟之间亲自指挥的;大致沿阵地的前沿或中心,在拉·海·圣特右面的高地上。

敌军大有可能把这一行动当作撤退的开始,因为我军的一大部分已看不到,所以决定进攻我左翼中心,以便占领称为圣让先生农场的建筑物或者控制位于两条大道会合点的圣让村本身,进攻的队伍在格那普大道上和大道边推进,包括四个纵队步兵(16日没有投入战斗的德龙军团),三十门大炮和一大群胸甲骑兵（米劳部）。在这路攻势的左侧，法军骑兵在步兵的先头推进了很远，威灵顿公爵在其冲上拉·海·圣特附近的阵地时命令重骑兵（近卫骑兵旅）向他们冲击，把他们逐回自己的阵地，大道在那阵地上切入高地，两侧形成陡壁。两军在这狭路里肉搏数分钟，敌军从高地上放下几门轻炮，英国骑兵便退回本军阵地。胸甲骑兵看来伤亡不大。他们似乎立即重新整队，不久就前来攻击我军步兵，我军步兵排成方阵迎敌，那时没有骑兵支援。几个骑兵纵队同时冲向拉·海·圣特那一边格那普大道左侧的我军步兵，他们这次进攻没打算拿下拉·海·圣特。在前面列队的一个比利时步兵旅退却了，这几个纵队布满了阵地；汤麦士·皮克顿爵士从第二线调上派克将军的那个旅（到了前线称第九十二团），在敌纵队刚刚占领高地时对他们开火并前进；敌纵队到三十码以内就开始徘徊不前；这时一个重骑兵旅（第一和第二龙骑兵团）绕过第九十二团侧击敌纵队；敌军全盘溃败；法军士兵抛下武器奔入我军阵地逃命，免得被骑兵砍倒；许多人被杀，我军缴获两面鹰旗，俘敌两千名。但是骑兵乘胜追击过远，受到另一路纵队的炮火射击，同时在混乱中受到派来支持进攻的一部分法军骑兵的攻击，英军被迫退却，损失甚重。敌军在这次出击中运到的几门大炮被我骑兵缴获；但是拉曳大炮的马匹都已被打死，我方不得不放弃这些大炮。指挥骑兵的潘生比将军阵亡。英勇的汤麦士·皮克顿爵士也在率领他那一师击退进攻时倒下。从这时，两点半，到战斗结束，英国骑兵没有投入战斗，只在第二线保持准备状态。法军胸甲骑兵重新编组并得到强大增援后，再次向我军阵地冲来，几次拼死攻击我军步兵，我步兵当即列成若干方阵，以最坚决的勇气和冷静抗击。

法军骑兵在上述对我军阵线中央进攻时没有步兵支持。然而他们以无比的勇敢逼近我步兵的方阵；他们前进时，大炮以准确的火力对之轰击，可是他们迫近时炮手不得不退入方阵，所以大炮实际上已落入敌军骑兵之手，但是他们受到猛烈的毛瑟枪火力的射击，不仅保持不住，而且即使有家伙也无法塞住火门。他们被击退了，各方面都遭到损失，而炮兵立即以最敏捷的方式夺回大炮，在他们退却时发出猛烈的毁灭性葡萄弹炮火。[1]

---

[1] 骑兵快步驰近我军的一处方阵，似乎怕遭到我方炮火而退缩不前；他们包围方阵的两面，正面有七八十人，距离一个棱角极近，似乎试图用剑触到刺刀。方阵的棱角上一般是四列纵深；骑兵冲到时两列开火，另两列按下火力；于是骑兵转身，倒下人数之少简直难以置信——仅仅一名军官两名士兵；无疑许多人受伤，但没有掉下马来。许多方阵在三十步之遥开火，未获其他效果。事实上，我方部队射击角度太高，这是最漫不经心的旁观者都将注意到的——原注。

第一次攻击失败后，法军再次进攻也没有什么成功机会；但是将佐之流或许为百般吹嘘的部队竟遭失败而感到羞惭，竭力一再驱策他们转身冲击方阵；可是他们只能穿行方阵之间或绕行方阵。他们甚至冲到我军第二线，砍倒大炮拖车和弹药车旁的一些掉队和牵炮的士兵，他们冲击第二线的比利时军方阵也未能取胜；等到有些荷兰重骑兵出现就退却了。

如果敌军认为我军是在退却，这样一次骑兵攻击就可能产生最严重的后果；但是他们毫无作用地留在我军阵地上，反复穿行于我步兵方阵之间，遭受火力的严重杀伤；所以不待战斗结束他们已接近消灭，而无论在出击中还是在掩护撤退时，结束战斗对于他们都大有用处。波拿巴如果离战线再近一点，必将阻止这样白白地牺牲他最精锐的部队。确实，这个时候骑兵出击只能表明他们以为英军在退却。于是，敌军每次进攻都被击退，损伤惨重。这对两军"士气"必定产生的影响对于英军有利得多，而敌军成功的可能性从那时起就减少了。

在这里估量普鲁士军的境地和他们直到此时（六时许）所给予的助力是适当的。

英军遭到数次猛烈进攻，均已击退，敌军也没有捞到什么大便宜。他们攻占了胡格蒙的部分树林和园林以及拉·海·圣特，可是后来也没能守住。没有一个方阵被击破、动摇或者被迫后退。我军步兵继续表现同样的顽强，同样的冷静，信赖他们自己、他们的统帅和他们的军官，统帅和军官在多年艰苦的伊比利亚半岛战争中让士兵争得了光荣。由于战场狭小，他们的纵队遭到强大的火力射击，敌军的损失不少于伤亡一万五千人。缴得了两面鹰旗，俘获了两千人，他们的骑兵几乎被消灭。我军仍然占有早晨的阵地，但是损失惨重，也许伤亡不下万人。许多人运走伤兵，其中一部分再没回到战场，我军的队伍更显稀疏了。比利时和汉诺威的部队人数众多，其中许多新征集的青年士兵都挤到后面来了，我们自己的龙骑兵也有些落马的，再加我军步兵中也有一部分人侥幸逃离战地，这在最优秀的军队中也总是有的。这些人拥挤在通向布鲁塞尔的大路上的状况，只有亲眼看到的人才能置信；所以六点半的时候威灵顿公爵手下实有的兵力超不过三万四千人。我们早已同在我军左翼末端的一些普鲁士巡逻骑兵取得联系。但我军阵地上观察到普军炮兵（毕洛夫军团）肯定是在五点以后，不久便好像完全停止了。他们似乎前进了并已取得某些成功，但后来又被法军远远击退，法军派洛博将军的一个军团阻挡他们。六点半左右第一普鲁士军团同奥海因附近的我军左翼末端取得联络。

各军的实际状况可以认为是这样的：

> 威灵顿公爵麾下的军队在战役开始时多达七万五千人，包括各个兵种，其中约四万人是英军或王家德国军团。我军在加特——勃拉的折损为伤亡四千五百人，军队就减少到七万零五百人；实际参加滑铁卢之战的约为五万四千人——其中三万二千人为英军或王家德国军团，包括骑兵、步兵和炮兵；其余部分在弗里德烈亲王率领下没有参加战斗，而是驻扎在哈勒附近护卫从尼微耳到布鲁塞尔的通道。法军兵力有各种不同说法，不容易精确说明他们的实力。巴蒂说有十二万七千人，那是越过边界的人数。也有说是十二万二千人的。古戈减为十一万五千人，其中骑兵二万一千人，大炮三百五十门。他们声称只有七万一千人参加了滑铁卢之战。

不过这个数字必定是低估了的；6月18日在波拿巴直接指挥下的人数无论如何都在七万五千名以上。

在此还须述及格鲁希军团的战斗活动，他是被派去追逐普鲁士军的。看来17日12点波拿巴还不知道普鲁士军的去向。大致以为普军朝那慕尔去了。12时波拿巴命令格鲁希率领三万二千人去尾随他们。部队由于分散在各处，到三时才出动，到17日夜才抵达甘布娄，这时格鲁希报告波拿巴普鲁士军的去向。18日12时左右他在华夫雷附近发现普军后卫，2时他进攻华夫雷，蒂耳曼将军顽强守卫，法军占领了村落的一部分。蒂耳曼将军英勇保卫这个据点使得格鲁希以为他面对的是普鲁士全军。然而布吕歇尔早已派毕洛夫的（第四）军团去夏拜耳——兰拜，到法军后背去活动。

当天这个多事的时刻英国军队多达三万四千人左右（除去死伤一万人和脱离战场的一万人），其中一万八千名为英国人。敌军直接同我方敌对的约为四万五千人，除去死伤和被俘两万人，一万人派去对普军作战。

预计普鲁士军早该来支援的，这才使得威灵顿勋爵应战；所以英军独当战斗分量的时间比估计的要长得多。然而威灵顿勋爵并不担忧战斗的结局。希耳勋爵的军团，比利时军数营，以及大部分骑兵都还没怎么作战。他了解他指挥的部队，哪怕普鲁士军入夜以前来不了也似有信心守得住他的阵地。

上述详情之插入，目的在于说明那天傍晚各军的状况。现在波拿巴知道了普鲁士军即将转向的厉害，但他同时又似幻想格鲁希能够瘫痪普军的行动。所以他决定最后拼死努力一次以突破英军中央，在普军实现进攻之前夺取英军阵地。

御林禁卫军是留作后备的，已在支持法军左翼（从拉·拜耳·阿良斯伸向胡戈蒙的）高地上列队多时，他们还不曾投入战斗。

七时许他们的两个纵队前进了，留下四个营作为后备。他们是由内伊指挥的，内伊率领他们前进。与此同时他们有些轻装部队朝拉·海方向前进。禁卫军这两个纵队的前进有猛烈炮火作为掩护。我军步兵布置在山背面躲避炮火的，顿时被威灵顿勋爵调上来了。梅特兰将军的禁卫军旅和亚当将军的那一旅（第52团和71团，以及第95来复枪团）抵抗这次锐不可当的进攻。他们两翼有两个炮兵旅，一直以毁灭性火力射击前进的纵队。我方部队以特有的冷静等待敌军前来，到敌军距离我军阵线很近的时候瞄准他们开了火。阵线的组成是四列纵深。士兵各自射击，装子弹时后退数步，装好后又前来发射，所以他们的火力一刻不停。法军不顾这阵遏止了他们行动的炮火造成的惨重伤亡，在他们英勇的领头人率领下继续前进。现在他们距我军阵线已不足五十码，他们试图散开以便回击。我军阵线似乎紧紧围绕他们。他们在这样的炮火下散不开，从他们停止前进的时候起，他们获胜的机会就错过了。这时他们乱作一团，终于退避，混乱不堪地溃退。他们立刻受到亚当将军轻装部队的追击。这一着决定了战斗。敌军的进攻手段到此业已耗尽。但是他还有四营老禁卫军做后备。威灵顿勋爵火速命令全线推进，进攻法军阵地。敌军本已试图撤退。这四个营组成方阵掩护各快速纵队撤退，两侧有几门炮，还有些轻骑兵（红色枪骑兵）作为声援。

这时第一普鲁士军团已同我军左翼末端会合。他们已夺得了拉·海村，逐出占领这个村落的法国轻装部队。在此之前不久，毕洛夫曾率领他的第四军团进攻敌军右翼后背的普朗歇诺河村而未获成功，他同（皮奇的）第二军团会师后，再次向前进攻这个村落。与此同时，老禁卫军的方阵支持住了，其侧翼的大炮向我军轻骑兵开火，我轻骑兵这时前进了，造成迂回他们侧翼的威胁。我军轻装部队逼近他们的战线，全线推进，敌军掩护撤退和援救军队唯一希望的那部分"精兵"退避了，混在全军的大乱和溃退之中，抛弃了他们的大炮和全部器材。这时天色将黑。毕洛夫同皮奇的军团会师后再次进攻普朗歇诺阿村，迂回了该村，于是敌军弃守了。他马上向格那普大道挺进，紧紧包围法军右翼，驱除他面前的敌军，使他们更加纷乱。他的部队来到梅松·杜·罗阿附近的大道，约与布吕歇尔和威灵顿在拉·拜耳·阿良斯附近会面同时，决定追逐敌军，他连集合都来不及了。

普鲁士军那天行军时间不长，追击敌军极为勇猛，连一个营都集合不到一起。英军在战场上停顿不前。法军一度试图在格那普抵抗一下，他们在那里如有首领指挥，或许可以维持到破晓，这个村落的形势是稳固的；那样他们就可据以救出至少一个军上下。第二普鲁士军团后来被分派出去截阻格鲁希，格鲁希到次日12时才得知战役结局。他对蒂耳曼将军占了一些优势，夺取了华夫雷。他当即向那慕尔撤退，他的后卫在那慕尔顶住了普军的全力进攻，普军为力图夺取该地而损失惨重。这倒掩护了他的撤退。他以非凡的能力实行了撤退，保持同布吕歇尔平行的路线，收容了许多逃兵，他把他的军队完整无损地带回巴黎。别人还当他已失踪，他的军队当了俘虏；这种信念是波拿巴俯首听命的一个重大原因；不然的话，加上这支军队他能凑合七八万人；巴黎的堡垒和实力也足够对付一次突袭的，在去年的辉煌保卫战之后，他不至于不做挣扎就轻易归顺的。战争事态中常有命运的转折点；他至少可以妥协。那支军队和大部分居民仍然乐意做出牺牲来拼命重建他的武力已遭玷污的光辉。他至少有权力掌握住下坠宝剑的荣誉。

普鲁士军赶到和合作的时间有各种不同说法。上述记载或许是尽可能接近真相的。法国著作家说来得早一些，以便更加满意地说明他们的败绩。普鲁士人也说得比实际情况早一些，以便多分享一些那天的光荣。他们强有力的支援已做到最大限度。在持续七个多小时的法军对英军的每一次进攻都遭失败之后，在法军骑兵已被消灭，御林禁卫军被逐回，鹰旗被缴获，再次发动进攻的力量可说已经穷尽的时候，普军完成了法国军队的毁灭。英国军队遭到重创，已无力从法军的败退中扩大战果。但是英军的安全一刻也没有受到威胁，下述见解是怎么考虑也不能成立的：有人说要不是敌军已经受到重创，无力利用我军的挫折，是不难击败我军，将我军逐出阵地的。即便是那样，普鲁士军的赶到也必将迫使他退却。

这次以"小时"计的短暂战役是一次联合作战。荣誉理应分享。16日普鲁士军在利尼作战,我军曾允诺协力,但是没有达到所愿意和所希望的程度。18日威灵顿勋爵在滑铁卢作战,普军也曾应诺尽早来援,虽然无可避免地耽搁了,最后仍能赶到,其效果或可说是空前未有的。由法国最伟大最能干的首领指挥的法兰西前所未见最优秀的军队不复存在了,欧洲的命运顷刻之间发生了转变。

第五十一章① 圣赫勒拿岛的余年

滑铁卢会战的直接后果是战局的全盘失败和拿破仑曾经指挥过的虽然人数不算最多却是最精锐军队的全部覆灭。逃出战场的那部分军队混乱不堪地向法国边境奔命,到了劳翁才重新聚合。

拿破仑本人继续奔逃到腓力维耳,他想在这里接过格鲁希那个师,但是盛传这个师也已被消灭,而那位将军也已被俘。这些报道使他放弃原来的目的,继续前往巴黎,带去自己失败的消息。

19日首都刚庆贺过夏勒罗、利尼和加特——勃拉三大胜利的消息;但到21日,即那次致命的战斗之后第三天,最初是悄悄相传,随后公开说出,昨夜拿破仑只身自军中归来,如今在波旁——爱丽舍宫。悲惨的真情无法长久隐瞒——打过一场大战,法国军队已遭毁灭。

两院匆促集会,通过一连串决议:第一项,宣布国家处于危险中;第二项,两院的会议为经常性的;第三项,部队有功于国家;第四项,国民自卫军应予召集;第五项,请各大臣出席会议。这些建议显示了代表院的忧虑,他们唯恐再被武装部队解散,同时宣布他们的意图是要在公共事务上做主而再不顾什么皇帝。除了认为不够成熟的第四项外,各项决议都经采纳。

代表院自行组成为秘密委员会,各大臣向委员会和盘托出惨祸的情况,宣布皇帝已任命科兰古、富歇和卡尔诺为专使同联盟各国议和。共和派议员直截了当地提醒各大臣,他们缺乏可据以谈判的根据,因为联盟各国是向拿破仑宣战,只有他才是国家与和平之间的唯一障碍。大家似乎怀有共同情绪,认为拿

---

① 这一整章都是为了继续叙述从滑铁卢之战到拿破仑之死而增添的,因为特·布里昂先生没有叙及那个饶有兴味的时期。文中事实主要摘自华特·司各特爵士的传记。

破仑退位是绝对必需的措置,他们任命了一个五人委员会同各大臣商议办事。贵族院采纳了下议院的前三项决议,任命了一个公安委员会。

现在已很明显,拿破仑或是宣布自己拥有绝对权力并用暴力解散两院,不然就放弃他新近重新承揽的权力。他弟弟吕西安建议他像当年雾月19日那样解散两院,但是现在时代已完全不同了,他既不允许自己采取粗暴措置,也不甘心表示自愿退位。6月21日晚他召开会议,两院议长和副议长出席,会上说到他必须退位,经过怒气冲冲的讨论,做不出任何决议就散会了。

6月22日上午,滑铁卢战败后仅仅四天,代表院又集会了,表示急不可待地要取得退位诏令。要求皇帝退位的提案将付表决,他已表示顺从,就无须表决了。这是富歇交来的,辞令如下:

> 法国人!——开始维护民族独立的战争之际,我倚靠一切力量和一切意志的联合以及所有国家机构的协同一致。我有理由希望成功,对于各国反对我的一切宣言全不在意。
>
> 情况对于我似已起了变化。我献出了自己作为法国许多敌人的仇恨的牺牲品。他们可以证明他们的一切宣言是真诚的而且真的仅仅引导他们反对我的政权!我的政治生命业已告终,我宣告我的儿子以拿破仑二世的尊号继任法国人的皇帝。
>
> 现职各大臣当组成临时性政府会议。我对我儿子的关切促使我敦请两院立即制定法律组织摄政政体。
>
> 为公共安全而联合一切力量,以便保持为一个独立国家。
>
> 拿破仑(签字)
1815年6月22日,草于爱丽舍宫

这份诏令产生后在两院引起的辩论是激烈的,但是为对逊皇保持应有的敬意,代表院委派一个委员会晋谒他致谢,他们在他面前注意避免提及和承认他的儿子。拿破仑接见派来致谢的委员会时,最后一次身穿皇袍,各位国务大臣随侍在侧。他看来苍白而凄惨,然而坚定而能自制;在其答词中建议举国一致并且迅速准备防务。他还提醒他们他退位是有条件的,包括他儿子的利益在内。

代表院议长怀着深挚的敬意答道,关于他刚才加诸他们的各个问题,代表

院对他没有指示。这时拿破仑已看清，他的儿子没有希望了；他尊严而有礼地送走了代表团，拿破仑再度登位时期——百日政权——到此告终。

临时政府成立，把国家的执行权力授给五个人——两名选自贵族院，三名选自代表院。这五人是：卡尔诺、富歇、科兰古、格雷尼埃和基内特。

继位问题提请审议时，6月24日两院再次集会，但是以下述遁词避开了问题：没有理由正式承认拿破仑二世，因为根据宪法条文，他已经登上帝位。两院用这个办法使得帝党无话可说，即名义上承认小拿破仑对于皇冠的权利；同时又防止拿破仑或者他任何一个朋友干涉今后国家的行政。临时政府又逼迫拿破仑以他本人名义发表一项对于士兵的宣言，证实他退位这个事实，这是除了他本人以外的当局说了部队都不愿听从的。他们又要求他退居马尔梅松，那里当他还是自己行动的自由主人时，从来不曾被富歇的警察包围。他们更从这点进而把他置于一种逮捕之下，即指派同拿破仑关系冷漠的将领贝克将军在那里监视，必要时限制他的行动以防止他逃跑，并采取手段劝诱他离开马尔梅松去罗歇福尔，那里备有两艘快速舰载运他去美利坚合众国。

拿破仑毫无怨言又不失尊严地顺从他的命运。他轻松自然地甚至高高兴兴地接待贝克将军，而贝克对他怀有敬意，更加感到交付给他的任务之难受，因为现在委托他负责的这个人，是曾经对他怀有个人怨恨的。6月29日拿破仑离开马尔梅松，7月3日抵达罗歇福尔。贝克将军奉陪他，因为贝克奉到的指令是要监督他到确实上船时为止。这一路上他所到之处部队对他发出一片欢呼声，而国民则尊敬这个差点没成为世界霸主的人的倒运。

临时政府请求威灵顿公爵发给拿破仑赴美国的护照，公爵因为未曾得到本国政府训令而拒绝发给。这个请求的唯一后果，或许是其用意所在，就是提高了英国巡洋舰的警惕性以防止可能的逃脱。

现在临时政府又试图像1794年那样唤起士兵的精神而未能成功，而魅力已经消失，士兵拒绝打仗，"因为他们已经没有了皇帝"。这时苏尔特和格鲁希的军队已被赶到巴黎城下，英军和普军紧追在后。又抵抗了一阵而不起作用之后，缔结了休战协定：首都向联军投降，法国军队撤往卢瓦尔河以南。

联盟各国通知临时政府，他们认为临时政府的职权已告结束，而当时还在圣丹尼的路易十八数日内就要回到他的首都重掌王权。因此临时政府自行解散，7月8日路易十八再次进入他的首都，重新住入他祖先的宫室。

滑铁卢会战以后事态进展极为迅速，短短十五天之内，拿破仑不仅发觉自己已成了流放犯，而且还不得不向他的某一个敌国投降。载运他的舰只确已备妥而且还任他使用。但是英国海军提高了警惕，他完全不可能从海上逃逸。他知道邻近的罗歇耳镇已经升起白旗，罗歇福尔当局只等他一走就要效法先例。策划了各种逃亡办法，可是一个个都放弃了——现在可供选择的只剩下他是亲身向联盟各国整体投降呢，还是向其中某个国家投降。

因此，7月10日拿破仑派他的两名随员——萨瓦里将军和拉斯加斯伯爵，去同柏雷勒芬号的梅特兰舰长联络，借口是探询英国发给通行证的事，他们说这是曾经许诺给他的。但这不过是借口，他们的目的是打听梅特兰舰长是否准许两艘快速舰载了他驶出而不予干涉。英国舰长拒绝了这点，于是拿破仑显然别无选择，只得投降。接着为投降事宜举行了多次谈判，7月15日他在柏雷勒芬舰上受到尊敬无比的接待，可是没有什么显著的荣典。拿破仑到了后甲板就脱帽，以坚定的声调对梅特兰舰长说："我是来把自己置身于贵国君主和法律的保护下的。"他的态度很讨人喜欢，这是不平常的，他抓住机会对他想要巴结的人说些奉承的话时又表现得那么娴熟。

对于这次投降的条件有各种不同的说法，我们认为最好还是举出7月14日梅特兰舰长致海军大臣的函件，当天是同拿破仑致摄政王的著名函件一齐发出的。我们认为，这两件信函当可满意地表明投降是无条件的。梅特兰舰长的函件如下：

> 禀报钦命海军大臣，我应报告您，拉斯加斯伯爵和拉勒芒将军今天来到我指挥的国王陛下的军舰上，带来贝特朗伯爵对我的建议：在我的军舰上接纳拿破仑·波拿巴，目的是让他投身于摄政王的宽宏大量。想到大臣阁下的密令授予我的权力，我同意了这项建议，明天上午他即将登上本舰。为不致发生任何误解，我明白无误地向拉斯加斯伯爵说明，我无权同意任何条款，我所能做的只是把他和他的随行人员运送到英国，任凭摄政王殿下以适当的方式接待。

致摄政王函全文如下：

摄政王殿下：

作为搅乱了我国的派系分子和欧洲最强大的几个国家的敌意的牺牲者，我已结束了我的政治经历，我像特米斯托克利①那样前来投身于英国人民的善遇。我把自己置于英国法律的保护下，这是我向我的敌人中最强大、最持久，而又最宽宏大量的摄政王殿下所要求的。

拿破仑

柏雷勒芬舰立即驶往英国，在整个航程中，拿破仑虽然处境如此，而且为前途茫茫所苦，却看似一直安静而且兴致很好，有时甚至显得很高兴。24日柏雷勒芬舰驶入托尔贝，26日又奉命绕行普利茅斯海峡。这时大家已知道拿破仑的来到，舰只立即为大批小艇所包围，小艇上挤满了按捺不住好奇心的人群。舰只艰难穿过这些渴求一见的群众，拿破仑在甲板上露面了，群众对他欢呼，他微笑躬身作答。

7月31日英国政府的最后决定通知他了：他不得在英国登岸，而要立即转往圣赫勒拿岛，除了将军之外不承认他有其他身份。他倾听麦耳维耳勋爵来函的宣读，没有不耐烦或吃惊的表示，问他有无答复要说时，他以非常安详的态度与和善的面容开始宣告，他庄严抗议刚才宣读的命令，拒绝被当作俘虏送往圣赫勒拿。他表示宁死也不愿前往该岛。他也对给予他的称号——拿破仑将军——大发牢骚，坚持他有权被当作一位主权君主。但是对处于他的地位的人，怨诉是无用的——他如今只能顺从。

拿破仑最后默默接受了对他的通知：海军司令乔治·科伯恩爵士准备在诺森伯兰舰上接待他，把他送往圣赫勒拿。这位倒台的皇帝获准任选四名军官和他自己的军医以及十二名仆人随他前去。他挑选了贝特朗、蒙托隆、拉斯加斯三位伯爵以及古尔戈将军，他的军医是柏雷勒芬舰上结识的奥马拉医生。贝特朗和蒙托隆各有伯爵夫人和子女随行。

8月7日拿破仑从柏雷勒芬舰转到诺森伯兰舰，第二天早晨他们驶向圣赫勒拿，于1815年10月15日到达。

政府的命令是拿破仑要在舰上留到给他准备好适当的住处之时，但因他已

---

① 古希腊雅典的政治家。

在船上待腻了，乔治·科伯恩爵士自行负责让他的乘客上陆，并且保障拿破仑的人身安全。

当年这岛除了垦殖场建筑以外没有可以接待这样一位贵客的房舍设备，总督别墅又绝对禁止派作这位倒台皇帝的宅第。乔治·科伯恩爵士选中了代理总督有时占用的朗伍德乡墅，由于其特殊位置而适于扩建，这就尽够像拿破仑这样一位由英国政府给定级的俘虏居住了。这地方也是拿破仑本人赞同的，在必要的装修以前，他住在被称为布赖阿斯的一座农舍里，这所房屋颇有点浪漫意味地位于距詹姆斯镇不远处，他只有一间空房可以住宿。

12月9日朗伍德迎入了拿破仑和他一部分家人，划出了一块周长约十二英里的地方，拿破仑在这范围内活动可以无须任何人陪伴。在此界限以外布置了一连串哨兵，除非有一名英国军官陪同，否则就不让他通过。只要有英国军官陪伴，可以就近观察到他的行动，也允许他延伸行程到岛上任何地方。乔治·科伯恩爵士准许这么广阔的地方方便他的囚犯时，根据该岛的特点采取了一切警戒办法防止逃跑的可能性。[①]1816年4月，乔治·科伯恩爵士这个操心而痛苦的职务被赫德森·洛爵士取代了，洛仍任圣赫勒拿总督，负责看管拿破仑其人直到他去世。这位官员的行为受到各个著作家的不少谴责，但是考虑到他要履行的职责非常重要，拿破仑从开始就表现了对他个人的嫌恶，因此对待他的态度甚为不敬，则总督不肯迁就便不足为奇了。看来圣赫勒拿发生的每一件事，无论职务上的或者礼仪上的，都必定在拿破仑和赫德

---

① 奥马拉医生叙述采用的警戒办法如下："朗伍德的入口处派驻了一个中少尉级的卫兵，距离房屋约六百步，沿周界布置了一条警卫和哨兵线。九点钟哨兵撤到里面，配备在彼此保持联络的位置上，包围住房屋，任何人出入都能看到，并要由他们查究。房屋进门处布置了双岗，巡逻兵来回不断。九点以后，除非有一名陆军校官陪同，否则拿破仑不得任意离屋；不凭口令任何人不准通过。这种状态持续到天明。岛上每个上陆地点，甚至类似登陆地点之处都设有一名哨兵，连通向海面的每条羊径都布置了步哨；实际上，那个方向的几乎每条小径上都有天然障碍，本身已表明，像拿破仑那样身材不灵便的人是无法逾越的。

岛上的各个号志哨所经常可在船只抵岸许久以前，相距二十四里格的远处发现来船。两艘战舰不断巡游，一艘向风，一艘背风，岸上哨所一发现来船就向两舰发出讯号。除英国军舰外，任何来船都要由两艘巡洋舰中的一艘随行到海上停泊处，直到获准抛锚或者打发走时为止。外国船只除非在遭到重大灾害的情况下不准停泊；即使因灾寄泊也不准任何人上岸，两艘战舰之一就要派一名军官带一队人登船看管他们并防止任何非法联络，直至船只驶走。岛上的每一艘渔船都编了号，每晚日落时在一名海军少校监督下抛锚停泊。日落后任何船只不准下海，只有战舰上放下的巡逻艇整夜在岛旁巡游。值日军官也奉谕在二十四小时内两次查明拿破仑的实际所在，也要办得尽可能周密。事实上，乔治·科伯恩爵士已采取了人间的一切警戒办法来防止逃跑，只差没真的把他监禁起来或者戴上镣铐了。"——原注

森·洛爵士之间引起争执,争执的过程和结束无不加深了彼此间的敌对。实行最大限度的警戒是必须的,而要做到这点就不能不冒犯拿破仑的高傲心思。拿破仑不甘心顺从加诸他的种种限制,宁可时常选择独处;他对总督经常怀有的恼怒无疑是缩短他寿命的一个主要原因。

他居住在圣赫勒拿岛的五年七个月期间,没有发生什么足以改变他生存的忧郁色调的事。他的生活习惯是最正常和简单不过的了:他从没有超过一天两餐,每餐以一杯咖啡结束。他一般在十点左右进早餐,八点进晚餐,他喜欢清淡的饮食,食量很大,胃口显然很好。晚餐时他主要喝几杯波尔多红酒,超不过英制一品脱的,即结束一餐。他有时也喝香槟酒,但是他的体质不宜多饮,一大杯香槟酒就会脸红,不妨认真说,像拿破仑那样不为男子特有的情欲所支配的人是少有的。他格外特殊的是身上的整齐和清洁,这种习惯他保持到死。

一般人都说,早在1817年,拿破仑的健康已经受损了,他自己利用这点作为得到更多宽待的理由;但当时他的病状还不明显,只是当作他惯于发出的怨诉之一,用以激恼总督的,但是很可能在那个时期他已感觉到后来致命的那种体内病症——胃癌——的症候。1820年末他疾病的症候增加了,消化能力的瓦解越来越明显,他还是那样固执地不愿服药,似乎是出于一种药物无效的本能信念。从这时起他的健康严重下降,精神也越来越消沉。他往往几小时沉默不语,可想而知是在忍受剧烈的痛楚和陷入了深沉的郁闷中。约在1821年1月末,他似乎恢复了一些精力,几次试图用体操来制伏疾病,可是他发现自己力不从心,体力迅速下降。3月间病情更加严重,到5月3日已看出,拿破仑的生命显然危在旦夕。维尼亚利于是为他施行了临终涂油礼。他在昏迷状态中苟延残喘到5日下午六时许才咽气。

我们以华特·司各特爵士对他的葬礼的简述结束这位杰出人物的《回忆录》。

"陪伴拿破仑的各将官主张把遗体秘密解剖。但是赫德森·洛爵士对于他和他的国家所负责任的观念太深,除非英国医生在场,否则就不准解剖。

"5月6日举行解剖,贝特朗和蒙托隆两将军以及死者的侍仆马香都在操作现场,目睹的还有汤麦士·里德爵士以及数名英国参谋军官。医药界人士汤麦士·肖特、阿奇伯特·安诺德、查理·米切耳、马太·列文斯敦以及弗朗西斯·伯顿诸医师也在场。致死的病因相当明显。几乎整个胃部都溃疡了,只是由于胃的溃疡部位紧紧吸附于其上面的肝叶的凹面,才使胃部器官不致落入腹腔,延长了病人的生命。其他的内脏器官都处于相当健康的状态，解剖报告由在场的英国医药界人士签字。安东马奇医师想附上他的证明书，但是据我们认为正确的消息说，贝特朗将军制止了他，因为报告是为波拿巴将军的遗体草拟的。我们相信，安东马奇医师的记载不会同英国医药专业人士的有多大出入，尽管他从中得出的结论同病人自己的信念以及解剖手术的可怕证据显然不一致。

"拿破仑随行人员的各位先生想要把他的心脏保存起来，由他们保管。但是赫德森·洛爵士感到自己的职权不能任意准许此事。不过他同意把心脏置入一个银瓶，灌入酒精，随同尸体埋葬；这样以后如果奉到本国训示准许此事，就可取出送往欧洲。

"下一个讨论的问题是安葬地点。拿破仑对这个问题的意见是不一致的。他遗嘱中的意向表示想把他的遗体葬在塞纳河畔；这个要求他一刻也别想会得到同意，而这样提出完全是为了产生影响。

"剩下的抉择就是在法兰西皇帝暮年所限的嶙峋海岛范围内为他找一处墓地，这事还是通情达理而可行的。他自己指出过希望长眠的地点。这是一处隔绝的小山隈，叫作斯兰谷或海纳谷，有一道喷泉涌出，他的几名中国籍仆人常把泉水灌入银瓶带到朗伍德供拿破仑使用，那个地点的草木和绿荫是附近一带最多的；这位大名鼎鼎的流放者经常惯于在泉上高悬的美丽垂柳下休息。入殓后的遗体在他小小的卧室里供岛上每个有地位的人凭吊后，于5月8日运往安葬地点。覆盖棺木的罩衣是拿破仑在马伦哥会战时穿的一件军用斗篷。他最后时期的随从人员同行作为送葬人，后面跟着总督、海军司令和岛上全体文武官员。部队全副武装参加这个庄严的仪式。到墓地没有捷径可供柩车通行，一队英国掷弹兵有幸把棺木抬往墓穴。教士维尼亚利神父念祈祷词。海军司令座舰上的精致小炮鸣放了，棺木在十五门大炮连续齐鸣三响声中放入墓穴。然后一块大石安放到墓上，盖住了现今对于这个一度嫌欧洲太小的人物已足够的一小片地方。"

1840年拿破仑的遗体经英国政府准许移送巴黎，12月15日在一辆华丽的柩车中由盛大的军事仪仗护送运往荣誉军人院的小礼拜堂重新安葬。

附 录

波拿巴的家世和早年生活

要了解拿破仑·波拿巴的性格和经历，必须时时记得他不是法国人，而是意大利人。波拿巴家族源出托斯卡纳，16世纪时其一支定居到科西嘉岛，此后波拿巴氏先有热那亚共和国颁赐的古老贵族头衔，到18世纪又由托斯卡纳大公再度颁赐，便成为阿雅克修有权势的市民。拿破仑在13个子女中排行第二，其中长大了八个。他父亲生于1746年，在拿破仑出生的1769年获得彼萨大学法学博士学位，是个有些疏懒的意大利绅士，爱好文艺。这位绅士于1764年十八岁时同一个十五岁的美女莱蒂齐娅·拉摩琳诺结了婚。在赫赫有名的儿子身上看不出半点父亲的性格，他那惊人的精力倒可归功于那位科西嘉母亲。我们应注意到，拿破仑是次子在智能和精力上远胜长兄的前所未有的最突出的例子。

他父亲于1785年39岁时死于胃癌，拿破仑无疑也感染到这种后来夺去他自己生命的病菌。日后一度成为欧洲雄主的人便是这样一个贵族出身的贫穷的乡里人，又是一个在进布里恩军校前数月还不得不在奥屯的一家学校补习法语的异国人。从十岁起他受的全部是军事教育——这一事实关系到他毕生的经历，故而记述于此。在学校里他的智能精力表现得比他的个性要早。他的教师报告说他"沉默寡言、爱好独处、反复无常、傲慢、反应有力、应对敏捷尖刻、充满了自我爱怜、志向远大"。他很用功，地理和数学进步甚大，对语法一类科目却既无兴趣又无才能。他爱好硬性书籍，在那个时期似乎主要受到卢梭和雷纳的革命著作的影响。

早自1787年起至1791年2月止——这段时期大部分在科西嘉度过——这位年轻的炮兵中尉主要从事著述,作为扬名声的唯一途径。正如约翰·西莱爵士在他令人叹服的《简史》中所写的,拿破仑的早年著述中,实际题材的小册子除外,表现的是个性而非文学才能。文中流露出"早熟的严肃",风格的标志是"一种压抑着的激情和凶猛的焦躁"。

1789年至1795年的六年间或可称为波拿巴生平的"科西嘉时期"。大革命爆发时,这个意大利岛屿早已由法国向热那亚共和国购得其权益,成为法国属地二十年了。爱国者帕欧里在英国避难一直住到1789年。1789年11月新的国民议会在凡尔赛集会,根据科西嘉籍议员萨利切蒂的提议宣告科西嘉为法国的一省。1790年7月,帕欧里于出亡二十一年之后在科西嘉上陆。波拿巴家族一向赞成法国领有该岛。但是拿破仑在1789年巴士底狱攻破后不久匆匆赶回阿雅克修,充当革命党的首领,发布书信指责一个科西嘉变节者是利己分子,不相信美德,把世人全推想成受一己利益所驱使。这位执笔者①后来的经历正可充作这些高尚情操的奇妙注脚。

1791年波拿巴由志愿人员本身推选为阿雅克修地区国民志愿军营长。他为奔走这个职位而超过休假期,被开除了法国炮兵军籍。1792年复活节期间他企图夺取阿雅克修未遂,逃往法国。这个年轻人就此成为科西嘉的叛逆和法国的逃兵,行将由军事法庭开审而后枪决。他于5月21日抵达巴黎,因当时的混乱局面而未被人发觉,到8月10日眼见君主制的垮台。8月30日,法国新政府因莱因河对岸之敌侵入法境,亟须训练有素的军官,他的姓名又列入军籍,授予上尉军衔。波拿巴没有立即奔赴前线,而是再次启程去科西嘉,于9月17日到达阿雅克修,当年冬季他第一次参加战斗,出征撒丁岛未能成功。

1793年4月,他又成了拥法派的斗士,帕欧里的劲敌。充斥他的《科西嘉史书简》的岛国爱国主义就此告终。帕欧里召集了国民议会解散拥法派,指名斥责波拿巴一家。再次拼死命试图攻占阿雅克修城堡失败之后,这位青年军官慑于当地市民的震怒,携带他的寡母和全家人逃难到法国。从此波拿巴是法国人了。1793年6月在土伦上陆时,他是凭意气用事的,不然便是一种谋略。他很快就为了一己的利益投奔强大的一边,发行了一本小册子,替山岳党亦即

---

① 即拿破仑。

极端革命派反对正在失势的吉伦特党人。1793年7月进攻反对国民公会分子据守的阿维尼翁时,波拿巴指挥炮兵,与国民公会的特命代表之一、小罗伯斯庇尔过从甚密。8月间他跟随国民公会的将领卡尔托开入马赛。10月间他又在土伦露面,围攻期间的功劳使他成为名人了。宿将迪戈米埃写道:"表现最突出的和帮助我最多、使我得以集合部队并推进部队的,是公民波拿巴等。"1794年4月5日,他已参加了意大利方面军任炮兵司令和总监时,小罗伯斯庇尔在书信里说他立有"卓绝的功勋"。马尔蒙写到他时说他"在代表之中是无法形容的胜过一切的一个"。1794年7月28日,小罗伯斯庇尔在巴黎同他那名噪一时的哥哥一起死在断头台上。8月6日波拿巴被捕,监禁在昂蒂布附近的加雷要塞,半个月以后又以"可能需用这个波拿巴的军事和地方知识"的理由获释。马尔蒙宣称波拿巴之所以未被解送巴黎去同罗伯斯庇尔弟兄共命运,全靠科西嘉人萨利切蒂(当时随军在意大利的国民公会"代表"之一)的恩德以及他所获得的有力帮助。他引人追随的能力可以见之于这件事:他在土伦结识的朱诺和马尔蒙制订了一项计划,如果有命令把波拿巴解送巴黎,就要杀死宪警救出他来转送热那亚地界。马尔蒙写到当时的青年司令说:"他满脑子都是未来。"

1795年3月,这个青云直上的人为从英国人手里收复科西嘉而跨海出征,遭到了失败。他同兄弟路易、马尔蒙以及其他数人登上二桅船阿米蒂哀号,这是3月11日出航的舰队中的一艘。舰队遭遇英国海军,折损两艘而败归。1795年5月他从马赛回到巴黎,感到前功尽弃。他在陆军部地志室提供战略计划指挥在意大利的战斗。同年8月,他要求政府委派他率领一队炮兵技术专家去君士坦丁堡改革土耳其军队的炮兵。他申请此职时呈交的一份上司的推荐书说:"任用这位公民到炮兵或任何其他兵种,甚至外交部门都是很有用的。"他没有去君士坦丁堡。如果他愿意怂恿俄国进攻南欧,那么不仅土耳其炮兵,整个土耳其的命运都掌握在他掌心的时候便会到来。

10月5日(风月13日)巴黎各区的起事镇压下去了。1796年2月23日,督政府任命"波拿巴将军"指挥"意大利方面军"。3月9日这个在巴黎或法国举目无亲的科西嘉单身汉同约瑟芬·特·博阿尔内结了婚。她在巴黎社交界以娴雅、机敏、服饰雅致和风度甜美而超群出众。两天之后他出发去意大利,他在世界上的伟大事业开始了。

入侵英国的计划

布里昂在本书第十九章和第二十一章解释大军集结布伦是把欧洲的注意力吸引到那个方向去的计谋，意在欺骗行将对之用兵的大陆列强。实难相信，为了突袭英国而花费在船舰和军队准备上的巨额开销竟然是为毫无必要的摆设而浪费的。拿破仑肯定真心想要入侵英国。但是，正如约翰·西莱所指出的："他的弓上总有两根弦。"发生种种情况阻碍某一项计划时，他已有另一项做后备。他跨越不了英吉利海峡，于是向巴伐利亚进发。他在英格兰登陆无望，因此在奥斯特里茨粉碎英国的同盟国。侵入英国无疑是拿破仑头脑里一项真正的计划。1803年《亚眠和约》破裂时，突袭我们英国海岸就在策划了，并已竭尽全力鼓动法国去执行这项计划。陈列征服者威廉王登陆以前和登陆期间种种事件的"巴约挂毯"，从其收藏地点——巴约镇取了出来，传送各处，挂在剧院里供观瞻。法国和佛来芒的每一条河流，从吉仑特河到莱因河，都在建造平底船用以运送入侵军跨过狭窄的海峡。法国的一个省上莱因省，建造了一艘以本省命名的战舰；另一个省（戈道省）提供了一百门炮。在布伦聚集了十五万人，配备了一千三百艘运输船，由于训练有素，部队十分熟练，十万人登船只需四十分钟光景。大军组成六个兵团，将领中有内伊、苏尔特和达武等鼎鼎大名的"元帅队"中最能干最勇敢的三名元帅。

1804年夏季和秋季，对于大不列颠，入侵的危险达到了顶峰。西班牙和荷兰的全部舰队都听任拿破仑使用，七十艘战列舰的一支舰队将要强行通过海峡。1804年7月20日，拿破仑参加到海岸边的部队，写信给他在土伦的海军司令、唯一知道他全部计划的拉都什·特勒维伊说："让我们做六小时英吉利海峡的主人，我们就将成为全世界的主人。"纪念这次出征的奖章确实已由法国造币厂铸造，上面镌有"Frappé à Londres"（冲向伦敦）的字样，铸成了的许多枚仍可在收藏品中见到。离布伦数英里的内地竖立了高耸的标柱以庆祝这件从来没有"实现"的事件。这座可笑的纪念碑至今犹是英国游客赏心的目标。一切就绪之时，8月20日拉都什·特勒维伊竟然死去，出征于是延期。这时拿破仑犯了致命的错误，选拔了一个不称职的人来指挥对他极端重要的冒险事业。由于特勒维伊在土伦的后任、海军司令维尔纳夫的弱点，最后破坏了入侵英国的计划。

1805年春季拿破仑又在准备进攻。纳尔逊把敌舰封锁在土伦已近两年。1805年3月31日，逆风把英国舰队吹离法国港口外面的碇泊位置，维尔纳夫率领他的舰队出海，于4月8日在前往西印度群岛途中通过直布罗陀海峡。逆风使得纳尔逊到4月30日才抵达直布罗陀。直到5月5日东来微风才使他得以启碇向西追击。于是那位法国海军司令就有优先将近四周的便宜。维尔纳夫抵达西印度群岛以后，"退往"欧洲，驶向西班牙西北海岸的费罗耳去会合西班牙舰队。这时，纳尔逊已从西印度群岛派出若干快船去英国，带去他没追到法国舰队的讯息，而罗伯特·考尔德爵士正在防备维尔纳夫。7月22日在天涯海岬外面打了非决定性的一仗，法舰司令驶往拉科鲁尼阿和费罗耳，在那旦接到拿破仑的紧急命令，要他率领他如今有廿九艘战列舰的舰队赶往布勒斯特，再从那里驶向英吉利海峡。

在这紧要关头，正是尼罗河和哥本哈根两战的英雄纳尔逊的威名和盛誉挽救了英国免遭入侵。维尔纳夫想起会遭遇纳尔逊就胆战心惊，驶向了加的斯，其实纳尔逊还在直布罗陀。他抵达加的斯港那天，正是拿破仑指望他赶到布勒斯特之日。布伦的大军人人准备就绪，随时可以登上由小船组成的舰队。拿破仑一天又一天地站在悬崖上等待维尔纳夫的舰只。沿海岸向西所有岗哨上都派驻了参谋军官以便通知他的到来，好让大军立即上船。事实是，维尔纳夫让科林伍德封锁在加的斯；拿破仑在疑惑不解的盛怒之下向英国海岸最后凝望了一番，把自己徒然集结在布伦的大军猛然驱向庇特在陆上的盟国。12月2日他亲率大军在奥斯特里茨获得空前大捷时，纳尔逊早于10月21日已在特拉法加最终保证了英国不必再担忧法军入侵了。

布里昂和他的书

路易·安都昂·福韦勒·特·布里昂这位法国外交家和议员，于1769年7月生于桑城，比日后他那威名显赫的庇护人和上司早一个月左右。法国大革命以前不久，布里昂因非贵族出身而没能当上王家军队的军官，便去维也纳和莱比锡完成他的教育。他打算进外交界，因而攻读法律和几种外国语，历经普鲁士和波兰之后，于1792年初回到法国。不久他又去德国，任驻符腾堡首府斯图加特的法国公使馆秘书。法兰西共和国宣告成立时，符腾堡政府不承认这个新国家。布里昂退职去莱比锡，于 1794 年回到法国。他从 1797 年到 1815 年的履历已由他自己写入本书。我们可以说他没把他同拿破仑闹翻的真正原因透露给读者，即不信任他在财务方面的清白。拉斯加斯伯爵在其《圣赫勒拿回忆录》中告诉我们，拿破仑谈到他昔日的秘书，说他是个颇有能力和智谋的人，但是极端贪财。

1815 年 8 月，布里昂当选荣纳省议员，复于 1816 年、1822 年和 1824 年数度选入议院。他的政治态度是极端保王党。1827 年他的庇护人、财政部长德·维莱勒失势以后，布里昂没能继续当选，便避开他那些债主逃往比利时。1830 年查理十世垮台以后，布里昂发了狂，于 1834 年 2 月死在卡昂附近的一所疯人院。

本书原著是作者于 1827 年至 1830 年亡命比利时期间根据他同拿破仑交往的数年间及其后一段时间搜集的材料写成的。作者在原著的广告中告诉我们，在他退出政治生活以后，经常有人问他拿破仑的事，他们听了最后往往说：“你务必写出你的回忆录来。”作者认为出版本书的合适时间是在拿破仑死后。如上所述，本书在比利时沙勒罗瓦附近的封丹——勒韦克的特·布朗卡公爵夫人的别墅中写成。承蒙她的厚意，给了布里昂一处安静的场所来整理和订正他卷帙浩繁的材料，《回忆录》由特·维耳马雷先生以布里昂的名义编校，初版于 1829—1831 年，首次在巴黎以八开十卷本刊行。

这部生动的《回忆录》中许多有趣的章节之一，大致就如下文转述的节录：

拿破仑："那么，布里昂，你也将永垂不朽了。"

布里昂："为什么，将军？"

拿破仑："你不是我的秘书吗？"

布里昂："请问亚历山大的秘书是谁？"

"问得好！"拿破仑喝彩道。

我们不妨假定作者大体上尚能公正看待这位伟人的才能和天才。他自己的名字也将永远与之联系在一起。事实上，每当布里昂不在写自己，无须因为一己的利害关系而伪造或隐讳时，他的回忆录便真正富有史料价值，包含了许多翔实而又离奇的详情。这些详情若无本书，必定早已湮没于世了。本书在公众中获得巨大成功，成为浩如烟海的拿破仑文献中的一部"经典著作"。英文版出版于 1830 年（两种译本）、1831 年、1836 年和 1848 年，全在伦敦。这里重印的 1836 年英文节译本是节译本中最好的。1852——1854 年有一种版本在格拉斯哥、伦敦和纽约出版；1869 年又有一种出版，1885 年还有一种，二者都是伦敦版。

约瑟芬皇后

在布里昂的书中，拿破仑的前妻一般以吸引人的姿态出现，像个贤明的天才，而他对她是言听计从的。玛丽·罗斯·塔歇特·拉·巴吉利于 1763 年 6 月 23 日生在马提尼克岛。她父亲是主要镇市圣彼埃尔的"港口首领"。1902 年 5 月，此镇为邻近的贝来火山可怖的喷发所毁灭。她受的是当时海外出生的法国人那点可怜的殖民地教育，可是她却由于智慧和德行，以及优雅的仪态和美貌而令人倾倒。十六岁那年，她随父亲返回法国，于 1779 年嫁与 1760 年生在马提尼克法国旧家的亚历山大·博阿尔内子爵。他作为罗尚博的部下参加反对英国的美国独立战争。1789 年他热情支持人民起事，成为军事委员会委员。他因为替博依哀将军严厉镇压南锡举义的行为辩护而失宠。1794 年 7 月，他因被诬告作战不力致使美因兹投降而被处死。约瑟芬因为是他的妻室而获罪，险遭不测，也被列入了"放逐名单"，仅仅由于她为丈夫的下场而身体虚脱，无法解出监狱才作罢。罗伯斯庇尔倒台后，她靠塔利昂搭救出狱，又由巴拉斯相助而收回了她丈夫的部分财产。

值得注意的是当她和波拿巴联姻时，"婚书"上载明他生于 1768 年而不是 1769 年，她生于 1767 年而非 1763 年。这当然是为使他俩年岁接近而想出的办法。还可指出，约瑟芬是荷兰王后奥坦丝的生母，因此她是法国皇帝路易·拿破仑（拿破仑三世）的外祖母。

同她更享盛名的丈夫生活期间，她发挥了宽容逃亡分子的仁慈影响。皮什格鲁和乔治·卡杜达尔阴谋期间，她出面说情而保住了里维埃和阿芒·特·波力奈两人的性命。离婚以后，约瑟芬退隐到她在马尔梅松的美丽别墅，称号是"皇太后"，享有法国人民的敬爱。沙皇亚历山大一世景仰她的贤德，几度躬亲造访。她同拿破仑保持往来，对他第一次倒台深感痛心，于 1814 年 5 月 29 日在马尔梅松去世。

威灵顿公爵

布里昂的书中我们还有一个人必须提及，即拿破仑最大的和最后的敌手。我们可在本书第三十六章读到这段文字："有个人从塔拉韦拉开始在欧洲崭露头角，即便没有那么尽力去为这个人树立名望，大概也少不了几分光荣吧。"我们不能奢望一个法国人对于威灵顿能够十分公正，但是上述评语对于一个在伊比利亚半岛几乎击败了拿破仑手下所有优秀的元帅，其后又以战斗力远远落后的军队抵消了拿破仑在滑铁卢持续多时的种种努力，从而结束了拿破仑戎马生涯的人，无疑是微妙的。而且，布里昂嘲弄这样一个人也是颇为忘恩负义的，因为此人为促使波旁王室的重返而出的力比谁都多，而布里昂对于赏赐他官职和俸禄的波旁王室又是那样死命追随的。

年　表

第一时期

年　代	年　龄	事　迹
1769年8月15日		拿破仑·波拿巴生于阿雅克修（科西嘉）。
1779年4月25日	9	入布里恩王家军校。
1784年10月	15	入巴黎王家军校。
1785年	16	任炮兵少尉。
1785年 1795年	16—26	在瓦朗斯、里昂、杜埃、巴黎、奥松、索来（再度）奥松等地驻军服役。
1787年2月至10月	18	与家人住在阿雅克修（科西嘉）。
1787年12月 1788年5月 1789年9月 1791年2月		写作《科西嘉史书简》、散文、专业小册子等。
1789年9月	20	任阿雅克修革命党首脑。
1790年10月	21	会晤科西嘉爱国者帕欧里。

年代	年龄	事迹
1791 年		当选阿雅克修志愿军营中校。因超假而丧失法国军籍。
1792 年复活节	22	企图占领阿雅克修失败。逃离科西嘉。
1792 年 5 月 21 日		以平民身份抵达巴黎。
1792 年 8 月 10 日		目睹革命群众突击杜伊勒里宫。
1792 年 8 月 30 日	23	重返陆军任上尉。
1792 年 9 月 17 日		抵达阿雅克修。
1792 年冬 1793 年		参加出征撒丁岛失败。
1793 年 6 月		企图占领阿雅克修城堡失败,同波拿巴一家逃往法国(土伦)。

第二时期

年　代	年　龄	事　迹
1793 年 7 月		在阿雅尼翁帮助攻打反革命党人。
1793 年 8 月	24	随同卡尔托将军开入马赛(对付反革命)。
1793 年 9 月	24	任炮兵第二团营长。
1793 年 10 月		围攻土伦(对付反革命)表现突出,任旅长。
1794 年春		参加意大利方面军,任炮兵将官和总监。
1794 年 7 月		派赴热那亚。
1794 年 8 月 6 日		(被随军"代表")停职并逮捕。
1794 年 8 月 20 日	25	获释。

1795 年 3 月		参加收复英军占领的科西嘉岛的海军出征失败。
1795 年 5 月		被召回统率（法国的）"西部方面军"。
1795 年夏		逃避指挥之职。参加陆军部工作。
1795 年 10 月	26	（在巴拉斯之下）任国内方面军副司令。
1795 年 10 月 5 日		以葡萄弹镇压葡月 13 日巴黎各区起事。
1795 年 10 月		任国内方面军司令。
1796 年 2 月 23 日		督政府任命指挥意大利方面军。
1796 年 3 月 9 日		与特·博阿尔内子爵夫人约瑟芬结婚。
1796 年 3 月 11 日		离开巴黎赴意大利。
1796 年 4 月 12 日		在蒙特诺泰击败奥地利军。
1796 年 4 月 13 日		在米莱齐莫击败奥地利军。
1796 年 4 月 14 日		在代戈击败奥地利军。
1796 年 4 月		在切瓦和蒙多维击败撒丁（即皮蒙特）军。
1796 年 4 月 28 日		撒丁国王签署《凯拉斯科条约》，将各要塞移交法国。
1796 年 5 月 7 日		在皮亚琴察渡过波河。
1796 年 5 月 10 日		在洛迪桥击败奥地利军。
1796 年 5 月 15 日		以战胜者身份进入米兰。
1796 年 5 月 27 日		离开米兰追击奥地利将领博利厄。
1796 年 6 月		在博尔格突破奥军中央，把博利厄驱向提罗耳。

1796年6月 7月		围攻曼图亚。
1796年6月		进攻教皇领地，勒索一千五百万。
1796年7月30日		撤除对曼图亚的围困。
1796年8月3日		在卡斯蒂维耶雷击败维尔姆泽，将他逐入提罗耳。
1796年8月		再次围攻曼图亚。
1796年9月15日	27	在巴萨诺击败维尔姆泽，将他驱入曼图亚。
1796年11月15日 11月17日		在阿尔科拉击败奥地利将领阿尔文齐，将他逐往提罗耳。
1797年1月14日		在利沃里击败阿尔文齐。
1797年2月2日		维尔姆泽以曼图亚降。
1797年2月19日		进犯教皇国并缔结《托伦蒂诺和约》，强制割让波伦亚、斐拉拉、罗曼等地。
1797年4月13日		向卡林底亚的卡尔大公进攻，抵达累欧本（斯提里亚）。
1797年4月18日		在累欧本签订停战协定。
1797年10月17日	28	（法国和奥地利缔结）《坎波福米奥条约》，法国获得比利时等地，奥地利承认内阿尔卑斯共和国，将伦巴第割让给这个新共和国；奥地利得到伊斯的利亚、达尔马提亚、以及威尼斯共和国的领土。
1797年12月5日		波拿巴回到巴黎。
1798年1月		勘测面对英国的法国海岸。
1798年4月		受命统率埃及方面军。
1798年5月19日		自土伦出航。

1798年6月12日		占领马耳他。
1798年6月30日		抵达亚历山大港。
1798年7月24日		在金字塔等地击败穆拉特巴依指挥的木马留克兵。进入开罗。
1799年2月	29	入侵叙利亚。
1799年2月		攻占艾耳·阿利什和加沙。
1799年3月		攻占雅法、屠杀土耳其战俘。
1799年3月19日 3月20日		围攻阿克（圣让得阿克）失败。
1799年6月		回师埃及。
1799年7月25日		在阿布基尔击败土耳其军。
1799年8月22日	30	上船回法国。
1799年10月9日		抵达法国。
1799年11月9日 11月10日		雾月18、19日革命。以武力解散立法议会。
1799年12月		执政府建立。设波拿巴为任期十年的第一执政。
1800年5月9日		在日内瓦对奥地利开战。
1800年5月15日 5月20日		率军翻越圣伯纳德大山进入意大利。
1800年6月2日		进入米兰。
1800年6月14日		在马伦哥击败梅拉斯将军麾下之奥军。
1800年7月2日		回到巴黎。
1801年2月9日	31	与奥地利订立《吕内维尔和约》。

年代		事迹
1801年7月		与教皇订立和约（重建法国的天主教）。
1802年3月		与英国签订《亚眠和约》。

第三时期

年　代	年　龄	事　迹
1800年 1808年		建立司法制度，制定四部法典，设立地方政府、大学院，创建法兰西银行。
1802年4月	32	当选终身第一执政。
1802年		夺取厄尔巴、皮蒙特、巴马公国。干涉瑞士。担任意大利共和国（北意大利）首脑。
1803年4月	33	在杜伊斯勒里宫面辱（英国大使）惠特窝斯勋爵。
1803年5月18日		英国宣战。
1803年6月		波拿巴夺取汉诺威。
1804年 1805年		在布伦设立侵英营地和小舰队。
1804年3月21日	34	在文森处决当甘公爵。
1804年5月18日		由参议院敕令尊为皇帝，号"拿破仑"。
1804年7月		创设荣誉勋位，晋封元帅十四名。
1804年12月2日	35	在巴黎圣母院加冕。
1805年5月26日		在米兰加冕为意大利国王。
1805年7月		巡视布伦营地。
1805年8月		对奥地利和俄罗斯开战。

1805年8月 9月	36	自布伦向巴伐利亚进军。
1805年10月17日		迫使奥地利将领麦克在乌尔姆投降。
1805年11月14日		抵达肖恩布鲁恩宫。
1805年12月2日		在奥斯特里茨击败俄皇与奥皇。
1805年12月26日		与奥地利订立《普莱斯堡条约》。
1806年2月		回到巴黎。
1806年7月		成立莱因同盟。建立巴伐利亚和符腾堡两王国。
1806年		立约瑟夫·波拿巴为那不勒斯国王。
1806年		立路易·波拿巴为荷兰国王。
1806年9月	37	对普鲁士开战。
1806年10月14日		在耶拿击败普鲁士军。
1806年10月27日		以战胜者身份进入柏林。
1806年11月21日		针对英国对大陆的商业而发布《柏林敕令》。
1806年12月		向俄军进发。
1807年2月8日		在埃劳击败俄军和普军。
1807年6月14日		在佛里德兰击败俄军和普军。
1807年7月		同俄罗斯和普鲁士订立《提尔西特和约》。
1807年8月	38	回到巴黎。
1807年8月		立热罗姆·波拿巴为威斯特伐利亚国王。
1807年12月		进犯葡萄牙。法军占领里斯本。

1808年4月		废黜西班牙国王。
1808年4月		立约瑟夫·波拿巴为西班牙国王。
1808年 1814年		比利牛斯半岛战争——西班牙、葡萄牙和英国对法国。
1808年10月	39	在爱尔福特会晤俄皇亚历山大一世。
1808年10月26日		离巴黎赴西班牙。
1808年12月4日		进入马德里。
1808年12月		指挥机动兵力驱除西班牙的英军。
1808年12月22日		出发追击约翰·摩尔爵士。
1809年1月1日		进抵阿斯托加。
1809年1月17日		启程回巴黎。
1809年3月		对奥地利宣战。
1809年4月11日		离巴黎赴战地。
1809年4月20日		奥地利军败于阿本斯堡。
1809年4月21日		奥地利军败于兰茨胡特。
1809年4月22日		奥地利军败于埃克米耳。
1809年4月23日		逐出累根斯堡的敌军。
1809年5月13日		进入维也纳。
1809年5月21日 5月22日		在阿斯佩恩和埃斯林被卡尔大公击败。
1809年7月5日		在瓦格拉姆击败卡尔大公。

1809年10月14日	40	与奥地利缔结《肖恩布鲁恩条约》。
1809年10月		并吞托斯卡纳和教皇国。
1809年12月16日		与约瑟芬离婚。
1810年4月1日		与奥地利女大公玛丽·路易莎成婚。
1811年3月20日	41	罗马王诞生。
1811年7月 8月		吞并荷兰王国和威斯特伐利亚王国。
1812年4月	42	对俄罗斯宣战。
1812年5月16日		抵达德累斯顿。
1812年6月24日		渡过涅曼河。
1812年6月28日		占领维尔纽斯。
1812年8月18日	43	逐出斯摩棱斯克的俄军。
1812年9月7日		在博罗蒂诺击败俄军。
1812年9月14日		进入莫斯科。
1812年10月20日		退出莫斯科。
1812年12月18日		回到巴黎。
1813年2月 3月		德国起事。
1813年4月15日		离圣克卢赴美因兹。
1813年5月2日		在卢岑击败俄普联军。
1813年5月20日 5月21日		在包岑击败联军。

1813年6月4日		休战至8月11日。
1813年8月27日	44	在德累斯顿击败奥军。
1813年10月16日 10月18日		在莱比锡被联军击败。
1813年11月1日 11月2日		在美因兹重渡莱因河。
1813年12月	44	联军侵入法国。
1814年1月25日		拿破仑离巴黎赴前线。
1814年2月1日		在布里恩击败普军。
1814年2月		在拉罗特埃尔战败。
1814年2月10日		在尚波贝尔击败布吕歇尔指挥的普军等。
1814年2月11日		在蒙米赖击败布吕歇尔指挥的普军等。
1814年2月12日		在沙托蒂埃里击败布吕歇尔指挥的普军等。
1814年2月13日		在沃尚击败布吕歇尔指挥的普军等。
1814年2月 3月19日		在塞纳河上的夏蒂荣聚会，未获结果。
1814年3月		在克拉纳和拉昂的非决定性会战——拿破仑大败。
1814年3月31日		联军占领巴黎。
1814年4月11日		拿破仑签字退位。
1814年4月20日		辞别枫丹白露的卫队。
1814年5月4日		在厄尔巴岛上陆。
1815年2月26日	45	离开厄尔巴岛。

1815年3月1日		在法国海岸的佛雷儒斯上陆。
1815年3月20日		进入巴黎。
1815年3月13日 6月22日		百日政权期间。
1815年6月12日		离巴黎赴比利时。
1815年6月15日		越过比利时国境。
1815年6月16日		在利尼击败布吕歇尔。
1815年6月18日		在滑铁卢战败。
1815年6月21日		回到巴黎。
1815年6月22日		再次退位。
1815年7月3日		到罗歇福尔,向美国进发。
1815年7月15日		在柏雷勒芬舰上向梅特兰舰长投降。
1815年7月24日		拿破仑抵托尔贝。
1815年7月27日		拿破仑抵普利茅斯海峡。
1815年8月8日		乘诺森伯兰舰驶往圣赫勒拿岛。
1815年10月15日	46	抵达圣赫勒拿岛。
1815年12月9日		开始在朗伍德居住。
1816年4月		赫德森·洛爵士担任监督。
1821年5月5日	51	午后六时拿破仑去世。
1840年12月15日		改葬于巴黎荣誉军人院。